EDITION

Directeurs de collection et auteurs : Dominique AUZIAS et Jean-Paul LABOURDETTE

Responsable d'édition : Laetitia GRANGE

Auteurs : Anthony SEREX, Jean-Paul LABOURDETTE, Dominique AUZIAS et alter

Directeur Editorial : Stéphan SZEREMETA

Rédaction France : Briséis CREAC'H-MENUT, Mélanie COTTARD, Audrey VEDOVOTTO, Nicolas WODARCZAK

Rédaction Monde : Laure CHATAIGNON, Morgane VESLIN, Pierre-Yves SOUCHET, Natalia COLLIER

FABRICATION

Maquette et Montage : Romain AUDREN, Julie BORDES, Delphine PAGANO

Iconographie et Cartographie : Anne DIOT, Julien DOUCET

WEB ET NUMERIQUE

Directeur Web : Louis GENEAU DE LAMARLIERE

Développeurs : Guillaume BARBET, Adeline CAUX et Roland SPOUTIL

Intégrateur Web : Mickael LATTES, Antoine DION

Webdesigner : Caroline LAFFAITEUR

Community Traffic Manager : Alice BARBIER, Mariana BURLAMAQUI et Noémie LE SAUX

DIRECTION COMMERCIALE

Directeur commercial : Guillaume VORBURGER

Coordinatrice des Régies commerciales : Manon GUERIN assistée de Jonas HESOL

Account Manager Marketplace : Leila ROUGEOT assistée de Lola FAVRE-MOT

Responsable Régies locales : Michel GRANSEIGNE

Responsables Développement régie inter : Jean-Marc FARAGUET et Guillaume LABOUREUR et Camille ESMIEU

Chefs de Publicité Régie nationale : Caroline AUBRY, François BRIANCON-MARJOLLET, Perrine DE CARNE MARCEIN, Jonathan TOUTOUX et Amélie NOEL

DIFFUSION ET PROMOTION

Directrice des Ventes : Bénédicte MOULET assistée d'Aissatou DIOP

Responsable des ventes : Jean-Pierre GHEZ assisté de Nelly BRION

Relations Presse-Partenariats : Jean-Mary MARCHAL

ADMINISTRATION

Président : Jean-Paul LABOURDETTE

Directrice des Ressources Humaines : Dina BOURDEAU assistée de Sandra DOS REIS et Eva BAELEN

Directrice Administrative et Financière : Valérie DECOTTIGNIES

Comptabilité : Guillaume PETIT, Aminata BAGAYOKO, Jeannine DEMIRDJIAN

Recouvrement : Fabien BONNAN assisté de Sandra BRILLAI

Responsable informatique : Elie NZUZI-LEBA

PETIT FUTÉ LYON MÉTROPOLE

LES NOUVELLES EDITIONS DE L'UNIVERSITE
18, rue des Volontaires - 75015 Paris.
✆ 01 53 69 70 00 - Fax 01 42 73 15 24
Internet : www.petitfute.com
SAS au capital de 1 000 000 € -
RC PARIS B 309 769 966
Couverture : © Franck Teillard
Impression : IMPRIMERIE CHIRAT -
42540 Saint-Just-la-Pendue
Achevé d'imprimer : mai 2022
Dépôt légal : 20/06/2022
ISBN : 9782305073255

Pour nous contacter par email, indiquez le nom de famille en minuscule suivi de @petitfute.com
Pour le courrier des lecteurs : info@petitfute.com

IMPRIMÉ EN FRANCE

W0385147

LYON

MÉTROPOLE AU NATUREL

L'époque est au changement. Changement lié à la crise sanitaire, dont la menace semble s'éloigner, mais qui a changé durablement nos modes de vie et de consommation. Prise de conscience de nos fragilités quand l'approvisionnement de certains produits vient à manquer. Une prise de conscience renforcée par le dérèglement climatique qui gèle ou assèche les récoltes et par une guerre en Europe qui fait flamber les prix de nombreux produits. Comment Lyon s'adapte-t-elle ? Définitivement, Lyon est une métropole de bon sens qui se développe harmonieusement. Après des années d'expansion, Lyon développe de nouveaux talents tout en conservant ses valeurs sûres. Et la première d'entre elles : la gastronomie. Entourée du plus beau jardin de France, entre vignobles, pâturages et vergers, la métropole de Lyon profite des meilleurs produits pour composer une gastronomie locale et bio. Comme les mères lyonnaises dans les bouchons, comme les chefs des restaurants bistronomiques, en 2022 faisons nos courses sur les marchés ou dans les boutiques de producteurs. Manger mieux, mais aussi respirer mieux en changeant nos habitudes de vie. En ville, le vélo s'impose comme le moyen de transport évident. Les Voies Lyonnaises, sorte d'autoroute réservée aux vélos, permettront d'accélérer ce mouvement. Vélo électrique et vélo cargo multiplient les occasions de se déplacer en mode doux. Sans oublier les transports en commun qui continuent de se développer. La plantation de forêts urbaines, la végétalisation des espaces publics remettent de la nature en ville. Dans une métropole toujours plus agréable à vivre et à visiter, restaurateurs, hôteliers, commerçants accompagnent le changement. En choisissant les labels « made in Lyon » ou « Lyon, ville équitable et durable », à notre tour donnons du sens à notre consommation. De nombreuses nouveautés dans ce *Petit Futé Lyon Métropole*, notre guide responsable.

PEFC
10-31-1895
Certifié PEFC
Ce produit est issu de forêts gérées durablement et de sources contrôlées.
pefc-france.org

SOMMAIRE

© PHILIPPE SOMNOLET
Lugdunum.

© EMMANUEL SPASSOFF
Hôtel de l'Abbaye.

© EMMANUEL SPASSOFF
Maison Nô.

petit futé
2022
LYON

SOMMAIRE

© EMMANUEL SPASSOFF

Vue de quartier.

© DR

Bad's Club.

© EMMANUEL SPASSOFF

Canicoiff'.

À la découverte de Lyon
EN BUS, MÉTRO OU TRAM
1H 24H 48H 72H FAMILLE
DE LIBERTÉ SUR TOUT LE RÉSEAU !
EN VENTE SUR
TCL E-Ticket*
Disponible sur Android
Distributeurs
Présents en stations
PAYEZ ET VALIDEZ AVEC VOTRE CB
(bientôt disponible)
Carte bancaire
* Sauf pour le ticket famille 1 jour
Réalisé par Sweet'n'Tasty
SYTRAL
BOUGEZ, VIVEZ, AIMEZ !

Plan lignes fortes

TCL SYTRAL

M Métro

T Tramway

F Funiculaire

C Ligne majeure de Bus
(en correspondance avec métro / tramway)

MÉTRO / *SUBWAY*

- M A — Perrache / Vaulx- en-Velin La Soie
- M B — Charpennes / Gare d'Oullins
- M C — Hôtel de Ville / Cuire
- M D — Gare de Vaise / Gare de Vénissieux

TRAMWAY

- T 1 — Debourg / IUT Feyssine
- T 2 — Hôtel de Région Montrochet / Saint-Priest Bel Air
- T 3 — Gare Part-Dieu Villette / Meyzieu Zi / Meyzieu Les Panettes *
- T 4 — Hôpital Feyzin Vénissieux / La Doua - Gaston Berger
- T 5 — Grange Blanche / Eurexpo
- T 6 — Debourg / Hôpitaux Est - Pinel
- T 7 — Vaulx-en-Velin La Soie / Décines - OL Vallée

* en semaine

** arrêt desservi seulement les jours d'évènements

FUNICULAIRE / *FUNICULAR*

- F 1 — Vieux Lyon / Saint-Just
- F 2 — Vieux Lyon / Fourvière

LIGNE DE BUS MAJEURE / *TRUNK ROUTE*

- C 1 — Part-Dieu - Jules Favre / Cuire
- C 2 — Part-Dieu - Jules Favre / Rillieux Semailles
- C 3 — Gare Saint-Paul / Vaulx-en-Velin La Grappinière

SERVICES

- P+R Parc relais TCL
- P+R Parc relais Vélo
- rhônexpress Desserte aéroport (tarification spéciale)
- Aéroport

Toutes les stations de métro (sauf Croix-Paquet), funiculaire (Minimes : prendre la rame 1), tramway et trolleybus C1 C2 C3 sont accessibles. Pour connaître la disponibilité des ascenseurs, appeler le 04 26 10 12 12 ou consulter tcl.fr.

www.tcl.fr

APPLI TCL

ALLÔ TCL
04 26 10 12 12
(prix d'un appel local)

Des modes de transports complémentaires au réseau TCL :

vélo'v velov.grandlyon.com

citiz www.lpa.citiz.coop

LC LATITUDE CARTAGÈNE
Septembre 2021

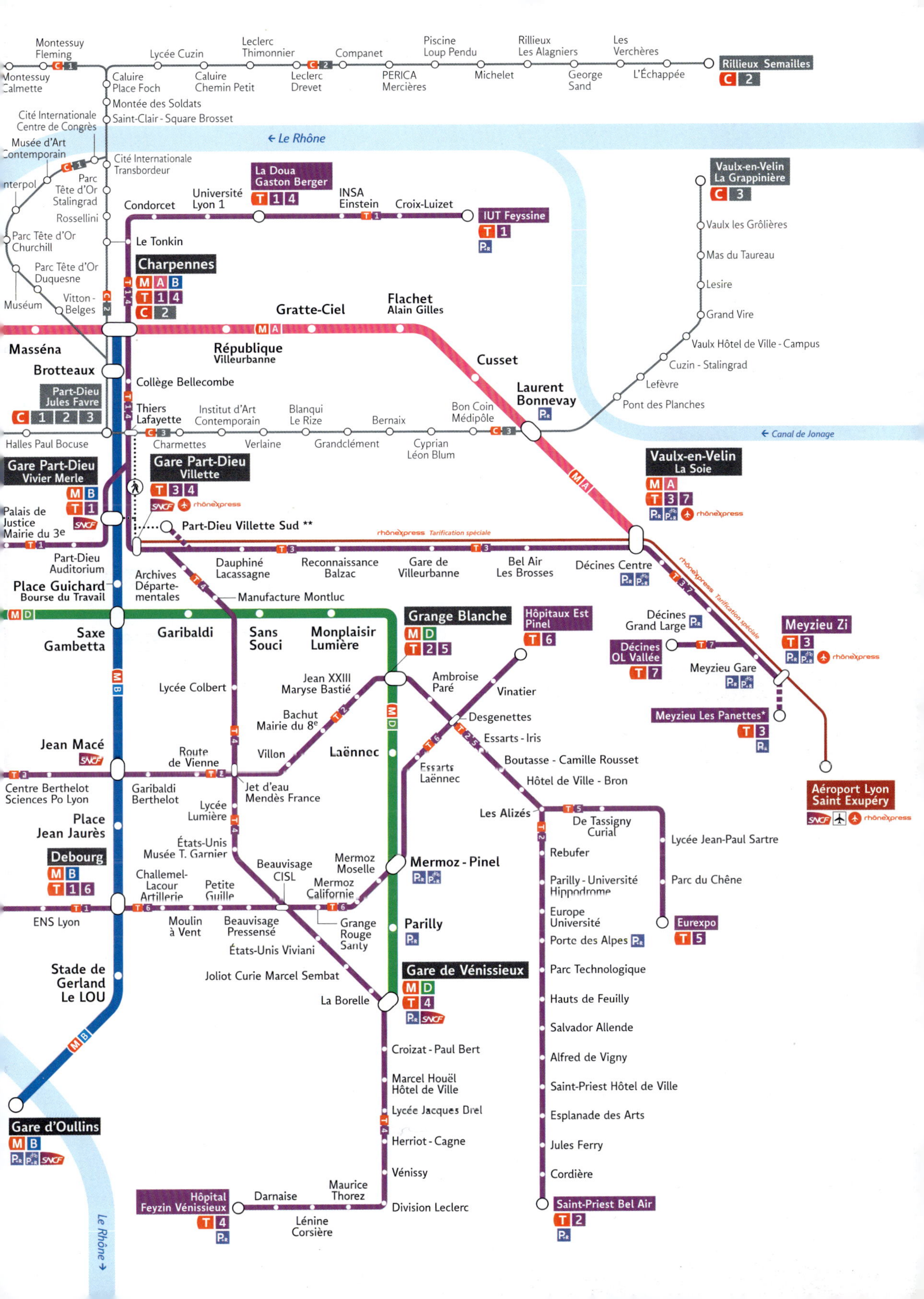
Montessuy Fleming
Montessuy Calmette
Lycée Cuzin
Leclerc Thimonnier
Companet
Piscine Loup Pendu
Rillieux Les Alagniers
Les Verchères
Rillieux Semailles
C 2
Caluire Place Foch
Caluire Chemin Petit
Leclerc Drevet
PERICA Mercières
Michelet
George Sand
L'Échappée
Montée des Soldats
Saint-Clair - Square Brosset
Cité Internationale Centre de Congrès
Musée d'Art Contemporain
← Le Rhône
Cité Internationale Transbordeur
Interpol
Parc Tête d'Or Stalingrad
Rosselini
Parc Tête d'Or Churchill
Parc Tête d'Or Duquesne
Muséum
Vitton - Belges
La Doua Gaston Berger
T 1 4
Université Lyon 1
INSA Einstein
Croix-Luizet
IUT Feyssine
T 1
Condorcet
Le Tonkin
Charpennes
M A B
T 1 4
C 2
Gratte-Ciel
Flachet Alain Gilles
Vaulx-en-Velin La Grappinière
C 3
Vaulx les Grôlières
Mas du Taureau
Lesire
Grand Vire
Vaulx Hôtel de Ville - Campus
Cuzin - Stalingrad
Lefèvre
Pont des Planches
Masséna
République Villeurbanne
Cusset
Laurent Bonnevay
Brotteaux
Collège Bellecombe
Part-Dieu Jules Favre
C 1 2 3
Thiers Lafayette
Institut d'Art Contemporain
Blanqui Le Rize
Bernaix
Bon Coin Médipôle
Halles Paul Bocuse
Charmettes
Verlaine
Grandclément
Cyprian Léon Blum
← Canal de Jonage
Gare Part-Dieu Vivier Merle
M B
T 1
Gare Part-Dieu Villette
T 3 4
rhônexpress
Vaulx-en-Velin La Soie
M A
T 3 7
rhônexpress
Palais de Justice Mairie du 3e
Part-Dieu Villette Sud **
rhônexpress Tarification spéciale
Part-Dieu Auditorium
Place Guichard Bourse du Travail
Archives Départe-mentales
Dauphiné Lacassagne
Reconnaissance Balzac
Gare de Villeurbanne
Bel Air Les Brosses
Décines Centre
Manufacture Montluc
Saxe Gambetta
Garibaldi
Sans Souci
Monplaisir Lumière
Grange Blanche
M D
T 2 5
Hôpitaux Est Pinel
T 6
Décines Grand Large
Décines OL Vallée
T 7
Meyzieu Gare
Meyzieu Zi
T 3
rhônexpress
Lycée Colbert
Jean XXIII Maryse Bastié
Ambroise Paré
Vinatier
Desgenettes
Bachut Mairie du 8e
Essarts - Iris
Meyzieu Les Panettes*
T 3
Jean Macé
Route de Vienne
Villon
Laënnec
Essarts Laënnec
Boutasse - Camille Rousset
Hôtel de Ville - Bron
Aéroport Lyon Saint Exupéry
rhônexpress
Centre Berthelot Sciences Po Lyon
Garibaldi Berthelot
Jet d'eau Mendès France
Lycée Lumière
Les Alizés
De Tassigny Curial
Lycée Jean-Paul Sartre
Place Jean Jaurès
États-Unis Musée T. Garnier
Rebufer
Debourg
M B
T 1 6
Challemel-Lacour Artillerie
Petite Guille
Beauvisage CISL
Mermoz Moselle
Mermoz Californie
Mermoz - Pinel
Parilly - Université Hippodrome
Parc du Chêne
ENS Lyon
Moulin à Vent
Beauvisage Pressensé
Grange Rouge Santy
Parilly
Europe Université
Eurexpo
T 5
États-Unis Viviani
Porte des Alpes
Stade de Gerland Le LOU
Joliot Curie Marcel Sembat
Gare de Vénissieux
M D
T 4
Parc Technologique
La Borelle
Hauts de Feuilly
Salvador Allende
Croizat - Paul Bert
Alfred de Vigny
Marcel Houël Hôtel de Ville
Saint-Priest Hôtel de Ville
Gare d'Oullins
M B
Lycée Jacques Brel
Esplanade des Arts
Herriot - Cagne
Jules Ferry
Vénissy
Cordière
Hôpital Feyzin Vénissieux
T 4
Darnaise
Maurice Thorez
Division Leclerc
Saint-Priest Bel Air
T 2
Lénine Corsière
Le Rhône →

LES FORÊTS URBAINES

© ERIC SOUDAN - ALPACA PRODUCTIONS

Si la ville est parfois une jungle, qu'il est bon de voir pousser des forêts urbaines. La Métropole de Lyon plante de jeunes arbres pour constituer demain de véritables forêts urbaines capables de lutter de manière naturelle contre la pollution de l'air, mais aussi d'améliorer la biodiversité. Trois forêts urbaines – à Saint-Priest, Sathony-Camp, Caluire et Cuire – existent déjà et d'autres sont à venir.

CULTURE À VILLEURBANNE

C'est une première, puisque Villeurbanne a été la première ville à avoir décroché le label « Capitale française de la culture ». 2022 est donc une année particulièrement riche

© GILLES MICHALLET

avec une programmation culturelle foisonnante et la jeunesse comme fil rouge. Près de 800 rendez-vous sont annoncés tout au long de l'année, une gigantesque fête qui ne s'arrêtera pas en mélangeant les genres et les cultures.

BORNES À COMPOST

Avec la volonté de réduire nos déchets, la Métropole de Lyon a installé des bornes à compost dans le 7e arrondissement. Tous les habitants se sont vu proposer des paniers et des sacs en papier pour collecter leurs déchets alimentaires dans des bornes facilement accessibles. Le contenu est régulièrement ramassé pour être acheminé vers des sites de transformation en compost. Simple et efficace.

© ANTHONY SEREX

RÉSEAU EXPRESS VÉLO

Se déplacer en ville à vélo, c'est devenu une évidence pour bon nombre d'entre nous. Et pour améliorer nos déplacements, la Métropole de Lyon crée un nouveau réseau de pistes cyclables. À terme, ce seront 250 km de voies express, véritables autoroutes pour vélos, aménagées entre les communes périphériques et le cœur de Lyon. Ligne 1 entre Vaulx-en-Velin et Saint-Fons en passant par les quais du Rhône.

© MÉTROPOLE DE LYON

GARE DE COVOITURAGE

Les parkings de covoiturage se trouvent le plus souvent aux sorties des autoroutes et à l'entrée des agglomérations. Nouveauté dans la Métropole de Lyon avec une gare de covoiturage installée au cœur de la ville, sur le quai Gailleton. Une halte

© ANTHONY SEREX

pratique pour embarquer en toute sécurité un passager qui peut vous signaler vers quelle direction il désire se rendre. Tous sur encovoit-grandlyon.com.

PEINTURE ANTI-CHALEUR

Ça chauffe sous nos pieds en été. En pleine ville, parfois au-dessus de 30 °C, il n'y a pas que le bitume à fondre. La Métropole de Lyon a expérimenté l'été dernier une peinture révolutionnaire – à l'eau et sans produit chimique – qui isole le sol pour éviter l'accumulation de chaleur. La surface recouverte a perdu jusqu'à 10 °C ! Une des solutions, avec plus de verdure, pour une ville moins chaude ?

© ANTHONY SEREX

© ANTHONY SEREX

FREE VELO'V

La Métropole de Lyon fait vraiment tout ce qu'il faut pour que chacun puisse privilégier le vélo dans ses déplacements. Une nouvelle preuve avec Free Vélo'v. Si vous avez entre 18 et 25 ans, que vous êtes boursier ou boursière, en parcours d'insertion dans la Métropole de Lyon, celle-ci vous prête un vélo pendant 1 an ! Un vélo reconditionné 100 % révisé et confortable, marqué et sécurisé.

https://freevelov.grandlyon.com

LYON 30 KM/H

© ANTHONY SEREX

Après la ZFE, Zone à Faible Émission, qui empêche désormais les voitures particulières Crit'Air 5 de stationner et de circuler dans une partie de la Métropole, voici que Lyon limite la vitesse des véhicules à 30 km/h. Outre une distance de freinage divisée par deux en cas de danger, la ville à 30 permet non seulement de diminuer la consommation de carburant mais aussi les rejets de gaz polluants.

NOUVEAU CAP À LA PART-DIEU

La « skyline » de Lyon gardera-t-elle son profil actuel ? La construction de nouvelles tours est abandonnée et les espaces publics sont remodelés. Dans un quartier de la Part-

© ANTHONY SEREX

Dieu trop minéral, la Métropole de Lyon renforce la place de la nature. Pour réaliser la transition écologique du quartier, on plante des arbres et on aménage en pleine terre pour laisser les eaux de pluie s'infiltrer dans les sols.

LES TERRASSES DE LA PRESQU'ÎLE

Petit à petit, Lyon renoue le contact avec ses cours d'eau. Côté Rhône, les berges ont permis à la rive gauche d'accueillir promeneurs et cyclistes qui s'arrêtent aux terrasses des péniches. Côté Saône, après l'ouverture du parking souterrain sur le quai Saint-Antoine, ce sont les Terrasses Presqu'île qui permettront l'ouverture d'un grand jardin fluvial et l'aménagement d'une large promenade piétonne.

© ANTHONY SEREX

TOURISME RESPONSABLE

© THIERRY FOURNIER

Contre le tourisme de masse que l'on peut parfois croiser dans le Vieux Lyon, la Métropole de Lyon s'engage pour un tourisme responsable. Cela ne veut pas dire accueillir moins de touristes, l'ambition est même d'augmenter le chiffre avec le tourisme d'affaires, mais de les accueillir différemment en leur faisant connaître toutes les expériences à vivre sur le territoire (lisez le Petit Futé !).

TROLLEYBUS 100% ÉLECTRIQUE

Dans le cadre d'une transition énergétique où les transports en commun ont tout leur rôle à jouer, la Métropole de Lyon via le Sytral a mis en circulation une vingtaine de trolleybus nouvelle génération 100 % électrique, notamment sur la ligne C13 qui relie Grange-Blanche à Hôtel de Ville. Et d'ici 2026, ce seront 400 bus électriques et au gaz naturel qui remplaceront les anciens bus au diesel.

© SYTRAL

LES PERSONNALITÉS

Excellence et originalité, caractères d'exception, c'est sans doute ce qui réunit les 5 personnalités récompensées cette année par le Petit Futé. A commencer par Davy Tissot, pur Lyonnais qui a remporté le prestigieux Bocuse d'Or 2021. Sur ses traces, mais suivant sa propre voie , la jeune cheffe Naïs Pirollet, première femme à représenter la France en finale du prochain Bocuse d'Or ! L'effort et l'excellence, le Lyonnais Hugo Boucheron connaît, lui qui a été sacré champion olympique d'aviron avec son partenaire Matthieu Androdias. Enfin, deux personnalités hors du commun avec Colette Sibilia qui porta si haut les couleurs de la maison gourmande qui porte toujours son nom (reprise par Bruno Buntzler avec brio) et Alexandre Astier, un artiste aux multiples talents qui nous fait rire et réfléchir.

© JULIEN BOUVIER

DAVY TISSOT

SUR LE TOIT DU MONDE DE LA GASTRONOMIE

Quand un Lyonnais fait honneur à sa ville et à la France tout entière, il mérite largement de compter parmi les personnalités de l'année. Lyonnais d'origine, Davy Tissot est non seulement un cuisinier d'exception, chef étoilé parmi les Meilleurs Ouvriers de France, mais il a franchi un cap supplémentaire en remportant sur ses terres le prestigieux Bocuse d'Or lors du SIRHA 2021. L'excellence lyonnaise.

© FRANK LELOIRE

© JULIEN BOUVIER - GL

HUGO BOUCHERON

L'AVIRON LYONNAIS QUI FAIT GAGNER LA FRANCE

Avec son complice à la rame Matthieu Androdias, Hugo Boucheron fait partie de ses champions dont les performances exceptionnelles – champion du monde et champion olympique d'aviron – ne sont pas assez médiatisées (ou pas assez longtemps après l'événement). Ce Lyonnais passionné, licencié au Cercle de l'Aviron de Lyon, porte haut les valeurs de son sport. N'attendons pas Paris 2024 pour le soutenir !

NAÏS PIROLLET

LA RELÈVE DORÉE

Sur les traces de Davy Tissot, la jeune cheffe Naïs Pirollet – originaire de Briançon, mais lyonnaise d'adoption – a qualifié la France pour la finale du prochain Bocuse d'Or qui se déroulera en janvier 2023 lors du Sirha. A 24 ans, diplômée de l'Institut Bocuse, coachée par Tabata Mey, Naïs Pirollet est la première femme à représenter la France dans cette compétition. A Lyon, la relève est assurée !

© THOMAS LAISNÉ

© FRANÇOISE PUPIER

ALEXANDRE ASTIER

PASSIONNÉMENT ASTIER

Connaissez-vous tous les talents du Lyonnais Alexandre Astier ? Alexandre Astier n'est pas qu'un roi de cinéma, créateur de répliques cultes et de personnages plus profonds qu'il n'y paraît dans la série et le film - sorti en 2021 - *Kamelott*. Il est aussi réalisateur, scénariste, musicien, compositeur et vulgarisateur passionné d'astrophysique. Un touche-à-tout de génie qui nous touche beaucoup.

COLETTE SIBILIA

TRANCHE DE VIE GOURMANDE

Si le nom de Colette Sibilia n'évoque rien pour vous, c'est que vous n'êtes ni lyonnais ni gourmand ! Fille d'une famille italienne, Colette Sibilia reprend la charcuterie créée à Lyon par son père, s'imposant dans cet univers masculin en fournissant les plus grandes tables lyonnaises. Figure emblématique des Halles de Lyon, femme de valeurs, Colette Sibilia marque de son empreinte la gastronomie lyonnaise.

LES RESTAURANTS

Choisir 10 restaurants parmi notre sélection qui en compte 370 dans une ville qui en compterait près de 1 800 intra-muros et bien plus pour la métropole, voilà une mission délicate. Et comme au Petit Futé, nous aimons la différence, nous avons sélectionné des restaurants à l'excellent rapport qualité-prix dans toutes les catégories. À commencer par les gastronomiques Mère Brazier ou Saisons qui renouvellent le genre. Des adresses qui nous emmènent en voyage, de l'Iran de Mojgan aux rivages méditerranéens de Kabestan, ou vers de belles découvertes culinaires : les berliner kebap de Chëf ; la cuisine végétale de Culina Hortus ; les produits locaux sublimés par les chefs de Rustique, l'Atelier des Augustins ou l'Artichaut. Enfin, Futé craque toujours pour le concept unique de Food Traboule.

MÈRE BRAZIER

INSTITUTION NOUVELLE VERSION

Parmi les grands noms de la gastronomie lyonnaise, de ceux qui ont laissé leur nom pour toujours à leur restaurant, il y eut Eugénie Brazier avant Paul Bocuse. Perpétuer la tradition tout en renouvelant le style, en marquant le lieu de son empreinte, c'est le pari réussi de Mathieu Viannay. Un chef qui a redonné une étoile à ce restaurant emblématique tout en affirmant sa personnalité en cuisine. ▶▶ Page 62

RUSTIQUE

NATURE SAUVAGE ÉVOLUÉE

Si faire simple peut être compliqué, faire rustique l'est tout autant ! Et c'est tout le talent du chef Maxime Laurenson qui a su imposer sa puissance rustique dans le chic quartier d'Ainay. Puisant sa force et ses saveurs dans le terroir, le chef compose, au rythme des produits de saison - pas de carte, uniquement un menu dégustation - et de son inspiration, une cuisine d'auteur à déguster sans modération. ▶▶ Page 72

© CYCLOPPROD

CHËF

QUAND LE KEBAP PASSE UN CAP GOURMAND

Sur le kebab, on aura tout dit. Mais sur les Berliner Kebap de Chëf, un seul mot s'impose : délicieux ! Un petit restaurant entre Terreaux et Pentes, un accueil adorable, mais surtout des recettes uniques pour préparer les meilleurs kebabs de France selon le critique gastronomique (lyonnais) F.-R. Gaudry. Carnivores ou végétariens, à base d'un seitan mariné fait maison, les kebap les plus gourmands. ▶▶ Page 123

© MARIE FERRARO

SAISONS

LA BELLE RÉPÉTITION DES SAISONS

Vous avez remarqué que Saisons - restaurant d'application de l'Institut Bocuse - a déjà été récompensé l'an passé par le *Futé* dans la catégorie. Mais, après la victoire de Davy Tissot au Bocuse d'Or, la qualification de Naïs Pirollet (première femme représentant la France) à cette compétition, le maintien de l'étoile et des assiettes exceptionnelles, Saisons compte toujours parmi nos adresses préférées. ▶▶ Page 65

© @IESS CA_THOLIN

KABESTAN

CUISINE MÉDITERRANÉENNE DE PARTAGE

Mettre les voiles en plein cœur de la ville et prendre le large vers les rivages méditerranéens à bord du Kabestan. Terrasse de rêve au mobilier plus convivial, salle aussi chaleureuse que l'ambiance, DJ les soirs de fin de semaine, bar à cocktails et des plats à partager en petite ou grande tablée : mezzes chauds et froids, tentacules de poulpe caramélisés, poisson entier... Saveurs ensoleillées. ▶▶ Page 108

© EMMANUEL SFASSOFF

L'ARTICHAUT

COUP DE CŒUR À L'ARTICHAUT

Il y a le cadre urbain exceptionnel face à l'abbaye d'Ainay pour ce restaurant installé dans les murs de l'Hôtel de l'Abbaye. Il y a le décor, l'accueil, le service, mais il y a surtout la cuisine du chef Clément Lopez qui travaille les meilleurs produits régionaux et d'ailleurs pour nous proposer des associations inspirées. Bistronomie d'excellence renforcée par une superbe carte des vins. Coup de cœur. ▶▶ Page 73

© ANTHONY SEREX

MOJGAN

UNE HISTOIRE DE SHIRAZ ET D'AMOUR

Ça ne vous est jamais arrivé de tomber amoureux d'un restaurant qui vous fait découvrir un pays et sa cuisine ? Nous, on est tombés amoureux de Mojgan, arrivée d'Iran en France il y a plus de 20 ans pour transformer sa passion, la cuisine, en métier. La cheffe nous fait partager les recettes de sa grand-mère, les saveurs d'un pays qui prend une autre dimension, l'Iran, et sa touche personnelle.

▶▶ *Page 119*

© ALEXANDRA BATTUT

FOOD TRABOULE

ASSEMBLAGE DE BONNES ADRESSES

Nous les avions récompensés parmi les Graines de vainqueur l'an passé et nous les retrouvons parmi les meilleurs restaurants de Lyon dans cette édition. Food Traboule, c'est un *food court* installé dans les murs de la Tour Rose. Résultat : un lieu de vie merveilleux pour se régaler de la cuisine de 12 chefs. Des gastronomies variées pour un plaisir singulier dans un lieu unique. Du plaisir à partager.

▶▶ *Page 69*

© CULINA HORTUS

CULINA HORTUS

LE VÉGÉTAL À SON APOGÉE

Le Culina Hortus, s'il n'a pas obtenu l'étoile qu'il mérite, a le privilège d'être l'une des rares adresses dans notre top 10 des restaurants deux années consécutives ! Celui qui a été sacré meilleur restaurant végétarien du monde en 2020 continue de nous étonner à chaque nouvelle récolte. 100 % végétarien, mais surtout 100 % délicieux avec un travail remarquable sur des produits de grande qualité.

▶▶ *Page 96*

© MATHIEU CELLARD

L'ATELIER DES AUGUSTINS

CUISINE D'EXPRESSION LOCALE

Quand un chef, Nicolas Guilloton, met son inspiration, sa virtuosité au service des produits du terroir, cela donne L'Atelier des Augustins. Une table qui pourrait passer dans la rubrique « Gastronomie » par les assiettes proposées, la qualité du service, mais qu'on préfère conserver en « Bonnes tables » en raison des tarifs accessibles et de la convivialité du lieu.

▶▶ *Page 66*

KABESTAN

CUISINE MÉDITERRANÉENNE DE PARTAGE

Depuis septembre 2019, Kabestan est un restaurant qui propose une cuisine méditerranéenne pleine de saveurs. Tout en gardant sa carte ensoleillée et son bar à cocktails, Kabestan fait évoluer son offre, cassant les codes un peu figés du Grand Hôtel-Dieu pour nous faire vibrer et nous régaler de l'après-midi au début de la nuit.

Quelles sont les nouveautés chez Kabestan ?

D'abord les horaires. Kabestan est ouvert de 15h jusqu'à 1h du matin du lundi au vendredi et le samedi de midi à 1h. La semaine, le service commence avec une carte raccourcie de 15h à 18h. À partir de 18h, le voyage continue avec la carte du chef : mezze chauds et froids, ainsi que des plats à partager qui sont la grande nouveauté d'une carte qui offre un rapport qualité/prix exceptionnel. Ensemble, vous pouvez vous régaler d'un poisson entier rôti au four, d'une épaule d'agneau confite, sans oublier le poulpe qui est le plat emblématique de la maison avec des tentacules de poulpe caramélisés ou une spectaculaire salade de poulpe au shaker. Les desserts sont réalisés par notre chef pâtissier. Kabestan se définit par sa cuisine méditerranéenne de partage.

Y a-t-il eu d'autres évolutions ?

Venez profiter de notre DJ résident du jeudi au samedi à partir de 19h. Chez Kabestan, nous avons voulu un restaurant festif où l'on vient se détendre, partager de bons moments autour de bons plats et de cocktails faits maison. Comme en cuisine, nous avons imaginé une carte de cocktails festive où un grand nombre d'ingrédients, sirops ou infusions sont faits maison, par exemple le Porn Star Martini, qui est un vrai succès. Également une belle sélection de vins au verre et en bouteilles. Tous les ingrédients sont là pour vous faire voyager.

Horaires, cuisine, cocktails... Le lieu aussi a-t-il changé ?

Le changement opère aussi sur les terrasses avec un nouveau mobilier plus convivial et plus cosy. Le temps s'arrête en plein centre de Lyon, venez profiter de l'instant présent en « chillant » avec vos amis. Chez Kabestan, notre esprit méditerranéen vous permet de voyager sur de grandes tablées entre amis, en famille ou entre professionnels. La Méditerranée s'offre à vous pour un apéro, pour un dîner et, pour faire la fête, Kabestan s'adapte à vos envies.

› KABESTAN
3, place Amédée Bonnet
Lyon 2e
✆ 04 72 32 24 77
www.kabestanlyon.fr

© JESSICA_THOLIN

© JESSICA_THOLIN

© @JESSICA_THOLIN

LES INSOLITES

Dans une époque chamboulée, où les normes sont remises en question - même la réalité -, l'insolite peut se trouver à chaque adresse. Mais en attendant que la tradition devienne insolite, le *Petit Futé* s'est attelé à faire une sélection d'adresses originales pour piquer votre curiosité. Année particulière avec deux musées dans ce palmarès avec le Musée de l'Illusion, pour apprendre en s'amusant à se méfier de notre perception du réel, et The Disturb House Museum, pour découvrir la culture skate. Parmi les autres adresses insolites, le plus grand spa urbain de France pour se détendre dans l'eau, un bar vraiment clandestin caché dans le Vieux Lyon (à consommer avec modération) et des vins faits en plein centre de Lyon dans un étonnant chai urbain. Laissez l'insolite bousculer vos certitudes !

LA TÊTUE

CHAI URBAIN

Sans doute la rencontre la plus inattendue de l'année, celle du seul chai implanté en plein cœur – au pied des Pentes – d'une ville aussi importante que Lyon : La Têtue de Géraldine Dubois. Cette viticultrice des Monts du Lyonnais a installé son pressoir et ses cuves en Presqu'île pour créer un véritable circuit court en proposant sa production à la vente en vrac dans des bouteilles consignées.

▶▶ Page 162

© FOODISTERIE

© LA LAITERIE DE LYON

LA LAITERIE DE LYON

NOUVELLE ÉTOILE DANS LA VOIE LACTÉE

La dernière laiterie présente à Lyon avait fermé ses portes en 2008. Fin novembre 2020, Jean et Anaïs ouvrent la Laiterie de Lyon, un laboratoire de fabrication de fromages et yaourts, complété par une boutique où l'on retrouve leur production et d'autres produits d'épicerie. Fabriqués à partir de lait bio en provenance d'Isère, les fromages, yaourts et autres desserts ont le bon goût du made in Lyon.

▶▶ Page 136

© MUSEEDELILLUSION

MUSÉE DE L'ILLUSION

TU ME FAIS TOURNER LA TÊTE !

Dans un monde où il faut apprendre à se méfier des illusions, ce musée permet d'apprendre de manière ludique comment sont créées certaines d'entre elles. Dans le cadre du Grand Hôtel-Dieu, un musée totalement immersif pour mieux comprendre les tours d'optique joués à votre cerveau dérouté. Des salles qui chamboulent toutes vos sensations pour une expérience insolite conseillée à toute la famille.

▶▶ Page 34

© DIMITRI JOURDAN

THE DISTURB HOUSE MUSEUM

CULTURE SKATE

Si vous pensez que tous les musées sont barbants, que votre ado ne vous suppliera jamais d'aller en visiter un : vous faites fausse route ! Direction Grigny, au sud de la Métropole, pour découvrir : The Disturb House Museum. Un lieu unique avec près de 600 skateboards et divers objets liés à la culture skate.

▶▶ Page 40

© BESTJOBERS

SPA LYON PLAGE

DÉTENTE AU PLUS GRAND CITY SPA DE FRANCE

Lyon n'est pas réputée pour ces lieux où l'on peut se relaxer en profitant des bienfaits de l'eau. Pourtant, les Romains avaient construit des thermes dans notre ville ! Aujourd'hui, Lyon abrite le plus grand City Spa de France. Sur les bords de Saône, 8 000 m² d'installations dédiées au bien-être et à la remise en forme autour de l'eau. Parcours d'hydromassages, bassin de détente, piscine, sauna...

▶▶ Page 220

© EMMANUEL SPASSOFF

L'AÉRO

EN SCÈNE, EN PISTE, À TABLE !

Au bord des pistes de l'aéroport de Bron, l'Aéro est un restaurant insolite où l'on peut regarder décoller et atterrir les avions et hélicoptères tout en savourant une cuisine maison sur une carte de brasserie, mais encore un véritable lieu de concert doté d'une scène et d'une belle programmation. Dehors, sur la magnifique terrasse abritée, DJ et dancing en plein air. Une adresse qui nous fait décoller.

▶▶ Page 87

© BAR DE BON-SECOURS

BAR DE BON-SECOURS

COCKTAILS CLANDESTINS

Certainement le bar clandestin le mieux caché de Lyon dans les sous-sols voûtés de l'Ambassade Bonnat & Crozet, au cœur du Vieux Lyon dans un bâtiment historique. Pour y entrer... on vous laisse découvrir les consignes dans notre article ! Mais une fois à l'intérieur, le charme opère et on change totalement d'époque et d'univers ! Cocktails originaux, notamment à base des liqueurs de la maison Crozet. ▶▶ Page 173

© UNI

UNI

S'ABONNER POUR MANGER AU RESTAURANT

Installé rue Mercière et à l'OL Vallée, UNI® est un concept innovant avec un abonnement permettant de manger à prix réduit tout en profitant d'animations et autres happy hours. Même les enfants en profitent et s'amusent dans la salle de jeux dédiée. Autre tendance portée par UNI®, la possibilité de réserver une table, commander un plat et régler la note à partir d'une appli sur son smartphone. ▶▶ Page 125

© DR

HÔTEL & SPA PANORAMA 360

ROOFTOP AVEC VUE SUR LA SAÔNE ET LE MONT-BLANC

Prenez de la hauteur, mettez-vous au vert ! D'abord en montant de Lyon à Mâcon. Ensuite, en montant sur le toit d'un hôtel**** installé dans un bâtiment historique qui connaît une nouvelle vie avec l'Hôtel & Spa Panorama 360. Vue panoramique vers la ville, la Saône et le Mont-Blanc sur la ligne d'horizon. Détente, cocktails et tapas au Skybar. ▶▶ Page 58

© CITY SURF PARK LYON

CITY SURF PARK LYON

SENSATIONS SUR LA VAGUE

Une adresse qui nous fait tellement de bien qu'on la repasse parmi les Insolites. Surfeur accompli ou novice en la matière, viens glisser indoor à l'OL Vallée sur une vague artificielle qui s'ajuste selon ton niveau. C'est le fun total, même pour les chutes dans une eau à 27 °C. Et pour s'y croire pleinement, beach bar, surf shop, scène musicale pour un ensemble à privatiser avec vos amis. ▶▶ Page 232

HOTEL & SPA PANORAMA 360****

LA BELLE ÉVASION TOUT PRÈS DE LYON

À 45 minutes de Lyon, facile d'accès en voiture par l'A6 et en train gare de Mâcon à 3 min à pied, l'hôtel Panorama 360 profite d'une situation exceptionnelle sur un territoire riche de nature, de culture et de gourmandises. Échapper au stress de la Métropole, se retrouver en couple ou en famille, les raisons sont nombreuses de réserver un séjour au Panorama 360 ! Pour les professionnels aussi qui peuvent organiser réunions et séminaires dans les meilleures conditions.

Un lieu exceptionnel

Hôtel & SPA Panorama 360**** est un hôtel qui a pris place en plein centre-ville de Mâcon dans l'hôtel de la Poste construit au XIXe siècle. Le bâtiment a fait l'objet d'une réhabilitation complète pour son ouverture en 2018. 69 chambres et suite ont été aménagées dans ce 4-étoiles avec spa, salles de séminaires et un bar rooftop offrant une vue panoramique à 360° sur Mâcon, la Saône et le Mont-Blanc. Le mariage entre un bâtiment historique et la modernité de la rénovation donne au Panorama 360 un charme unique.

Détente, nature et culture : trio gagnant de votre week-end

Hôtel & SPA Panorama 360**** offre la destination idéale aux Lyonnais pour une escapade week-end à profiter du calme et de la verdure. Séjour détente garantie avec une prestation globale comprenant relaxation au spa (packages avec massages sur le site Internet) et moments festifs au bar à tapas et cocktails sur le rooftop. Balade à pied dans Mâcon ou à vélo sur la Voie Verte, découverte des vignobles du Beaujolais et de Bourgogne, randonnée à la Roche de Solutré, visites de Cluny et Tournus… Détente, culture et nature pour 48h inoubliables avec un pied-à-terre de rêve à Mâcon.

Se réunir facilement, travailler sereinement au Centre de congrès

Proche de Lyon, facile d'accès en voiture et train, **Hôtel & SPA Panorama 360****** permet de réunir aisément tous vos collaborateurs grâce à une offre business complète. Journées d'étude, séminaires résidentiels « clés en main » dans les 7 salles du Centre de congrès sur un espace de 450 m^{2}. Possibilité d'accueillir jusqu'à 300 personnes sous forme de réunions de 50 à 70 personnes dans plusieurs salles. **Hôtel & SPA Panorama 360****** peut s'occuper de la partie Incentive avec des activités ludiques, du team building, de la restauration midi et soir, pour terminer une journée de travail en partageant un cocktail au Skybar. Travail, loisir et plaisir au Panorama 360.

> HÔTEL & SPA PANORAMA 360
4, rue Paul Gateaud - **MÂCON**
✆ 03 85 50 20 42
www.hotelmacon-panorama360.com

© DR

© DR

© DR

LES GRAINES DE VAINQUEUR

Le terreau lyonnais est fertile et les Graines de vainqueur n'ont jamais aussi bien poussé que cette année ! Si le Petit Futé a privilégié une sélection de restaurants dans cette catégorie, c'est pour marquer cette particularité lyonnaise de jeunes – et moins jeunes – chefs qui, à peine sortis de l'Institut Bocuse ou des cuisines d'un étoilé, s'installent dans une ville gourmande et accueillante. En plus des restaurants prometteurs dans toutes les catégories – avec une majorité de tables bistronomiques, catégorie vainqueur du moment –, nous récompensons l'initiative solidaire du Café Joyeux, les cafés « Made in Lyon » Gonéo et leurs nouvelles boutiques, ainsi que Le Comptoir du Cycle qui rassemble les nombreux cyclistes de la Métropole. Toujours gagnant de découvrir des Graines de vainqueur !

BERGAMOTE

BISTRONOMIE ORIGINALE ET RESPONSABLE

Dans un quartier qui évolue au rythme des chantiers tout en gardant un air du passé, Gerland, quel bonheur de revenir aux racines du bien-manger – des bons produits et le travail d'un chef – chez Bergamote. Maxime Pujol et ses associées ont trouvé la bonne formule, l'équilibre entre tradition et créativité. Belle récolte dans des assiettes savoureuses, gourmandes, au fil des produits locaux de saison. ▶▶ Page 70

© MAUREEN DOMPROBST @FOOD_ISTERIE

© CAFÉ JOYEUX

CAFÉ JOYEUX

SERVICE GAGNANT AVEC LE COEUR

Alors que tout le monde parle d'inclusion en ignorant les autres, le Café Joyeux – désormais implanté au cœur de Lyon – a pris l'initiative d'employer des personnes en situation de handicap mental et cognitif pour travailler en cuisine comme en salle. Résultat, un lieu plein de bonne humeur et de bonheur où l'on peut savourer un bon café de spécialité et des petits plats de saison servis avec le cœur. ▶▶ Page 168

© COURT BOUILLON

COURT BOUILLON

JAMAIS À COURT DE BONNES SAVEURS

Tout ce que l'on attend d'un restaurant aujourd'hui, on le trouve au Court-Bouillon. Rien d'extravagant, mais une incroyable justesse qui vient du cœur, deux passionnés, et d'un savoir-faire remarquable, deux professionnels : Margo Poitou et Clément Guille. Beauté simple des lieux dans le Vieux Lyon, carte courte, produits frais, assiettes belles et savoureuses, un total régal pour un prix honnête. ▶▶ Page 69

© EMMANUEL SPASSOFF

TABLE ET PARTAGE

L'ENVIE DE PARTAGER UNE HISTOIRE GOURMANDE

Quand un chef expérimenté, l'excellent Thomas Lemaire, décide de créer son propre restaurant en compagnie de son épouse Susana, c'est pour partager leurs valeurs et leur goût des bonnes choses. Et le résultat est sans appel : délicieux ! Au cœur du 3e arrondissement, une table où convivialité, qualité des produits (carte courte, circuit court) et savoir-faire se mêlent pour écrire une histoire gourmande. ▶▶ Page 70

© CHLOE LAPEYSSONIE

REGAIN

RÉVÉLATION GOÛTEUSE EN PRESQU'ÎLE

Regain, c'est la promesse des beaux jours et la certitude d'une cuisine savoureuse dans un cadre au caractère un brin nostalgique. Derrière les fourneaux de ce restaurant bistronomique déjà très tendance, Benjamin Sanchez réalise une cuisine d'inspiration méditerranéenne avec de belles associations, notamment à partir de produits locaux boostés aux parfums du Sud. Belles quilles en accompagnement. ▶▶ Page 68

© AGENCE PANDA DIGITAL

CHEZ PIMOUSSE

PARTAGE DE STYLES

Trouver son style, rien de plus difficile. Entre l'ancien et le moderne, Chez Pimousse le cœur balance. Une surprenante maison des quais de Saône dont l'histoire mérite d'être connue, ses tables en bois, son comptoir et ses lignes épurées. *Idem* en cuisine où le chef Pierre-Michaël Martin, *aka* Pimousse, nous régale avec audace tout en respectant des produits de qualité. Menu Carte Blanche recommandé. ▶▶ Page 68

© EMMANUEL SPASSOFF

GONÉO

CAFÉS MADE IN LYON

Gonéo, ce n'est pas nouveau et vous connaissez déjà la marque lyonnaise de cafés de spécialités torréfiés déjà servie dans les meilleurs restaurants. Avec ses deux nouvelles boutiques – une aux Halles de Lyon Paul Bocuse, l'autre en Presqu'île –, Gonéo vend désormais sa gamme de cafés en direct aux particuliers, notamment en grains dans des boîtes métalliques en acier recyclable. Coffee shop aux Halles.

▶▶ Page 152

© BARCANDIER

BARCANDIER

MONTÉE EN PUISSANCE

Au début, il y a 3 ans, le Barcandier n'était « que » un bar de quartier des plus sympas qui soient, bonnes bières et bonnes tapas en soirée. Et puis, le Barcandier a réaménagé sa salle à l'étage, conservant la partie bar au niveau de la rue, pour accueillir un restaurant des plus inattendus. La cuisine du chef monte en puissance pour proposer des assiettes de plus en plus belles et gourmandes.

▶▶ Page 82

© AMAURY NEURY

LA MONSTRUEUSE

HORRIBLEMENT TENTANTE

Si le Vieux-Lyon abrite la rue la plus étoilée de France, cette partie du quartier classé au Patrimoine mondial était jusqu'alors moins réputée pour ses adresses gourmandes. Rue Juiverie, dans des murs d'une autre époque, a poussé une jolie plante Monstrueuse (une tomate en réalité). Produits locaux de saison sur un menu plein d'idées gourmandes par le chef Jérémie Hercberg. Ne pas résister à la tentation.

▶▶ Page 81

© EMMANUEL SPASSOFF

COMPTOIR DU CYCLE

LIEU DE VIE AUTOUR DU VÉLO

Une adresse au centre de tous nos déplacements. S'ouvrant par une terrasse sur la darse de Confluence, le Comptoir du Cycle est une adresse de passionnés accessible à tous. Tenu par des adeptes convaincus – tout comme nous – du vélo en ville, le Comptoir du Cycle propose une sélection de vélos adaptés à toutes les pratiques, mais aussi un atelier et un véritable comptoir où boire et manger. Mix réussi !

▶▶ Page 250

INTERVIEW

HUGUES CHAZOTTES, CAFÉS GONÉO

INNOVER POUR DES CAFÉS DE SPÉCIALITÉ

Cafés Gonéo, c'est le torréfacteur lyonnais qui ne cesse de monter depuis sa création en 2015. Son fondateur, Hugues Chazottes, nous raconte le développement de son entreprise et les innovations réalisées afin de proposer les meilleurs cafés aux professionnels comme aux particuliers.

Au service des professionnels, comment Cafés Gonéo a-t-il évolué vers les particuliers ?

En 2020/21, nous avons travaillé toute la gamme pour les particuliers. Ce projet a d'abord abouti sur notre e-shop et chez des revendeurs lyonnais : épiceries fines, salons de thé... Notre gamme particulier se décline en grains, moulu et capsules compatibles Nespresso®. Nous avons développé la gamme en grains avec un conditionnement en boîtes métalliques de 250 g, avec le choix du matériau le plus recyclé dans le monde. Des boîtes avec valve fraîcheur que nous sommes les seuls à proposer sur le marché français. Nous sommes aussi les premiers en France à proposer, aux Halles Paul Bocuse, des cafés en grains dans des silos vrac maintenus sous azote alimentaire afin que le café ne s'oxyde pas. Cafés Gonéo innove au service du goût.

D'autres nouveautés pour les particuliers ?

Nous avons ouvert en juin 2021 une boutique Cafés Gonéo rue Grenette sur la Presqu'île. Dans la foulée, nous avons ouvert une deuxième boutique Cafés Gonéo aux Halles de Lyon Paul Bocuse le 26 novembre 2021. Dans ces deux comptoir-boutique, vous pouvez vous fournir en cafés en grains, à faire moudre sur place si besoin, et en capsules. Vous pouvez avoir des conseils sur des machines à café ou sur du matériel pour de la méthode douce. Nous avons aussi une très belle gamme de thés et infusions Fabrikathé. En presqu'île, nous avons une petite activité coffee shop à emporter. Aux Halles, nous avons un vrai coffee shop avec une vingtaine de places assises. Là, nos baristas peuvent montrer tout leur savoir-faire.

Et vous proposez toujours des cafés de spécialité ?

Nous avons décliné la gamme pro aux particuliers avec tous nos cafés de spécialité. Prochainement, nous allons lancer des animations sur des cafés de saison, des cafés d'exception pour faire découvrir de véritables pépites avec toujours autant de plaisir.

Des conseils pour bien choisir son café ?

Venir dans nos boutiques et ne pas hésiter à challenger le barista à la manière d'un sommelier pour s'ouvrir à d'autres cafés. Nos boîtes 250 g sont des invitations à la découverte de nouveaux cafés, de nouvelles saveurs

› CAFÉS GONÉO
Boutique Presqu'île - 2, rue Grenette - **Lyon 2**
✆ 04 72 16 56 55 - www.cafes-goneo.fr

› BOUTIQUE HALLES DE LYON PAUL BOCUSE
102, cours Lafayette - **Lyon 3**
✆ 04 78 71 08 45

© EMMANUEL SPASSOFF

© EMMANUEL SPASSOFF

© EMMANUEL SPASSOFF

JE VISITE MA VILLE

Après avoir été contraints de se déplacer dans un petit périmètre, les Lyonnais ont eu envie de quitter la ville pour découvrir les environs de Lyon. Et puis, ils sont revenus vers leurs premières amours ! Je visite ma ville s'adresse aux Lyonnais – nouveaux arrivants, Lyonnais d'adoption et d'origine – qui souhaitent parcourir une ville qui multiplie les prix pour sa qualité de vie. Car Lyon n'est pas que la ville la plus attractive de France par son activité économique et ses entreprises, c'est avant tout un patrimoine unique qui attire des visiteurs du monde entier (quand il est possible de voyager...). Lyon, c'est une des plus belles villes où le patrimoine culturel, architectural, religieux offre une incroyable richesse renforcée par un patrimoine exceptionnel, sa gastronomie. Devant tant d'histoires, de secrets, de gourmandises, le *Petit Futé* vous ouvre les portes des musées, qui couvrent ici toutes les époques, de l'Antiquité gallo-romaine à la modernité de Confluence, vous propose des balades et une sélection d'hébergements pour prolonger le meilleur des séjours à Lyon.

NOUVEAU !

VOTRE GUIDE DEVIENT **INTERACTIF**

TAPEZ **PETITFUTE.APP** DANS LE NAVIGATEUR DE VOTRE SMARTPHONE.

PRENEZ UNE PHOTO DE LA PAGE DÈS QU'ELLE A CE PICTO !

FOIRE

FOIRE INTERNATIONALE DE LYON

Parc Eurexpo - **CHASSIEU**
✆ 04 72 22 32 67
www.foiredelyon.com
En mars 2023.

2022 était l'édition des retrouvailles. Des retrouvailles parfaitement réussies pendant les 10 jours d'une foire qui réunissait plus de 1 000 exposants. Il faut dire que cette Foire Internationale de Lyon attire un nombre incroyable de visiteurs dans les allées de plusieurs univers. Impossible de ne pas s'égarer entre les stands des 7 halls immenses où chacun déambule à son rythme. Toujours de très nombreuses animations et des événements pendant une Foire qui invite régulièrement un pays - il nous semble que le dernier était le Japon, qui en 2023 ? - à participer.

FOIRE

MAHANA

Place Charles-Mérieux (7e)
✆ 04 42 18 01 70
www.salons-du-tourisme.com
Du 3 au 5 mars 2023.

2022 a marqué le retour de ce grand salon du tourisme, avec des professionnels qui ont pu enfin mettre en avant plein de beaux voyages, de belles destinations à découvrir, sur leurs stands de la Halle Tony Garnier. Que l'on souhaite s'évader à l'autre bout de la planète ou à proximité dans la région lyonnaise - avec un choix de prestataires de grande qualité -, le salon Mahana multiplie les offres alléchantes pour découvrir des territoires inconnus, mais «couverts» par votre collection de guides *Petit Futé*, présents eux aussi au Salon. Balades et randonnées dans les Balcons du Dauphiné ou un Autotour dans l'ouest des USA, c'est tout un monde qui s'ouvre le temps d'un week-end.

FOIRE

MARCHÉ DE LA MODE VINTAGE

49, quai Rambaud (2e)
✆ 04 78 42 99 27
www.marchemodevintage.com
Du 8 au 9 octobre 2022.

C'est un peu comme pour tous les événements : le calendrier est bousculé. Mais comme celui-ci se veut d'une autre époque, pas de problème pour s'adapter. Les vintage addicts devraient, si tout va bien, se retrouver en mars 2022 à la Sucrière pour partager leur amour d'une mode et d'objets d'un autre âge. Car ce marché présente la mode, le design et les accessoires des années 1950 à 1990. Luxe, mobilier, créateurs, photographes, coiffeurs, disques vinyles, retrogaming, danse ou restauration. Si le festival se tient à date, des événements «MMV» se déroulent toute l'année.

FOIRE

MARCHÉ DE NOËL

Place Carnot (2e)
www.marche-noel-lyon.fr
En décembre 2022.

Un marché de Noël qui a pu retrouver son public en 2021 et, espérons-le de tout cœur, en 2022. Un marché traditionnel qui se tient depuis plus d'une vingtaine d'années sur la place Carnot, près de Perrache, où s'installent une centaine de chalets. Dans les allées flotte une odeur de vin chaud à la cannelle pendant que les visiteurs recherchent l'idée cadeau à mettre sous le sapin : artisanat local, produits du terroir, gourmandises de Noël... Chacun devrait pouvoir trouver son bonheur. Le marché de Lyon offre bien plus qu'un joli décor de carte postale, puisqu'il est le seul marché de Noël en France à présenter chaque jour des animations gratuites pour toute la famille.

FOIRE

LE SALON DU RANDONNEUR

50, quai Charles-de-Gaulle (6e)
✆ 04 78 39 37 11
www.randonnee.org
En mars.

La randonnée, ça marche très bien en Auvergne-Rhône-Alpes. Chaque année – et encore plus depuis la crise sanitaire – de très nombreux visiteurs, marcheurs, pèlerins, mais aussi cavaliers et cyclo-randonneurs viennent au Salon du Randonneur à la Cité Internationale pour découvrir de nouveaux parcours sur notre territoire et partout ailleurs en France. De la balade dans son village aux itinéraires de grande randonnée, toutes les destinations sont ouvertes. Des animations pour apprendre à lire une carte topographique, faire de la cani-rando ou découvrir la marche nordique. Et tous les ans : la rando du salon de Lyon avec la FFRandonnée, à la découverte des plus beaux sites de la ville.

FOIRE

SIRHA

Parc Eurexpo
CHASSIEU
www.sirha.com
En janvier 2023.

Organisé les années impaires, prévu fin janvier 2023, le Salon International de l'Hôtellerie-Restauration est sans doute le plus grand événement en la matière. Un salon qui réunit les plus grandes marques et les professionnels venus découvrir les derniers produits d'un marché qui ne cesse d'évoluer. Mais si ce salon s'adresse essentiellement aux professionnels, il intéresse aussi le public avec des concours d'exception. A commencer par le prestigieux Bocuse d'Or, remporté l'année dernière par le Lyonnais Davy Tissot, mais encore la Coupe du Monde de la Pâtisserie, la Coupe de France de la Boulangerie... Un univers magique que l'on ne manquerait pour rien au monde.

CINÉMA
LUMIÈRE - GRAND LYON FILM FESTIVAL

Avenue des Frères-Lumière (8e)
www.festival-lumiere.org
En octobre 2022.

Un festival unique puisqu'il se déroule dans les murs où le cinématographe fut inventé par les frères Lumière. 14e édition pour un festival particulier sans compétition, mais une sélection réalisée par des passionnés et la remise du Prix Lumière à une personnalité qui fait le cinéma. Un festival dirigé par Thierry Frémaux, montrant que la cinéphilie n'est pas qu'une affaire de critiques et que l'amour du cinéma reste en France une valeur partagée par le plus grand nombre. Ciné-concert à la Halle Tony Garnier si les conditions le permettent. Lyon, la ville du cinéma.

NEW
CULTURE
FESTIVAL ALTERNATIBA

Grand Parc Miribel Jonage
VAULX-EN-VELIN
https://alternatiba.eu
Du 8 au 10 juillet 2022.

Une grande nouveauté dont la première aura lieu en juillet 2022 au Grand Parc Miribel Jonage. Un événement annoncé comme «le plus grand festival climat», festif et engagé, reflétant les valeurs prônées par le mouvement Alternatiba. Pendant ces 3 jours les artistes (pas encore annoncés au moment de notre publication), les personnalités, les acteurs de la transition écologique et sociale, le public partageront des concerts, ateliers, conférences, projections, expositions et un village des Alternatives. Pour toutes celles et tous ceux qui cherchent leur place dans ce mouvement climat mondial, un événement forcément écoresponsable et inclusif. A découvrir dès cet été.

CULTURE
FESTIVAL WOODSTOWER

5, rue d'Aguesseau (7e)
✆ 09 51 57 58 96
www.woodstower.com
Du 24 au 28 août 2022 (dernier week-end d'août).

Un festival qui a la particularité d'exister en version été - Woodstower - et en version hiver - Wintower (en février au Transbordeur pour 2022). La version estivale se tient depuis 23 ans au Grand Parc Miribel Jonage. Un festival à la programmation éclectique qui continuera certainement avec sa belle programmation tous azimuts : world music, pop, électro, techno, rap... Ce qui ne devrait pas changer, plus que jamais d'actualité, ce sera l'engagement du festival pour le développement durable - avec l'ouverture d'un écovillage - et la promotion des jeunes talents, notamment de la région. La dernière fête de l'été au bord des eaux bleues, un festival à ne pas manquer.

CULTURE
TOUT L'MONDE DEHORS

(1er)
✆ 04 72 10 30 30
www.tlmd.lyon.fr
Du 23 juin au 31 août 2022.

Dans la chaleur estivale d'une ville en ébullition, tout l'monde est tellement mieux dehors plutôt que dans son appartement. Alors, si vous ne partez pas cet été, tant mieux ! Surtout pour assister et participer à près de 150 manifestations gratuites dans la ville. Tous les arrondissements sont concernés et chacun peut trouver un événement selon ses goûts. Des projections cinématographiques avec des films pour petits et grands, de la danse en tout genre, des jeux, du sport, beaucoup de musique pour tous les styles et tous les âges, du théâtre et du cirque, des contes et des lectures, des découvertes étonnantes, sans oublier les fêtes d'été de chaque quartier.

DANSE
BIENNALE DE LYON

3, rue du Président-Edouard-Herriot (1er)
www.labiennaledelyon.com
Du 14 septembre au 31 décembre 2022.

Nouveau point «calendrier» pour s'y retrouver entre deux événements aussi importants l'un que l'autre pour les acteurs de la culture à Lyon. Nous connaissons les dates 2022 de la 16e Biennale d'art contemporain - initialement prévue en 2021 - qui ouvrira ses portes le 14 septembre avec comme thème «Le manifeste de la fragilité», un thème transhistorique et parfaitement d'actualité dans notre société contemporaine. Installations à prévoir dans les anciennes usines Fagor de Gerland ? On attend le programme avec impatience. Côté Biennale de la danse, il faudra attendre 2023 pour retrouver les milliers de danseurs dans les rues d'une ville qui vit au rythme retrouvé des biennales.

FÊTE
FÊTE DES LUMIÈRES

(1er)
www.fetedeslumieres.lyon.fr
Le 8 décembre 2022. Accès libre et gratuit.

Se réchauffer le cœur, illuminer son esprit, tous ensemble réunis autour d'un événement d'une beauté incroyable qui a pu se tenir (sous conditions) en 2021. Imaginons 2022 et une Fête des Lumières qui fasse briller Lyon de mille feux. A l'origine de cette fête née un 8 décembre 1852, des Lyonnais qui illuminèrent leurs fenêtres de lumignons en hommage à Marie (ou plutôt pour faire pression sur les autorités religieuses...), ce qui permit l'inauguration de la statue de la Vierge au sommet de la colline de Fourvière. Depuis 30 ans, la ville a mis ses monuments à la disposition d'artistes de la lumière pour un véritable show. Arpentez si possible la Fête hors week-end. Incontournable.

FÊTE

LA VOGUE DES MARRONS

(4e) ✆ 04 72 98 23 50

www.vogue-des-marrons.fr

Du 1er octobre au 15 novembre 2022.

La Fête des Marrons, ça rime assurément avec tradition. La plus grande fête populaire de Lyon se tient depuis plus de 155 ans sur les hauteurs de la Croix-Rousse. Une «vogue» qui anime le Plateau pendant plus d'un mois au rythme des manèges à sensations, train fantôme, auto-tamponneuses, pêche aux canards... et autres stands forains. Petits et grands adorent déambuler dans les allées d'où s'élèvent de délicieux parfums qui nous ramènent en enfance. Vivement que l'on puisse goûter de nouveau aux fameuses pommes d'amour et aux marrons chauds qui participent d'une fête présente dans le cœur de tous les Lyonnais. La fête se termine vers 21h en semaine et se prolonge jusqu'à 23h le week-end.

LIVRE

FESTIVAL QUAIS DU POLAR

(1er) ✆ 04 78 30 18 98

www.quaisdupolar.com

En avril.

Bienvenue dans une ville, Lyon, qui aime le polar. La ville sera d'ailleurs au cœur de la programmation de la 18e édition du Festival Quais du Polar qui se tiendra de nouveau au Palais de la Bourse. Auteurs, éditeurs, libraires, journalistes et lecteurs amoureux de ce genre dont le succès ne se dément pas (même si la réalité rattrape parfois la fiction... ça marche aussi dans ce sens) seront là pour partager leur passion ! Pour patienter, *Petit Futé* vous recommande chaudement de suivre les indications de lecture sur le site de Quais du Polar. Un festival très dynamique et pluridisciplinaire (musique, cinéma, bande dessinée...) qui s'adresse aussi bien aux très jeunes enfants qu'aux parents.

LIVRE

FÊTE DU LIVRE DE BRON

BRON

✆ 04 78 26 09 31

www.fetedulivredebron.com

En mars.

Depuis plus de 35 ans, Bron célèbre la littérature contemporaine dans un lieu qui n'est pas à l'origine dédié à la culture, preuve que celle-ci peut s'épanouir partout, tout le temps. Dans le cadre exceptionnel de l'hippodrome de Parilly, les écrivains prennent la parole lors d'une fête vivante avec des échanges et des débats, des dialogues avec des auteurs connus et de nouveaux talents qui rencontrent leurs lecteurs, mais encore une grande librairie où l'on peut découvrir, grâce à des libraires indépendants, des ouvrages originaux. Programmation spéciale pour le jeune public. Une vraie fête du Livre, qui prend une dimension « métropolitaine » pour s'oxygéner l'esprit.

LIVRE

LYON BD FESTIVAL

(1er)

www.lyonbd.com

Du 10 au 12 juin 2022.

Né sur la colline de la Croix-Rousse, installé au Palais du Commerce au cœur de la Presqu'île - essaimant dans les principaux lieux culturels lyonnais -, le Lyon BD Festival s'ouvre en temps «normal» par les États généraux de la Bande Dessinée, rencontre de professionnels où sont présents tous les acteurs de cet univers qui séduit toujours plus de lecteurs. Le festival « off » voit la ville de Lyon se parer aux couleurs du 9e art. Dans des lieux divers et variés, des expositions, rencontres, dédicaces, conférences mettent la bulle à l'honneur avec près de 300 artistes présents. Un programme dense et passionnant. Un Festival qui se prolonge toute l'année avec une riche programmation.

MUSIQUE

LES NUITS DE FOURVIÈRE

1, rue Cléberg (5e)

www.nuitsdefourviere.fr

De juin à juillet 2022.

C'est l'événement qui annonce la belle saison des festivals de plein air. Sous le ciel étoilé de Lyon, dans le cadre magique du Grand Théâtre romain, les Nuits de Fourvière donnent une autre dimension au spectacle vivant. Depuis plus de 75 ans, le public vient applaudir les plus grands artistes dans tous les styles. Car ce qui fait l'une des particularités de ce festival, c'est la pluridisciplinarité d'artistes qui vont de la scène rock internationale au théâtre classique. La programmation compte parmi les plus remarquables, attirant plus de 130 000 spectateurs à chaque édition. Précipitation conseillée pour avoir des places, même sans garantie d'être assis (coussins conseillés...).

MUSIQUE

NUITS SONORES

(1er)

✆ 04 78 27 86 04

www.nuits-sonores.com

En mai.

Notre cœur bat plus fort pendant les Nuits Sonores. Vivement le prochain mois de mai que nos pieds battent le rythme et que les corps transpirent encore. Festival né en 2003 et devenu emblématique au fil des années, il s'est installé ces dernières années aux anciennes usines Fagor du côté de Gerland. Un festival des musiques électroniques ouvert à toutes les autres musiques, du rock à la chanson française en passant par le rap et le hip-hop. Artiste emblématique du festival, de quelle manière Laurent Garnier nous régalera-t-il les oreilles pendant cette édition ? On attend avec impatience le joli mois de mai pour voir revenir les festivaliers d'ici et d'ailleurs.

© EMMANUEL SPASSOFF

© EMMANUEL SPASSOFF

EMMANUEL SPASSOFF

Formé à la photographie par Dominique Sudre, au sein de l'Atelier Magenta, Emmanuel tient à conserver une éthique et du respect à cette discipline... La photographie, pour lui, est un immense espace permettant de se construire image après image. Voici quelques instants de la vie de Lyon et de ses alentours, vus à travers un regard mélancolique et, parfois, décalé.

© FVM STYLISTE CULINAIRE

© EMMANUEL SPASSOFF

© EMMANUEL SPASSOFF

PAGE PRÉCÉDENTE

- ***En haut à gauche :*** Joyeux Noël ! Villeurbanne.
- ***En haut à droite :*** Bleu Blanc Noir, Sainte-Foy-lès-Lyon.
- ***Au centre à droite :*** Emmanuel Spassoff.
- ***En bas à gauche :*** L'arbre curieux, Villeurbanne.
- ***En bas à droite :*** Le paquebot, Sainte-Foy-lès-Lyon.

SUR CETTE PAGE

- ***En haut à gauche :*** Vers l'ailleurs, Lyon 2e.
- ***En haut à droite :*** Mise en scène, Vieux Lyon.
- ***Au centre à droite :*** L'étrave, Lyon 3e.
- ***En bas à gauche :*** La chaise fantôme, Sainte-Foy-lès-Lyon.
- ***En bas à droite :*** Fin d'un jour d'été, Lyon 7e.

OFFICE DE TOURISME

AUVERGNE-RHÔNE-ALPES TOURISME

8, rue Paul-Montrochet (2e)
✆ 04 26 73 32 63

La région AURA s'étend sur un territoire offrant toute la gamme des activités touristiques et des sites fantastiques. Au centre, il y a la métropole de Lyon avec l'Hôtel de Région installé dans le quartier de Confluence. Lyon est la base idéale pour rayonner entre volcans d'Auvergne, sommets des Alpes, plaine de Bresse et collines de Provence. Des lacs aux rivières en passant par les chemins, à commencer par ceux de Compostelle, des balades s'ouvrent à toute la famille. Gastronomie, sport, culture, loisirs, les plus belles expériences sont à vivre en Auvergne-Rhône-Alpes.

OFFICE DE TOURISME

BUREAU DES CONGRÈS ET DES SALONS

Place Bellecour (2e) ✆ 04 72 77 72 40
https://events.lyon-france.com
Ouvert tous les jours de 9h à 18h. Fermeture les 1er mai, 25 décembre et 1er janvier.

Le tourisme d'affaires, les activités événementielles reprennent et c'est vital pour Lyon, 2e place des villes de congrès en France, notamment dans les secteurs scientifiques et médicaux. Avec près de 20 000 chambres d'hôtels, plus de 170 espaces de réunion, 4 sites majeurs, Lyon offre de nombreux atouts pour recevoir des événements petits et grands. Et pour répondre aux enjeux environnementaux actuels, organisez un événement écoresponsable avec des partenaires engagés dans la démarche. Etude de faisabilité de votre événement gratuite auprès du Bureau des Congrès.

OFFICE DE TOURISME

LYON CITY CARD

(2e)
www.lyoncitycard.com
Tarifs adulte 27 €/1 jour, 37 €/2 jours, 47 €/3 jours, 57 €/4 jours. Promo web 24,90 €/1 jour, 33,90 €/2 jours.

Faites des économies et découvrez Lyon au meilleur prix ! La carte la plus futée. Pour tout voir à Lyon, pour se déplacer sans compter pendant son séjour de 1 à 4 jours, la Lyon City Card offre la meilleure solution. Transports TCL illimités, accès libre dans 23 musées (et leurs expositions temporaires), visite guidée, croisière sur la Saône, tous les spectacles de Guignol, des réductions dans les grands magasins de la ville et de nombreuses offres spéciales pour profiter de bien d'autres activités... Vous n'avez pas fini de vous faire plaisir en faisant de sérieuses économies (faites le calcul, la carte est vite rentable avec les transports et 2 visites par jour).

OFFICE DE TOURISME

OFFICE DE TOURISME DE LYON

Place Bellecour (2e) ✆ 04 72 77 69 69
www.visiterlyon.com
Ouvert tous les jours de 9h à 18h. Fermé le jour de Noël et du Nouvel An.

Le meilleur endroit pour commencer sa visite de la plus belle ville du monde, c'est l'office de tourisme de Lyon. Au cœur battant de la ville, sur la place Bellecour, des experts vous proposent mille et une façons de découvrir les trésors de Lyon et de sa région. Conseils donnés gratuitement dans toutes les langues pour mieux vous faire partager les secrets d'une ville aux richesses incroyables. C'est ici que l'on prend sa Lyon City Card pour se faciliter la ville. Les groupes sont les bienvenus avec des visites sur mesure. La première destination pour découvrir Lyon.

OFFICE DE TOURISME

ONLY LYON

Place Bellecour (2e)
✆ 04 72 77 69 69
www.onlylyon.org
Ouvert tous les jours et les jours fériés de 9h à 18h.

ONLY LYON, c'est le réseau qui nous rassemble et qui fait rayonner Lyon partout dans le monde. Plus de 27 000 ambassadeurs bénévoles, dont 5 000 à l'étranger, ont adhéré à ce réseau pour faire connaître la Métropole lyonnaise à l'internationale. De nombreuses actions sont menées afin de renforcer la notoriété et la compétitivité de Lyon, ville capitale aux nombreux talents qui attire vers elle projets et touristes du monde entier. Faire connaître et faire aimer Lyon, des buts que l'on peut facilement partager en devenant à son tour ambassadeur ONLY LYON. Connectez-vous vite sur le site, c'est facile, c'est gratuit et en plus vous participerez à la vie d'un véritable réseau d'influenceurs.

OFFICE DE TOURISME

RHÔNE TOURISME

29, cours de la Liberté (3e)

Lyon, centre de la Métropole, demeure géographiquement au cœur du département du Rhône. La moindre escapade lyonnaise nous emmène naturellement dans le Rhône à la découverte de paysages variés, passant de la moyenne montagne aux plaines alluviales. Au nord, le Pays beaujolais et ses célèbres vignobles en pente douce sur des monts offrant de belles balades familiales. Aux portes de Lyon, à l'ouest, le Lyonnais, monts et coteaux. Toujours des vignobles sur les contreforts du Massif central, mais aussi les aqueducs à découvrir. Enfin, au sud, la région de Condrieu. Encore des vignobles mondialement réputés, la beauté naturel du Parc régional du Pilat et la douceur de la vallée du Rhône.

LE PATRIMOINE À L'HONNEUR

PRESQU'ÎLE ET CROIX ROUSSE

MONUMENTS & ÉDIFICES

GRAND HÔTEL-DIEU

Rue Bellecordière (2ᵉ)
www.grand-hotel-dieu.com

Un bâtiment historique, façade de la Presqu'île sur le Rhône sur 400 m de long, site hospitalier – grande maternité lyonnaise – tombé en désuétude, parfaitement rénové pour être transfiguré en lieu haut de gamme où l'on peut flâner à son aise tout en faisant escale dans les jardins, dans les boutiques ou dans un hôtel 5 étoiles. Lyon a su «recycler» les murs de ce magnifique Hôtel-Dieu, dont un dôme sublime dessiné par Soufflot sous lequel se trouve le plus beau bar du monde, et le mettre en lumière. Plaisir de déambuler autour du cloître pour se rendre dans les Halles, aux terrasses sur cour des bars et restaurants ou au nouveau Musée de l'Illusion. Un lieu de vie.

MONUMENTS & ÉDIFICES

MAISON DES AVOCATS

60, rue Saint-Jean (5ᵉ)

Parce qu'elle est la plus visible, la plus simple d'accès pour les visiteurs et l'une des plus belles demeures Renaissance du secteur sauvegardé classé au Patrimoine mondial de l'Humanité. La Maison des Avocats est une bâtisse du XVᵉ siècle située dans le Vieux Lyon, au 60 de l'historique et très passante rue Saint-Jean. Elle se compose de trois corps de bâtiments, d'une splendide galerie sur cour de type toscan (visible depuis la rue de la Bombarde) et a été le siège de l'Ordre des Avocats jusqu'en 1990, d'où son nom. Elle accueille aujourd'hui le musée de la Miniature et du Décor de Cinéma, une autre merveille qui permet aussi d'admirer la Maison sous toutes ses coutures.

RUNNIN'CITY

Cette appli permet de visiter une ville en courant, ou en marchant, sur des parcours de 10 à 15 km grâce à un audioguide intégré. Plusieurs parcours sont disponibles dans un grand nombre de villes de France. Voilà de quoi vous occuper pendant vos sorties en solo. Vous pourriez bien parcourir des kilomètres sans même vous en rendre compte ! Voilà de quoi avoir « un esprit sain dans un corps sain ».

MUSÉE

LUGDUNUM - MUSÉE ET THÉÂTRES ROMAINS

17, rue Cléberg (5ᵉ) ✆ 04 72 38 49 30
lugdunum.grandlyon.com
Du mardi au vendredi 11h-18h, week-end 10h-18h. Tarifs adulte de 2,50 à 7 €. Gratuité -18 et 1ᵉʳ dimanche du mois.

Lyon est une terre idéale pour remonter le temps. Lugdunum fut l'une des plus grandes et des plus belles capitales de l'Empire romain. Pour la découvrir de nos jours : un magnifique musée, véritable spirale à remonter le temps construit par l'architecte Zehrfuss, et un site archéologique comprenant deux monuments majeurs : un des plus anciens théâtres de la Gaule et un des plus luxueux odéons de l'Empire romain. De nombreuses offres de visites adaptées à tous les publics pour admirer l'une des plus riches collections archéologiques de France sur un site grandiose.

MONUMENTS & ÉDIFICES

HÔTEL DE VILLE

1, place de la Comédie (1ᵉʳ)
✆ 04 72 10 30 30

C'est l'un des emblèmes de la ville, s'ouvrant sur deux de ses façades vers des places elles aussi emblématiques (place des Terreaux et place de la Comédie). C'est au début du XVIIIᵉ siècle que Jules Hardouin-Mansart, architecte de Versailles et du Dôme des Invalides, entreprend la restauration d'un bâtiment qui avait brûlé en 1674. Facilement identifiable avec son beffroi doté d'un carillon de 65 cloches, dont trois datent de 1675, l'Hôtel de Ville de Lyon dispose de salons richement décorés d'étoffes de soie. Son atrium est parfois ouvert au public lors d'événements et il est possible de visiter le bâtiment avec un guide de l'Office de Tourisme (uniquement sur réservation).

MUSÉE

MUSÉE DE L'ILLUSION

1, rue Bellecordière (2ᵉ) ✆ 04 78 85 91 39
https://museedelillusion.fr
Ouvert du dimanche au mercredi 10h-20h, du jeudi au samedi 10h-22h. Adulte 18 €. Famille (2 adultes + 2 enf) 45 €.

Laissez-vous berner par les meilleures illusions dans ce tout nouveau musée installé dans les murs du Grand Hôtel-Dieu. Dans un monde où l'on a du mal à démêler le vrai du faux, découvrez comment - souvent par des procédés simples - votre cerveau et tous vos sens peuvent être chamboulés. De nombreuses illusions d'optique - trompe-l'œil, murs inclinés... - avec la possibilité de se mettre en scène dans des situations incroyables ! Et à chaque fois des explications rationnelles qui vous expliquent pourquoi vos sens vous ont trompés. Accrochez-vous dans un tunnel Vortex qui va vous faire tituber un bon moment. Ludique et instructif, même si l'on a trouvé l'expérience un peu courte à ce tarif.

CLAIRE ISELIN

LUGDUNUM, OUVERT À TOUS !

Rencontre avec Claire Iselin, directrice de Ludgunum – Musée et théâtres romains. Elle nous raconte son parcours, nous explique le projet qu'elle mène avec son équipe à Lugdunum et pourquoi il faut (re)découvrir ce musée unique.

Comment êtes-vous arrivée à Lugdunum ?

Originaire de Normandie, j'ai fait mes études d'histoire et d'archéologie à Paris. Ma première rencontre avec Lyon s'est faite en 2008 pendant ma formation de Conservatrice du Patrimoine. J'ai beaucoup aimé cette ville pour sa qualité de vie, son offre culturelle et sa gastronomie. Après avoir dirigé les Musées de Compiègne, j'ai voulu évoluer vers un musée de plus grande envergure, un projet à fort potentiel comme Lugdunum, dont j'ai pris la direction en 2019.

Quels sont vos projets pour Lugdunum ?

Avec une très belle équipe, Lugdunum offre un important potentiel de rénovation, de développement à l'échelle des sites et du musée qui aura bientôt 50 ans. En collectif, nous développons un projet afin que le musée renforce son rayonnement scientifique, mais surtout que Lugdunum soit ouvert au plus grand nombre. Je vois le musée comme un service public éducatif. Nous associons les publics à notre projet pour mieux connaître les besoins, les attentes de chacun.

Aujourd'hui, pourquoi (re)découvrir Lugdunum ?

Les raisons et les possibilités sont nombreuses. Des visites classiques aux visites flash de 20-30 minutes, nous proposons aussi des jeux et un escape game (réservation sur Internet). Depuis 2020, nous avons lancé Musée'stival, une programmation estivale d'activités en extérieur avec des ateliers et des visites de sites. Le Festival Romain, lancé en octobre 2021 avec succès – 30 000 visiteurs sur un week-end ! – offre une pédagogie festive et ludique, créant du lien entre musée et sites archéologiques. Le grand public peut assister à des scènes de vie de l'Antiquité, des ateliers animés par des reconstituteurs parfaitement documentés. En lien avec la nouvelle exposition du Musée en octobre 2022, ce sera le thème du Spectacle qui sera au cœur de la prochaine édition du Festival Romain les 8 et 9 octobre 2022 : spectacles de comédie, tragédie, musique, chant, mais aussi des courses de chars et des combats de gladiateurs. Sans a priori, venez à Lugdunum comme vous êtes, passer un bon moment à la carte. N'hésitez pas, Lugdunum est fait pour tout le monde !

> LUGDUNUM - MUSÉE ET THÉÂTRES ROMAINS

17, rue Cléberg (5e)
✆ 04 72 38 49 30
lugdunum.grandlyon.com

© MÉTROPOLE DE LYON - MILÈNE JALLAIS

© DR

© MÉTROPOLE DE LYON - THIERRY FOURNIER

MUSÉE

MUSÉE DE L'IMPRIMERIE

13, rue de la Poulaillerie (2e) ✆ 04 78 37 65 98 - M° Cordelier
www.imprimerie.lyon.fr

Ouvert mercredi au dimanche de 10h30 à 18h. Gratuit -18 ans. Adulte : 6 € (tarif réduit : 4 €).

L'humanité a évolué grâce à la découverte du feu, de la roue et... de l'imprimerie. Le Musée de l'imprimerie et de la communication graphique retrace l'histoire de cette merveilleuse invention de Gutenberg dont le musée possède un inestimable feuillet de la fameuse bible, premier ouvrage imprimé en 1450. Lyon, qui fut au XVIe siècle l'une des capitales de l'imprimerie en Europe, nous ouvre les portes d'un lieu en mouvement permanent. Les petits et les grands sont émerveillés de découvrir un atelier d'imprimerie en activité ou de participer à des ateliers pour mieux saisir les enjeux de l'impression. Expositions temporaires. Un musée qui conserve une partie de l'âme de Lyon.

MUSÉE

MUSÉE DES BEAUX-ARTS DE LYON

20, place des Terreaux (1er) ✆ 04 72 10 17 40 - M° Hôtel de Ville Louis Pradel. Bus lignes 1, 3, 6, 13, 18, 19, 44.
www.mba-lyon.fr

Ouvert tous les jours, sauf mardi et jours fériés, 10h-18h (vendredi 10h30). Adulte : 8 €. Réservation en ligne.

Lyon abrite place des Terreaux un joyau qui en contient bien d'autres ? Il est temps de franchir la porte du palais Saint-Pierre, ancienne abbaye bénédictine, pour s'émerveiller devant les œuvres du MBA. Classé parmi les plus beaux musées français, notamment pour la richesse de ses collections, le musée des Beaux-Arts de Lyon offre à ses visiteurs un voyage dans le temps. De l'Egypte ancienne à l'art moderne, de la peinture à la sculpture, le musée conserve de nombreuses œuvres d'artistes lyonnais. Les expositions temporaires renforcent l'intérêt d'un musée iconique.

MONUMENTS & ÉDIFICES

OPÉRA DE LYON

Place de la Comédie (1er) ✆ 04 69 85 54 54
www.opera-lyon.com

Visites individuelles à partir de 12 ans. Réservation sur le site Internet. Adultes : 10 €.

La meilleure perspective sur ce chef-d'œuvre d'architecture remis au goût du jour par Jean Nouvel en 1993 se voit depuis les escaliers du Vieux Lyon ou depuis la colline de Fourvière. Difficile de lever la tête depuis la place de la Comédie vers les 17 étages et la fameuse verrière demi-cylindrique. Sous les arcades de l'entrée, de nombreux jeunes danseurs de hip-hop montrent que la danse n'a plus de frontières. Opéra National depuis 1996, l'Opéra de Lyon accueille dans une magnifique salle de la danse et des spectacles lyriques. Programmation complète à retrouver sur le site Internet de l'Opéra, bâtiment à visiter avec un guide de l'office de tourisme de Lyon sur réservation.

MUSÉE

MUSÉE DES CONFLUENCES

86, quai Perrache (2e) ✆ 04 28 38 12 12
www.museedesconfluences.fr

Ouvert du mardi au dimanche de 10h30 à 18h30, 1er jeudi du mois jusqu'à 22h. Gratuit -18 ans. Adulte : 9 €.

Un musée du XXIe siècle qui réussit le pari de faire voyager ses visiteurs à travers le temps et l'espace pour mieux comprendre l'homme et le monde dans leur complexité, approche nécessaire dans notre société actuelle qui a tendance à tout vouloir simplifier dans un repli sur elle-même. Incroyable bâtiment aérien à la pointe de la Confluence, juste à la pointe entre Rhône et Saône, ce musée offre non seulement la meilleure image d'une ville moderne à son entrée Sud, mais surtout des collections inédites que chacun peut découvrir à son rythme dans une muséographie incroyable. Tous les visiteurs trouvent leur place dans cette immense structure en transparence où l'on est guidé par un personnel adorable qui sait nous diriger selon nos attentes. Il y a les «flâneurs» qui se baladent et montent (c'est gratuit !) dans le bâtiment tout en transparence jusqu'au 4e étage admirer la vue sur Lyon, les «visiteurs» qui montent au niveau 2 du «Nuage», structure métallique revêtue d'inox, pour découvrir les collections permanentes sur plus de 3 000 m². Celles-ci sont réparties en quatre expositions distinctes : Origines, les récits du monde ; Espèces, la maille du Vivant ; Sociétés, le théâtre des hommes ; Eternités, visions de l'au-delà - dans quatre espaces à visiter à son rythme, selon ses centres d'intérêt, pour découvrir les 8 000 objets (sur les 3 millions dont dispose le musée en réserve) exposés, avec des pièces uniques au monde et des collections prestigieuses, dans des salles aux scénographies différentes, profitant des dernières technologies (vidéo, audio, écrans tactiles) pour une muséographie vraiment interactive. Impressionnants squelettes de dinosaures ou inquiétante momie péruvienne, fragment de Lune à toucher et nombreux animaux terrestres à regarder : des objets du passé et du futur qui racontent tous une histoire, ouvrant des pistes de réflexion, apportant des solutions, s'adressant à tous les publics. Nouvelle salle ouverte en septembre 2021, la Galerie Emile Guimet rend hommage aux donateurs du musée des Confluences. 250 objets qui témoignent de la richesse et de la diversité des dons réalisés par d'authentiques passionnés. Musée contemporain, musée merveilleux qui ne se contente pas d'exposer, mais qui éveille des sentiments, nous parle de l'humanité, de la nature, nous ouvre des horizons et fait de chacun de nous un explorateur dans un monde en mouvement. Plus qu'un musée, un véritable lieu d'échange et de partage culturel. Des échanges qui se prolongent à travers de superbes expositions temporaires en 2022 : *Sur la piste des Sioux* jusqu'en août - *Jusqu'au bout du monde, regards missionnaires* jusqu'en mai - *L'oiseau rare* jusqu'en décembre-), la librairie du musée, mais encore des ateliers ouverts à tous les publics (notamment aux familles et aux enfants), des spectacles ou des rencontres. Les visites guidées des expositions permanentes ou temporaires permettent d'approfondir des thématiques passionnantes. Autre plaisir du musée, la restauration et notamment l'excellente Brasserie des Confluences. Le Musée des Confluences, ce n'est pas qu'une visite, mais des visites passionnantes.

MUSÉE

LA MAISON DES CANUTS

10-12, rue d'Ivry (4e) ✆ 04 78 28 62 04
www.maisondescanuts.com
Ouvert du lundi au samedi de 10h à 18h. Visites commentées à 11h et 15h30. Visites libres : 2 €/adulte.

Maîtres Tisseurs de fils d'or, d'argent et de soie, les Canuts ont façonné par leur ingéniosité et leur travail une partie de l'histoire de Lyon (de la Croix-Rousse en l'occurrence) et de l'histoire de France, à l'origine des premières révoltes ouvrières au début du XIXe siècle avec leur célèbre devise : « Vivre en travaillant ou mourir en combattant ». Dans cette maison remarquable, trois salles d'exposition pour tout comprendre des Canuts et de la Fabrique, nom de l'industrie de la soie à Lyon, et un atelier animé lors des visites commentées pour voir un métier à bras Jacquard en activité. Boutique avec les accessoires de mode signés Philéone, marque 100% lyonnaise de la Maison des Canuts.

MUSÉE

L'ANTIQUAILLE

49, montée Saint-Barthélémy (5e) ✆ 09 72 41 14 98
http://antiquaille.fr
Ouvert du mercredi au samedi 10h à 18h, dimanche 14h à 18h. Gratuit jusqu'à 6 ans. Adulte : 7 €. Enfant : 4 €.

Lyon et le christianisme. Une longue histoire remontant aux Ier et IIe siècles de notre ère alors que la capitale des Gaules abrite une importante communauté chrétienne. Cet Espace Culturel du Christianisme à Lyon, aménagé sur le site de l'Antiquaille trop méconnu des Lyonnais, utilise toutes les techniques actuelles afin de présenter de manière vivante une histoire agitée. Autour d'un cloître, 15 salles et un parcours animé conduisant les visiteurs jusqu'au cachot de saint Pothin, premier évêque de Lyon et martyr, et à la crypte des mosaïques où se trouvent les noms de tous les martyrs. Un site unique qui nous fait voyager dans un passé qui ne s'adresse pas qu'aux chrétiens.

MUSÉE

GADAGNE / MAM / MHL

1, place du Petit-Collège (5e) ✆ 04 78 42 03 61
Bus C3, C14, 19, 31 - Mº Vieux-Lyon. - www.gadagne-lyon.fr
Ouvert du mercredi au dimanche de 10h30 à 18h. Gratuit -18 ans. Adulte 6 € (8 € à partir du 14 septembre 2022)

Gadagne, un lieu unique pour découvrir tous les visages de Lyon. Dans l'une des plus belles demeures Renaissance du Vieux Lyon, Gadagne est plus que l'addition du Musée des Arts de la Marionnette et du Musée d'Histoire de Lyon : un musée de ville avec une entrée à tarif unique à partir de mai 2022. Le MAM renouvelle son exposition, notamment vers la création contemporaine. Au MHL, l'exposition Les Pieds dans l'eau, adaptée aux enfants à partir de 5 ans, traite de questions actuelles sur le respect de l'environnement en milieu urbain. Accompagnant l'évolution de la ville, Gadagne propose en novembre 2022 une nouvelle exposition consacrée à l'histoire industrielle et ouvrière de Lyon.

EDIFICE RELIGIEUX

BASILIQUE NOTRE-DAME DE FOURVIÈRE

8, place de Fourvière (5e)
✆ 04 78 25 13 01
www.fourviere.org
Ouvert tous les jours de 7h à 19h. Visites guidées.

De construction «tardive» (fin du XIXe siècle), la basilique Notre-Dame de Fourvière est devenue l'emblème sacré de Lyon. Dominant la ville du haut de la «colline qui prie», la basilique fascine et intrigue par sa blancheur et ses lignes inhabituelles pour un édifice religieux, lui conférant le titre affectueux «d'éléphant retourné». L'imposant édifice a été construit à l'emplacement d'un sanctuaire marial sur lequel était bâtie une petite chapelle dédiée à la Vierge. Sanctuaire qu'il fallut agrandir au cours des siècles en raison de l'affluence du succès croissant du pèlerinage à Marie (remerciée chaque année en décembre depuis la colline avec des lettres illuminées). Au milieu du XIXe siècle, des projets d'agrandissement sont présentés, notamment par Blanchon et Bossan en surplomb du versant ouest de la colline. C'est en 1870 que l'archevêque Jacques Ginoulhiac prononce le vœu d'agrandir le sanctuaire si la ville est épargnée par les armées prussiennes. La ville étant épargnée, c'est le 7 décembre 1872 que la première pierre de l'édifice imaginé par l'architecte Pierre-Marie Bossan est posée. La construction de cette cathédrale moderne est unique en son genre, réunissant architectes et artistes autour des plans d'un Bossan très controversé. Fourvière, comme elle est appelée couramment, est une véritable «citadelle mystique» faite de pierres brutes, flanquée de quatre tours lui donnant l'aspect d'une forteresse de la foi. C'est aussi de la dentelle de pierres finement ciselées, pourvue d'une abondante décoration de mosaïques, le tout inséré dans un style byzantin peu utilisé en France. De la crypte obscure à l'église lumineuse, c'est tout un parcours symbolique qui s'offre au visiteur touché par les nombreuses figures mariales présentes à l'intérieur. Alors que les décors étaient loin d'être achevés - ils ne le seront qu'en 1964, soit un siècle après le début des travaux ! -, la consécration de Notre-Dame de Fourvière a lieu le 16 juin 1896. Ce lieu de culte à nul autre pareil a reçu la visite du pape Jean-Paul II en 1986. Aujourd'hui, la basilique reste le monument le plus visité de la région Auvergne-Rhône-Alpes. Pour accéder à Fourvière, privilégiez le métro (funiculaire au départ du Vieux Lyon), car les places de parking sont rares. A la sortie du métro, Fourvière impressionne le visiteur par sa façade occidentale blanche. Depuis le parvis, on peut accéder aux deux églises qui composent l'édifice. L'église basse, qui n'est pas vraiment une crypte, offre un vrai cheminement tel un pèlerinage. L'église haute, accessible par des escaliers à double volée, présente des mosaïques relatant l'histoire de la Vierge Marie. Le musée de Fourvière, actuellement en rénovation, abrite de superbes pièces d'orfèvrerie sacrée. Autre visite à faire absolument, celle des Toits de Fourvière. Après avoir monté 345 marches, le visiteur atteint le paradis en marchant sur les toits de la basilique, découvrant l'envers du décor. Le panorama qui s'ouvre là-haut est fantastique. Fourvière, la plus belle «vision» de Lyon.

LE PATRIMOINE À L'HONNEUR

VIEUX LYON, FOURVIÈRE ET VAISE

MUSÉE

LE MUSEE DES SAPEURS-POMPIERS [MUSEE DE FRANCE]

358, avenue de Champagne (9e) ✆ 04 72 17 54 54
www.museepompiers.com

Ouvert du mercredi au vendredi 14h-18h. Ouvert 1er week-end de chaque mois samedi et dimanche 14h-18h. Adulte : 7 €.

Parmi les visites insolites, le musée des Sapeurs-Pompiers offre un spectacle apprécié par toute la famille. Fêtant ses 50 ans, installé dans un espace rénové pour mieux présenter ses très riches collections, ce Musée permet de voir l'évolution des matériels servant aux pompiers : 150 véhicules de collection (présentés à tour de rôle au musée de la Duchère), pompes à incendie, habillement avec des pièces exceptionnelles et collection de 1800 casques, une des plus importantes au monde, avec les casques des victimes de la tragédie de Feyzin. Visite en famille.

EDIFICE RELIGIEUX

PRIMATIALE SAINT-JEAN-BAPTISTE

70, rue Saint-Jean (5e)
✆ 04 78 54 76 21
https://primatiale.fr

Ouvert du lundi au vendredi 8h15-19h45, samedi 8h15-19h, dimanche 8h-19h. Ouverture à 13h les jours fériés.

Primatiale des Gaules, foyer de l'Église de France, la cathédrale Saint-Jean-Baptiste-Saint-Etienne est située sur les bords de Saône, face à la colline de Fourvière, dans le quartier auquel elle a donné son nom : Saint-Jean. Les premiers chrétiens, réunis au IIe siècle autour de saint Pothin et saint Irénée, avaient édifié, dès le Ve siècle, une église dans le même périmètre, sans doute la plus ancienne de France (d'où son titre de «primatiale»). C'est à la fin du XIe siècle que commence la construction de la Manécanterie, l'un des plus anciens bâtiments de Lyon. La construction de la cathédrale se fait par étapes entre 1165 et 1481. Entre temps, la cathédrale accueille deux conciles (1245 et 1274) et le couronnement du pape Jean XXII (1316). Avec son chœur roman et ses nefs gothiques, la cathédrale montre combien Lyon se trouve à la croisée des chemins, au centre de toutes les influences. Si l'intérieur est remarquable, la façade l'est aussi, ornée d'une série de 320 médaillons inspirés de l'Ancien et du Nouveau Testament ou du bestiaire médiéval, comme ce lion sculpté sur le portail de gauche. En 1379 est installée dans la cathédrale une horloge astronomique, l'une des plus anciennes d'Europe. Au début du XVIe siècle, l'aménagement de la chapelle des Bourbons se fait dans le style gothique flamboyant. Le 13 décembre 1600, la cathédrale est le cadre du mariage d'Henri IV et Marie de Médicis. Si son maître autel a été consacré par le pape Innocent IV, la cathédrale a reçu la visite de saint Jean-Paul II le 5 octobre 1986. La façade a été ravalée en 1982 et 2011, alors que d'importants travaux de restauration du chœur ont été mis en œuvre afin de redonner tout son éclat à ce joyau lyonnais. A noter que la cathédrale adhère au label Église Verte, soucieuse de réduire son empreinte écologique.

MUSÉE

LE PETIT MUSÉE DE GUIGNOL

6, rue Saint-Jean (5e)
✆ 04 78 37 01 67
www.musee-de-guignol.fr

Ouvert lundi 14h à 18h, du mardi au dimanche 10h30 à 12h30 et 14h à 18h30. Adulte : 5 €. Gratuit -2 ans.

Visite incontournable de ce «Petit Musée» qui abrite le plus célèbre de tous les Lyonnais : Guignol. Au cœur du Vieux Lyon, une adresse tout ce qu'il y a de plus authentique tenue par une famille de passionnés. Saviez-vous que Guignol naît dans le bois du tilleul ? Sur 2 étages, découvrez les secrets de fabrication et de manipulation des marionnettes, l'envers du décor d'un castelet, le parler lyonnais et rencontrez Laurent Mourguet, le créateur de Guignol. Des extraits vidéo de « pestacles » pour une visite aussi amusante qu'instructive à faire en famille. Belle boutique.

MUSÉE

CENTRE D'HISTOIRE DE LA RÉSISTANCE ET DE LA DÉPORTATION

14, avenue Berthelot (7e) ✆ 04 78 72 23 11 - www.chrd.lyon.fr

Du mercredi au dimanche de 10h à 18h. Fermé jours fériés, sauf 8/05 et 11/11. Gratuit jusqu'à 18 ans. Adulte : 8 €.

Lyon est l'une des capitales de la Résistance. Une visite au Centre d'Histoire de la Résistance et de la Déportation s'impose à toutes les générations. Entre 1943 et 1944, le tortionnaire nazi Klaus Barbie avait ses bureaux dans cette ancienne école de santé militaire occupée par la sinistre Gestapo... Les collections de ce musée évoquent la déportation et la Résistance dans un contexte local. Les pièces profitent d'une présentation modernisée afin de transmettre aux plus jeunes une histoire qui ne doit surtout pas être oubliée. Un lieu de mémoire à découvrir en famille.

LIEU DE MÉMOIRE

MÉMORIAL DE LA PRISON DE MONTLUC

4, rue Jeanne-Hachette (3e) ✆ 04 78 53 60 41
www.memorial-montluc.fr

De septembre à juin : du mercredi au samedi 14h-17h30. Juillet, août : du mardi au samedi 9h-12h30/14h-17h30. Gratuit.

Visite édifiante pour transmettre la mémoire. Réquisitionnée par l'armée allemande pendant la Seconde Guerre mondiale, la prison de Montluc fait partie du système répressif nazi en plein cœur de la « Capitale de la Résistance ». Lieu où furent internés Jean Moulin, André Frossard, les enfants d'Izieu, Montluc est la prison de plus de 8 000 victimes des autorités du IIIe Reich. Résistants, juifs, civils, tous connaissent la dureté des conditions de détention. Montluc n'est souvent qu'une étape dans le parcours menant vers la déportation, l'exécution et l'extermination.

© EMMANUEL SPASSOFF

© EMMANUEL SPASSOFF

MUSÉE

MUSÉE MINIATURE ET CINÉMA

60, rue Saint-Jean (5e)
✆ 04 72 00 24 77
www.museeminiatureetcinema.fr
Ouvert tous les jours 10h-19h (18h30 hors vac scol), dernière entrée 1h av. Adulte 12,50 €, enfant 9,50 €. Réduit 10 €.

Emerveillement au cœur du Vieux Lyon. Passez de l'autre côté du décor pour découvrir les coulisses du cinéma à travers une des plus grandes collections du monde exposées. Plus de 500 pièces exceptionnelles avec des objets uniques comme la caméra d'Alfred Hitchcock et des secrets dévoilés sur les décors et effets spéciaux. Dans la ville où fut inventé le cinéma, un musée incontournable. Exposition BigBug autour du film de J.-P. Jeunet, le maître des effets spéciaux, et une expo à l'automne sur la technique du «stop motion» employée dans *Star Wars* ou *Jurassic Park*.

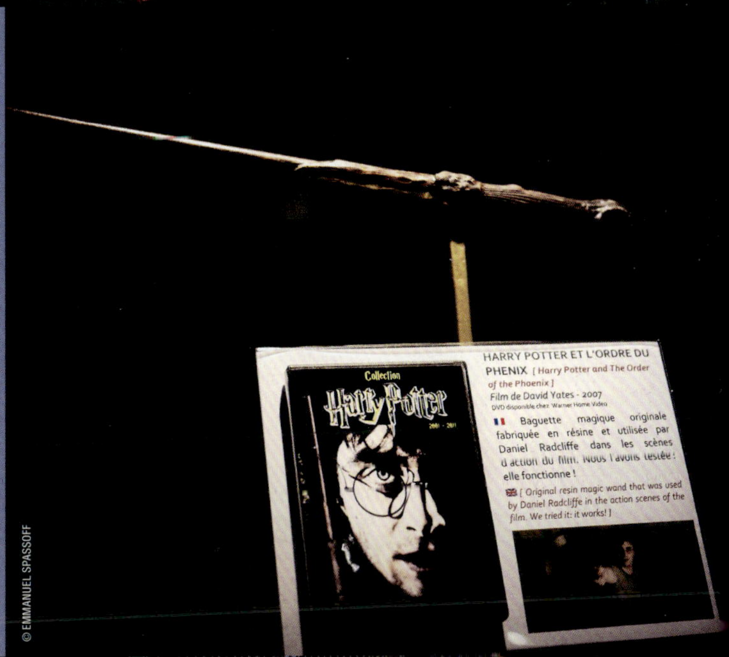

© EMMANUEL SPASSOFF

© EMMANUEL SPASSOFF

© EMMANUEL SPASSOFF

MUSÉE

MUSÉE D'ART CONTEMPORAIN - MAC

81, quai Charles-de-Gaulle (6e) ✆ 04 72 69 17 17
Bus TCL lignes C1, 4, 58 : arrêt Musée d'art contemporain.
www.mac-lyon.com
Ouvert du mercredi au dimanche de 11h à 18h. Adulte 8 €. Gratuit -18 ans.

Ce musée ne présente pas une collection permanente – bien que le MAC possède 1 400 œuvres regroupées dans un pôle des Musées d'Art de Lyon –, mais uniquement des expositions temporaires ou itinérantes dans un lieu modulable. Au cœur de la Cité internationale, le musée d'Art contemporain – le MAC Lyon – est accessible à tous les publics. Jusqu'en juillet 2022, de nouvelles expositions, dont celles de Mary Sibande et Thameur Mejri. Des rendez-vous où tous les publics trouvent du plaisir, ne serait-ce que celui de la découverte dans un musée « décloisonné ».

MUSÉE

MUSÉE JEAN COUTY

1, place Henri-Barbusse (9e) ✆ 04 72 42 20 00
www.museejeancouty.fr
Ouvert du mercredi au dimanche de 11h à 18h. Gratuit -12 ans. Adulte 6 €. Tarifs réduits 4 €.

Être témoin de son temps, donner sa vision des hommes, des villes et des paysages qui se transforment à travers une peinture capturant le réel bien mieux qu'une image, c'est l'art du Lyonnais Jean Couty (1907-1991). Peintre majeur qui traversa le XXe siècle, il eut l'art de rendre compte de son époque. Le public curieux de découvrir l'homme, mais aussi la ville de Lyon qu'il aimait tant, visite le Musée d'art moderne et contemporain Jean Couty. Créé par Charles Couty, le fils du peintre, à côté de la demeure familiale face à l'île Barbe, le Musée permet d'admirer des œuvres connues ou inédites de l'artiste. Expos temporaires remarquables pour de belles découvertes.

MUSÉE

MUSÉE LUMIÈRE

25, rue du Premier-Film (8e) ✆ 04 78 78 18 95
www.institut-lumiere.org
Ouvert du mardi au dimanche de 10h à 18h30. Gratuit -7 ans. Adulte : 8 €. Audioguides ou visites guidées : +3 €.

C'est ici que le cinéma est né. Installé dans le « château Lumière », ce musée est consacré à la vie et aux inventions des frères Lumière. Une grande partie du musée est dédiée au cinéma, avec la présentation du célèbre appareil n°1 inventé à Lyon en 1895, réalisant les premières prises de vue cinématographiques. Dans les 21 pièces du « château », de nombreux objets témoignent de l'ingéniosité des deux frères en marche vers une nouvelle ère. Un voyage dans le temps à travers la culture. Ne pas manquer la boutique, de l'autre côté de la rue, avec quelques bijoux pour enrichir votre cinémathèque. Un lieu magique où une certaine vision de la modernité est née en même temps que le cinéma.

MUSÉE

OL LE MUSEE

10, avenue Simone Veil - **DÉCINES-CHARPIEU** ✆ 08 92 69 69 69 - Accès par la mezzanine d'OL Store (entrée nord du stade).
www.groupama-stadium.com/ol-le-musee
Ouvert mercredi et samedi 10h à 19h, dimanche 10h à 18h. Ouvert 7j/7 vacances scolaires. Gratuit -5 ans. Adulte : 10 €.

L'OL, c'est Lyon. Un club, une équipe qui porte haut les couleurs de la ville en France et dans le monde entier. Mais connaissez-vous vraiment l'histoire de ce club emblématique qui multiplie les exploits ? En connaissez-vous les coulisses et les vestiaires ? Installé dans le Groupama Stadium, ce musée reste unique en France, notamment par les technologies de pointe utilisées afin d'immerger le visiteur dans le jeu. Grâce aux hologrammes, vivez une mi-temps dans les vestiaires avec les grands capitaines lyonnais, jouez dans les espaces, arrêtez les tirs au but ou marquez un penalty... Un musée riche en émotions et en histoires à partager. À compléter avec un mini-tour du stade.

MUSÉE

MUSÉE URBAIN TONY GARNIER

4, rue des Serpollières (8e)
✆ 04 78 75 16 75
www.museeurbaintonygarnier.com
Visite guidée appartement des années 1930 du mardi au samedi à 16h30. Balade guidée les samedis à 14h30.

C'est dans les années 1930 que Tony Garnier imagine et construit dans le quartier des États-Unis une cité d'Habitations à Bon Marché, précurseurs des HLM. Ce Musée Urbain propose de découvrir l'histoire du quartier et l'œuvre de l'architecte urbaniste à travers 25 grandes fresques murales en solo avec un histoguide et un roadbook ou en balade guidée et visite de l'appartement 1930, reconstitution d'un logement moderne des années 30. Au musée, des expositions temporaires consacrées à l'architecture et l'urbanisme, ainsi qu'une boutique. Visite originale.

MUSÉE

THE DISTURB HOUSE MUSEUM

144, avenue de la Colombe - **GRIGNY** ✆ 06 76 78 49 27
https://thedisturbhousemuseum.book.fr
Ouvert du mardi au samedi. Se renseigner pour les horaires. Gratuit -10 ans. Adulte 8 €. Skateshop en accès libre.

Un Disturb House Museum qui nous emmène à Grigny, au sud de la Métropole, dans un quartier résidentiel où l'on ne s'attend pas à découvrir ce musée au nom aussi original que son contenu. Dimitri Jourdan est tellement passionné par le skateboard qu'il a décidé d'ouvrir le premier musée français de cette planche à roulettes. Présentation d'une incroyable collection de plus de 500 skateboards aux formes, aux couleurs, aux usages variés, d'authentiques pièces de musée allant du vintage aux séries limitées. En complément, des œuvres d'artistes liés à la discipline, ainsi qu'une bibliothèque-vidéothèque sur le skate pour alimenter la curiosité des passionnés. Skateshop pour chiner du matos.

MUSÉE

MUSÉE DE SCIENCES BIOLOGIQUES DOCTEUR MÉRIEUX

309, avenue Jean-Colomb - **MARCY-L'ETOILE** ✆ 04 37 20 01 01
www.musee-docteur-merieux.com

Ouvert du mercredi au vendredi 10h-12h30 et 14h-17h, dimanche 14h-18h (sur résa). Gratuit -16 ans. Adulte : 5 €.

Mieux comprendre les microbes, à commencer par les virus, c'est mieux comprendre le monde actuel qui a tellement besoin des sciences biologiques face aux épidémies. Le Musée de sciences biologiques Docteur Mérieux raconte l'histoire de la biologie et le combat contre les maladies infectieuses à travers l'aventure de la famille Mérieux. Visites guidées, conférences, animations, ateliers pédagogiques, visites thématiques, expositions temporaires... Faisant le lien entre passé et futur, biologie, médecine et sciences humaines, un musée passionnant au cœur de notre monde.

MUSÉE

MUSÉE HENRI MALARTRE DE L'AUTOMOBILE

645, rue du Musée - **ROCHETAILLÉE-SUR-SAÔNE**
✆ 04 78 22 18 80 - www.musee-malartre.com

Ouvert toute l'année du mardi au dimanche 10h30-18h (uniquement sam et dim en janvier). Gratuit -18 ans. Adulte 6 €.

Aux portes de Lyon, de la Dombes et du Beaujolais, un musée dédié à l'automobile réunissant l'une des plus prestigieuses collections d'Europe. Une vingtaine de pièces sont même uniques au monde et toutes les grandes marques, françaises et étrangères, représentées. Une centaine de voitures de 1892 à nos jours, dont certaines ayant appartenu à des personnages célèbres. Une large majorité des véhicules est en état de marche et circule autour du musée. Les deux-roues ont également droit de cité, ainsi que quelques véhicules de transport en commun. Visites guidées le samedi.

MUSÉE

LA DEMEURE DU CHAOS

Domaine de la Source - **SAINT-ROMAIN-AU-MONT-D'OR**
✆ 04 78 22 35 24 - www.demeureduchaos.com

Haute saison d'avril à octobre. Voir les ouvertures sur l'agenda du site Internet. Visite libre et gratuite.

Si l'art est le miroir d'une époque, la Demeure de Chaos est le musée du futur. Un musée qui - après des batailles juridiques et des victoires historiques pour défendre l'art contemporain - a changé ses habitudes d'ouverture en 2022. Désormais, jours d'ouverture et événements seront intimement liés et annoncés au fur et à mesure sur le site Internet. Donc, plus d'ouvertures systématiques les week-ends, mais des événements à suivre avec beaucoup d'intérêt. Et toujours 6 500 œuvres d'art : peintures, portraits, graffitis, sculptures, installations, œuvres numériques, performances... A découvrir pour suivre le véritable flux de création artistique de cette Demeure vivante.

SITE DE DÉCOUVERTE

NEW

BELVEDERE CENTRALE DE CUSSET

85, rue Pierrefrite - **VILLEURBANNE**

Ouvert tous les jours de 7h à 19h en été, de 8h à 18h en hiver.

© EDF_TOMA-DENIS-CHAUSSENDE

© EDF_TOMA-DENIS-CHAUSSENDE

Une visite gratuite pour découvrir un ouvrage construit il y a plus de 120 ans, parfaitement dans l'air du temps. Grâce à la centrale hydroélectrique de Cusset installée sur le Rhône, EDF produit une énergie verte, propre et renouvelable. Un belvédère accessible par une passerelle métallique vous emmène au plus près d'un bâtiment grandiose. Sentez l'humidité de l'air, la puissance de l'eau, le vrombissement des machines ! Une expérience sensorielle unique. Votre smartphone (Android) vous permettra de voir à travers les murs pour comprendre le fonctionnement de la centrale.

VISITE GUIDÉE

BALADES URBAINES

(1er) ✆ 04 72 10 30 30
www.gadagne-lyon.fr
Réservation obligatoire. Programme détaillé sur les sites. Adulte 6 €.

Parce que vous connaissez bien Lyon, parce que vous avez même déjà fait une visite guidée de Lyon ou parce que vous êtes un curieux, vous allez adorer les Balades Urbaines organisées par Gadagne. Des visites originales dont les thèmes varient très régulièrement. Des guides-conférenciers pointus sur des sujets de traverse nous font découvrir Lyon sous un autre angle : on adore. Des hauts et des bas, pour mieux comprendre comment les caractéristiques géomorphologiques de la ville ont eu un impact sur son urbanisation ; Vogue la ville, Lyon et son fleuve ; Biodiversité du fleuve Rhône... Des balades urbaines passionnantes pour découvrir Lyon sous tous les angles.

VISITE GUIDÉE

LES BATEAUX LYONNAIS

13 bis, quai Rambaud (Siège) (2e) ✆ 04 78 42 96 81
www.lesbateauxlyonnais.com
Ouvert tous les jours début mars à fin décembre. Cap Presqu'île 15 €/adulte. Cap Confluence AS avec accès musée 17 €.

Une promenade originale sur les flots pour poser un autre regard sur Lyon. Confortablement installé sur le pont ou derrière les larges baies vitrées de l'un des Bateaux Lyonnais – dont les Navilys à propulsion électrique –, profitez d'un point de vue unique. Vieux Lyon, Presqu'île, île Barbe, Confluence – avec visite possible au Musée des Confluences –, la balade commentée permet de profiter de la beauté des sites tout en découvrant l'histoire et l'architecture. Accueil et service de grande qualité. Autre plaisir à partager, *Futé* recommande les croisières déjeuner et dîner à bord de l'*Hermès I* et *II*. Réservez sur Internet pour bénéficier d'un tarif spécial sur les croisières promenades.

VISITE GUIDÉE

CYBÈLE

Place Saint-Jean (1er) ✆ 04 20 88 00 34
www.cybele-arts.fr
Visites particuliers week-ends et vacances scolaires. Groupes : tous les jours sur demande. Réservation en ligne.

Cybèle, ce sont de belles histoires pour découvrir Lyon sous toutes ses coutures. Des guides pas comme les autres qui n'hésitent pas à se mettre dans la peau de personnages farfelus pour vous (ra) conter la petite et la grande histoire, le petit et le grand patrimoine de Lyon. Visites théâtralisées, visites contées, visites originales, visites en famille, visites en groupes, visites pour tous... Cybèle rend Lyon plus accessible et vous en retiendrez/apprendrez davantage que lors d'une visite plus classique. De la visite coquine à la visite moche en passant par les visites gourmandes, dont une au cœur des Halles Paul Bocuse, les agents infiltrés de Cybèle multiplient les découvertes.

VISITE GUIDÉE

CYCLO CITY TOURS

43, rue Molière (6e) ✆ 06 23 14 30 08
www.cyclocitytours.com
Ouvert toute l'année. Visite en Cyclo pousse à partir de 20 €/adulte.

Découvrir Lyon en douceur, en préservant notre environnement et en diminuant notre stress, ce serait pas un peu ce que tous les visiteurs recherchent actuellement ? Des visites originales à faire avec Cyclo City Tours. À bord de confortables triporteurs (cyclo-pousse) à assistance électrique munis d'un toit panoramique pour ne rien manquer de votre visite urbaine, circulez en douceur avec votre guide local selon les thèmes choisis : histoire, cinéma, architecture, gastronomie... Possibilité d'embarquer gratuitement un enfant de moins de 6 ans. Et pour ne pas rester les bras croisés sur les sièges, possibilité de compléter la visite avec une chasse au trésor gourmande.

NEW

VISITE GUIDÉE

LIV'STORY

(1er)
Durée des balades : environ 30 min. Prix : 4,99 €. Application téléchargeable sur Play Store et App Store.

Pour une fois, le *Petit Futé* va vous encourager à écouter votre téléphone portable tout en visitant Lyon. Créée par Virginie Lacroix, Liv'Story est une appli - disponible sur App Store et Google Play - qui permet de visiter Lyon en suivant une véritable visite guidée (audioguidée) réalisée par un authentique guide de la ville. Pratique, il suffit d'acheter la visite en ligne pour la réécouter pendant votre visite, à votre rythme. Trois visites sont actuellement disponibles dans les quartiers du Vieux Lyon, Croix-Rousse et Confluence. Facile d'utilisation et passionnante, cette appli offre une nouvelle façon de découvrir Lyon, son histoire, son patrimoine et quelques secrets cachés.

VISITE GUIDÉE

LYON BIKE TOUR

23, quai Romain-Rolland (5e)
✆ 06 51 36 33 47
www.lyonbiketour.com
Ouvert tous les jours de 9h30 à 20h.

Vous pensez ne pas avoir la condition physique pour visiter la ville aux deux collines à vélo ? Direction Lyon Bike Tour, l'entreprise locale qui vous fait découvrir tout Lyon à vélo sans faire trop d'efforts. Accompagné d'un guide passionné, partez sur un VAE dernière génération pour 2 heures (l'essentiel dans le Tour des Gones), 3 heures (avec montée à la Croix-Rousse) ou 4 heures (l'intégralité de la ville en une demi-journée). Sans oublier de faire quelques pauses gourmandes pour agrémenter votre parcours entre deux pistes cyclables. Possibilité de visite guidée privée de Lyon sur demande et combinaison avec une croisière sur la Saône. Également locations de vélos électriques 7 j/7.

VISITE GUIDÉE

LYON CITY TOUR

1, rue de la Martinière (1er) ✆ 04 78 56 32 39
www.lyoncitytour.fr

Toute l'année. 1er passage 10h, 35 place Bellecour. Bus toutes les 30 min. en été. Adulte 21 €/1 jour. Famille 50 €.

Tout voir en une journée, mais à son rythme. C'est l'avantage de choisir le bus panoramique à impériale de Lyon City Tour. Une ligne verte (et une bleue – rive gauche – à l'arrêt cet hiver) pour pratiquer le «hop-on hop-off» (je monte et je descends quand je veux) et explorer la ville tout en profitant d'une visite guidée audio (en 8 langues). Vous ne manquerez rien des incontournables, comme le Vieux Lyon, Fourvière ou le quartier de Confluence, et vous pourrez choisir de vous attardez là où bon vous semble pour visiter un musée ou faire du shopping. Possibilité de faire le circuit complet en une seule fois, durée 1h45. Pour monter à la Croix-Rousse, prenez le Lyon City Tram.

VISITE GUIDÉE

LYON CITY TRAM

17, rue Paul Chenavard (1er) ✆ 04 78 56 32 39
www.lyoncitytour.fr

Départ rue Chenavard. Horaires selon saison, se renseigner. Adulte 9 €. Enfant 5/15 ans 5 €.

Perché sur les hauteurs de la colline qui travaille, le quartier de la Croix-Rousse reste peu fréquenté des Lyonnais et parfois ignoré des visiteurs, car trop à l'écart de l'hypercentre en Presqu'île. Afin de ne pas manquer tout un pan de la culture et du patrimoine local – l'histoire des canuts et l'architecture du «village» – la solution c'est le Lyon City Tram. Un petit train rouge au toit panoramique qui emmène les voyageurs des Terreaux au Plateau pendant 1h à travers les Pentes et les rues de la Croix-Rousse, faisant découvrir traboules (à parcourir à pied, en descendant de préférence...), murs peints et maisons de canuts. Idéal et original pour découvrir un autre visage de Lyon.

VISITE GUIDÉE

VISITER LYON

Place Bellecour (2e)
✆ 04 72 77 69 69
www.visiterlyon.com

Rien de plus beau que de (re) découvrir Lyon en compagnie de l'un des 30 guides-conférenciers. C'est (re) parti pour une visite thématique guidée avec, en vedette, l'incontournable visite du Vieux Lyon (minimum un départ par jour). Coup de cœur pour les visites contées qui captiveront petits et grands. Parmi les visites originales, citons celle qui nous emmène à la découverte des plus beaux points de vue de la colline de Fourvière et qui nous permet de mieux cerner la ville. A noter que le site Internet regroupe de très nombreuses visites guidées, proposées par différents prestataires validés, à Lyon et dans les environs. La meilleure façon de visiter, c'est d'être accompagné !

SITE DE DÉCOUVERTE

CENTRALE NUCLÉAIRE DU BUGEY

RD 20 (entre Loyettes et Saint-Vulbas) - **SAINT-VULBAS**
✆ 04 74 34 30 09
www.edf.fr

Point information ouvert tous les mer et sam 9h-12h30/13h30-18h. Gratuit. Visite site +12 ans, résa 1 mois à l'avance.

© MISSION COMMUNICATION - CNPE BUGEY

© MISSION COMMUNICATION - CNPE BUGEY

Découvrez l'Espace Odysselec ouvert à tous et les visites guidées du site de production. La centrale du Bugey, qui produit 40% de l'électricité de la région, vous ouvre ses portes pour des visites guidées sur réservation. Plusieurs visites thématiques : Immersion au cœur d'une centrale, De la construction à la déconstruction et enfin La centrale dans son environnement (visite en extérieur du site qui explique le fonctionnement de la centrale et sa politique volontariste de préservation de l'environnement et de la biodiversité). Ateliers pédagogiques et animations gratuites.

PARC / JARDIN

LE PARC DES HAUTEURS

Colline de Fourvière (5e)

Ouvert tous les jours de 6h à 21h30.

Ce parc est bien plus étendu qu'on ne pourrait le croire quand nombre de touristes empruntent le Jardin du Rosaire pour descendre (ou monter si l'on est courageux) de Fourvière dans le Vieux Lyon. Promenade magnifique, pentue mais naturellement ombragée avec des esplanades pour se reposer. En passant par la «Tour Eiffel» locale, le cimetière de Loyasse, il faut découvrir une autre partie de ce Parc des Hauteurs, notamment la Passerelle des Quatre Vents offrant une vue différente sur la basilique. Les plus téméraires dévaleront à VTT la piste de la Sarra. Des endroits charmants pour une balade dominicale avec les enfants ou avec son amoureux pour faire une pause romantique sur un banc.

PARC / JARDIN

PARC DE GERLAND

allée Pierre de Coubertin (7e)

✆ 04 72 73 68 00

Ouvert toute l'année. Fermé la nuit.

Moins fréquenté que celui de la Tête d'Or ou moins grand que celui de Parilly, le parc de Gerland est pourtant un véritable poumon vert entre les rives du Rhône, la zone portuaire et les installations du Matmut Stadium. Un poumon vert et un lieu de promenade idéal pour les familles qui profiteront ici d'une « plaine des jeux » avec de nombreuses installations adaptées aux enfants (entièrement gratuites), un manège 1900 et de vastes pelouses. Des tables sont aménagées pour le pique-nique et les plus jeunes peuvent courir sans crainte. Autres atouts de ce parc : des plantations magnifiques pour botanistes en herbe, un restaurant et un immense skatepark couvert.

PARC / JARDIN

DOMAINE DE LACROIX-LAVAL

1171, Route de Lacroix-Laval - **MARCY-L'ETOILE**

✆ 04 26 83 89 50

Ouvert toute l'année. Ouvert de 6h à 22h en été et de 7h à 20h en hiver. Gratuit.

A Marcy-l'Etoile, le parc du domaine de Lacroix-Laval offre 115 ha de jardins, prairies et forêts, dédiés à la promenade en famille. Lacroix-Laval est situé juste à côté d'un château dont les fondations datent du XIIe siècle, le potager et la roseraie historiques sont des conservatoires de fruits, de légumes et de fleurs d'origine lyonnaise, anciennes et remarquables. Le domaine de Lacroix-Laval a obtenu le label Ecojardin, qui récompense la mise en œuvre d'une démarche de gestion soucieuse de l'environnement, ainsi que le label Jardin remarquable. Sportifs, amoureux de la nature et passionnés de culture s'y retrouvent tout au long de l'année. Petit train et restauration.

SITE URBAIN

CONFLUENCE

(2e)

Longtemps le nom de Confluence n'évoquait aux Lyonnais que ce lieu géographique où se rejoignent Rhône et Saône. Un lieu «oublié» par la ville de l'autre côté de Perrache. C'est en 1995, devant une pression immobilière grandissante sur la Presqu'île, que la ville de Lyon décide de créer un «morceau de ville» sur 150 ha qui seront réhabilités. Un des plus importants chantiers urbains de France. Avec l'implantation de l'Hôtel de Région, d'un vaste pôle de loisirs et de commerces, de grandes entreprises, Confluence renaît sous le crayon d'architectes – Jean Nouvel notamment – et d'immeubles futuristes faisant des quais de la Saône un lieu de balade jusqu'au Musée des Confluences.

PARC / JARDIN

PARC DE PARILLY

Boulevard Emile-Bollaert - **BRON**

✆ 04 26 83 89 00

Ouvert toute l'année. Ouvert du 1er mai au 30 septembre de 7h à 20h, et du 1er octobre au 30 avril de 8h à 18h. Gratuit.

Traversé par le périphérique, accessible en métro et proposant de nombreux parkings, le Parc de Parilly est le poumon vert de l'Est urbain de la ville. Un immense parc, propriété de la Métropole de Lyon, composé d'une superbe zone boisée couvrant la plupart des 187 hectares de sa superficie. C'est l'endroit idéal pour faire une balade ou un footing autour de l'hippodrome qui se situe en son centre. Dans les allées, on peut croiser de nombreuses essences d'arbres et des écureuils peu sauvages. Ce parc est l'endroit idéal pour faire une balade entre les zones boisées et l'hippodrome qui se trouve au centre du parc. Toutes les activités de pleine nature peuvent y être pratiquées.

PARC / JARDIN

LE JARDIN ROSA MIR MERCADER

87, Grande-Rue de la Croix-Rousse (4e)

Accessible via les visites guidées de Lyon nature.

Au-delà des 5 000 plantes méditerranéennes, c'est toute une architecture qui crée la beauté de ce lieu insolite. Il s'agit de l'œuvre d'un maçon espagnol, Jules Sénis, arrivé à Lyon après avoir fui le régime de Franco. Guéri d'un cancer de la gorge, il fit vœu d'édifier un jardin dédié à sa mère, Rosa Mir. Inspiré par l'architecte Gaudi et le Facteur Cheval, il mit 20 ans à aménager cet espace. Coquillages, roses des sables, pierres du monde entier, coquilles d'escargots habillent les colonnes, obélisques, banquettes et autres vasques. Excentrique et fantastique.

SITE URBAIN

LA CROIX-ROUSSE

(4e) - Métro Croix-Rousse

Quartier emblématique de Lyon, et pourtant l'un des moins visités lors d'un passage à Lyon en raison de sa position dominante, la Croix-Rousse est une colline qui s'étend des limites de la commune de Cuire aux Pentes du 1er arrondissement entre Rhône et Saône. L'histoire de ce quartier est liée à l'industrie de la soie, lorsqu'au XIXe siècle Lyon était la première ville ouvrière de France. A cette époque, la Croix-Rousse est devenue la colline qui travaille en opposition à celle de Fourvière où l'on prie. La Croix-Rousse fut rattachée à Lyon le 19 mars 1852. Elle tire son nom d'une croix en pierre dorée de Couzon-au-Mont-d'Or installée en 1560. La Croix-Rousse, c'est une architecture très particulière et très dense - surtout à l'est du quartier - avec ses fameux immeubles ateliers de 4 à 5 étages avec une hauteur sous plafond remarquable, prévue pour accueillir les métiers à tisser équipés de la mécanique Jacquard. A l'ouest, la Croix-Rousse est plus aérée, plus verdoyante, avec un habitat plus résidentiel très recherché. Mais si la Croix-Rousse est mondialement célèbre, c'est avant tout grâce aux canuts, maîtres tisseurs de fils d'or et d'argent, qui se révolteront en novembre 1831 pour faire établir et appliquer un tarif minimum et qui se battront derrière leur fameux drapeau portant la devise «Vivre en travaillant ou mourir en combattant». De cette époque de lutte, parmi les premières luttes ouvrières en Europe, la Croix-Rousse a gardé un esprit d'indépendance. D'ailleurs, certains habitant du «village», nom qui sert communément à désigner la Croix-Rousse, se vantent de ne jamais avoir mis les pieds à Lyon... Aujourd'hui, le «village» – correspondant au 4e arrondissement – vaut pour son ambiance et la préservation de sa mémoire ouvrière grâce au musée des Canuts. Il y fait particulièrement bon vivre avec son grand marché 6 jours sur 7, ses commerces indépendants, ses animations, son crieur public. Pour visiter le quartier, il faut y monter à pied par l'un des accès, le plus pittoresque étant la Montée de la Grande-Côte, sorte de cordon ombilical entre la place des Terreaux (siège du pouvoir lyonnais) et le quartier des Canuts. Autre accès, la montée Saint-Sébastien relie la Croix-Paquet au Gros Caillou. Ce «Gros Caillou» est le plus célèbre des blocs erratiques emportés par les glaciers alpins pendant les dernières glaciations (140 000 av. J.-C.). Ce bloc de roche, provenance des massifs de Haute-Maurienne ou de Haute-Tarentaise, a été déplacé d'au moins 175 km. Selon la légende, le Gros Caillou serait le cœur d'un huissier qui aurait expulsé une famille de canuts. Autre curiosité à voir lors de votre montée sur le «plateau» : le *Mur des Canuts*. Cette fresque murale gigantesque, l'une des plus grandes fresques d'Europe s'étalant sur 1 200 m^2, rappelle la vie quotidienne des travailleurs de la soie. De nombreuses traboules permettent de redescendre vers la Presqu'île lyonnaise. C'est l'occasion de passer par la célèbre Cour des Voraces, traboule des Pentes de la Croix-Rousse avec son escalier monumental de 6 étages où les canuts ont affronté l'armée régulière. Visite passionnante d'un quartier riche en histoires.

SITE URBAIN

PLACE BELLECOUR

(2e) - Métro Bellecour

Entre Saône et Rhône, la place Bellecour est le point kilométrique 0 de Lyon, le centre névralgique de la Presqu'île et la place de tous les superlatifs. Troisième plus grande place de France, derrière la Concorde à Paris et les Quinquonces à Bordeaux, elle détient le titre de la plus vaste place piétonne d'Europe. Une place dont l'histoire remonte à l'Antiquité, quand elle était occupée par les entrepôts des marchands. Les débris des amphores et tuiles enfouies en sous-sol rendent la terre difficile à creuser et à construire. Mais on peut y faire pousser une vigne appelée *bella curtis* (beau jardin) dès le XIIe siècle. Racheté par la ville en 1604, ce terrain nommé La Belle Cour va devenir un lieu de promenade. C'est également une place d'armes sur laquelle le Consulat décide d'ériger une statue équestre de Louis XIV, statue à propos de laquelle courent des légendes urbaines... (non, l'artiste n'a pas oublié la selle d'un roi qui monte son cheval à cru !). Ce n'est qu'en 1871 que la place prend le nom de Bellecour. Nombreux immeubles avec façade à l'antique et quelques curiosités, comme ce *Veilleur de pierre* (angle rue Gasparin), mémorial de la résistance intérieure française inauguré en 1948 en hommage à 5 résistants assassinés en juillet 1944 à la prison de Montluc. Autre statue, peu visible à l'angle sud-ouest de la place, celle du *Petit Prince* d'Antoine de Saint-Exupéry, aviateur et écrivain originaire de Lyon. Lieu de rassemblements populaires où l'on aime se retrouver à la sortie du métro (attention, plusieurs sorties possibles !), la place Bellecour a fait l'objet de récents travaux de rénovation, retrouvant tout autour ses tilleuls d'origine, des kiosques améliorés et l'incontournable pavillon de l'office du tourisme. Evénements tout au long de l'année : grande roue en hiver, concours de boule lyonnaise, illuminations, manifestations. Carrefour incontournable de la vie lyonnaise.

SITE URBAIN

TRABOULES

(5e)

Les traboules font partie du patrimoine lyonnais. Plus ou moins ouvertes au public respectueux des habitants, elles se visitent en faisant une balade à travers la ville, du Vieux Lyon à la Croix-Rousse. Le terme vient de deux mots latins : *trans* et *ambulare* signifiant «passer à travers». Ces passages couverts entre deux cours d'immeubles permettent de passer d'une rue à l'autre dans un espace étroit. Dans le Vieux Lyon, les traboules Renaissance forment un réseau dense offrant de nombreux passages aux personnes et aux marchandises. À la Croix-Rousse, les traboules du XIXe siècle permettaient de transporter les tissus de soie sans les mouiller. Balade à faire avec ou sans guide.

PARC / JARDIN

PARC DE LA TETE D'OR

(6e) ✆ 04 72 10 30 30
www.loisirs-parcdelatetedor.com
Ouvert tous les jours. Mi-octobre à mi-avril de 6h30 à 20h30. Mi-avril à mi-octobre de 6h30 à 22h30. Gratuit.

Véritable poumon vert de Lyon, le parc de la Tête d'Or est le plus grand parc de France situé au cœur d'une ville. Le domaine de la Tête d'or appartenait depuis le XVIe siècle à la famille Lambert, et son nom se référait à une mystérieuse tête de Christ en or rapportée des croisades et qui aurait été enfouie sur ces terres marécageuses. Une autre légende voudrait que, lors de la création du parc par des canuts au chômage, le trésor ait été découvert. Devant le spectacle des canuts se disputant la tête en or, celle-ci aurait versé une larme, créant le lac et engloutissant le trésor à jamais. A la fin du XIXe siècle, le sénateur Vaïsse, préfet et maire de Lyon, décide de racheter le terrain afin d'offrir un lieu de verdure et de détente aux Lyonnais. Les paysagistes Eugène et Denis Bühler se voient confier les dessins du parc. Bientôt le jardin des plantes de la Croix-Rousse est transféré à la Tête d'Or et le jardin zoologique est créé. Près d'un siècle plus tard, en 1964, la princesse Grace de Monaco inaugurera la roseraie. Autour d'un lac de 16 hectares alimenté par le Rhône s'étend le parc paysager de 110 hectares. Bosquets d'arbres centenaires et massifs de fleurs ornent les vastes pelouses, et les allées sinueuses entraînent les visiteurs au jardin botanique, au jardin zoologique, aux 5 hectares de roseraie ou encore au bois. Le jardin botanique, riche d'environ 15 000 plantes, accueille dans ses serres de verre et de fer nombre de spécimens originaux. Les grandes serres abritent les plantes tropicales, la serre aquarium cache le nénuphar d'Amazonie, la serre hollandaise enferme les plantes carnivores. Dans les petites serres chaudes orchidées et fougères se tiennent compagnie, tandis que les petites serres froides sont le refuge des plantes à fleurs horticoles. Unique dans son genre, le jardin zoologique s'étend sur près de 8 hectares dans l'enceinte du parc. Créé en 1858, il était destiné à accueillir des animaux de la ferme, comme des vaches pour donner du lait frais aux petits Lyonnais, et quelques animaux sauvages. C'est à partir de 1876 que les animaux exotiques, attirant les foules de visiteurs, vont remplir les espaces clos. Des cages sont alors aménagés pour accueillir (dans des conditions parfois peu dignes...) des girafes, éléphants et lions (hommage au lion Jasraj, dernier lion du parc, décédé en 2021). Depuis les années 2000, la ville de Lyon aménage différemment les espaces, veillant au bien-être animal avec une plaine Africaine ou une forêt d'Asie. D'une superficie totale de 117 hectares, le parc de la Tête d'Or a accueilli de nombreux événements, dont l'Exposition Universelle de 1872. Ses grilles monumentales, parfaitement restaurées, ont été réalisées en 1898 par Charles Meysson. Le parc abrite également divers bâtiments, un théâtre de Guignol qui fait partie du patrimoine de Lyon, un vélodrome Georges Préveral, de nombreux jeux et attractions pour les enfants. Fréquenté par tous les sportifs, à commencer par les coureurs et les cyclistes qui font des tours, il reste le lieu privilégié des balades familiales dominicales. Un parc incontournable des sorties lyonnaises.

SITE URBAIN

VIEUX LYON

(5e)

Le «Vieux Lyon» ne désigne pas le quartier le plus ancien de la ville. Lugdunum a commencé son histoire sur les hauteurs de Fourvière plutôt que sur les berges de Saône. Le Vieux Lyon désigne le quartier Renaissance de la ville, sauvé d'une destruction promise en devenant le premier secteur sauvegardé de France par André Malraux en 1964, classé au patrimoine mondial de l'humanité par l'UNESCO. Le Vieux Lyon est assez clairement délimité par la colline de Fourvière qui le surplombe, la Saône qui le longe, la montée de Choulans au sud et la rue Saint-Paul au nord. Les quais offrent une agréable balade avec de nombreux bars festifs qui animent le quartier à la nuit tombée.

Saint-Georges. Depuis Bellecour, empruntez la passerelle Saint-Georges pour vous retrouver au chevet de l'église construite par Pierre Marie Bossan, futur architecte de la basilique Notre-Dame-de-Fourvière. Rénovée il y a 15 ans, elle s'intègre parfaitement dans l'ensemble du Vieux Lyon. Il faut découvrir la place de la Trinité, croisement de ruelles typiques du quartier, dont la célèbre montée du Gourguillon en direction de Fourvière. Cette place doit en grande partie sa notoriété à la Maison du Soleil. La Maison de Guignol se trouve de l'autre côté de la place et une rue Mourguet perpétue la mémoire du créateur de la célèbre marionnette.

Saint-Jean. Avec ses ruelles pavées, ses demeures de la Renaissance, ses airs d'Italie et ses édifices remarquables, Saint-Jean offre un saut dans le temps. La balade se fait essentiellement par les deux axes que sont la rue Saint-Jean et la rue du Bœuf. Parmi les sites : la Cour des Loges, la Maison du Crible qui abrite la fameuse «Tour Rose», un des emblèmes du Vieux Lyon. Après la place du Petit Collège, on se dirige par la rue Gadagne (Musée d'Histoire de Lyon et Musée des Arts de la Marionnette) vers la rue du la Loge. Halte sur la place du Change où l'on peut admirer l'une des plus anciennes maisons de Lyon, la Maison Thomassin, les visiteurs repartent vers le sud par la rue Saint-Jean où se succèdent les demeures admirables : Maison Laurencin, Maison du Chamarier, Maison de Jean Gay et Maison des Avocats dont les élégantes arcades de style Renaissance italienne sont visibles depuis la rue de la Bombarde. En revenant vers la cathédrale, poussez la porte du n° 54 pour parcourir la plus longue et la plus belle traboule du Vieux Lyon qui permet de traverser 4 maisons pour rejoindre la rue du Bœuf au n°27.

Saint-Paul. Comme les autres quartiers du Vieux Lyon, Saint-Paul s'organise autour de son église, une des plus anciennes de Lyon, dès le XIIe siècle, mais aussi, et c'est plus original, autour de sa gare. Au Moyen Age, le quartier devient le refuge des familles juives expulsées au XIVe siècle. La rue Juiverie rappelle encore cette période de l'histoire et compte parmi les mieux préservées, les plus authentiques du Vieux Lyon. De riches banquiers et les familles consulaires de la ville s'installent dans de riches demeures avec la fameuse Maison des Têtes de Lions jadis habitée par les Médicis et au n° 8 la splendide galerie réalisée par Philibert Delorme.

TOUR DE LYON À VÉLO

Cela fait des années que le Petit Futé vante les bienfaits de la petite reine dans une ville où les conditions de circulation routière sont souvent compliquées et où les aménagements dédiés aux cyclistes nombreux. Cette année, nous vous proposons donc un tour de Lyon à vélo. Une quinzaine de kilomètres en ville sur un parcours presque totalement plat et sécurisé en voie réservée qui fait une boucle idéale pour flâner en amoureux ou se balader en famille.

Attention, bien respecter le sens de la boucle. 16 km.

Départ (1) du Cube Orange dans le quartier de Confluence. Il faudra un peu slalomer pour passer l'obstacle de la darse, mais on se retrouve vite sur les quais de Saône. A l'échangeur de Perrache, lieu le plus moche de Lyon, impossible de continuer sur le quai, mais suivre la rue Vaubecour et faire un léger détour par la magnifique Abbaye d'Ainay (2). Puis continuer par la rue du Plat jusqu'à Bellecour (3) où l'on cherchera la statue du Petit Prince. Traversée de la Saône sur le pont Bonaparte pour passer dans le quartier du Vieux Lyon (4) en commençant par Saint-Jean, puis Saint-Paul. Remontée un peu longue du Quai Pierre Scize jusqu'au pont Koenig pour passer de nouveau de l'autre côté de la Saône et arriver au Tunnel Modes Doux de la Croix-Rousse (5). Expérience étonnante que cette traversée de la Saône au Rhône. On redescend le long du fleuve sur les berges avec un premier arrêt à hauteur de l'Hôtel de Ville (6). Toujours vers le sud, les péniches installent leurs terrasses à la belle saison. Nouvel arrêt sur les berges devant la façade monumentale du Grand Hôtel-Dieu (7). Quelques cygnes détournent l'attention. Vous entrez dans une zone à forte fréquentation mêlée de piétons et de vélos. Soyez vigilants en passant devant le Centre Nautique (voie rétrécie). Passage sous le viaduc de Perrache et les voies sur berge deviennent plus un chemin. Remontée vers le pont Raymond Barre, dédié aux modes doux (8). Nouveau passage sur le Rhône vers le Musée des Confluences (9). Pour terminer la boucle, pousser jusqu'à la pointe de la confluence (10). Passage sous l'autoroute du soleil (devenue M7) et fin de la boucle par le quartier de Confluence en passant devant le bâtiment de la Sucrière, lieu culturel et festif.

AQUARIUM

AQUARIUM DE LYON

7, rue Stéphane-Déchant - **LA MULATIÈRE** ✆ 04 72 66 65 66
www.aquariumlyon.fr

Ouvert toute l'année. Haute saison tous les jours de 10h30 à 18h30. Adulte : 15 €. Enfant de 5 à 10 ans : 11 €.

La beauté, le calme, l'évasion : tout ce dont vous rêvez se trouve à L'Aquarium de Lyon. À la hauteur de la Confluence, plongeon dans les eaux d'un monde que l'on visiter en toute sécurité. L'Aquarium de Lyon, ce sont plus de 5 000 poissons de près de 300 espèces présentés dans 47 aquariums pour faire le tour de la planète bleue à moindres frais pour un si grand spectacle. Un aquarium où l'on ne fait pas qu'admirer des poissons plus ou moins étranges, colorés, impressionnants, mais où l'on comprend mieux les particularités de chaque espèce grâce à des explications facilement accessibles. Incontournable : la fosse aux requins, un bassin gigantesque de 450 000 litres. Boutique et snack.

ENFANTS

WAKOO PARK

38, Clos Verger - **VÉNISSIEUX** ✆ 04 78 74 61 62
https://wakoopark.com

Ouvert du 19 mars au 6 novembre 2022. Tarif enfant 2 à 12 ans 12 €.

Waouh, on part en famille au Wakoo Park pour se défouler avec les enfants au parc de Parilly. Du printemps à l'automne, un espace réservé aux plus jeunes avec des structures adaptées à tous les âges, jusqu'à 12 ans. D'abord, un espace réservé aux moins de 5 ans avec trampoline, structure gonflable, maisonnette en bois... Pour les pilotes, un circuit de karts à pédales réglables selon la longueur des jambes des gones. Pour les plus grands, 3 grands trampolines et un filet géant, même un petit parcours accrobranche et tyrolienne, de grandes structures gonflables, sans oublier un labyrinthe et de grands brumisateurs pour faire de belles batailles d'eau quand il fait trop chaud.

PARC ANIMALIER / FERME

TOUROPARC.ZOO

400, rue du Parc - **ROMANÈCHE-THORINS** ✆ 03 85 35 51 53
www.touroparc.com

Haute saison tous les jours de 9h30 à 19h. Basse saison de 10h à 17h. Adulte : 24 €. Enfant de 3 à 2 ans : 20,50 €.

Protéger les animaux menacés, partager cette passion avec le grand public, Touroparc.zoo nous invite à porter un nouveau regard sur le monde animal. Le plus beau des voyages au milieu de 700 animaux visibles dans les meilleures conditions. Avec un peu de patience vous pourrez surprendre les éléphants prendre un bain, les lions perchés sur leur rocher, les hippopotames nager paisiblement, un bébé maki catta dans les bras de sa mère, un panda roux faisant la sieste dans un arbre ou l'impressionnant Dragon de Komodo. Visites nocturnes en été. En accès libre, les animations plaisent à toute la famille, toutes les générations qui s'amusent ensemble. Touroparc.zoo, naturellement grand.

PARC D'ATTRACTION

GRAND PARC MIRIBEL JONAGE

Chemin de la Bletta
VAULX-EN-VELIN
✆ 04 78 80 56 20
www.grand-parc.fr

Ouvert toute l'année. Parking.

Compris dans l'enceinte de la Métropole, ce parc est le lieu de baignade et la base de loisirs le plus accessible depuis le centre-ville de Lyon. Axé sur l'eau et les espaces naturels, le Grand Parc propose de nombreuses activités : raid aventures, parcours accrobranches, course d'orientation, escalade, golf, tir à l'arc, roller, VTT, barque, optimist, catamaran, planche à voile, canoë, kayak, aviron. 8 parcours pédestres et VTT balisés. Location matériel, plages gratuites et payantes (Atol'), nombreux coins pique-nique. Une grande bouffée d'oxygène pour toute la famille.

PARC D'ATTRACTION

MINI WORLD

2, rue Jacquard - **VAULX-EN-VELIN** ✆ 04 78 52 90 88
www.miniworld-lyon.com

Ouvert mercredi au dimanche 11h à 18h. 7j/7 pendant vacances scolaires. Adulte 14 € (12 € web). Enfant 9 € (7 € web).

Il n'y a pas d'âge pour s'émerveiller à Mini World, le plus grand parc de miniatures animées de France. Venez avec vos enfants et vous verrez que vous serez les premiers à rêver devant les mondes présentés sur plus de 3 000 m^2. Une féerie hyper réaliste qui vous projette dans plusieurs univers – la ville, la montagne, la campagne – avant de vous faire redécouvrir Lyon et la Fête des Lumières. Des mondes miniatures grandioses, magiques, envoûtants et même amusants quand il faut trouver certains personnages célèbres, comme Charlie ou les protagonistes de séries TV, parmi 70 000 mini-habitants ! Un véritable «spectacle» immersif pour toute la famille. Restauration sur place. À faire absolument.

PARC D'ATTRACTION

WALIBI RHÔNE-ALPES

1380, route de la Corneille - **LES AVENIÈRES VEYRINS-THUELLIN**
✆ 08 20 42 64 36 - www.walibi.fr

Réouverture en avril. Juillet et août tous les jours 10h-19h. Adulte 35 €. Enfant 30 €. Gratuit -1 m.

Au printemps 2022, (re) découvrez Walibi ! Envie de sensations fortes, besoin d'émotions à partager, s'amuser ensemble, s'évader à quelques kilomètres de Lyon... Walibi c'est tout ça et tellement plus qu'il faut le vivre pour le croire. Facile d'accès, un parc grandiose pour des journées inoubliables à deux, en famille, en groupe d'amis... Une trentaine d'attractions et de spectacles pour tous les âges, du vertical et vertigineux Mystic au fun et coloré Balloon Race. L'*AirBoat*, attraction unique en Europe, vous permet de survoler le Bayou en moins de deux. La saison se termine avec la célébration d'Halloween. Venez vivre plus intensément à Walibi Rhône-Alpes.

RÉSIDENCE HÔTELIÈRE

APPART HÔTEL ODALYS CONFLUENCE

7, cours Bayard (2e) ✆ 04 78 82 49 02
Tram T1 arrêt Sainte-Blandine. - www.odalys-city.com
Accueil 24h/24. A partir de 79 € le week-end. A partir de 89 € en semaine. Petit déjeuner 12,50 €. Wifi gratuit.

A Confluence, dans un quartier mêlant culture (Musée des Confluences), loisirs et shopping (Pôle de loisirs et de commerces de Confluence) idéalement desservi par les transports en commun, l'Appart'hôtel Odalys Confluence offre des prestations haut de gamme avec piscine intérieure et salle de fitness. Studios et junior suites spacieux parfaitement équipés, avec une kitchenette pour votre indépendance. Grande salle de petit déjeuner avec une prestation de qualité. Pour un séjour en famille ou un séjour d'affaires, l'Appart'hôtel Odalys Confluence est recommandé par le *Futé*.

AUBERGE DE JEUNESSE

AWAY HOSTEL

21, rue Alsace-Lorraine (1er) ✆ 04 78 98 53 20
www.awayhostel.com
Dortoirs à partir de 20 € la nuit, double privée à partir de 65 € la nuit. Wifi gratuit.

Un mode d'hébergement qui mise sur le collectif tout en gardant sa personnalité. Entre l'auberge de jeunesse, la chambre d'hôtes et l'hôtel traditionnel, Away offre une alternative qui n'est pas réservée qu'aux jeunes voyageurs. Dans un immeuble face à Croix-Paquet, quartier animé et sympathique, Away vous invite à rentrer chez vous. Style scandinave, murs clairs, mobilier design, chambres privées, chambres partagées (on ne dit plus dortoir) à la literie confortable, parquet et moulures aux plafonds. Un séjour simple mais cocooning quand même. Coffee-shop avec de bons cafés et des produits locaux cuisinés maison ajoutant au charme du concept. Des événements sur place si possible.

HÔTEL

BOSCOLO LYON*****

11, quai Jules Courmont (2e) ✆ 04 87 25 72 00
www.boscolocollection.com
133 chambres. Chambre double à partir de 159 €, suite à partir de 298 €. PDJ inclus. Wifi gratuit. Restauration.

Lyon et l'Italie, c'est une longue histoire d'amour qui a donné naissance aux plus beaux bâtiments de la ville. Installé dans un authentique palais du XIXe siècle au cœur de la Presqu'île, le Boscolo marie à la perfection tradition et design. Architectures extérieure et intérieure splendides, du grand salon avec son toit de verre aux chambres luxueuses s'ouvrant sur le Rhône. Ambiance feutrée, élégance naturelle, accueil et service remarquables. Restaurant italien Angelo vêtu de marbre noir et bar pour l'*aperitivo* avec un spritz au champagne. Autre bonheur du Boscolo, son magnifique spa façon «thermes romains» avec piscine, hammam, sauna et soins. Raffinement à l'italienne.

HÔTEL

ÉLYSÉE HÔTEL**

92, rue Président-Edouard-Herriot (2e)
✆ 04 78 42 03 15
www.hotel-elysee.fr
29 chambres. Chambre double de 79 € à 88 €. Petit déjeuner 8,50 €. Animaux acceptés. Wifi gratuit.

© PETIT FUTÉ

Pour commencer, un emplacement pareil à ce prix-là, ça ne se manque pas ! Séjourner dans ce quartier chic, sur les «Champs-Élysées» lyonnais, au cœur de la Presqu'île, c'est un luxe accessible grâce aux prix tout doux de l'Élysée Hôtel. Entre Bellecour et Terreaux, proche du Vieux Lyon, entouré de bonnes adresses gourmandes, profitez de tous les sites à visiter en sillonnant la ville à pied. Situation exceptionnelle et tarifs doux, sans oublier des chambres confortables (insonorisées et climatisées), une ambiance familiale et décontractée, de la gentillesse et des conseils pour bien profiter de votre séjour. Savoureux petit déjeuner servi dans une belle salle voûtée.

HÔTEL

GLOBE ET CÉCIL HÔTEL****

21, rue Gasparin (2e) ✆ 04 78 42 58 95
www.globeetcecilhotel.com
59 chambres. Chambre double de 130 € à 315 €. Petit déjeuner 16 €. Parking. Séminaires. Wifi gratuit.

Quand les 4 étoiles appartiennent souvent à de grands groupes hôteliers et sont abrités dans des bâtiments contemporains, le Globe et Cecil offre tout le charme d'une belle maison de famille en plein cœur de la Presqu'île. Avec son style unique au sein des Aubergistes Lyonnais, cet hôtel passe outre ses étoiles pour s'occuper avant tout de l'humain dans un bel esprit de famille. Une relation qui s'établit dans un climat bienveillant. Emplacement idéal au cœur des quartiers animés de Lyon, chambres personnalisées et décorées avec goût, services parfaits. Hôtel complété par le Comptoir Cecil, restaurant tenu lui aussi par des passionnés, à commencer par la cheffe Rosie. Bon choix.

ET POUR DORMIR ?

PRESQU'ÎLE ET CROIX ROUSSE

HÔTEL

GRAND HÔTEL DES TERREAUX****

16, rue Lanterne (1er) ✆ 04 78 27 04 10
www.grand-hotel-des-terreaux.fr

Ouvert toute l'année. 53 chambres. Chambre double à partir de 165 €. Petit déjeuner 17 €.

Un indépendant à l'esprit de famille. Un hôtel «grand» par le style et les prestations qui ne vous propose pas un «simple» séjour, mais une véritable expérience. Adresse qui a su conserver le charme de l'ancien tout en le mariant avec le confort moderne d'un 4 étoiles irréprochable. 53 chambres insonorisées, des cocons haut de gamme décorés de façon unique. Le plus de cette incroyable adresse, ce sont les «bassins de détente» entre les murs voûtés des sous-sols. Idéal pour un séjour relaxant en amoureux en plein cœur de la ville (pensez à sortir tout de même...).

HÔTEL

HÔTEL DE BRETAGNE*

10, rue Dubois (2e)
✆ 04 78 37 79 33

30 chambres. Chambre double à partir de 75 €. Petit déjeuner : 8 €. Wifi gratuit. Tv satellite.

Cet hôtel n'est pas un palace, mais il offre l'essentiel aux voyageurs de passage qui ne veulent pas mettre tout leur budget dans l'hébergement. Central, entre Terreaux et Bellecour, à un saut de puce de tous les sites lyonnais, dans la fameuse shopping zone de la Presqu'île, l'emplacement est idéal. Un hôtel simple et bien tenu aux tarifs rares dans le secteur, même si le confort n'est pas maximal. Pour un séjour en solitaire ou en famille (certaines chambres peuvent accueillir jusqu'à 4 personnes), pour un déplacement professionnel au cœur de Lyon ou une visite complète de la ville, l'Hôtel de Bretagne est une adresse vraiment pas chère dans un quartier prisé.

HÔTEL

HÔTEL DE LA CROIX-ROUSSE**

157, boulevard de la Croix-Rousse (4e)
✆ 04 78 28 29 85
www.hoteldelacroixrousse.com

33 chambres. A partir de 80 € par nuit pour 2 pers. Dimanche soir dès 50 € pour 2 pers.

Tout le charme du quartier de la Croix-Rousse, dominant Lyon depuis la colline des Canuts. On respire mieux et on atteint rapidement tous ses objectifs en empruntant le métro (à 50 m) direction Hôtel de Ville. Les nuits sont paisibles dans cet hôtel profitant du charme d'un quartier historique et vivant. Belle rénovation pour un hôtel offrant des nuits douillettes dans des chambres bien équipées, certaines avec balcon ouvert sur la ville. Accueil charmant et souriant. Bons plans : les offres du dimanche soir. Le plus : la vue sur la ville depuis le balcon du dernier étage.

HÔTEL

HÔTEL DU SIMPLON**

11, rue Duhamel (2e) ✆ 04 78 37 41 00
www.hoteldusimplon.com

37 chambres. Chambre double à partir de 70 €. Petit déjeuner : 8 €. Offres sur le site Internet.

Depuis longtemps, le Simplon est un état d'esprit fait de charme, de belles énergies, de bonne humeur et de mille attentions. Un lieu authentique animé par les Aubergistes Lyonnais. À deux pas de Perrache, entre Confluence et Bellecour, un hôtel qui prend soin de nous. Des sourires, des mots gentils, une ambiance apaisée, un décor charmant, le confort des chambres bien équipées, le Simplon est un refuge urbain où l'on se sent bien. Petit déjeuner savoureux et généreux dans une atmosphère détendue. Plus qu'un hôtel, le Simplon devient vite une seconde maison. Le plus : l'accueil réservé aux cyclistes avec de nombreux services (box fermé, nettoyage, kit de réparation...).

HÔTEL

HÔTEL ROYAL*****

20, place Bellecour (2e) ✆ 04 78 37 57 31
www.lyonhotel-leroyal.com

72 chambres. Chambre double de 160 € à 310 €. Petit déjeuner : 27 €.

Soyez une reine, devenez un roi sur votre balcon s'ouvrant sur la place Bellecour et la statue de Louis XIV. Dans ce superbe immeuble haussmannien, avec sa rotonde surmontée d'un bulbe iconique répondant au clocher de la Charité, cette maison lyonnaise 5 étoiles offre tout le luxe d'une maison de famille bourgeoise sur laquelle souffle encore l'esprit de Paul Bocuse. Chambres mariant la beauté d'un style classique – amoureux de la toile de Jouy en extase à tous les étages – au confort moderne. Immense bravo à toute l'équipe qui nous reçoit avec cette « french touch » que le monde entier nous envie. Grand sens de l'accueil et du service. Séjour romantique au cœur de la ville.

HÔTEL

HÔTEL SILKY****

2, place Francisque-Régaud (2e) ✆ 04 78 37 17 17
www.hotel-silky.com

46 chambres. Chambre double à partir de 75 €. Petit déjeuner 14 €. Chambre familiale.

En plein cœur de Lyon, au-dessus du café Perl, un hôtel abrité dans un bel immeuble (dont la façade était en rénovation lors de notre visite) chargé d'une histoire lyonnaise autour du commerce de la soie (d'où le nom). Ce que l'on retiendra surtout de cet hôtel, ce sont ses offres adaptées à notre mode de vie moderne. Ici, il est possible de réserver une chambre pour 6h (en journée pour travailler au calme ou un rendez-vous...), 12h ou 24h. Tout le reste est à la carte : petit-déjeuner, champagne, vin, heures supplémentaires, petite restauration... A vous de prendre ce qui vous fera plaisir. De la chambre simple éco à la chambre familiale, des tarifs attractifs et de super services.

© EMMANUEL SPASSOFF

© EMMANUEL SPASSOFF

HÔTEL

HÔTEL DE L'ABBAYE****

20, rue de l'Abbaye (2e) ✆ 04 78 05 60 40
www.hotelabbayelyon.com
21 chambres. Chambre double de 135 € à 400 €. Petit déjeuner 19 €. Animaux acceptés. Wifi gratuit. Restauration.

Faire son nid à l'Hôtel de l'Abbaye. La plus belle proposition à faire à celle ou celui qu'on aime pour un séjour à Lyon. Charme incomparable d'un quartier calme idéalement situé entre Bellecour et Perrache, au cœur de la ville, à l'abri de l'agitation. Beauté apaisante de l'Abbaye d'Ainay, une des plus belles églises romanes de France. L'histoire a laissé son empreinte, mais la modernité d'une belle rénovation a donné un caractère très personnel à cette magnifique maison. Chambres spacieuses et parfaitement équipées, élégamment décorées avec la participation de la maison Hand. Accueil, service et prestations remarquables. Café Basilic et restaurant l'Artichaut s'ajoutent à notre bonheur.

© DR

© DR

© DR

ET POUR DORMIR ?

PRESQU'ÎLE ET CROIX ROUSSE

HÔTEL

INTERCONTINENTAL*****

20, quai Jules Courmont (2e) ✆ 04 26 99 23 23
https://lyon.intercontinental.com
144 chambres (et suites). Chambre double à partir de 275,50 €. Wifi gratuit. Restauration.

Lyon, dans tout ce que la ville a de meilleur. Un lieu prestigieux, le Grand Hôtel-Dieu, pour un nom prestigieux, InterContinental. Difficile de décrire la beauté d'un bâtiment chargé d'histoire superbement rénové pour accueillir les visiteurs d'ici et d'ailleurs. Un style de vie combinant bien-être, luxe et une authentique hospitalité. 144 chambres et suites de rêve, havres de paix au cœur de Lyon. Autres bonheurs de l'InterContinental, le restaurant gourmand Epona, le bar le Dôme - plus beau bar du monde - sous le dôme de Soufflot. Si vous êtes né au Grand Hôtel-Dieu, une offre exclusive vous est destinée. L'Académie offre un centre de conférence unique à Lyon pour tous vos événements.

HÔTEL

LYON MÉTROPOLE & SPA****

85, quai Joseph-Gillet (4e) ✆ 04 72 10 44 44
www.lyonmetropole.com
174 chambres. Chambre double à partir de 135 €, studio à partir de 135 €. Petit déjeuner 20 €. Parking 15 €.

Jusqu'à présent, le *Petit Futé* vous parlait de l'Hôtel Lyon Métropole comme celui offrant l'un des plus grands City Spas de France. En passant de 2 500 m² à 8 000 m², le Spa Lyon Plage est devenu «le» plus grand City Spa de France ! Un espace exceptionnel dédié au bien-être et à la remise en forme au sein d'un hôtel lui aussi exceptionnel. Installé sur les rives de Saône, au pied de la Croix-Rousse et à 5 minutes à peine du cœur de Lyon, vous trouverez non seulement la détente, mais aussi les services et le confort d'un établissement de standing. Chambres, studios et appartements avec la possibilité d'être hébergé en court, moyen et long séjour. Brasserie au bord de la piscine olympique.

HÔTEL

MAISON NÔ****

11, rue du Bât d'Argent (1er) ✆ 04 81 13 21 90
www.maisonno.com
45 chambres de 150 € à 450 €, suites. Restauration (rooftop). Vente. Sauna.

Une Maison Nô à laquelle on dit : oui, oui, oui ! Lyon est une ville surprenante à l'image de cet hôtel original installé au cœur de la Presqu'île dans un bâtiment remarquable, une ancienne banque réaménagée avec beaucoup de goût. Espaces incroyables dès l'entrée, atrium autour duquel se déploient les chambres pour monter jusqu'au 7e ciel vers le plus beau rooftop de la ville et son restaurant. Services sur mesure pour un séjour sans aucun nuage, chambres contemporaines pleines de charme, véritables cocons de bonheur, salon privé pour se réunir et espace détente/fitness pour se relaxer. 2 salles pour les séminaires jusqu'à 35 pers. Maison Nô : votre plus belle expérience lyonnaise.

HÔTEL

MERCURE LYON CENTRE CHÂTEAU PERRACHE****

12, cours de Verdun-Rambaud (2e) ✆ 04 72 77 15 00
www.mercure.com
120 chambres. Chambre double à partir de 118 €. Petit déjeuner : 18,90 €. Garage payant. Salle de fitness.

Immanquable sur la route vers le Sud (accès rapide), mais aussi pour les réunions faciles à organiser à deux pas de la gare TGV. Un magnifique bâtiment classé Art nouveau construit au début du XXe siècle qui a connu d'importantes rénovations, lui redonnant son lustre d'antan et une image actuelle. La marquise d'entrée est remarquable. Les chambres, spacieuses et décorées avec goût, offrent tout le confort moderne et des prestations de bon standing. Chambres familles. Nombreuses salles de réunion. Un 4-étoiles qui mêle avec bonheur charme de l'ancien et confort moderne.

HÔTEL

MIHOTEL

24, rue du Plat (2e) ✆ 04 28 29 65 94
https://www.mihotel.fr
26 chambres (suites). Suite de 174 € à 239 €. Petit déjeuner : 12 €. Garage : 15 €. Wifi.

A l'époque du «sans contact», MiHotel a tout compris de nos envies de profiter rapidement et discrètement de 40 suites uniques réparties dans le centre-ville de Lyon. Un «hôtel» pas comme les autres, sans réception physique, mais avec un accueil dématérialisé permanent et des codes pour accéder à des suites de rêve imaginées par une architecte d'intérieur. De véritables cocons pour les couples, mais aussi pour un séjour business sans stress. Beauté des suites et une liste infinie d'options (30 extras pour une mise en scène, un repas, une sortie...) afin de vous faire plaisir. Nouveauté avec les 8 suites installées dans la Tour Rose au cœur du Vieux Lyon comme autant de petits paradis.

HÔTEL

MOB HOTEL LYON CONFLUENCE

55, quai Rambaud (2e)
✆ 04 58 55 55 88
www.mobhotel.com
100 chambres. Chambre double à partir de 71 €.

Haut degré de coolitude pour cet hôtel qui a tout compris de notre époque. Chez Mob Hôtel, pas de stress, mais du bien-vivre et du bien-dormir au cœur de l'écoquartier de Confluence. Lignes contemporaines pour ce lieu nouvelle génération mêlant culture, littérature, musique, événements sur le rooftop, une cantine certifiée bio et bien d'autres moments à partager en intérieur comme en extérieur. Les chambres sont aussi belles que surprenantes avec leurs lits de palace et le petit déjeuner délicieux. Un lieu pour tous les curieux avec des offres à ne pas manquer.

HÔTEL

NOVOTEL CONFLUENCE****

3, rue Paul-Montrochet (2e) ✆ 04 37 23 64 00
www.novotel.com
150 chambres. Chambre double à partir de 119 €. Petit déjeuner : 16,50 €.

A la recherche de la modernité de la ville tout en profitant de la beauté d'un site naturel exceptionnel ? Ancré dans le quartier de Confluence à l'architecture futuriste, profitant d'une vue directe sur la Saône, adossé à un centre commercial et de loisirs version XXIe siècle et à proximité du musée des Confluences, ce 4 étoiles signé Accor a le bon goût de profiter des paysages naturels et du calme des bords de Saône. Simple d'accès, par la route et même par l'eau en empruntant le Vaporetto vers le Vieux Lyon, l'hôtel répond parfaitement à son standing de gamme supérieure. Les plus : la terrasse surplombant la Saône, un restaurant, une salle de réunion dernier cri et un parking fermé.

CHAMBRE D'HÔTE

PÉNICHE BARNUM

3, quai Sarrail (1er) ✆ 06 63 64 37 39
www.peniche-barnum.com
1 chambre (cabine). De 135 € à 250 € la nuit. Petit déjeuner inclus.

Vous pensez que les hébergements en ville ne peuvent plus vous surprendre ? Profitez d'un point de vue unique sur Lyon : embarquement immédiat sur une péniche amarrée aux berges du Rhône face à l'hôtel de ville. Vue imprenable et situation idéale pour visiter tout Lyon, notamment la Presqu'île. Au calme, le long des berges, les visiteurs se laissent bercer par les flots. Une péniche cosy et charmante qui propose deux chambres d'hôtes haut de gamme, dont une Cabine de l'Amiral suite spacieuse très confortable qui nous permet de profiter d'un emplacement de parking gratuit sécurisé à proximité de la péniche. Depuis la terrasse sur le pont du bateau, point de vue inédit sur la ville.

HÔTEL

SOFITEL LYON BELLECOUR*****

20, quai Gailleton (2e)
✆ 04 72 41 20 00
https://all.accor.com
164 chambres. Chambre double à partir de 170 €. Petit déjeuner 25 €. Restaurant gastronomique. Spa.

Un hôtel de luxe et bien plus. Cet hôtel d'architecture contemporaine fut le tout premier 5 étoiles de Lyon. Et si les Trois Dômes, restaurant gastronomique panoramique situé au sommet du Sofitel, a perdu son étoile, il se réinvente pour mieux briller. Restaurant complété par le 8 qui rend hommage à la nature et aux produits du terroir. Voiturier, concierge aux clefs d'or, spa Deep Nature, bien-être, fitness, bar. Chambres et suites de grand standing pour un séjour de prestige. Des tarifs à la hauteur des prestations et des promotions à guetter sur le site Internet.

HÔTEL

IBIS STYLES CONFLUENCE***

26, quai Perrache (2e)
✆ 04 78 37 16 64
www.ibis.com
84 chambres. Chambre double à partir de 79 €. Petit déjeuner inclus. Wifi. Restauration (le Bistrot d'Auguste).

© EMMANUEL SPASSOFF

© EMMANUEL SPASSOFF

Un hôtel stylé dans un quartier qui ne cesse d'évoluer, un des centres d'attraction de Lyon : Confluence. Simple d'accès depuis M7, proche de la gare de Perrache et des transports en commun, l'Ibis Styles Confluence offre un emplacement idéal pour partir à la découverte de Lyon. Moderne et chaleureux, l'Ibis Styles Confluence affiche une thématique autour du cinéma. Hôtel nouvelle génération, il séduit par son design contemporain, la qualité de ses chambres adaptées pour les familles et la gentillesse de l'équipe dirigée par Bertrand Furet. Restaurant Bistrot d'Auguste.

ET POUR DORMIR ?

VIEUX LYON, FOURVIÈRE ET VAISE

AUBERGE DE JEUNESSE

AUBERGE DE JEUNESSE DU VIEUX LYON

41-45, montée du Chemin-Neuf (5e) ✆ 04 78 15 05 50
www.hifrance.org

Accessible 24h/24. Chambre confort 24 €, chambre partagée à partir de 22 €. Petit déjeuner compris.

Devenue centre d'hébergement d'urgence pour les sans-abri en plein hiver, l'Auberge de Jeunesse de Lyon a rouvert ses portes aux voyageurs ce printemps. Un lieu unique sur les hauteurs du Vieux Lyon - à 10 minutes à pied par une montée un peu raide - pour être logé en chambres de 2, 4, 5, 6 ou 7 lits. En plus de son emplacement exceptionnel, ce qui fait la réputation de cette Auberge de Jeunesse, c'est sa terrasse avec vue imprenable sur la ville. Bon plan avec le bar de l'Auberge. Accessible à tous, il permet de faire des rencontres dans un cadre unique.

HÔTEL

COLLÈGE HÔTEL****

5, place Saint-Paul (5e) ✆ 04 72 10 05 05
www.college-hotel.com

40 chambres. Chambre double à partir de 99 €. Petit déjeuner inclus. Garage : 24 €.

Avec cette adresse, vous aurez envie de retourner au collège. Idéalement située dans le quartier sauvegardé du Vieux Lyon, tout près des quais de Saône, cet hôtel a choisi l'école comme thématique, développant le sujet à tous les étages dans des chambres classées par cycle. Façade des années 1930 aux chaises perchées, jeu de lumière en soirée, le Collège Hôtel aime les performances. Beaucoup de blancheur à l'intérieur, des touches de couleur et tableau noir pour le contraste. Accueil adorable et service parfait pour un hôtel qui n'a de leçons à recevoir de personne. Barãgones pour se détendre, savourer tapas et cocktails entre amis et prolonger la soirée. Un hôtel noté 10/10 !

HÔTEL

COUR DES LOGES*****

6, rue du Bœuf (5e) ✆ 04 57 74 74 74
www.courdesloges.com

61 loges et appartements. Chambre double à partir de 225 €, suite à partir de 450 €. Petit déjeuner 29 €. Spa.

Sans doute l'une des plus belles pièces du patrimoine architectural lyonnais pour un séjour inoubliable. Des murs chargés d'histoire au cœur du Vieux Lyon pour un confort contemporain classé 5 étoiles. L'émerveillement commence dès l'entrée avec l'architecture des demeures du XIVe au XVIIe siècle constituant un ensemble unique. Accueil à la hauteur du lieu. Les chambres, suites et appartements mélangent avec subtilité histoire et modernité avec cheminée, plafonds à la française, mobilier contemporain ou de style. Les jardins suspendus offrent une bulle de bien-être, tout comme le spa. Trois lieux de restauration, dont la table étoilée du chef Anthony Bonnet. Uniquement à Lyon !

HÔTEL

FOURVIÈRE HÔTEL****

65, rue Roger-Radisson (5e) ✆ 04 74 70 07 00
www.fourviere-hotel.com

75 chambres. Chambre double à partir de 110 € ; suite à partir de 195 €. Petit déjeuner 25 €. Spa.

Lyon est riche de ses sites sauvegardés, rénovés pour rendre la ville plus belle. Sur les hauteurs de Fourvière, à deux pas du site antique de Lugdunum et de la basilique, l'ancien couvent de la Visitation imaginé par Bossan abrite désormais le Fourvière Hôtel. Les superlatifs manquent pour décrire un bâtiment qui a fait l'objet d'une rénovation audacieuse respectant l'architecture tout en effaçant l'austérité du couvent. Réception insolite dans l'ancienne chapelle et votre séjour lyonnais commence sous les meilleurs auspices. Chambres très confortables, couloir de nage, spa, bar Les Collections, Bouchon et restaurant bistronomique Les Téléphones autour du cloître. Adresse divine.

CHAMBRE D'HÔTE

LE GOURGUILLON

46, montée du Gourguillon (5e) ✆ 09 72 62 56 58
Métro Vieux Lyon ligne D - www.legourguillon.fr

9 chambres de 195 € à 385 €. 1 suite : 850 €. Ouvert 7j/7. Services sur mesure.

10 véritables cocons, 9 chambres et 1 suite haut de gamme à entrée privative, chacun avec bain à remous privatif, pour recevoir les amoureux dans un quartier paisible du Vieux Lyon. Accueilli par une femme formidable, chacun profite de logements d'exception, de petits paradis à partager et de prestations de haut standing. De nombreux forfaits pour un séjour personnalisé : possibilité de massages, décoration particulière, petit-déjeuner ou repas en tête-à-tête... Sans oublier, pour certaines chambres, des terrasses ou jardins privatifs accrochés à la colline avec vue sur Lyon. Sublime suite Rouge. Adresse parfaite pour les amoureux désirant un séjour «so romantic» à Lyon.

HÔTEL

HÔTEL PARKSAONE***

26, rue Félix Mangini (9e) ✆ 04 72 22 00 00
www.hotelparksaone.com

100 chambres. Chambre double à partir de 109 €. Séminaires. Wifi gratuit.

Dans le quartier de Vaise facilement accessible par le périphérique nord (un atout pour les vacanciers en direction du Sud mais aussi des Alpes), au milieu des immeubles récents et des grandes entreprises nombreuses dans le secteur, l'hôtel ParkSaône a le mérite de s'ouvrir vers la rivière en se nichant dans un écrin de nature. Bel ensemble contemporain au goût du jour, des chambres lumineuses et parfaitement équipées. Restaurant Tibone et Dorade pour de savoureux repas aux accents méditerranéens sur la grande terrasse ombragée avec vue sur la Saône. Accueil sympathique pour un séjour sur la route des vacances, une découverte de Lyon ou un séjour professionnel.

APPARTEMENT

MON HÔTEL PARTICULIER

3, place du Change (5e)
✆ 06 64 28 71 34
www.mon-hotel-particulier-lyon.com
Appartement à partir de 90 € la nuit, 490 € la semaine.

Un emplacement de rêve dans un bâtiment historique au cœur du Vieux Lyon – l'ancien Hôtel de la Bibliothèque du XVIe siècle – pour 8 hébergements d'exception créés par deux amoureux du Vieux Lyon, Vincent et Jean-Luc. Tout le confort actuel dans ses vieux murs, une décoration superbe réalisée par Jean-Yves Arrivetz, talentueux architecte lyonnais, des prestations haut de gamme et un séjour inoubliable. A noter que Mon Hôtel Particulier propose d'autres hébergements dans le Vieux Lyon, notamment dans la superbe Maison des Avocats, l'une des plus belles demeures du quartier classé au patrimoine de l'Humanité. Autres adresses à Saint-Georges et sur la Presqu'île avec le Loft des Augustins.

APPARTEMENT

URBAN SÉJOUR

7, rue Saint-Georges (5e) ✆ 04 78 53 23 68
www.urbansejour.com
Accueil bureau ou téléphone de 10h à 13h et de 14h à 18h du lundi au vendredi et le samedi de 13h30 à 18h30.

Quelle que soit la durée, d'une semaine à plusieurs mois, quelle que soit la localisation souhaitée dans la Métropole (et même à Genas près d'Eurexpo), quel que soit le format - du studio aux grands appartements -, Urban Séjour propose l'appartement meublé que vous cherchez. Urban Séjour met à votre disposition plus de 160 hébergements de standing selon vos critères à préciser avec un conseiller. Appelez-les, c'est tellement plus simple et plus rapide ! Service de conciergerie, prestations de qualité, ménage sur demande. Nouvelles offres, promotions exclusives sur le site Internet – tout le catalogue des hébergements disponible avec visite des appartements en 3D – en fonction des périodes.

HÔTEL

VILLA FLORENTINE*****

25, montée Saint-Barthélemy (5e) ✆ 04 72 56 56 56
www.villaflorentine.com
29 chambres. Chambre double à partir de 220 €, suite à partir de 480 €. Petit déjeuner 27 €. Spa.

Dans une montée qui ne se prend qu'en descente (et cela fait polémique), cette Villa Florentine nous assure une belle vue sur la ville et un séjour dans un lieu unique, témoignage d'une des périodes les plus fastes de Lyon en termes d'échanges culturels entre la France et l'Italie. Ancien couvent au XVIIIe siècle, adossé à la colline de Fourvière, la Villa Florentine nous emmène en Toscane avec ses fresques d'époque. Quiétude et douceur dans cette prestigieuse bâtisse Relais & Châteaux où chaque étage dévoile ses secrets, dont une piscine parmi les plus convoitées de la ville. Beauté du site, luxe de l'hôtel, excellence de la table étoilée Les Terrasses de Lyon. Un régal.

HÔTEL

HÔTEL LE LUMIÈRE**

26, rue Villon (8e)
✆ 04 78 00 66 81
www.hotel-lelumiere-69.com
Chambre double de 65 € à 90 €. Chambres familiales de 91 € à 130 €. Petit déjeuner 8 €. Parking 8 €. Séminaires.

© EMMANUEL SPASSOFF

© EMMANUEL SPASSOFF

Au moment de choisir un hôtel à Lyon, quels critères allez-vous retenir ? Le prix, l'emplacement, la qualité des chambres et de l'accueil nous semblent des critères parmi les plus importants. En choisissant Le Lumière, vous cochez toutes les cases ! Des tarifs accessibles pour commencer. Une situation idéale dans un quartier coté, proche du Musée du Cinéma et du métro qui va directement à Bellecour et dans le Vieux Lyon. Accueil adorable et service personnalisé par Geneviève et Jean-François Chardon et leur équipe. Chambres rénovées, climatisées et insonorisées, offrant un bon confort. Excellents petits déjeuners dans la cour intérieure. Réservations et promos en direct sur Internet.

ET POUR DORMIR ?

VIEUX LYON, FOURVIÈRE ET VAISE

HÔTEL

VILLA MAIA*****

8, rue Pierre Marion (5e) ✆ 04 78 16 01 01
www.villa-maia.com

34 chambres. Chambre double à partir de 450 €, studio/appartement à partir de 1 680 €. Petit déjeuner inclus. Spa.

Le beau, le bon goût, l'espace, la vue, tous les sens en éveil, le passé tellement présent, le futur à l'horizon... Installée sur la colline de Fourvière, la Villa Maïa nous reçoit dans un cocon ouvert sur la ville, entre les thermes à la romaine qui abritent un magnifique spa, l'architecture contemporaine respectueuse de l'histoire du site et des chambres décorées par l'excellent Jacques Grange qui a soigné le moindre détail : couettes en fibre de soie, marbre de Carrare d'Italie dans de majestueuses salles de bains, WC japonais... Les suites, spacieuses et confortables, offrent une vue spectaculaire sur la ville, alors que l'appartement est simplement grandiose. Une splendeur.

RÉSIDENCE HÔTELIÈRE

APPART'HÔTEL ODALYS CITY BIOPARC

60, avenue Rockefeller (8e) ✆ 04 78 77 18 18
M° Laennec. Tram T2 et T5 Ambroise Paré. - www.odalys-city.com

Accueil 24h/24. 133 chambres. A partir de 69 € week-end et vacances scolaires, 89 € en semaine. Parking fermé : 5 €.

Relié directement au cœur de Lyon par les transports en commun - tram et métro -, facile d'accès en voiture en direction d'Eurexpo et de l'aéroport, Appart'hôtel Odalys City Bioparc offre tous les atouts pour un séjour de courte ou longue durée. Architecture contemporaine pour ce bâtiment abritant sur 5 étages des appartements climatisés et parfaitement équipés avec coin cuisine, du studio 2 pers. à la suite jusqu'à 6 pers. Petit-déjeuner proposé sur la terrasse dans le jardin. Formules hôtelières pour courts séjours. Location de salles de réunion. Séjour gagnant.

HÔTEL

BEST WESTERN CREQUI LYON PART-DIEU****

37, rue de Bonnel (3e) ✆ 04 78 60 20 47
www.bestwestern-crequi.com

50 chambres. Chambre double à partir de 89 €, suite à partir de 169 €. Petit déjeuner 15,50 €. Parking 22 €/nuit.

Besoin d'un hôtel entre la Part-Dieu et les quais du Rhône ? Installé dans un immeuble cossu avec un écrin de verdure sous forme d'un jardin d'agrément d'intérieur, ce Best Western propose 50 chambres de bon standing dont 3 suites. Elles sont dotées de tout le confort moderne : télévision satellite, minibar, insonorisation. Petit déjeuner en chambre ou au restaurant sous forme de buffet. Accueil 24h/24 et parking souterrain (8 places). Petite salle de fitness pour garder la forme. Business corner et salle de séminaire pouvant accueillir jusqu'à 50 personnes sur réservation.

HÔTEL

CROWNE PLAZA LYON CITÉ INTERNATIONALE****

22, quai Charles-de-Gaulle (6e) ✆ 04 78 17 86 86
www.crowneplaza.com

156 chambres. Chambre double à partir de 155 €. Petit déjeuner : 22 €.

Décor magique entre nature – le Rhône et le parc de la Tête d'Or – et modernité architecturale de la Cité Internationale, le Crowne Plaza ne manque pas d'atouts pour le tourisme ou les affaires (travail rime ici avec détente). Accueil et service polyglottes au top. Rénovées, les 156 chambres climatisées disposent de larges ouvertures pour faire entrer la lumière naturelle. Repos dans de larges lits, mais on peut aussi surfer sur la toile. Centre de fitness au 8e étage pour se dégourdir après une journée de congrès ou de réunion. Bistrot Rive Gauche et détente au Lounge Bar.

AUBERGE DE JEUNESSE

LE FLÂNEUR

56, rue Sébastien-Gryphe (7e) ✆ 09 81 99 16 97
www.leflaneur-guesthouse.com

Réception 24h/24 et 7j/7. 80 lits. Dortoir mixte à partir de 19 €. Chambre privée à partir de 45 €. Wifi gratuit.

Flâner à Lyon pour découvrir la ville en séjournant dans une Guesthouse au cœur du 7e arrondissement (dans un quartier parfois un peu agité). Une grande maison taillée pour la convivialité et les explorateurs urbains qui débarquent avec leur sac à dos. Immense espace commun de 160 m^2 pour faire des rencontres entre voyageurs venus flâner à Lyon à partir de ce quartier à la fois tendance, populaire et animé. Dortoirs mixtes (et un réservé aux femmes), chambres privatives, chacun peut passer une ou plusieurs nuits à petits prix dans de bonnes conditions (il y a aussi des salles de réunion). Lieu de vie géré par une SCOP, le Flâneur permet de séjourner à Lyon d'une autre façon.

HÔTEL

SLO LIVING HOSTEL

5, rue Bonnefoi (3e) ✆ 04 78 59 06 90
www.slo-hostel.com

9 chambres. Chambre double à partir de 75 €. Petit déjeuner 5 €. Lit en chambre partagée à partir de 20 €. Wifi gratuit.

Voyager différemment et vivre à son rythme sans se ruiner. Cette auberge de jeunesse nouvelle génération permet aux voyageurs de choisir leur mode d'hébergement en profitant toujours d'un accueil adorable, d'un bon confort et de petits prix. Chambres doubles, avec une Deluxe, comme à l'hôtel ou chambre partagée en dortoir de 4 à 8 personnes. Une autre façon d'aborder le voyage en découvrant Lyon à son rythme, en faisant des rencontres, en vivant le voyage plutôt qu'en le subissant. Slo Living Hostel s'adresse à tous les voyageurs ouverts d'esprit à la recherche d'un lieu à vivre économique, confortable et design. Un hôtel pas cher qui peut offrir ce qui n'a pas de prix : la convivialité.

HÔTEL
MAMA SHELTER

13, rue Domer (7e) ✆ 04 78 02 58 00
www.mamashelter.com
156 chambres. Chambre et petit déjeuner à partir de 120 €. Animaux acceptés. Wifi gratuit. Restauration. Bar.

Mama Shelter reçoit les visiteurs dans son QG lyonnais depuis 9 ans. Un hôtel atypique par son emplacement, pas vraiment là où on l'attend, par sa forme, dans un immeuble contemporain plutôt neutre, mais surtout par son intérieur qui se suffit à lui-même ! Mama Shelter, c'est un lieu de rencontre, un art de vivre, de faire la fête (ça manque...) entre le bar, la terrasse intérieure ensoleillée et de grandes tables d'hôtes pour goûter aux saveurs locales. Un hôtel qui assume, et c'est tant mieux, un côté coquin/câlin en pimentant nos soirées d'une Sexy Mama box. Chambres XXL pour les familles. Prix raisonnables pour des chambres personnalisées et suréquipées. Toujours jeune Mama.

HÔTEL
MERCURE GRAND HÔTEL SAXE LAFAYETTE****

29, rue de Bonnel (3e) ✆ 04 72 61 90 90
www.mercure.com
156 chambres. Chambre double à partir de 150 € petit déjeuner inclus.

Un hôtel du groupe Accor, mais pour lui *Futé* fait une exception. Car ce Mercure Lyon Centre Saxe Lafayette bénéficie de nombreux atouts dont une étonnante piscine intérieure et un espace fitness, un ensemble de toute beauté bien rénové avec des chambres splendides pouvant accueillir une famille, un garage privé, un bar et un restaurant gourmand Le Garage. Idéal pour un séjour touristique, cet hôtel accueille visiteurs et hommes d'affaires, mettant à leur disposition 400 m^2 de salon avec 9 salles. Découvrir Lyon et/ou réussir ses réunions, ce Mercure ouvre les horizons.

HÔTEL
OKKO HÔTELS****

14bis, quai du Général-Sarrail (6e) ✆ 04 28 00 02 50
www.okkohotels.com
85 chambres. Chambre double à partir de 124 € tout compris. Petit déjeuner inclus. Wifi gratuit.

Oh que oui on aime Okko ! Emplacement stratégique face au Rhône et à la Presqu'île, dans un quartier paisible à quelques enjambées des principaux sites. Superbe immeuble haussmannien, ancienne Préfecture du Rhône, qui a retrouvé un second souffle et une belle modernité faite de lignes actuelles et de couleurs joyeuses. L'autre grande raison qui fait que l'on aime Okko, c'est que tous les services sont compris dans le prix ! Aperitivo tous les soirs, snacking, espace forme, animaux acceptés, early check-in et late check-out offerts pour une réservation en direct... Sans oublier le confort des chambres conçues comme des cocons. Aucun nuage à l'horizon d'un séjour au calme chez Okko.

HÔTEL
HÔTEL RADISSON BLU****

129, rue Servient (3e)
✆ 04 78 63 55 00
245 chambres. Chambre double à partir de 190 €. Wifi gratuit.

© RADISSON BLUE

© RADISSON BLUE

Optez pour un séjour sous les étoiles, au sommet de la Tour Part-Dieu, au Radisson Blu Hotel, Lyon. Au cœur de la Métropole lyonnaise, à 5 min à pied de la Gare Lyon Part-Dieu et à 2 min des transports en commun, l'hôtel est idéal pour un séjour dans la capitale de la gastronomie. Depuis le Celest Bar, au 32e étage de la Tour, profitez d'une vue panoramique sur Lyon et les Alpes en dégustant un cocktail. C'est également l'occasion de découvrir une belle envolée gastronomique au Celest Restaurant ou une cuisine délicieuse au bistro Italien Galleria 32. Pour les évènements professionnels, le Radisson Blu Hotel Lyon dispose de 11 salles de réunion modulables, toutes à la lumière du jour.

HÔTEL

GREET HOTEL LYON CONFLUENCE***

26, cous de Verdun Perrache (2e)
✆ 04 78 71 17 47

79 chambres. Chambre double à partir de 75 €. Wifi gratuit. Restauration.

L'hôtellerie autrement, ça donne Greet et c'est «great» (grand). Le Greet Hôtel, c'est une nouvelle expérience faite de convivialité, design, confort et esprit green (vert). Idéalement situé pour utiliser les modes doux, la marche ou le vélo, après être arrivé en train à la gare de Perrache, le Greet Hôtel vous place entre Bellecour et le Musée des Confluences, entre tradition et modernité. Magnifique décor composé d'objets chinés pour un ensemble unique ! Chambres en version Pure ou Pop, chambres familiales. Table gourmande chez Mademoiselle Simone bar jazz.

HÔTEL

HÔTEL DAULY***

28, rue de Prévieux - **BRON**
✆ 04 78 26 04 37
www.dauly-lyon.com

22 chambres. Chambre double à partir de 71 €. Petit déjeuner 10 €. Parking privatif inclus. Wifi gratuit. Restauration.

© HOTEL_DAULY

Hello DauLy ! Facile d'accès, DauLy est l'étape idéale sur la route des vacances vers les stations de ski, mais aussi le lieu de séjour incontournable à l'est de Lyon, parfaitement desservi par les transports en commun. Dans un quartier calme de Bron, DauLy nous offre un coin de nature pour s'installer à en terrasse. La nature, c'est le thème des chambres de cette belle maison entièrement rénovée à l'atmosphère douce et apaisante. Accueil adorable, service personnalisé, climatisation et nombreuses attentions avec l'équipe d'Audrey Boni. Belles propositions, sans gluten possible, au petit déjeuner, service de restauration. Excellent rapport qualité-prix pour un séjour découverte ou travail.

CAMPING

CAMPING DE LYON****

Porte de Lyon - **DARDILLY** ✆ 04 78 35 64 55
www.camping-lyon.com

Ouvert à l'année. Emplacement de 20 € à 27 €. Locatifs. Jeux pour enfants. Animaux acceptés. Wifi gratuit.

Une autre façon de séjourner aux portes de la Métropole dans un «CityKamp» ouvert toute l'année. Le Camping de Lyon, à l'entrée nord de Lyon par la M6, vous accueille dans un beau parc naturel avec ses 163 emplacements ombragés et verdoyants répartis sur 6 hectares. A quelques minutes du centre-ville, c'est le lieu idéal pour un séjour à Lyon sur la route des vacances. Ce camping dispose d'une piscine, indispensable en été, et d'un point de restauration avec une terrasse en bois. Si l'on peut camper sous la tente, il est également possible de louer des mobil-homes, des chalets et même des roulottes. Des jeux pour les enfants complètent la panoplie d'un camping haut de gamme.

HÔTEL

CHARME & BUSINESS HÔTEL LYON****

576, avenue du Général de Gaulle - **LIMONEST**
✆ 04 78 35 94 97 - www.cbhlyon.com

16 chambres. Chambre double à partir de 95 €. Petit déjeuner : 15 €. Spa.

Aux portes de Lyon, une superbe maison de caractère. Une invitation à profiter de tous les plaisirs de la ville en s'installant dans une ambiance campagne chic pleine de charme. M. et Mme Pipon ont transformé une ancienne auberge en un magnifique hôtel et spa où l'on prend un immense plaisir à séjourner en s'occupant de son bien-être. Services et prestations haut de gamme pour des chambres raffinées, certaines profitant d'une terrasse privative. Détente absolue. Le restaurant gastronomique et sa terrasse nous coupent du stress urbain. Idéal pour un week-end en amoureux.

HÔTEL

HÔTEL & SPA PANORAMA 360****

4, rue Paul Gateaud - **MÂCON** ✆ 03 85 50 20 42
www.hotelmacon-panorama360.com

Chambre double à partir de 109 €. Spa/Fitness, bar Rooftop. Séminaires. Tarifs complets en ligne.

L'Hôtel & Spa Panorama 360, c'est une superbe bâtisse en pierre rénovée avec un goût très sûr au cœur de la ville. Un hôtel grand luxe à la décoration contemporaine, un lieu de détente et de bien-être (spa avec piscine intérieure...), un lieu de séjour haut de gamme aux chambres et suites confortables, dont certaines aménagées pour les PMR. Il ne reste plus qu'à monter au 7e ciel en prenant l'ascenseur pour le rooftop avec son skybar, Le 360. Panorama sur les toits, et, par temps clair, vue sur le Mont-Blanc. Espace business pour les séminaires. Hautement recommandé !

JE ME RÉGALE

Ils sont forts, les restaurateurs. Depuis plus de 2 ans, ils ont su s'adapter à toutes les contraintes. Au début les plexiglas, hier le contrôle des pass et toujours le respect des gestes barrières dans un métier où le partage est si important. Alors que beaucoup craignaient des fermetures en cascade, force est de constater qu'ils ont résisté aux vagues successives de la pandémie et des mesures sanitaires. Jusqu'à quand ? En terrasse, dans les salles aménagées, par tous les moyens de vente à emporter, les gourmands les ont largement soutenus et c'est aussi notre fierté. Quelles sont les tendances de l'année ? Logique, la street-food gagne du terrain. Une restauration rapide de qualité, inspirée par ce qui se fait de mieux à l'étranger ou des créations à la lyonnaise, comme le meilleur kebab de France qui mixe les deux. Les (jeunes) chefs se lancent pour exprimer leur vision d'une cuisine composée de produits locaux, de saison, dans des assiettes bistronomiques aux tarifs abordables. La gastronomie aussi se met au vert et gagne des étoiles. Ils sont forts nos restaurateurs lyonnais !

GASTRONOMIQUE

LA BIJOUTERIE

16, rue Hippolyte-Flandrin (1er)
✆ 04 78 08 14 03
www.labijouterierestaurant.fr
Ouvert du mardi au samedi soir. Menu soir 74 €.

Imprévisible et merveilleuse. La Bijouterie bouscule les codes et Arnaud Laverdin nous surprend par ses expérimentations ouvrant la voie à de nouvelles gourmandises. La Bijouterie ne s'est pas «réinventée», elle a continué son évolution naturelle. Désormais, elle laisse la place à midi à M. Baoshi et sa carte de baos de saison, délicieux petits nuages fourrés. Le soir, La Bijouterie revient avec une nouvelle formule, un menu dégustation unique, et toujours la même envie de susciter les plus belles émotions, de faire découvrir à vos papilles des saveurs inédites. Des produits régionaux, des techniques venues d'ailleurs, des curseurs poussés à la limite... Adresse excitante.

GASTRONOMIQUE

EPONA

20, quai Jules Courmont (2e) ✆ 04 26 99 24 24
http://lyon.intercontinental.com
Ouvert tous les jours le soir ; le week-end le midi. Carte : 60 € environ. Menu enfant : 24 €.

Si vous considérez, à juste titre, que pour un restaurant gastronomique le lieu est aussi important que l'assiette, vous allez être servi. Sans doute l'un des plus beaux décors lyonnais pour Epona qui se déploie le long de la façade du Grand Hôtel-Dieu. Salle magnifique, lumineuse, s'ouvrant en été vers une cour intérieure et une magnifique terrasse paysagée. Beauté des lieux mise en valeur par la cuisine du chef Mathieu Charrois. Epona, la déesse celte des voyageurs, a sélectionné des producteurs locaux et régionaux pour revisiter des plats comme la K'nelle ou des Grenouilles meunières. Incontournables cocottes à partager. Belle carte des vins. Voyage au pays du plaisir.

GASTRONOMIQUE

BURGUNDY BY MATTHIEU

24, quai Saint Antoine (2e) ✆ 04 72 04 04 51
https://burgundybym.fr
Ouvert du jeudi au lundi le midi et le soir. Menus de 55 € à 95 €. Formule du midi : 32 €.

Le Burgundy by Matthieu, c'est la plus heureuse des associations gourmandes. Celle des mets préparés par un chef formé dans les meilleures maisons étoilées et celle d'une cave d'exception avec ses 1 000 flacons orientés vers la Bourgogne (sommelier Thomas Charruau pour mieux connaître cette cave remarquable). Salle chaleureuse, raffinée pour savourer une cuisine qui mise d'abord sur la qualité des produits, avec une liste d'excellents fournisseurs. Plats de tradition revisités avec talent, comme cette volaille fermière, chou-fleur et jus au thym. Carte hyper courte de saison pour des saveurs exaltées qui excitent les sens. Commence alors le dialogue avec le service du vin... Un régal.

GASTRONOMIQUE

L'INSTITUT

20, place Bellecour (2e)
✆ 04 78 37 23 02
www.linstitut-restaurant.fr
Ouvert du lundi au vendredi le midi et le soir. Carte : 60 € environ.

A L'Institut, on rajoute le nom de Paul Bocuse. C'est à l'Institut Paul Bocuse que les cuisiniers, serveurs, sommeliers, managers du monde entier viennent apprendre leur métier. C'est aussi à l'Institut, restaurant d'application de l'école ouvert en 2013, que les gourmands du monde entier viennent apprendre le goût des bonnes choses bien faites. Décor tout en transparence pour ne rien cacher du travail des étudiants et des excellents encadrants, cuisine bistronomique actuelle à partir de produits de qualité : Foie gras poché au vin rouge et épices, condiment mi-figue mi-raisin ou Morceaux de veau cuits comme une blanquette, relevés de truffe noire. Valeur sûre au cœur de Lyon.

GASTRONOMIQUE

CUISINE ET DÉPENDANCES

68, rue de la Charité (2e) ✆ 04 78 37 45 02
www.fabricebonnot.fr
Ouvert du lundi au vendredi midi et soir. Menus de 49 € à 100 €. Formule midi 23 €.

C'est l'un de nos solides points d'ancrage gourmand à Lyon. Chez Cuisine et Dépendances, le chef Fabrice Bonnot propose une cuisine orientée vers les produits de la mer. Chaque matin, livraison de poissons pêchés la veille en provenance des petits bateaux. Respect d'un produit frais, parfaitement mis en valeur dans les assiettes où la technicité se met au service de la simplicité recherchée. Belle salle décorée avec goût, beaux volumes pour notre confort, ambiance chaleureuse et un salon privatif pour organiser vos repas de groupe. Carte des vins remarquable. Plats à emporter en drive, rare pour une adresse gastro. Chef solidaire qui agit pour les plus défavorisés. Embarquement immédiat.

GASTRONOMIQUE

LÉON DE LYON

1, rue Pléney (1er)
✆ 04 78 38 47 47
www.leondelyon.com
Ouvert tous les jours le midi et le soir. Menus de 75 € à 140 €.

Propulsé par les Gastronomistes, Fabien Chalard et Julien Géliot, Léon de Lyon revient à ses premières amours en reprenant une dimension gastronomique. Cette maison, institution lyonnaise fondée en 1904, a engagé le chef Kévin Lepage et le chef pâtissier Amalric Razat, tandis que la salle est confiée à Matthieu Coffineau et Antoine Berard, en provenance du Plaza Athénée. L'art de bien vivre et de bien manger à la lyonnaise continue son chemin pour notre plus grand plaisir gourmand. Produits exceptionnels pour des plats qui mêlent tradition et créativité du chef, comme pour ce pâté croûte maison ou ce pain de brochet. Desserts remarquables. Une belle version de Léon de Lyon.

MATHIEU VIANNAY

CRAQUEZ POUR LA MÈRE BRAZIER !

Mathieu Viannay, Meilleur Ouvrier de France 2004, propriétaire du restaurant La Mère Brazier depuis 2008, deux étoiles Michelin, retrace son parcours de cuisinier, de chef étoilé à la tête d'une institution lyonnaise, au cœur d'une région particulièrement gourmande.

Comment vous est venu le goût de cuisiner ?

La cuisine m'est venue naturellement, à la maison. Dès mon plus jeune âge, je goûtais à tout. En grandissant, je donnais des coups de main à ma maman, j'aimais cuisiner. La table a toujours été un moment important en famille. Il faut éduquer le palais des enfants en leur faisant goûter de tout, pas seulement des petits pots ! C'est comme ça qu'on leur fera apprécier les bonnes choses.

Quel a été votre parcours à Lyon ?

Je suis arrivé à Lyon en 1994 pour être responsable de production dans un grand groupe de restauration aux gares de Perrache et Part-Dieu. C'est en 1998 que j'ai racheté les Oliviers dans le 6e. En 2001, je rachète le fonds de commerce à côté et j'ouvre Mathieu Viannay. En 2007, avec Christophe Marguin et Frédéric Berthot, nous créons 33 Cité. Enfin, en 2008 je rachète la Mère Brazier.

Pourquoi avoir repris la Mère Brazier ?

Les cuisines de mon restaurant étaient un peu petites, il était temps de changer. Ce n'était pas mon idée de reprendre la Mère Brazier. Quand j'ai visité, c'était fermé, en liquidation. Mais, j'ai trouvé que c'était tellement charmant que j'ai craqué. Avec tout l'historique de la maison, j'étais attendu avec les fusils ! Et puis, nous avons eu les deux étoiles d'un coup. C'était encore pire ! Je dois être un peu inconscient...

Qu'est-ce qui inspire votre cuisine ?

J'ai une cuisine de tradition contemporaine. Ici, le classique ne l'est pas vraiment et le moderne non plus ! Nous ne faisons pas que reprendre des classiques, nous avons aussi des créations avec un travail participatif de nos chefs, de la technique et des produits d'« ultra saison ». Je suis heureux quand je retrouve la truffe, la morille, les asperges... Il faut juste travailler les produits à leur période.

Quelle est la place de Lyon dans la gastronomie française ?

Lyon et sa région sont les plus riches au niveau gastronomie, produits. C'est la région offrant le plus d'A.O.C., le plus de restaurants étoilés mais également beaucoup de bistrots. Il n'y a peut-être plus de « grands » restaurants comme avant, mais Lyon garde la première place dans le paysage gastronomique.

› LA MÈRE BRAZIER
12, rue Royale - **Lyon 1er**
✆ 04 78 23 17 20
https://lamerebrazier.fr

© CHERRYSTONE

© CHERRYSTONE

© CHERRYSTONE

GASTRONOMIE

PRESQU'ÎLE ET CROIX ROUSSE

GASTRONOMIQUE

LA MÈRE BRAZIER

12, rue Royale (1er) ✆ 04 78 23 17 20
www.lamerebrazier.fr

2 au guide Michelin. Ouvert du lundi au vendredi midi et soir. Formule midi 80 €. Menus de 135 € à 190 €.*

Osez, osez, La Mère Brazier ! C'est la grande histoire de la cuisine lyonnaise qui continue de s'écrire grâce au talent du chef doublement étoilé Mathieu Viannay. Un lieu emblématique de la gastronomie française qui poursuit son chemin gourmand dans un décor remis à neuf, tout en conservant de superbes faïences. Derrière la porte se cachent des salons magnifiques qui nous transportent dans un univers gourmand. Quelques grands classiques réinterprétés avec brio, comme cet artichaut et foie gras, ce pain de brochet aux écrevisses sauce Nantua ou l'incontournable poularde de Bresse demi-deuil. Exceptionnelle carte des vins. Quand le classique aboutit à la modernité, adresse sublime.

GASTRONOMIQUE

LA QUINTESSENCE

31, rue du Bât-d'Argent (1er) ✆ 04 72 00 08 08
www.restaurant-laquintessence.fr

Ouvert du mardi au samedi le midi et le soir. Menus de 58 € à 145 €. Formule du midi 32 €.

Dans son restaurant installé dans le cadre insolite d'un ancien réfectoire jésuite du XVIe siècle (superbes murs de pierres apparentes et arcs voûtés), le chef Anthony Baud continue son travail d'excellence sur les meilleurs produits. Espaces pour les grandes tablées et coins plus intimes pour les tête-à-tête, la Quintessence s'adapte à toutes les envies. En salle comme en cuisine, un certain classicisme raffiné assumé, relevé d'une pointe de modernité. Une harmonie à retrouver dans les assiettes avec, par exemple, un œuf à la truffe, un homard bleu avec son jus légèrement acidulé ou un filet de bœuf rôti en croûte de poivres et baies roses. Carte des vins en accord. Menu végétarien.

GASTRONOMIQUE

MONSIEUR P

8, place des Célestins (2e) ✆ 04 82 31 87 63
www.monsieurp.fr

Ouvert du lundi au vendredi midi et soir. Menu midi 34 €. Dîner de 78 € à 98 €.

Alliant savoir-faire et créativité, le chef Florent Poulard est un véritable artiste culinaire qui nous régale des meilleurs produits de saison. Désormais installé sur la ravissante place des Célestins, dans un lieu mythique de la gastronomie lyonnaise, il nous invite à partager une cuisine entre force, énergie de pièces, viandes et poissons, préparées entières, et délicatesse de préparations subtiles. Coup de cœur pour le travail réalisé sur les légumes frais, en provenance de maraîchers locaux. Ne pas manquer de savourer le trésor : une fameuse huître, chou kale et échalote. Rapport qualité-prix remarquable pour découvrir tout le talent d'un jeune chef qui ne cesse de monter.

GASTRONOMIQUE

THOMAS

6, rue Laurencin (2e) ✆ 04 72 56 04 76
www.restaurant-thomas.com

Ouvert du lundi au vendredi midi et soir. Menu unique 47 €. Formule midi : 22 €. Plat du jour : 12 €.

Thomas, c'est la tête de pont, la maison mère des restaurants signés Thomas Ponson. Un chef qui multiplie les adresses rue Laurencin (et rue de Fleurieu avec la Poissonnerie), mais qui n'a jamais quitté les cuisines de son restaurant gastronomique pour nous faire partager son amour pour les bons produits de saison. Gastronomie décomplexée dans une ambiance conviviale, belles tablées de copines et de copains avec de belles bouteilles (La Réserve est à côté) autour de plats qui regardent aussi bien vers la terre que vers la mer. Harmonies surprenantes pour réveiller vos papilles. Formules midi et soir parmi les plus attractives dans la catégorie pour découvrir la cuisine d'aujourd'hui.

GASTRONOMIQUE

PRAIRIAL

11, rue Chavanne (1er) ✆ 04 78 27 86 93
www.prairial-restaurant.com

1 guide Michelin. Ouvert du mardi au samedi soir, vendredi et samedi midi. Menu déjeuner 64 €. Menus 83 € à 98 €.*

Entrer chez PRaiRiaL, c'est faire une balade gourmande dans la région Auvergne-Rhône-Alpes guidé par le chef Gaëtan Gentil. A deux pas des quais de Saône, dans un lieu chaleureux, d'une élégance naturelle, le chef étoilé se laisse inspirer par ses rencontres avec les producteurs régionaux pour composer des plats au rythme des saisons. Une cuisine qui s'écrit au quotidien, respectueuse de l'environnement, basée sur l'envie et une technique assurée, réalisée à partir de produits artisanaux, bio et, de préférence, en provenance des circuits courts. Assiettes dont les saveurs, les textures nous entraînent vers des escapades bucoliques, des paysages gourmands à partager.

GASTRONOMIQUE

LES TROIS DÔMES

20, quai Gailleton (2e)
✆ 04 72 41 20 97
www.les-3-domes.com

Ouvert du mardi au samedi soir. Menus de 83 € à 125 €.

L'étoile accrochée au sommet du Sofitel de Lyon depuis 10 ans par le chef Christian Lherm a été décrochée cette année. Une déception, mais aussi l'occasion de se réinventer pour ce haut lieu de la gastronomie locale. Les Trois Dômes ont donc provisoirement fermé leurs portes le 4 avril 2022 sans dire exactement quand le restaurant rouvrira. Ce qui ne changera pas, c'est la vue magique depuis le 8e étage du Sofitel. Une vue panoramique sur la ville dont on peut toujours profiter en réservant une table au 8, l'autre restaurant du Sofitel qui a étendu ses horaires et son offre gourmande, mettant à l'honneur le locavorisme avec une belle cuisine de terroir et de saison.

GASTRONOMIQUE

AU 14 FÉVRIER

36, rue du Bœuf (5e) ✆ 04 78 92 91 39
www.ly-au14fevrier.com

1 au guide Michelin. Ouvert du mardi au samedi le soir et le samedi midi. Menu Q.E.D : 98 €.*

L'amour, l'amour, l'amour... A Lyon, le 14 février convoque les amoureux et évoque la passion du chef japonais Tsuyoshi Arai pour la cuisine. Une adresse pas bien grande par la taille - il faut réserver un mois à l'avance, mais cela en vaut la peine -, mais grande par le talent d'un cuisinier alliant finesse du trait, précision des cuissons, savoir-faire et inspiration dans les produits de saison. Le menu QED offre une succession de bonheurs composés autour des légumes à la base des plats. Superbes associations d'une cuisine créative réalisée par un véritable artiste. Carte des vins bluffante et belle dégustation avec les verres adaptés à vos plats. Coup de foudre garanti.

GASTRONOMIQUE

CHRISTIAN TÊTEDOIE

4, rue Professeur Pierre Marion (5e) ✆ 04 78 29 40 10
www.tetedoie.com

1 guide Michelin. Ouvert tous les jours, sauf mardi, midi et soir. Menus de 70 € à 128 €. Formule midi 48 €.*

Dans sa superbe maison de l'Antiquaille, offrant une vue spectaculaire sur Lyon, Christian Têtedoie nous livre sa vision personnelle d'une cuisine réalisée pour faire plaisir. Cadre et décor magnifique pour savourer la cuisine d'un chef qui sait rendre accessible la gastronomie, donner du plaisir dans un esprit de générosité et de partage. Un établissement qui s'est vu justement attribuer une étoile verte, distinction supplémentaire pour l'engagement du chef dans une gastronomie orientée vers la durabilité. Incontournables homard et tête de veau, plat signature, mais tellement de bonheurs à vivre ensemble selon les saisons qu'il faut revenir souvent. Cave fabuleuse.

GASTRONOMIQUE

JÉRÉMY GALVAN

29, rue du Bœuf (5e) ✆ 04 72 40 91 47
www.jeremygalvanrestaurant.com

1 guide Michelin. Ouvert du lundi au vendredi le soir, vendredi le midi. Déjeuner de 40 € à 109 €. Dîner 109 €.*

Plus que dans un restaurant, c'est dans l'univers de Jérémy Galvan que vous allez pénétrer. Au cœur du Vieux Lyon, une porte ouverte sur un autre monde. À la recherche du plaisir perdu sans se mettre de barrières, le chef ose, bouscule, crée, innove. L'étoilé le moins conventionnel poursuit sa quête d'excitation des sens. Une quête qui passe par la sélection de produits d'excellence – du plus commun au plus noble – grandis, poussés, élevés dans notre région. Saveurs d'un terroir mis en vibration par les bonnes ondes d'un Jérémy Galvan qui repousse les frontières. Le résultat peut déconcerter, mais venez l'esprit et les papilles ouverts et vous ferez le plus beau des voyages.

GASTRONOMIQUE

LES LOGES

6, rue du Boeuf (5e) ✆ 04 72 77 44 44
www.courdesloges.com

1 Michelin. Ouvert du mardi au samedi le soir. Menu 135 €.*

D'abord, il y a le décor. Celui, splendide, de Cour des Loges*****. Au cœur du Vieux Lyon, un ensemble féérique de bâtiments Renaissance qui nous plonge dans une ambiance des plus romantique. Dans la cour florentine, avec sa spectaculaire verrière de 17 m de haut, des tables soigneusement dressées pour savourer la cuisine du chef Anthony Bonnet. Un auteur-créateur singulier, attaché aux produits, qui nous emmène en balade entre les monts du Lyonnais et les montagnes de la Haute-Loire. Une cuisine engagée, durable et responsable, pour des instants gourmands hors du temps. Une expérience unique à prolonger lors d'un petit-déjeuner exceptionnel en Grande-Cour ou d'un déjeuner au Café-Epicerie.

GASTRONOMIQUE

LA SOMMELIÈRE

6, rue Mourguet (5e) ✆ 04 78 79 86 45
www.la-sommeliere.net

1 au guide Michelin. Ouvert du mercredi au dimanche le soir et dimanche midi. Menu unique à 82 €.*

C'est plutôt une adresse de poche, une vingtaine de couverts, mais c'est très grand à bien des égards. C'est même immense par le talent réuni de Shoko Hasegawa, la Sommelière, et Takafumi Kikuchi, le chef formé au Japon, puis en France au 14 Février (à l'adresse de Saint-Valentin dans l'Indre). Les deux forment un ensemble remarquable inspiré par une gastronomie française racontée dans l'assiette à travers des épisodes bimestriels marqués par les saisons. C'est précis, juste, et les compositions se montrent audacieuses, utilisant de magnifiques produits. Recommandation pour un choix des vins idéal avec deux forfaits boissons (4 ou 6 verres). Une étoile pour deux talents gourmands.

GASTRONOMIQUE

LES TERRASSES DE LYON

25, montée Saint-Barthélemy (5e) ✆ 04 72 56 56
www.villaflorentine.com

1 étoile au guide Michelin. Ouvert du lundi au samedi midi et soir. Menu midi 49 €. Menus de 77 € à 120 €.

C'est un tout qu'il ne faut pas manquer. Même au déjeuner avec un menu des Terrasses qui vous permettra de profiter de cet écrin unique dominant les toits de Lyon. Un véritable cocon au cœur d'un ancien couvent transformé en hôtel de luxe et restaurant étoilé à la verrière panoramique, plus beau spot pour admirer Lyon en se régalant de la cuisine du chef David Delsart. Une cuisine qui va à l'essentiel, le goût, avec quelques plats «simples» comme ces ravioles ou ce risotto du moment, sans oublier un magnifique pigeon cuit à l'étouffée. Excellents plats végétariens. Carte des vins exceptionnelle. La table idéale pour montrer tout son bon goût lors d'un repas romantique.

GASTRONOMIQUE

CELEST

129, rue Servient (3e) ✆ 04 78 63 55 00
www.celest-bar-restaurant.com
Ouvert du mardi au samedi soir. Déjeuner 35 €. Dîner 69 €. Dégustation 89 €.

Une vue à couper le souffle, mais pas l'appétit. La tête au-dessus des nuages, au 32e étage de la tour Part-Dieu, Celest vous accueille pour un repas divin. Vue panoramique unique, et le terme n'est pas galvaudé, sur la ville pour une soirée romantique en diable (réservez une table duo devant les fenêtres...). La salle est en parfaite harmonie dans un esprit «constellation», le service au diapason, tout est beau et il ne vous reste plus qu'à savourer la cuisine du chef bourguignon Benoît Charvet qui donne une nouvelle dimension gourmande et de belles envolées à la carte : pigeon fermier en croûte d'herbes, fleur de courgette et betteraves confites, jus de carcasse... Prenez de la hauteur !

GASTRONOMIQUE

LE GOURMET DE SÈZE

125, rue de Sèze (6e) ✆ 04 78 24 23 42
www.legourmetdeseze.com
1 étoile au Michelin. Ouvert du mardi au samedi le midi et le soir. Menu midi 40 €. Menus de 70 € à 115 €.

Après avoir passé le cap des 30 ans, voici que Le Gourmet de Sèze en franchit un autre symbolique, celui des 20 ans auréolés d'une étoile Michelin. Respect au chef Bernard Mariller qui poursuit son travail en cuisine à partir des meilleurs produits de saison. Salle contemporaine d'une élégance raffinée tout en noir et blanc, comme pour mieux mettre en valeur des assiettes pleines de saveurs, comme pour ces coquilles Saint-Jacques saisies sur la plancha, topinambour en purée, jus de truffe. Menu Signature avec 4 plats surprises en mini-portions. Très intéressant menu Végétal. Le plus : les Paniers étoilés à emporter les vendredis et samedis pour un repas gastronomique à la maison.

GASTRONOMIQUE

MAISON CLOVIS

19, boulevard des Brotteaux (6e) ✆ 04 72 74 44 61
www.maisonclovis.com
Ouvert du mardi au samedi midi et soir. Menus de 69 € à 95 €. Formule midi 38 €.

Dans ce quartier chic et paisible de Lyon, une belle maison où se marient grande cuisine, gourmandise et poésie. Une salle étonnante qui nous emmène dans les nuages dans un lieu à la zénitude absolue. C'est beau, mais ça ne nous détourne pas des magnifiques assiettes préparées par le chef Clovis Khoury qui aime se tourner vers la mer. Explosion de goûts, associations audacieuses mais toujours d'une grande saveur. Un vrai engagement et des plats incontournables comme le homard breton poché minute sur un tapis volant, le poisson de ligne tout en fraîcheur ou la pomme de ris de veau. A ce niveau, une table gastronomique toujours d'un excellent rapport qualité-prix.

GASTRONOMIQUE

LA MUTINERIE

123, rue Bugeaud (6e) ✆ 04 72 74 91 51
www.la-mutinerie.fr
Ouvert du mardi au samedi le soir, vendredi et samedi le midi. Menu déjeuner 55 €. Au dîner 75 €.

Si la Mutinerie s'affranchit des codes classiques de la gastronomie, c'est pour créer ses propres règles, un univers unique. C'est grâce à la maîtrise des techniques que le chef Nicolas Seibold peut atteindre la fameuse «simplicité» qui met le produit au cœur de l'assiette. Ni classique, ni moderne, le chef trace sa propre voie, fait ses recherches et nous livre des créations pleines de nouvelles sensations. Chaque plat est particulier, chaque détail compte et tout est mis en œuvre, en salle comme dans l'assiette, pour partager de grandes émotions. Une Mutinerie qui met à l'honneur les produits du terroir local, bouleverse nos sens. La gastronomie sous un autre angle.

GASTRONOMIQUE

LE NEUVIÈME ART

173, rue Cuvier (6e) ✆ 04 72 74 12 74
www.leneuviemeart.com
2 au guide Michelin. Ouvert du mardi au samedi le midi et le soir. Menus de 110 € à 180 € (285 € avec les vins).*

La cuisine n'est pas un art comme les autres. Car bien cuisiner, c'est devoir plaire à tous les sens et répondre par l'excellence à bien d'autres choses comme le bien-être, la santé... Au Neuvième Art, Christophe Roure nous montre combien la technique est importante - ce Meilleur Ouvrier de France est un virtuose - mais qu'elle n'est rien sans le goût. Le goût pour les bons produits du terroir, pour les alliances de saveurs, le goût pour la création, le goût de partager des émotions... Dans une salle où la nature semble s'inviter délicatement, des assiettes qui émerveillent nos papilles à chaque bouchée. Quand l'exigence et l'excellence nous emportent vers la rêverie. Toujours sublime.

GASTRONOMIQUE

LE PASSE TEMPS

52, rue Tronchet (6e) ✆ 04 72 82 90 14
www.lepassetemps-restaurant.com
1 au guide Michelin. Ouvert du mardi au samedi midi et soir. Formule midi 45 €. Menus de 89 € à 109 €.*

Animé par la passion de la cuisine, le chef sud-coréen Younghoon Lee s'est formé à l'Institut Bocuse, avant de poursuivre son parcours chez Paul Bocuse puis chez Lasserre. Cela fait 8 ans que le Passe-Temps a ouvert ses portes dans la discrète rue Tronchet. Façade discrète, salle épurée aux lignes harmonieuses avec une formidable cave à vin vitrée – les fauteuils sont particulièrement beaux et confortables –, accueil adorable et service remarquable. Passons à table pour savourer une cuisine originale toujours en mouvement avec des menus au fil des saisons, où l'esthétisme prend toute sa place dans des assiettes magnifiques. Chaque bouchée est une révélation. Harmonie gourmande.

GASTRONOMIQUE

PIERRE ORSI

3, place Kléber (6e) ✆ 04 78 89 57 68
www.pierreorsi.com

Ouvert du mardi au samedi le midi et le soir. Menus de 150 € à 180 €. Formule du midi : 60 €. Terrasse.

La maison de tradition par excellence. Une maison bourgeoise familiale comme le revendique Pierre Orsi, disciple de Paul Bocuse et grand défenseur d'une cuisine que certains qualifieront d'un autre temps (mais dont beaucoup s'inspirent régulièrement…). Charme intemporel d'une grande maison qui sait mettre les petits plats dans les grands pour nous recevoir chaleureusement. Salle précieuse, salons cossus, roseraie pour la Dînette d'un chef qui nous prépare des produits nobles, comme ces fameux tronçons de homard acadien en barigoule d'artichaut ou un tournedos de bœuf «marchand de vin» comme on n'en fait plus. Cave exceptionnelle où l'on peut faire des dégustations.

GASTRONOMIQUE

PAUL BOCUSE

40, quai de la Plage - **COLLONGES-AU-MONT-D'OR**
✆ 04 72 42 90 90 - www.bocuse.fr

2 guide Michelin. Ouvert du mercredi au dimanche midi et soir. Menus 195 € à 300 €.*

Il suffit de dire Bocuse et c'est toute la magie de la grande cuisine française qui apparaît immédiatement. Alors, si nous avons enterré l'immense Monsieur Paul en 2018, l'Auberge du Pont de Collonges demeure bien vivante, portant fièrement le nom de Paul Bocuse. Loin d'être le musée de la cuisine bourgeoise, la maison continue l'œuvre d'un chef qui a transmis l'excellence en héritage et la simplicité comme ligne de conduite. A la carte, des plats mythiques comme la Soupe aux truffes noires Elysée, le Loup en croûte feuilletée, sauce Choron ou la Volaille de Bresse en vessie Mère Filioux, mais encore des classiques revisités avec une jolie pointe de modernité. Mille étoiles pour toujours.

GASTRONOMIQUE

LE PRÉSIDENT

11, avenue de Grande-Bretagne (6e)
www.restaurantlepresident.com

Ouvert du lundi au vendredi le midi et le soir. Carte 60 € environ.

Christophe Marguin préside à l'association des Toques Blanches lyonnaises. Le chef préside aussi aux fourneaux de ce restaurant gastronomique confortablement installé face aux quais du Rhône, à deux pas de la Tête d'Or, institution de ce quartier chic de Lyon. Terrasse colorée, bar convivial dans l'esprit des comptoirs, salles cossues avec une belle touche de modernité et un Salon des Chefs décoré des vestes de cuisine de chefs prestigieux autour d'une table d'une dizaine de convives. Cuisine à base de produits d'excellence, entre tradition et inspirations au fil des saisons : grenouilles sautées au beurre et fines herbes, volaille de Bresse… Vins en rapport. Votez pour ce Président.

GASTRONOMIQUE

SAISONS

1A, chemin de Calabert - **ECULLY** ✆ 04 28 31 70 44
www.saisons-restaurant.fr

1 guide Michelin. Ouvert du lundi au vendredi midi et soir. Menu 89 €. Formule midi 60 €.*

Depuis que le chef Davy Tissot, qui avait obtenu l'étoile pour ce restaurant créé il y a plus de 20 ans dans le cadre de l'Institut Paul Bocuse, a ramené le Bocuse d'Or à la maison (grande émotion), Saisons n'en finit pas d'éblouir nos papilles avec Florian Pansin et une équipe formidable en cuisine comme en salle. Des talents d'aujourd'hui et de demain qui n'ont qu'une envie : partager leur bonheur d'être là et faire de notre repas une succession de moments inoubliables. L'impression qu'à chaque nouvelle saison, le niveau monte encore d'un cran ! Accords mets et vins remarquables avec l'excellent Gaëtan Bouvier au service. La meilleure façon de se faire plaisir en toutes Saisons.

GASTRONOMIQUE

RESTAURANT TAKAO TAKANO

33, rue Malesherbes (6e) ✆ 04 82 31 43 39
www.takaotakano.com

2 étoiles au guide Michelin. Ouvert du lundi au vendredi midi et soir. Menus de 120 € à 160 €. Formule du midi : 50 €.

Sans doute le plus discret des restaurants étoilés et certainement l'un des meilleurs. Quand un chef d'origine japonaise, l'excellent Takao Takano, montre la voie à suivre vers l'essentiel, la fameuse «simplicité» tant vantée par Paul Bocuse. La salle déjà est une invitation au dépouillement pour mieux se porter vers l'assiette. Salle lumineuse à l'image de la cuisine d'un chef passionné entre technicité, finesse et créativité inspirée par les produits de saison. Chaque plat offre une grande respiration, ouvre l'esprit et le cœur, met tous les sens en éveil. Plus qu'une expérience, c'est une tranche de vie qui se joue à cette table sensible. Magnifique carte des vins. Cuisine universelle.

GASTRONOMIQUE

LA ROTONDE

200, avenue du Casino - **LA TOUR-DE-SALVAGNY**
✆ 04 78 87 79 79 - www.pavillon-rotonde.com

1 étoile. Ouvert du mardi au samedi midi et soir. Déjeuner de 39 € à 49 €. Menus de 79 € à 139 €.

Une Rotonde qui nous fait tourner la tête vers les étoiles. A la tête de cette belle maison gastronomique entourée d'un écrin de verdure, le chef Jean-François Malle met à l'honneur une cuisine fine, inventive, créative qui sublime toutes les saveurs d'excellents produits aux accents de notre terroir, mais aussi d'ailleurs. Incontournable, le fameux pâté en croûte «Champion du Monde» se partage en toute convivialité au début du repas. La suite nous emmène vers d'autres rivages, avec un coup de cœur particulier pour les produits de la mer, comme ce bar cuit au naturel, ravioles de fenouil au citron confit, sauce poisson. Carte des vins remarquable. Une Rotonde qui remporte la mise.

BISTRONOMIE
PRESQU'ÎLE ET CROIX ROUSSE

BISTRONOMIE
AROMATIC
15, rue du Chariot d'Or (4e) ✆ 04 78 23 73 61
www.aromaticrestaurant.fr
Ouvert du mardi au samedi midi et soir. Formule 3 plats 37 €. Menu dégustation 47 €.

Tout le charme et la gourmandise, la simplicité sophistiquée de l'Aromatic. Dans une petite rue paisible du quartier de la Croix-Rousse, une agréable terrasse et une salle chaleureuse, intimiste, profitant de pierres apparentes. Cuisine ouverte pour ne rien cacher du travail réalisé à partir de produits frais, locaux de préférence, parfaitement sourcés. Autre plaisir des lieux, la table d'hôtes qui peut accueillir jusqu'à 12 personnes (heureuse époque où l'on pourra revenir à 12 sans se soucier des virus...). Cuisine qui revisite avec inspiration la tradition française. Coup de cœur pour l'œuf de poule fermier poché. Belle carte des vins. Adresse parmi les plus recommandables de ce guide.

BISTRONOMIE
ARVINE
6, rue Hippolyte Flandrin (1er) ✆ 04 78 28 32 26
http://arvine-restaurant.fr
Ouvert du mardi au samedi le midi ; du mercredi au samedi le soir. Formule du midi : 24 €. Menu Découverte 48 €.

Chez Arvine, bonne chère et bon vin pour pas trop cher au cœur de Lyon. Le chef Benjamin Capelier, un cérébral au parcours atypique, nous propose sa version de la cuisine bistronomique à partir de produits frais et locaux sur une carte renouvelée chaque semaine. Car ce qui plait au chef, c'est bien de mettre à l'honneur le produit et des saveurs qui ne sont pas dénaturées par des sauces parasites. Des assiettes qui vont à l'essentiel, des associations pour fondre de plaisir - comme cette Pluma/Carotte/Gnocchi - et pour se marier avec l'autre bonheur d'Arvine : les vins. Cave exceptionnelle avec 300 références de toute la France pour faire de beaux voyages à travers les terroirs.

BISTRONOMIE
L'ATELIER DES AUGUSTINS
11, rue des Augustins (1er) ✆ 04 72 00 88 01
www.latelierdesaugustins.com
Ouvert du mardi au vendredi le midi, du mardi au samedi le soir. Formule midi 37 €. Menus Dîner de 51 € à 65 €.

Faire le tour du monde pour s'inspirer de toutes les cultures, c'est merveilleux. Trouver un point d'ancrage au sein d'un terroir exceptionnel, c'est magnifique. Le chef Nicolas Guilloton a parcouru la planète, accumulé les expériences culinaires pour poser ses valises dans une rue discrète au cœur de Lyon, partager son savoir-faire et de belles émotions. Chaleur et convivialité d'une adresse où le chef met à l'honneur les meilleurs produits de la région - maxi 200 km autour de Lyon - dans des plats «surprises» composés avec technicité et instinct créatif. Beaucoup de plaisir jusqu'aux desserts. Large carte des vins en accord pour compléter le bonheur d'un repas dans cet Atelier gourmand.

BISTRONOMIE
LE BALTHAZ'ART
7, rue des Pierres-Plantées (1er) ✆ 04 72 07 08 88
www.restaurantbalthazart.com
Ouvert du mardi au samedi le soir. Le midi du jeudi au samedi. Formules midi de 20 € à 26 €. Menu 37 €.

Les plus fidèles de nos lecteurs auront remarqué que ce Balthaz'Art a changé de catégorie, passant de «Bonnes tables» à «Bistronomie». Pourtant, il y a ici une forme de continuité et la qualité de la cuisine n'a pas changé, toujours excellente. C'est une hésitation de notre part entre la tradition du côté bistrot et la créativité du côté bistronomique. Frédéric d'Ambrosio poursuit son travail avec une carte qui nous régale autant qu'elle nous surprend : crème parisienne au vin jaune avec ses lamelles de truffe, tentacule d'encornet rôti et laqué ou l'incontournable (le meilleur aussi) tartare mauresque. Ambiance hautement conviviale et moelleux au chocolat au beurre salé. Passion partagée.

BISTRONOMIE
LE BISTROT DES VORACES
13, rue d'Austerlitz (4e) ✆ 04 72 07 71 86
www.bistrotdesvoraces.fr
Ouvert du lundi au vendredi midi et soir. Formule menu 24,50 €. Plats à emporter. Terrasse.

Pour l'histoire, le terme de «Voraces», quand il est employé à Lyon et encore plus à la Croix-Rousse, ne renvoie pas à une confrérie d'ogres dévorant tout ce qui leur tombe sous la dent, mais à un regroupement de Canuts - se regroupant notamment rue d'Austerlitz - qui se révoltèrent en 1848. Ce bistrot mène aussi à sa manière un combat pour le bien manger et le bien boire. Le chef Cédric Blin nous invite à savourer une authentique cuisine 100 % maison composée de produits frais de saison. Terrasse, cadre chaleureux d'une salle aux pierres apparentes pour servir une cuisine tendance bistronomique qui nous réserve de belles surprises. Carte des vins dans le même esprit de plaisir à partager.

BISTRONOMIE
CAFÉ ARSÈNE
2, rue Vaubecour (2e) ✆ 04 72 10 07 99
www.cafearsene.fr
Ouvert du lundi au vendredi midi, lundi, jeudi et vendredi le soir. Formule déjeuner 24 €.

Ouvert sur une place paisible du quartier d'Ainay, le Café Arsène offre une agréable terrasse et une façade blanche qui ne laisse pas présager du décor intérieur. Entre tradition d'un sol façon tomettes, des chaises scolaires indus, des tables de bistro, ambiance conviviale pour découvrir une cuisine bistronomique à partager. Sur l'ardoise du jour, des plats à base de produits locaux de saison pour une fraîcheur optimale et des saveurs qui bousculent juste ce qu'il faut les classiques. Le menu du jour est une aubaine à ne pas manquer pour une excellent rapport qualité-prix. Le soir, toujours l'ardoise pour ravir tous les appétits, végétariens compris. Bon bistrot d'aujourd'hui.

BISTRONOMIE

LE COCHON QUI BOIT

23, rue Royale (1er) ✆ 04 78 27 23 37
www.lecochonquiboit.fr
Ouvert du mardi au samedi midi et soir. Menu 39 €. Formule midi 25 €.

A Lyon, que peut-on aimer plus que le cochon et le vin ? Alors quand une adresse affiche les deux piliers de la gourmandise locale, il ne faut surtout pas s'en priver. Surtout qu'il n'y a pas qu'à boire et à manger, il y a aussi de la bonne humeur à la table bistronomique de Nicolas Lhote (le chef), Tristan Picot (tous les deux passés par Têtedoie) et Simon Huet. Le Cochon qui boit nous invite au fil des produits de saison du terroir local à de belles assiettes : petites bêtes à cornes des Monts du Lyonnais, chou vert et condiment ravigote, suivies d'un canard gras de la plaine de la Limagne... Vins vivants et desserts maison très réussis. Un Cochon qui a notre oreille et notre palais.

NEW BISTRONOMIE

LE COMPTOIR BOURGUIGNON

14, rue Royale (1er) ✆ 04 87 37 10 99
https://comptoir-bourguignon.com
Ouvert du lundi au vendredi midi et soir. Formules midi 28 €/3 plats, 23 €/2 plats. Menus dîner 45 et 55 €.

Alexis Billoux a ses racines en Bourgogne et son restaurant au cœur de Lyon. Coup de cœur pour ce Comptoir Bourguignon qui possède une élégance travaillée, due à la très belle décoration, et un côté naturel prononcé dû au savoir-faire d'un chef qui a laissé son étoile à Dijon pour mettre en valeur, plus simplement, les produits de sa région. Derrière les fourneaux, et même en salle, Alexis Billoux enchante notre repas de l'entrée au dessert. Utilisant les meilleurs produits, souvent *made in* Bourgogne, il met toute sa passion dans des assiettes pleines de saveurs, avec de vraies surprises à partager ou pas ! Cave remplie de flacons merveilleux à choisir en direct. A découvrir absolument.

BISTRONOMIE

L'ÉTABLI

22, rue des Remparts d'Ainay (2e) ✆ 04 78 37 49 83
www.letabli-restaurant.fr
Ouvert du lundi au vendredi midi et soir. Formule midi 34 €. Le soir 64 € et 84 €.

Un restaurant désormais bien établi parmi nos adresses préférées. Entre Bellecour et Perrache, un Etabli qui, dès la porte franchie, nous emmène loin de l'agitation urbaine. Une vraie parenthèse entre nature et raffinement dans une salle chaleureuse où chaque détail compte, même les superbes couteaux. C'est beau et c'est surtout très bon ! Le chef Louis Fargeton exprime son talent à travers des plats composés de produits régionaux sélectionnés avec soin, cuisinés avec respect et savoir-faire. Résultat, un lièvre à la royale comme nulle part ailleurs (saison de la chasse à ne pas manquer) et de fabuleuses associations de saveurs. Un Etabli qui mériterait bien de monter vers les étoiles...

BISTRONOMIE

MAISON NÔ

11, rue du Bât d'Argent (1er)
✆ 04 81 13 21 90
www.maisonno.com
Ouvert du mardi au samedi midi et soir. Formule midi 27 €. Soir à la carte, plats à partir de 18 €.

© EMMANUEL SPASSOFF

© EMMANUEL SPASSOFF

Vue imprenable sur les toits et les monuments de Lyon pour un repas inoubliable qui peut se décliner en version romantique ou conviviale selon vos envies. Accueil et service adorables pour profiter pleinement de ces instants suspendus et merveilleuse cuisine bistronomique maison inspirée par les bons produits au rythme des saisons. Cocktail signature maison avant de délicieuses noix de Saint-Jacques snackées autour du chou-fleur et des truffes noires de la Drôme ou d'un remarquable magret de canard et son jus laqué, mais encore une composition végétarienne selon la récolte. Belle carte des vins. Lyon est encore plus gourmande quand on la savoure du regard depuis le rooftop de la Maison Nô.

BISTRONOMIE

PRESQU'ÎLE ET CROIX ROUSSE

NEW

BISTRONOMIE

FLUXUS

12, rue des Augustins (1er) ✆ 04 78 93 52 55
www.fluxus-lyon.fr
Ouvert du mardi au samedi le midi, du mercredi au samedi le soir. Formule du midi 23 €. Menu soir 35 €. Carte.

Fluxus existait déjà sous une autre forme. Forme qui s'est modifiée récemment pour devenir aussi - en plus d'une boutique, atelier, café, galerie d'art - un restaurant que l'on peut qualifier de bistronomique sans trop se tromper. Une adresse en mouvement comme l'indique son nom, ouverte à de larges horaires, où chacun trouvera son bonheur. Dans un lieu vraiment atypique baigné de cultures diverses et d'objets curieux signés Anne-Laure Bourgeois, les assiettes sont réalisées à partir de produits frais du marché, bio et locaux. Les menus changent tous les 15 jours et les variations de saison du chef Vincent Bourgeois nous apportent de la joie et nous tirent quelques larmes de bonheur.

BISTRONOMIE

SUBSTRAT

7, rue Pailleron (4e) ✆ 04 78 29 14 93
www.substrat-restaurant.com
Ouvert du lundi au samedi midi et soir. Formule midi 27 €. Menus de 35 € à 46 €.

La substantifique moelle, celle d'une cuisine qui plonge dans les racines, dans une nature que le chef Hubert Vergoin connaît bien et qu'il met en valeur dans des assiettes rendant hommage aux produits régionaux clairement identifiés. Ambiance bistrot chaleureuse et conviviale autour d'une table décontractée où l'on aime se retrouver entre copines, copains pour boire un bon verre - la sélection des vins pas chers est un autre bonheur de Substrat - tout en découvrant la cueillette de saison, les meilleures viandes et les bons poissons en harmonie avec le végétal toujours mis à l'honneur (végétariens bienvenus, prévenir à la réservation). Le Substrat, toujours fertile en émotions.

BISTRONOMIE

CHEZ PIMOUSSE

27, quai Saint-Vincent (1er) ✆ 09 82 47 73 60
www.chezpimousse.com
Ouvert du lundi au vendredi le midi et le soir. Formule du midi 35 €. Menu Carte Blanche 70 €.

Sur les quais de Saône, à l'angle d'une petite place, il paraît que cette adresse fut autrefois une maison close. Mais du passé faisons table rase pour découvrir une jolie nouveauté signée Pierre-Michaël Martin. Après avoir fait ses classes chez La Mère Brazier, passé par le Bistrot du Potager, il vole de ses propres ailes dans un lieu à nul autre pareil. Salle étonnante, mélange d'élégance classique et de convivialité bistrot pour partager une cuisine d'aujourd'hui faisant de beaux clins d'œil à la tradition : œuf à la truffe ; poireau vinaigrette ; pomme de ris de veau, anguille fumée, crème de parmesan, topinambour. Ça twiste dans l'assiette. Beaux flacons. Affaire à suivre.

BISTRONOMIE

LA TABLE WEI

13, rue Neuve (1er) ✆ 04 78 28 58 79
www.latablewei.com
Ouvert du mardi au samedi le midi. Menus de 39 € à 58 €. Formule du midi : 25 €.

Classée dans la catégorie bistronomique, La Table Wei aurait tout aussi pu se classer parmi les adresses de cuisine fusion franco-asiatique. Formée à l'Institut Paul Bocuse, qui décidément fait de Lyon une capitale de cette délicieuse cuisine mêlant savoir-faire français et origines étrangères, la cheffe Sun Ruijun nous propose de partager de nouvelles saveurs dans des associations surprenantes. Dans un cadre ravissant, tout en blancheur et lumières douces, les assiettes nous emmènent vers de belles découvertes. Des mariages réussis, comme pour ce ris de veau, haddock, feuilles de moutarde et pak choi. Autres bonheurs de cette table, les plats à emporter. A suivre.

BISTRONOMIE

REGAIN

3, rue d'Algérie (1er) ✆ 09 81 10 65 08
www.regainrestaurant.fr
Ouvert du lundi au vendredi le midi et le soir. Formule du midi : 24 €. Dîner 39 € à 49 €.

D'abord, un regain d'intérêt pour une rue d'Algérie de plus en plus séduisante. Ensuite, une belle salle, chaleureuse façon rustique chic, un peu bohème, pour accueillir l'une des sensations de la rentrée : Regain. Ils sont jeunes (et beaux), mais ils ont déjà du vécu du côté de la Piscine. Benjamin Sanchez aux fourneaux, Thomas Rolland en salle et Lolita Cheveau au service du vin. Des plats, réalisés avec des produits frais du coin et/ou de bons fournisseurs, qui bousculent les codes juste ce qu'il faut pour nous faire redécouvrir un couscous ou le veau associé à des parfums comme le sarrasin ou le café. Cuisine créative accompagnée de belles quilles pour la soif. Révélation gourmande.

BISTRONOMIE

5INQ MAINS

12, rue Monseigneur-Lavarenne (5e) ✆ 04 37 57 30 52
www.cinqmains.fr
Ouvert tous les jours le midi et le soir. Formule du midi : 24 €. Menu 38 € (3 plats).

Plein de raisons font de 5inq Mains une adresse rare, à fréquenter avec une assiduité gourmande. Par son emplacement à Saint-Georges avec sa belle terrasse s'ouvrant sur les quais de Saône. Par son ouverture 7j/7 midi et soir, très (trop) exceptionnel dans cette catégorie bistronomique. Par la composition de son équipe à 5 mains : Grégory Cuilleron (1 main et plein de talent), Thibault Cuilleron (2 mains et la passion du vin) et Antoine Larmaraud (2 mains et la passion des bons produits). Convivialité, une légèreté qui fait tellement de bien dans notre atmosphère pesante et une cuisine qui s'amuse à revisiter savoureusement la cuisine française pour nous régaler. Plaisirs à partager.

BISTRONOMIE

BISTROT BERTHET

10, rue Sergent Michel Berthet (9e) ✆ 04 72 19 40 53
www.bistrot-berthet.fr
Ouvert du lundi au vendredi le midi ; du lundi au jeudi le soir. Formule du midi : 23 €. Assiettes à partager le soir.

Tout proche du métro Valmy, avec sa terrasse protégée du passage et abritée des intempéries, le Bistrot Berthet offre un refuge urbain aux airs de campagne pour les gourmands en quête de convivialité et d'authenticité. A l'image du décor entre tradition et modernité, la cuisine du Bistrot Berthet aime revisiter les classiques pour livrer des assiettes actuelles hyper savoureuses. Impossible de résister à cette tête de veau roulée maison et ses condiments pour la pimper brillamment. Le menu de midi, au fil des produits frais du marché du jour, offre une aubaine à ne pas laisser filer ; le soir, ce sont des assiettes à partager... ou pas. Très belle carte de vins de nos terroirs.

NEW BISTRONOMIE

L'EPICK

30, rue des Docks (9e) ✆ 04 74 71 31 23
https://epick.fr
Ouvert du lundi au vendredi le midi ; le jeudi soir. Formule du midi : 21 €.

Maison discrète de ce quartier de Vaise qui a beaucoup changé ces dernières années. Belle découverte que cet Epick qui s'est donné pour consigne de nous régaler de produits locaux - liste claire des producteurs avec la distance qui nous sépare d'eux - dans une démarche écoresponsable. L'Epick répond à tous les critères, mêlant savoir-faire technique et inspiration du chef Matthew Grody, sélection des meilleurs produits de saison et des recettes qui n'hésitent pas à sortir des sentiers battus. Salle chaleureuse et sourire de l'équipe autour de Stéphane Seixas. Excellent rapport qualité-prix avec, par exemple, un poisson du marché, légumes de saison et sauce au miso de Bourgogne. Un régal.

NEW BISTRONOMIE

BULLE

9, place de Fourvière (5e)
Ouvert tous les jours de 8h à 23h. Ouverture le 20 avril 2022.

Lyon pétille. Une Bulle gourmande voit le jour sur l'un des sites les plus emblématiques de la ville : la Maison Carrée de Fourvière. C'est une véritable apparition que de découvrir ce bâtiment réhabilité pour accueillir, entre autres, ce restaurant porté par le chef Guy Lassausaie et son amie Gaëlle Manin. Un écrin ouvert tous les jours en continu pour nous permettre de profiter d'une salle principale mêlant convivialité et élégance, mais aussi de deux terrasses avec vue panoramique sur Lyon. Bulle pour *Bistronomie Urbaine Légère Locale et Écoresponsable* annonce le programme en cuisine avec les chefs Raphaël Courtin et Damien Montereau. Des valeurs et une Bulle à partager.

BISTRONOMIE

FOOD TRABOULE

22, rue du Boeuf (5e) ✆ 04 87 91 55 33
www.foodtraboule.com
Ouvert du lundi au vendredi midi et soir, samedi de 11h45 à 23h, dimanche de 11h45 à 21h45. Tarifs selon comptoir.

Food Traboule, c'est simple et multiple ! Il suffit de rentrer - aucune réservation - et de se laisser tenter par l'appel des comptoirs. Food Traboule, projet propulsé par Ludovic et Tabata Mey, ce sont 12 chefs réunis dans un même lieu mythique du Vieux Lyon - la Tour Rose - qui ont dépoussiéré l'image gourmande de la ville. De comptoir en comptoir, tout est cuisiné sur place, sous vos yeux, par des cuisiniers accessibles travaillant des produits frais et locaux. Le plus difficile ? Choisir. Il y en a pour tous les goûts à des budgets raisonnables. Après, il suffit de s'installer sous la verrière, à l'un des comptoirs, à table dans un coin et de partager de merveilleux moments gourmands.

BISTRONOMIE

COURT BOUILLON

4, rue Ferrachat (5e) ✆ 04 78 42 49 33
www.courtbouillon-lyon.fr
Ouvert du mercredi au dimanche midi, du mercredi au samedi soir. Menu midi 22,50 €. Menu soir WE et jours fériés 32 €.

Du bistrot à la bistronomie, la différence se fait dans la qualité et l'innovation en cuisine, mais aussi dans le prix. Au Court Bouillon, ô miracle, les gourmands se régalent d'une cuisine de qualité, mêlant tradition et créativité d'un chef inspiré - Clément Guille, passé par de belles tables - à des prix tout doux ! Carte courte réalisée à partir de produits frais de saison avec de belles associations de saveurs. Sans oublier les desserts de Margo, passée elle en pâtisserie chez Pierre Orsi, qui terminent le repas par une note qui nous laisse sans voix ! Petite et adorable terrasse, tout comme la salle bistrot où le papier peint est changé à chaque saison. Graine de Vainqueur !

BISTRONOMIE

RACINE

1, rue du Chapeau-Rouge (9e) ✆ 04 26 18 57 15
www.racinerestaurant-lyon.com
Ouvert du lundi au vendredi midi, jeudi et vendredi le soir. Formule midi 24 €. Menu Dégustation 45 €.

À l'origine de Racine, le chef Gabriel Delhomme célèbre le retour à la terre, aux produits naturels issus de notre terroir. Salle chaleureuse, plantes et objets en bois dont des caisses – le vin étant l'un des points forts des lieux –, sans oublier une grande terrasse ombragée pour l'été. Carte courte – 4 entrées, 4 plats et 3 desserts sur l'ardoise – et des plats composés de produits frais de saison. Le produit, souvent bio, tient la vedette et surprend par la qualité de sa préparation. Parmi les plats savourés cet hiver, un merveilleux bouillon champignons, canard, foie gras poché, poireaux et miso pour se réchauffer. Créativité gourmande. Belle carte des vins. Une Racine qui grimpe.

BISTRONOMIE

TABLE ET PARTAGE

52, rue Etienne Richerand (3e)
✆ 04 87 24 79 74
www.table-et-partage.com

Ouvert à midi du lundi au vendredi, jeudi et vendredi le soir. Menu midi 33 € (menu Affaires 25 €). Menu soir 45 €.

© EMMANUEL SPASSOFF

© EMMANUEL SPASSOFF

Dans un secteur agréable de la Part-Dieu, côté Villette, une adresse gourmande qui met en avant de belles valeurs. Une table créée par Susana et Thomas Lemaire, deux amoureux des bons produits et du bien manger qui avaient envie de partager leur passion. Accueil chaleureux dans une maison qui ouvre les portes de la meilleure cuisine bistronomique. Excellent rapport qualité-prix, notamment au déjeuner, pour savourer la cuisine d'un chef aussi expérimenté, 20 ans de cuisine gastro, que passionné. Produits de saison issus de circuits courts, saveurs simples pour un retour à l'essentiel qui nous a régalés. Même philosophie pour le vin. A notre tour de partager ce coup de cœur gourmand !

BISTRONOMIE

BERGAMOTE

123, rue de Gerland (7e) ✆ 04 78 72 64 32
https://restaurant-bergamote.fr

Ouvert lundi au vendredi à midi. Du mercredi au vendredi le soir. Formule déj 18 € à 24 €. Formule dîner 34 € à 45 €.

Vive la bistronomie quand elle prend racine dans nos quartiers ! Rue de Gerland a poussé une jolie Bergamote de couleur verte. Aux commandes, trois associés lancés dans une aventure gourmande, remettant en lumière une salle devenue conviviale et chaleureuse. Cuisine personnelle mêlant savoir-faire et créativité de l'excellent Maxime Pujol, passé chez Jérémy Galvan, à partir de produits bio et locaux, exception faite pour les produits de la mer chers au chef. Cuisine du marché au jour le jour sur une ardoise qui nous donne envie de fréquenter cette adresse justement récompensée d'un Bib Gourmand. Belle récolte dans les assiettes au dîner et service du vin en parfaite harmonie. Coup de cœur.

BISTRONOMIE

BISTRO B

90, rue Duguesclin (6e) ✆ 04 78 89 12 21
www.bistrob-lyon.fr

Ouvert du lundi au vendredi midi, du mercredi au vendredi le soir. Formule midi 22 €. Menu soir de 28,90 € à 40,90 €.

B pour une adresse qui mérite d'être votre plan A. B pour plein de bonnes raisons, dont la Bistronomie. Décor sobre pour se tourner vers l'assiette, les bons produits et les plats réalisés par le chef Thomas Nicolle formé à de grandes tables étoilées. Carte courte (2 entrées, 2 plats et 2 desserts), produits frais de qualité, pour une cuisine inspirée par les saisons qui nous redonne goût à la vie au déjeuner, avec un rapport qualité-prix remarquable, et au dîner des accords mets et vins. D'ailleurs, excellente carte des vins avec une sélection de bouteilles de tous les terroirs à emporter à prix caviste. Toute la simplicité et la convivialité que l'on aime partager.

BISTRONOMIE

L'ECUME

119, avenue Jean Jaurès (7e) ✆ 04 78 58 70 48
www.lecume-lyon.com

Ouvert du lundi au vendredi midi et soir. Plat jour 16 €. Midi 3 services 25 €. Menu Découverte 39 €.

De ce côté-ci de l'avenue Jean-Jaurès, passé la gare Jean Macé, comme cette adresse fait du bien ! Retour à l'Ecume qui continue de nous proposer, et c'est tant mieux, des plats à emporter pour se régaler à la maison. Accueil adorable de Xavier sur la belle terrasse qui donne des airs de vacances à l'avenue, salle chaleureuse pour bien se mettre dans l'ambiance d'un voyage gourmand avec Laurent en cuisine. Saveurs de saison à partir de produits frais du marché et de producteurs clairement identifiés. Si les poissons et fruits de mer ont la part belle dans cette Ecume vivifiante, les produits de la terre ne sont surtout pas oubliés. De très belles bouteilles sur la carte des vins.

BISTRONOMIE

L'INATTENDU

95, rue Bossuet (6e) ✆ 04 37 24 13 44
www.linattendulyon.fr
Ouvert du lundi au vendredi midi, du mardi au vendredi le soir. Menus de 37 € à 52 €. Menu midi 26 €.

Dans un monde «fermé» par le virus, comme ça fait du bien de s'ouvrir l'esprit et les papilles en se régalant à l'InaTTendu. Même si l'adresse commence à être bien connue, ouverte il y a sept ans, le chef Marc Boissieux continue de nous surprendre dans un restaurant qui porte sa signature, même dans le décor. Mêlant tradition lyonnaise et saveurs venues d'ailleurs, notamment d'Asie, Marc Boissieux met toujours à l'honneur son plat signature - un fameux tataki de bœuf, cervelle des canuts au citron vert et wasabi, légumes croquants - avant de nous proposer un filet de dorade royale sauce teriyaki. Sélection de vins en harmonie avec les plats. Une table gourmande à partager avec plaisir.

NEW BISTRONOMIE

LE K2

81, rue Masséna (6e) ✆ 06 76 13 87 92
https://k2-restaurant.fr
Ouvert du mardi au samedi le soir ; du mercredi au samedi le midi. Formule du midi : 28 €.

Ce quartier du 6e deviendrait-il un vrai repaire de bonnes adresses gourmandes ? Dans tous les cas, ce «nouveau» restaurant K2 nous a fait décoller vers une bistronomie créative sublimant des produits savoureux, comme ce poulpe qui a remporté tous les suffrages. Cadre agréable, chaleureux, composé de matériaux bruts rehaussés de clins d'œil street-art bien vus. L'important se trouve bien dans les assiettes imaginées par Aude et Adrien qui n'aiment rien d'autre que de travailler les meilleurs produits de saison. Carte très courte, mais beaucoup d'inspiration pour ces conchiglioni farcis à la ricotta et à la truffe noire. Carte des vins dans le même esprit. En route vers les sommets !

BISTRONOMIE

L'ART ET LA MANIÈRE

102, Grande-Rue de la Guillotière (7e)
✆ 04 37 27 05 83
www.art-et-la-maniere.fr
Ouvert du lundi au vendredi le midi et le soir. Menu 31 €.

L'art de nous régaler autrement depuis 20 ans. Bien avant que le terme de bistronomie ne devienne une norme gourmande, L'Art et la Manière inventait une nouvelle façon de manger à base de bons produits, de savoir-faire et surtout d'une incroyable envie de partager en toute simplicité. Cadre ravissant, pierres et poutres apparentes, contrastant avec un quartier animé, et assiettes de haute volée pour un plaisir maximum sans se prendre la tête, avec le chef Jeff en cuisine et un excellent service du vin. Des apéros à partager, des belles pièces de viande et du poisson retour de pêche, des pâtes fraîches maison au homard, le tout cuisiné avec des notes d'originalité. Une adresse référence.

BISTRONOMIE

M RESTAURANT

47, avenue Foch (6e) ✆ 04 78 89 55 19
www.mrestaurant.fr
Ouvert du lundi au vendredi midi et soir. Menu midi 32 €. Menu soir 35 €. Carte.

M Restaurant, c'est sans doute l'un des meilleurs bons plans gourmands de Lyon dans cette catégorie bistronomique. Dans un quartier où tout le monde cherche de belles adresses abordables, le M affiche un très mérité Bib Gourmand grâce aux talents, et ils sont nombreux, du chef Julien Gautier. Un bistro chic qui touche à la perfection, de sa décoration contemporaine sobre à la cuisine créative de saison à base de produits frais de qualité présentée à l'ardoise, en passant par une cave aussi belle que remarquable par sa sélection de 300 références. Accord mets et vins pour une expérience culinaire totale. Aucune fausse note, même au moment de l'addition. Une adresse qu'on M du début à la fin.

BISTRONOMIE

ALLARDON RESTAURANT

16, Grande-Rue - **SAINT-PRIEST**
✆ 04 78 20 18 33
www.restaurant-allardon.fr
Ouvert du mardi au samedi midi et soir. Formules à la carte de 32 € à 45 €. Menu Grenouilles fraîches 39,90 €.

© DR

Ambiance village sur cette place de Saint-Priest où trône la maison de Christophe Allardon, 3e génération de cuisinier. Côté place, la brasserie et côté cour, le restaurant. Une grande cour intérieure, superbement fleurie, calme et ombragée, pour nous offrir une terrasse exceptionnelle. À l'intérieur, décor contemporain pour savourer une cuisine bistronomique préparée avec des produits de qualité. Si les grenouilles fraîches persillées comme en Dombes ont fait la réputation de la maison, il faut aussi savourer un risotto crémeux de Saint-Jacques sur une carte qui change tous les 2 mois. Gaufres maison servies avec chocolat chaud et chantilly. Recommandé avec gourmandise.

BISTRONOMIE

VIEUX LYON, FOURVIÈRE ET VAISE

BISTRONOMIE

LE TIROIR

20, Grande-Rue de Vaise (9e) ✆ 04 78 64 75 96
www.restaurant-letiroir.fr

Ouvert du lundi au vendredi midi, du mercredi au vendredi le soir. Formule midi 24,90 €. Menus de 35 € à 49 €.

Avouons que nous n'avions pas ouvert ce Tiroir depuis quelque temps et que l'on a été surpris de ce que l'on a pu y trouver ! Quel bonheur de redécouvrir une adresse qui a tenu toutes ses promesses et plus encore depuis que Rémi Charvet et Aurélien Rulliat ont été rejoints par le chef Alexis Lauriac, passé chez un certain Laurent Petit à Annecy (notre chef préféré...). Dans un cadre chaleureux - terrasse sur la Grande Rue et salle façon bistrot -, une cuisine qui bouscule les habitudes en mettant à l'honneur le végétal au cœur de l'assiette accompagné d'excellents produits du terroir régional. Super carte des vins aux accents régionaux élargie à la Bourgogne. Le plaisir est dans ce Tiroir !

BISTRONOMIE

LA-HAUT SUR LA COLLINE

81, route du Mont Cindre - **SAINT-CYR-AU-MONT-D'OR**
✆ 04 78 47 25 17

Ouvert tous les jours midi et soir. En continu de 10h à 23h du vendredi au dimanche. Menu du jour 21 €.

Prendre l'air, prendre de la hauteur, mettre la tête à l'ombre, les bras au soleil, les pieds dans l'herbe et le nez dans son assiette ! À 15 minutes du centre de Lyon, montez siffler là-haut sur la colline (référence ?) dans un cadre reposant et une ambiance chaleureuse. En semaine, et le dimanche midi aussi, cuisine maison réalisée au rythme des produits de saison. Formule déjeuner, plat et dessert, économique au déjeuner en semaine, planches à partager à l'apéro, et de belles assiettes où la tradition est bousculée juste ce qu'il faut avec une tête de veau printanière ou un filet de merlu et ses légumes croquants. Pièces rôties et gratins maison à commander en click & collect.

BISTRONOMIE

AGASTACHE

134, rue Duguesclin (6e) ✆ 04 78 52 30 31
www.agastache-restaurant-lyon.fr

Ouvert du lundi au vendredi le midi et le soir. Menus de 35 € à 42 €. Formule du midi 24 €.

Quel drôle de nom pour une belle rencontre gourmande ! Celle de Mathieu l'Her et du chef Benjamin Millard, parcours croisés chez Christian Têtedoie (autre grand pourvoyeur de talents installés à Lyon, merci). Tous les deux réunis par une même démarche éthique et responsable, l'envie de proposer des produits régionaux (circuits courts) de qualité et de saison avec des plats qui changent au rythme du marché, ils ont créé Agastache. Le végétal, le bois et la pierre trouvent naturellement leur place dans le décor pendant que les saveurs explosent dans des assiettes colorées. Cuisine d'instinct et carte des vins de propriétaires. Agastache, une belle histoire qui continue son chemin gourmand.

BISTRONOMIE

PY RESTAURANT

16, cours Vitton (6e) ✆ 04 78 52 71 30
https://pyrestaurant.fr

Ouvert du mardi au samedi le midi et le soir. Formule du midi 25 €. Menu soir 35 €.

Ces Saveurs de Py, c'est une infinité de possibilités de nous régaler. Dans un discret recoin du cours Vitton où peut s'installer une petite terrasse, une maison où se marient sobriété et élégance. C'est beau et le voyage ne fait que commencer. Côté cuisine, la fusion entre France et Asie - dont Pierre Mercier et Yuko Matsumoto furent parmi les précurseurs à leur première adresse de la Croix-Rousse dont tous les gourmands se souviennent - poursuit son chemin avec une belle progression vers des plats de plus en plus aboutis. Associations délicieuses à prix raisonnables pour une telle qualité, sans oublier les desserts absolument divins. Rapport qualité-prix exceptionnel.

BISTRONOMIE

LES APOTHICAIRES

23, rue de Sèze (6e) ✆ 04 26 02 25 09
www.lesapothicairesrestaurant.com

1 Michelin. Ouvert du lundi au vendredi midi et soir. Menu midi 43 € en 3 services. Menu soir 77 € en 8 services.*

Tabata et Ludovic Mey ont posé leurs valises à Lyon depuis plusieurs années. Pourtant, le voyage continue aux Apothicaires, restaurant étoilé où ils cuisinent à 4 mains pour notre plus grand bonheur gourmand. Loin de l'atmosphère pesante de certains restaurants, Les Apothicaires nous reçoivent comme à la maison dans un cadre chaleureux et dans une ambiance des plus conviviale. Toujours le choc de cultures qui se rapprochent - entre la Franco-brésilienne et le Savoyard - dans des assiettes pleines d'inventivité. A la recherche de mélanges de saveurs quand viandes et poissons se font bousculer par le végétal. Des Apothicaires qui ont franchi un nouveau cap pour atteindre les sommets.

BISTRONOMIE

RUSTIQUE

14, rue d'Enghien (2e) ✆ 04 72 13 80 81
www.rustiquelyon.fr

1 Michelin. Ouvert du lundi au vendredi le soir. Menu dégustation unique : 80 €.*

Force brute de la nature sauvage mise dans l'assiette par le chef Maxime Laurenson, un Auvergnat qui s'est installé dans une rue discrète d'Ainay, limite Perrache, pour rentrer en campagne gourmande au cœur de la ville. Chaleur du bois et des pierres, même si le lieu se veut rustique, disons qu'il est rustique chic, ce qui n'enlève rien à son charme fou. Pas de carte, mais un menu unique pour omnivores composé selon les produits de saison en provenance de la région Auvergne-Rhône-Alpes. Chaque assiette contient des instantanés de nature qui nous emmènent dans les bois, les prés, les rivières... Derrière une apparente rusticité, un travail génial pour mettre en valeur le produit.

ALBERT

10, place Fernand-Rey (1er)
✆ 04 78 27 95 56
www.chez-albert-restaurant.eatbu.com
Ouvert du lundi au vendredi le midi et le soir. Formule du midi 21 €. Menu 30 €.

Dans le quartier, c'est Albert que l'on préfère depuis plus de 20 ans ! Façade d'une couleur totalement incontournable pour un authentique restaurant qui l'est tout autant (incontournable). Agréable terrasse à cet angle de la paisible place Fernand Rey, convivialité assurée, décor chaleureux à l'image de l'accueil et une cuisine de tradition qui sait se renouveler au rythme des bons produits de saison. Cet hiver, la carte proposait un excellent pâté en croûte maison à la volaille de Bresse et foie gras de canard - une merveille -, suivi de Saint-Jacques à la plancha, risotto crémeux au parmesan. Belle carte des vins dans le même esprit d'excellent rapport qualité-prix.

L'ARTICHAUT

20, rue de l'Abbaye d'Ainay (2e)
✆ 04 78 05 69 02
https://hotelabbayelyon.com
Ouvert du mardi au samedi le midi et le soir. Menus de 49 € à 74 €. Formule midi 26 €.

Face à l'abbaye d'Ainay, votre cœur d'artichaut va fondre tout naturellement. Mais il ne va pas fondre uniquement pour le cadre superbe et les murs de cet ancien presbytère magnifiquement rénové par des passionnés. Il va fondre aussi pour la cuisine du chef Clément Lopez, auteur de plats bistronomiques à la hauteur des lieux. Dans un décor apaisant, raffiné, relevé de touches colorées, des assiettes au rythme des meilleurs produits du marché de saison, sur une carte courte pleine de fraîcheur et des associations audacieuses qui matchent parfaitement comme cet omble chevalier, bouillon raifort, daïkon, miso et citron noir. Carte des vins bien inspirée. Pour fondre de plaisir.

L'ASSIETTE DU VIN

8, rue Duviard (4e)
✆ 04 78 39 07 50
Ouvert du mardi au samedi midi et soir. Formule midi 23,90 €. Menu 32,90 €.

A la Croix-Rousse, cuisine de saison au soleil du Sud. Dans une rue discrète à deux pas de la mairie et du marché, le chef Patrice Chenet, Toque Blanche, compose avec les bons produits du terroir du marché de saison qu'il marie avec des bouteilles bien sélectionnées, notamment en bio. Petite terrasse bien agréable en saison, salle chaleureuse avec son comptoir et ses colonnes, mais surtout une cuisine pleine de fraîcheur et de saveurs. Une cuisine 100 % maison aux saveurs ensoleillées avec un saumon mariné aux agrumes, un merveilleux foie gras au torchon, suivis d'un filet de dorade poêlé à l'huile d'olive ou d'une noisette d'agneau rôti au thym. Desserts dans la même veine gourmande.

AUGUSTE LE BISTROT

24, quai Perrache (2e)
✆ 04 78 92 83 31
www.le-bistrot-auguste.com
Ouvert du lundi au vendredi à midi, du lundi au jeudi le soir. Ardoise midi 13 €/plat du jour, 20 €/3 plats.

© EMMANUEL SPASSOFF

© EMMANUEL SPASSOFF

Auguste joue les premiers rôles dans ce quartier de Confluence qui évolue dans le bon sens. Hommage au cinéma, invention du Lyonnais Auguste Lumière, dans ce restaurant qui mixe les couleurs et les saveurs. Au premier plan, un accueil adorable et un service prévenant. Décor d'une salle pleine de peps et de belles citations, agréable terrasse estivale, cuisines ouvertes où le chef travaille de bons produits de saison. Ardoise de midi à l'excellent rapport qualité-prix et carte pour toutes les envies, des belles salades estivales aux desserts maison. Planches à partager et happy hour autour de bonnes bouteilles. Pause gourmande que l'on soit en ville ou sur la route (accès facile depuis M7).

BONNES TABLES

PRESQU'ÎLE ET CROIX ROUSSE

BISTROT - BRASSERIE

BISTROT BEL AMI

34, rue Sergent Blandan (1er)
✆ 09 87 14 20 50
Ouvert du mardi au samedi le midi et le soir. Formule midi 24 €. Tapas en soirée.

Si vous avez des lettres, vous savez qui est Bel Ami et de quoi il est capable... Mais ce Bistrot Bel Ami, c'est autre chose. Une pure gourmandise pour qui aime une bonne cuisine de bistrot se renouvelant au rythme des semaines et des produits du marché de saison, le tout accompagné d'une merveilleuse sélection de vins choisis par un passionné : Sébastien Huilard. Un bistrot-bar à vin où les plats de midi s'écrivent sur une ardoise courte - 2 entrées, 3 plats et 2 desserts -, gage de fraîcheur et de belles saveurs avec un excellent rapport qualité-prix. Le soir, c'est tapas à l'intérieur ou sur la petite terrasse avec vue sur la place Sathonay. Des bonheurs simples à partager.

BISTROT - BRASSERIE

LES BOULISTES

9, place Tabareau (4e)
✆ 04 78 28 44 13
www.lesboulistes.fr
Ouvert du mardi au samedi midi et soir. Menus 27 € et 29 €.

Pour ne plus avoir d'autres boules que celles qui servent à jouer à la pétanque sur la place Tabareau, voici le lieu idéal pour un apéro qui va se prolonger autour d'une table gourmande. Terrasse parmi nos préférées avec le bruit des boules et les commentaires qui vont avec, salle aux allures vintage des années 1950 pour un brin de nostalgie. Plats canailles de tradition pour une vraie cuisine de partage : terrine des Boulistes, poireaux vinaigrette ; à suivre un fameux tartare de bœuf maison au couteau ou un étonnant filet de cabillaud jus de veau au café. Délicieux moelleux au chocolat au beurre salé. Belles quilles pour éviter la soif pendant la partie. Table heureuse.

BISTROT - BRASSERIE

BISTROT ORCIA

15, rue d'Austerlitz (4e)
✆ 09 82 33 33 02
www.bistrotorcia.fr
Ouvert du mardi au dimanche midi et soir. Formule midi 22,50 €.

La rue d'Austerlitz ne s'avoue jamais vaincue (tant mieux si tu as la référence historique !). S'ouvrant sur une sorte de petite place face au Gros Caillou, pour une agréable terrasse, le Bistrot Orcia a trouvé la bonne formule pour nous faire partager de bons moments gourmands. Une cuisine locale et artisanale composée avec amour par le chef, passionné des bons produits et de la belle cuisine traditionnelle française. Après un apéro-tapas après le travail, choix sur une carte courte : œuf cocotte au foie gras, pluma de Duroc ou dorade royale sauce vierge, le tout accompagné de légumes croquants. Carte des vins sympathique, notamment en bourgognes. Une maison pleine de goût.

BISTROT - BRASSERIE

BRASSERIE GEORGES

30, cours de Verdun (2e) ✆ 04 72 56 54 54 - M° ligne A et tramway lignes 1 et 2 (arrêt Perrache).
www.brasseriegeorges.com
Ouvert tous les jours midi et soir. Service continu. Menus de 23,50 € à 28,50 €. Plat du jour : 17,75 €.

Ici, le mot «brasserie» prend tout son sens. Une véritable brasserie depuis 186 ans, une institution qu'il faut visiter comme une partie gourmande du patrimoine lyonnais. Le lieu en impose dans ce quartier de Perrache. Et si la terrasse n'offre pas la plus belle vue de Lyon, la salle est très certainement la plus impressionnante qui soit avec son incroyable plafond de 700 m^2 porté d'un seul tenant par trois immenses poutres en sapin. Des tablées à n'en plus finir et le ballet impeccable des serveurs. Cuisine à la hauteur, mêlant spécialités lyonnaises et plats de brasserie : choucroutes, gratinée au madère, steak tartare charolais et omelette norvégienne avec son limonaire. Grandiose.

BISTROT - BRASSERIE

BOUILLON BARATTE

25, rue du Bât d'Argent (1er) ✆ 04 78 39 58 58
www.brasseriebouillonbaratte.com
Ouvert tous les jours de 12h à 1h. Service continu midi-minuit. Carte environ 30 €. Plat environ 16 €.

Un vrai resto de quartier qui sait mettre de l'animation (enfin, quand c'est permis...) tout en servant de bons plats dans un décor incroyable. Car la première chose qui nous tape dans l'œil, après la belle terrasse protégée du passage urbain, c'est bien le décor d'une grande salle aux murs carrelés à l'ancienne avec effet contemporain. Accueil adorable d'une équipe dynamique et souriante. Le chef Guillaume bouscule les classiques du Bouillon avec une Graine de cochon ou un Fried-chicken bucket version Poulet des Dombes et sauces maison, à partager ou pas ! Andouillette beaujolaise Bobosse et quenelle de brochet sauce Nantua en accord avec la sélection des vins. Le Bouillon comme on l'aime.

CERCLE ROUGE

36, rue de l'Arbre-Sec (1er)
✆ 04 78 28 41 98
www.cercle-rouge.fr
Ouvert du mardi au samedi midi et soir. Plat 13 €. Formule 3 plats 21 €. Menu 36 €.

Un Cercle aux allures confidentielles qui accepte tous les gourmands à rentrer à l'intérieur. Sans doute pas le plus visible des restaurants du quartier, mais l'une des plus belle surprises une fois la porte passée. Décor contemporain du meilleur goût qui nous invite à d'étonnants voyages aux côtés de Florent El Sair, chef passé par l'Institut Bocuse et de grandes tables. Service adorable, joie de vivre dans une ambiance conviviale, salle à l'étage pour partager de bons moments, il ne reste plus qu'à découvrir des assiettes qui marient les saveurs du monde dans des compositions surprenantes comme ce cochon Mojo avec une sauce à l'orange amère. Vins en accord. Un Cercle ouvert aux plaisirs.

BISTROT - BRASSERIE

CHANTECLAIR

151, boulevard de la Croix-Rousse (4e) ✆ 04 78 28 13 69
https://chanteclairbrasserie.com
Ouvert tous les jours le midi ; du lundi au samedi le soir. Carte : 25 € environ.

Viens au Chanteclair trouver du réconfort sur le plateau d'une Croix-Rousse qui n'est jamais aussi belle qu'en terrasse. Intégrée au sein des Gastronomistes lyonnais, cette brasserie fait partie des incontournables du quartier. Grande terrasse sur le boulevard et salle chaleureuse ornée d'une flore luxuriante qui tombe du plafond, des tables façon bistrot pour savourer une cuisine mêlant tradition lyonnaise et plats plus contemporains composés de produits frais de qualité. La cheffe Sophie Gauthey nous propose un œuf en meurette ou un tataki de bœuf, suivi d'une belle daurade entière rôtie, d'un burger maison ou d'un risotto aux gambas. Carte des vins et cocktails sympathiques.

LE CINTRA

43, rue de la Bourse (2e)
✆ 04 78 42 54 08
www.restaurant-cintra.fr
Ouvert du lundi au samedi de 10h30 à 0h, dimanche de 12h à 22h. Carte 30 € environ. Suggestions. Terrasse.

Une maison plus que centenaire, fondée en 1921, qui ne fait pas son âge. Près du Palais de la Bourse, profitant d'un petit square paisible au cœur de la ville pour installer une des plus belles terrasses de Lyon, le Cintra pourrait raconter bien des histoires, notamment celles qui se sont écrites à son comptoir où l'on sert toujours les fameux vins de Porto qui ont donné son nom à l'établissement. Cuisine soignée composée de produits frais sélectionnés avec soin, avec une préférence pour les poissons. Cadre et ambiance, et piano-bar le soir, ajoutent au charme de la maison. Notre conseil : profiter du Cintra dès le petit déjeuner pour y revenir toute la journée.

DIPLOID

18, rue de la Platière (1er)
✆ 04 69 67 58 93
www.diploid.fr
Ouvert du lundi au vendredi 8h30 à 18h30, samedi 9h30 à 18h30, dimanche 9h30 à 17h. Plat du jour 13 €. Brunch.

Autant coffee-shop que restaurant, animal hybride s'adaptant à la situation avec ses horaires en journée, le Diploid attise notre gourmandise. Favorisant les produits «healthy» et «veggie», le Diploid attire l'attention d'une clientèle jeune à la recherche d'apaisement dans une jungle urbaine agitée. Quelques plantes, beaucoup de convivialité et le tour est joué avec talent par une équipe hautement sympathique. Breakfast savoureux à de larges horaires, bons cafés en grains, lunch gourmand à base de produits frais et des pâtisseries, dont certaines véganes ou sans gluten, servies toute la journée. Brunch à la carte, ce qui est finalement rare, le week-end. Toujours dans l'air du temps.

LE F2

2, place de l'Hôpital (2e) ✆ 04 78 82 22 22
Métro Belcour. Parking République à proximité.
www.lef2.com
Ouvert du mardi au samedi de 10h à 1h. Menu jour midi 23 €. Plat du jour 12 €. Menu jour soir et samedi 25 €.

© EMMANUEL SPASSOFF

© EMMANUEL SPASSOFF

Tout va tellement mieux quand on s'installe au F2 ! Bonheur absolu sur la terrasse face à la chapelle du Grand Hôtel-Dieu. Mille attentions de la part d'une équipe fantastique, Frédéric Fass Thoulé en tête, mêlant élégance et décontraction. Intérieur à l'esthétique magnifique et surprenante, du bar chaleureux aux salles charmantes. Créativité et audace pour la cuisine maison du chef Cherif Sy avec une ardoise du jour au rapport qualité-prix exceptionnel en plein cœur de Lyon. Carte variant les plaisirs gourmands, du burger du F2 aux noix de Saint-Jacques, sans oublier le délicieux T-Bone de black Angus. Belle carte de vins. Cocktails et planches pour réussir son apéro. Incontournable.

BONNES TABLES

PRESQU'ÎLE ET CROIX ROUSSE

BISTROT - BRASSERIE

LE GRAND RÉFECTOIRE

12, rue Bellecordière (2e) ✆ 04 72 41 84 96
www.legrandrefectoire.com
Ouvert tous les jours du mardi au samedi midi et soir. Formule midi 24,50 €. Menu Découverte 39 €.

Ici, tout est grand ! Du cadre majestueux du Grand Hôtel-Dieu, avec la salle rénovée de l'ancien réfectoire de l'hôpital, à la cuisine composée par le chef étoilé (2* au Blue Bay de Monaco) Marcel Ravin, la grandeur n'empêche pas la chaleur de nous envahir au fur et à mesure d'un repas savoureux. Décor envoûtant d'une salle mêlant son caractère d'origine à de belles touches contemporaines. La cuisine orchestrée par le chef consultant nous emmène loin par l'association des meilleurs produits d'ici et d'ailleurs. Carte courte de saison avec une blanquette de pintade, légumes fleurs, huile de mandja. Carte des vins dans le même esprit. Émerveillement pour un excellent rapport qualité-prix.

KAÏA

NEW

14, rue Grolée (2e)
✆ 04 72 04 44 44
https://kaiarestaurant.fr
Ouvert du mardi au samedi le midi et le soir. Carte : 40 € environ. Plat du jour 13 €.

Dans un univers urbain souvent trop minéral, surtout au cœur de la Presqu'île, une oasis végétale au nom exotique : Kaïa. Un lieu exubérant, vivant à de très larges horaires d'événements divers, où il fait bon faire escale pour un repas entre amis permettant de couper les ponts avec l'agitation de la ville. Bruit d'une bande-son parfois mixée en live par un DJ, décor végétal pour ambiance tropicale et chaleureuse, cuisine ouverte sur le monde. Le midi, sérieux burger maison et poulpe grillé. Le soir, picanha de bœuf Wagyu. Midi et soir, plats à partager avec des ribs de porc confits ou une côte de bœuf de l'Aubrac. Belle carte de cocktails maison et tequilas. Kaïa, *que calor...*

LE LAYON

52, rue Mercière (2e)
✆ 04 78 42 94 08
www.lelayon.fr
Ouvert tous les jours midi et soir. Service continu samedis et dimanches. Menu Lyonnais 26 €. Menu Gourmand 34 €.

Un «historique» qui a participé à la réputation gourmande de la rue Mercière. Un air de jazz, des notes de produits frais cuisinés avec talent flottent au Layon. Depuis 33 ans, le chef Jean-Luc Léger nous régale de sa passion pour les bonnes choses de la vie. Agréable terrasse pour savourer une cuisine pleine de fraîcheur, composée de bons produits du marché, qui ne cherche pas à plaire à tous les touristes de passage. La cuisine lyonnaise reprend des couleurs avec une terrine de joue de bœuf au comté ou une quenelle de brochet au coulis d'étrilles servie avec son riz pilaf. Très belle sélection de vins, notamment du Val de Loire, par un passionné. Adresse de référence.

CHEZ LUCIEN

2, rue de Belfort (4e)
✆ 04 26 07 35 76
www.chez-lucien.fr
Ouvert du mardi au samedi le midi et le soir. Plat du jour 13 €. Menu carte 36 €.

2022, c'est le retour du bistrot ! Tous Chez Lucien. Un lieu décalé bien comme il faut pour nous aider à lutter contre la faim, la soif et la morosité. En salle comme en cuisine, joie de vivre communicative autour d'une véritable star, Lucien..., du chef Benjamin et de la sommelière Léa. Apéritifs à partager, menu carte en soirée avec de beaux morceaux pour gros appétits, comme cette épaule de veau d'Aveyron confite au citron et à l'estragon. Produits de saison et de qualité pour des plats qui bousculent nos habitudes jusqu'aux desserts. A surveiller : les déj' thématiques organisés chaque premier dimanche du mois. Autre adresse et même esprit dans le 3e avec le P'tit Lucien.

LYON'S GASTROPUB

7, rue Neuve (1er)
✆ 04 72 45 99 12
www.lyonsgastropub.fr
Ouvert tous les jours midi et soir, sauf mardi. Week-end en continu. Lunch 20 €. Soir 28 €. Brunch 33 €.

Bravo au trio du Lyon's GastroPub, des passionnés parrainés par Christian Têtedoie, d'avoir passé le cap des 5 ans en proposant un mix entre l'univers convivial du pub et celui, plus raffiné, de la gastronomie. Une adresse qui continue de faire bouger les lignes dans un magnifique décor pour nous régaler à de larges horaires (cuisine en continu le week-end). Cuisine de qualité par Jérémy Lemaitre qui détourne à la perfection les produits du terroir dans un risotto de moules de bouchot aux herbes, truite et émulsion. Suggestions gourmandes à découvrir tous les soirs, comme cette délicieuse entrecôte de bœuf. Belle carte des bières et des vins dès l'heure de l'apéro qui se prolonge en repas.

MR EDGAR

4, rue de Belfort (4e)
✆ 04 78 61 73 13
www.mr-edgar-restaurant.com
Ouvert mardi et du jeudi au samedi midi et soir. Formule midi 21 €. Miam Miam de 28 € à 35 €.

Mr Edgar aime les animaux - revoir en urgence les *Aristochats* si vous n'avez pas la référence - mais, tout comme nous, il aime bien aussi quand certains d'entre eux finissent bien cuisinés dans notre assiette. C'est cruel, mais c'est la réalité. Surtout quand il s'agit des poulpes, le produits phare - sans jeu de mots - de la maison. Décor chiné de vieux objets pour piquer notre curiosité en attendant de savourer les plats qui sortent d'une cuisine ouverte entre les deux salles. Cuisine parfumée navigant entre les produits du terroir et les saveurs venues d'ailleurs. Carte des vins à l'image du service : tout à fait sympathique. Mr Edgar offre toujours un excellent rapport qualité-prix.

© EMMANUEL SPASSOFF

© EMMANUEL SPASSOFF

LE PLATO

1, rue Villeneuve (4e) ✆ 04 72 00 01 30
www.lcplato.fr

Ouvert du lundi au samedi midi et soir (dernier service 23h). Formule midi 24 €. Menu carte 40 €. Terrasse.

Un Plato qui nous transporte en toute gourmandise. D'abord le lieu, unique, avec sa table d'hôtes dans un espace privé, son grand comptoir longeant les cuisines avant d'entrer dans une superbe salle lumineuse avec sa verrière. Aux commandes du Plato depuis 7 ans, le chef Frédéric Therriaud confirme tout son talent, mettant une pointe de créativité dans la tradition. Carte variée, plats réalisés à partir d'excellents produits de saison pour une cuisine du marché... de la Croix-Rousse bien sûr ! Desserts à ne pas manquer. Carte des vins remarquable. On aime encore le service tardif, rare à Lyon, et la possibilité de privatiser les lieux (séminaire) jusqu'à 50 personnes. Un Plato à dévorer.

© EMMANUEL SPASSOFF

© EMMANUEL SPASSOFF

© EMMANUEL SPASSOFF

BONNES TABLES

PRESQU'ÎLE ET CROIX ROUSSE

BISTROT - BRASSERIE

NOSCH

24, rue du Palais Grillet (2e) ✆ 04 78 42 08 31
www.nosch.fr
Ouvert du lundi au vendredi le midi et le soir. Comptoir du lundi au samedi midi. Carte 35 €. Formule Comptoir 15 €.

Quelques travaux et Nosch s'est divisé en deux. D'un côté, le Comptoir. De l'autre, le restaurant. Dans les deux cas, le bonheur de profiter d'une rue paisible pour un vrai lieu de vie au centre de la Presqu'île et d'une cuisine réalisée à partir de bons produits. Nosch - acronyme de Naturelle, Observatrice, Sociable, Communicante et Heureuse –, c'est une carte de 600 vins de vignerons passionnés pour se faire largement plaisir, tout en découvrant une cuisine pour bons vivants : Terrine de saison, Os à moelle, Pot-au-feu en croûte ou Baba à la Chartreuse pour terminer. Le régime attendra. Au Comptoir, sandwichs cuisinés minute, toujours avec de bons produits de saison. Validé !

OPALINE

8, rue Pailleron (4e)
✆ 04 78 28 80 86
www.restopaline.fr
Ouvert du mardi au samedi midi et soir. Déjeuner 24 €. Dîner 36 €. Menu Surprise 48 €.

Une adresse installée depuis 5 ans et dont on ne parle pas suffisamment. Restaurant qui s'affiche «semi-gastronomique», gardant une modestie que trop ont oubliée... A la Croix-Rousse, bienvenue chez Fabrice Roche, un chef qui a déjà décroché une étoile du côté de Villefranche et qui a remis le couvert à Opaline. Deux salles chaleureuses pour savourer une cuisine créative réservant de belles surprises. Produits frais de saison pour réaliser des assiettes inspirées, comme ce paleron de bœuf confit 7h, coing, céleri rôti, condiment échalotes, sauce façon royale. Un vrai voyage gustatif pour un prix tout à fait raisonnable à ce niveau. Carte des bières et des vins à la hauteur. Remarquable !

LE POTAGER DES HALLES

3, rue de la Martinière (1er)
✆ 04 72 00 24 84
www.lepotagerdeshalles.com
Ouvert du mardi au samedi le midi et le soir. Dimanche brunch 29 €. Menu du jour 19,90 €.

Un Potager des Halles qui a semé, depuis des années, de nombreuses graines, inspirant bien d'autres établissements. Alors continuons de venir au Potager pour profiter d'un concept fait de partage, de convivialité et d'une cuisine réalisée avec de bons produits en provenance de producteurs et de fournisseurs locaux. Sur la terrasse, véritable jardin en ville, ou dans une salle à la cuisine ouverte pour ne rien cacher, dégustation de bons verres de vin accompagnés d'une large carte d'entrées, comme des tapas améliorées. Carte orientée vers le Sud, oscillant entre terre et mer, au rythme du marché. Une valeur sûre pour se retrouver entre amis dans une bonne humeur contagieuse.

SELCIUS

43, quai Rambaud (2e)
✆ 04 78 92 87 87
http://selciusrestaurant.fr
Ouvert du lundi au vendredi midi et soir, samedi soir. Carte 45 € environ.

Ancré à Confluence, le Selcius a pris des allures méditerranéennes. Voguant sur les bords de Saône, la terrasse de ce vaisseau nous emmène loin, très loin de l'agitation urbaine. Atmosphère vacances, ambiance bord de plage, un verre à la main en attendant de savourer une carte elle aussi tournée vers le Sud. Cuisine ensoleillée par le chef Aurélien Silve qui (re) visite les spécialités de tous les pays du bassin méditerranéen. On commence par une dégustation de mezze, avant des tentacules de poulpe de Galice grillés ou une souris d'agneau confite 7h façon tajine. Autres points forts de Selcius : la carte des vins et des cocktails pour prolonger le plaisir. Chill chic !

VICTOIRE & THOMAS

27, rue de l'Arbre-Sec (1er)
✆ 04 81 11 86 19
www.victoire-thomas.com
Ouvert du mardi au samedi le midi et le soir. Formule du midi 24 €.

Victoire (référence à notre édition de l'an passé...) ! Les restaurants ont rouvert leurs portes, remis le couvert, et nous avons pu manger chez Victoire & Thomas. Quel plaisir de profiter d'une si belle salle, d'un lieu si chaleureux avec ses vieilles pierres apparentes aux couleurs d'un mobilier en bois clair. C'est beau et en plus c'est bon. Un service en deux temps. A midi, cuisine du marché, pleine de fraîcheur, sur une carte courte pour un bon rapport qualité-prix. Le soir, ouverture dès 18h pour prendre un apéro autour d'une planche à partager. Ensuite, le chef compose d'excellents plats, toujours à partager, mêlant les influences, invitant au voyage. Excellente carte des vins.

AUX 24 COLONNES

10, rue des Trois-Maries (5e)
✆ 04 78 42 19 33
www.aux24colonnes.com
Ouvert à midi du mardi au dimanche. Ouvert le soir du lundi au samedi. Menus Bistrot de 25 € (2 plats) à 35 € (3 plats).

Les 24 Colonnes désignent le palais de justice historique avec sa majestueuse façade. Derrière ce monument, dans une rue paisible du Vieux Lyon, les 24 Colonnes désignent aussi le Bistrot du Palais, membre du Collège Culinaire de France, porte-drapeau de la cuisine traditionnelle lyonnaise. Superbe plafond à la française, salle qui s'est refait une beauté pour mieux nous recevoir et bonne ambiance autour de l'excellent Eric Violette. Produits de qualité - fournisseurs clairement identifiés - pour une cuisine maison pleine de saveurs. Apéro autour d'une ardoise, carte courte pour une fraîcheur remarquable. Carte des vins en harmonie. Verdict : rapport qualité-prix-ambiance exceptionnel.

CAFÉ GADAGNE

5, place du Petit-Collège (5e)
✆ 04 78 62 34 60
www.cafegadagne.fr
Ouvert du mercredi au dimanche de 11h à 18h. Formule : 25 €. Week-end, brunch 29 €. Terrasse.

Lyon est une ville qui garde bien ses secrets (à découvrir grâce au *Petit Futé* !). Pour accéder à ce Café Gadagne, il vous faudra entrer dans Gadagne et monter au dernier étage pour découvrir un véritable petit paradis à l'abri de l'agitation urbaine. Une terrasse ombragée ouverte sur un jardin fleuri, un lieu craquant où l'on aime faire une pause gourmande entre la visite des 2 musées de Gadagne, en plein cœur du Vieux Lyon. Autre belle surprise, la cuisine réalisée à partir de produits frais de saison. Carte très courte allant à l'essentiel et des plats bien réalisés au rythme du marché. Le brunch du week-end avec buffet à volonté fait partie des incontournables. Une adresse «suspendue»

ECOLE

UNE FAIM D'APPRENDRE

24, rue Joannes Masset (9e)
✆ 09 62 60 92 68
https://unefaimdapprendre.eatbu.com
Ouvert du lundi au vendredi le midi. Menus de 19,90 € à 31,90 €.

Ce n'est pas par hasard que l'on arrive dans la zone d'activités de Gorge de Loup. Si l'on n'a pas de raison professionnelle d'y aller, c'est que l'on a entendu dire beaucoup de bien d'Une Faim d'Apprendre. Ouverte uniquement au déjeuner en semaine, c'est le restaurant d'application du centre de formation ABCR créé par les chefs Toques Blanches Dominic Moreaud et son complice Christian Lavault. Agréable terrasse, grande salle façon brasserie, comptoir convivial, mais également un espace de vente à emporter, bien pratique si vous n'avez pas le temps de vous assoir. Du burger revisité selon les saisons à l'éternelle volaille rôtie, des assiettes savoureuses servies avec mille attentions.

BISTROT - BRASSERIE

FAV

16, rue de la Favorite (5e)
✆ 09 81 67 23 57
Ouvert du lundi au samedi le midi ; du mardi au samedi le soir. Menu soir 25 €.

Pourquoi monter sur la colline à Saint-Just et pousser la porte de Fav ? D'abord, parce qu'il est bon d'aller s'encanailler dans un bistrot de quartier qui a su conserver ses murs de vieilles pierres et une allure d'autrefois autour du comptoir. Ensuite, parce que la terrasse «cachée» ne manquera d'avoir un effet waouh quand vous la découvrirez dès le printemps. Enfin, parce que le chef Thomas Vinay a posé ses couteaux dans les cuisines de Fav depuis l'été 2021. Dans les assiettes pleines de saveurs et de couleurs, des plats composés à partir de produits essentiellement locaux et de saison pour une cuisine à tendance bistronomique mais aux tarifs raisonnables. Adresse pleine de promesses.

AUX 3 MARIES

1, rue des Trois-Maries (5e)
✆ 04 78 37 67 28
www.aux-3-maries.fr
Ouvert midi et soir du mardi au dimanche. Menus de 27 € à 38 €. Plat jour : 13 €. Formule : 18 €. Menu jour : 22 €.

© EMMANUEL SPASSOFF

© EMMANUEL SPASSOFF

Succombez au péché de gourmandise Aux 3 Maries. Des instants de grâce sur cette petite place nichée dans le Vieux Lyon. La beauté d'une des plus belles terrasses de la ville alliée à la gentillesse d'un accueil qui illumine tout notre repas. A cette adresse historique tenue par Clémentine Roure et toute une équipe adorable, il faut savourer pleinement le bonheur de manger à Lyon des plats traditionnels remis au goût du jour. Cuisine maison réalisée à partir de produits de qualité, en provenance des Halles de Lyon, comme ces délicieux harengs pomme à l'huile ou ce saucisson pistaché de chez Gast. Desserts maison et carte des vins au diapason. Réservation conseillée pour une adresse divine.

LE COMPTOIR DU BŒUF

3, place Neuve-Saint-Jean (5e)
✆ 04 78 92 82 35
www.comptoirduboeuf.com
Ouvert tous les jours midi et soir. Menu Lyonnais 23 €. Menu Plaisir 29 €. Menu Comptoir 34 €.

© EMMANUEL SPASSOFF

© DELPHINE CASTEL

Le Comptoir du Bœuf offre tout ce que Lyon propose de meilleur : terrasse idéale sur une place de carte postale, deux salles de caractère quand il fait froid, chaleur humaine à l'accueil - avec Sébastien Chenu au comptoir et son équipe en salle - et service aussi efficace que souriant. Et ça continue dans les assiettes ! La cheffe Marie-Noëlle Brun prépare de délicieuses pièces de viande charolaise accompagnées, au choix, de frites maison. Tartare maison, onglet, assiette du boucher, entrecôte géante ou super côte de bœuf ! Spécialités lyonnaises dans le même esprit de qualité et de générosité. Belles quilles de nos terroirs. Rapport qualité-prix-plaisir exceptionnel !

LES FINES GUEULES

16, rue Lainerie (5e)
✆ 04 78 28 99 14
www.fines-gueules.fr
Ouvert du mardi au samedi midi et soir. Menu Tradition Bouchon Lyonnais 32 €.

Faites pas la gueule, vous ne pouviez pas mieux tomber ! Si certains patrons de bouchons sont des forts en gueule plutôt qu'en cuisine, Joël Salzi a son franc-parler, mais c'est aussi un excellent cuisinier qui sait partager son amour pour la tradition lyonnaise. Dans ce coin paisible du Vieux Lyon, belle terrasse et salle conviviale pour savourer une cuisine faite maison avec de bons produits et beaucoup de savoir-faire. Du gratin d'andouillette à la quenelle de brochet artisanale en passant par les pieds de cochon désossés, c'est un festival. Plats de saison et Machon des Grandes Gueules dans un bouchon aux nombreuses qualités. Sympathique carte des vins et service adorable.

BISTROT - BRASSERIE

GRIVE

1, rue du Viel Renversé (5e) ✆ 04 72 64 15 26
https://griveepicierbistrotier.com
Ouvert du mardi au samedi le midi et le soir. Formule midi 24 €. Assiettes le soir.

Grive, nom d'un petit oiseau migrateur qu'il faut laisser tranquille, c'est aussi un restaurant dans l'air du temps qu'il sera bien difficile de classer, sinon par la qualité de sa cuisine. Une boutique-épicerie à Saint-Georges avec quelques bons produits régionaux, mais surtout des tables installées dans une salle à l'improbable tapisserie et aux tables bistrot. Sans oublier la terrasse sur la place dès les beaux jours. Ambiance conviviale pour découvrir une cuisine exquise et personnelle au rythme du marché de saisons. Pâtisseries maison pour le goûter, bar à vin en fin de journée et bar à huîtres le week-end. Le soir, jolies assiettes parfumées. A découvrir sans tarder.

MAÎTRE BŒUF

6, place de la Baleine (5e)
✆ 04 78 37 37 90
www.maitreboeuf.com
Ouvert tous les jours midi et soir, sauf mardi. Menus de 27 € à 41 €. Menu du jour 19 €.

Amarré à la place de la Baleine, havre de paix au cœur du Vieux Lyon, Maître Bœuf regarde plutôt vers la rue du Bœuf que vers la Saône. Depuis plus de 30 ans, une adresse consacrée à la viande, enfin aux viandes d'exception avec de beaux morceaux découpés sur place, comme cette côte de bœuf de tradition bouchère qui régalera aisément deux carnivores affamés. Grande terrasse, salle rustique jusqu'aux toilettes (qui méritent la visite), et un nouveau chef qui perpétue la tradition des spécialités lyonnaises, viandes de qualité avec la fameuse côte de bœuf charolaise, mais aussi une pluma de cochon ibérique bellota grillée. Desserts maison et belle carte des vins.

LA PETITE AUBERGE

2, place Eugène-Wernert (5e)
✆ 04 78 25 29 33
www.lapetiteaubergelyon.fr
Ouvert du mardi au samedi le midi et le soir. Formule du midi 16 €. Menus 24,90 €. Fondue le soir. Raclette.

Pour atteindre La Petite Auberge, il faut monter sur les hauteurs de Saint-Just. Terrasse sur une place paisible aux beaux jours, chaleur d'une maison décorée de bois blond façon chalet d'alpage. Chaleur aussi de l'accueil et du service par Philippe et Alain, deux professionnels de la restauration qui perpétuent la tradition de bons plats savoyards - tartiflette maison, fondue en soirée, raclette en saison -, mais encore paleron de cochon, ravioles gratinées, pièces du boucher en suggestion et desserts maison. Belle carte des vins et bières du Mont-Blanc pour bien accompagner son repas gourmand. Le menu du jour offre également un rapport qualité-prix au sommet !

BISTROT - BRASSERIE

27 MADELEINE

27, rue de la Madeleine (7e) ✆ 04 72 80 90 54
https://27madeleine.com
Ouvert du mercredi au dimanche le midi, du mercredi au samedi le soir. Formule midi 21 €.

T'as faim ? T'as soif ? T'as les boules ? Ça tombe bien, le patron du 27 Madeleine est un champion du monde de boule lyonnaise et son bistrot-restaurant abrite 4 terrains dans une étonnante cour-jardin. A l'apéro ou pour prolonger le repas, c'est du plaisir. Terrasse ombragée incontournable avec son bar et salle chaleureuse pour savourer une cuisine inspirée par les produits de saison sur une carte courte bien réussie. Slow food en soirée pour se retrouver autour de plats à partager. Végétariens bienvenus. Le week-end à midi, c'est brunch, toujours avec des produits de saison de qualité. Evénements à ne pas manquer. Tout est bon dans ce 27 Madeleine, en pointe parmi nos bonnes adresses.

LA MONSTRUEUSE

8, rue Juiverie (5e)
✆ 04 78 28 96 71
https://lamonstrueuse.fr
Ouvert du mercredi au samedi le soir. Formule : 31 €.

Pas tout à fait nouveau, puisque La Monstrueuse a vu le jour en 2019, mais bon la pandémie… Une vraie découverte dans la plus belle rue, à notre avis, du Vieux Lyon, et la moins fréquentée, sauf par les gourmands curieux. Création du chef Jérémie Hercberg, La Monstrueuse fait référence à une grosse tomate lyonnaise, preuve que le chef aime les produits du terroir avec lesquels il prépare un menu différent chaque semaine. Petite terrasse sur les pavés, salles d'un autre âge aux pierres apparentes et assiettes de saison d'actualité. Cette semaine, sur une carte courte : poulet sauté au fenouil, citron et coing accompagné de légumes fermentés. Sélection de vins dans le même esprit. *Futé* aime.

CHEZ GRAND-MÈRE

11, rue du Bœuf (5e)
✆ 09 51 61 35 38
Métro Vieux Lyon.
www.chezgrandmere.fr
Ouvert tous les jours midi et soir. Menus 20,90 €. Carte.

© DR

Retrouver le bon temps en allant Chez Grand-Mère. Elle sait en faire des choses cette grand-mère gourmande installée au cœur du Vieux Lyon ! Une belle maison, un bouchon tenu par l'adorable Maryline. Une adresse toujours ouverte, une table toujours prête pour nous recevoir dans l'ambiance chaleureuse d'une cave voûtée aux murs de pierres apparentes. En cuisine, du fait maison à partir de produits de qualité et une carte courte au rythme des saisons. Spécialités lyonnaises, plats traditionnels mijotés, gratin de ravioles, desserts et pâtisseries maison. Carte des vins régionale. Rapport qualité-prix remarquable. Gardienne du bien-manger, Chez Grand-Mère nous régale sans compter.

L'ALEXANDRIN

83, rue Moncey (3e)
✆ 04 72 61 15 69
www.lalexandrin.fr
Ouvert du mardi au samedi midi et soir. Menus de 60 € à 115 €. Formule Affaire : 40 €.

Les vrais cuisiniers sont animés de passion (alexandrin maison). Laurent Rigal est un vrai cuisinier qui nous régale depuis une vingtaine d'années dans un Alexandrin toujours en avance sur son temps. Un chef créatif et inspiré qui a su mêler avant d'autres cuisine lyonnaise et cuisine actuelle en bousculant les codes juste ce qu'il faut. Dans une salle lumineuse et chaleureuse à la fois, les assiettes subliment les produits du terroir. Le végétal et les légumes sont aussi à l'honneur depuis longtemps dans un menu Tendance. Un Alexandrin faisant rimer classicisme et modernité avec saveurs. Expérience à partager, une table d'hôtes installée dans les cuisines.

LE TIRE-BOUCHON

16, rue du Boeuf (5e)
✆ 09 83 22 88 47
https://le-tire-bouchon-lyon.fr
Ouvert du lundi au samedi le soir ; du mardi au dimanche le midi. Menu Lumières 32 €.

© EMMANUEL SPASSOFF

© EMMANUEL SPASSOFF

Ni l'enseigne ni les murs n'ont changé et ce Tire-Bouchon nous propose toujours une belle ouverture sur le Vieux Lyon et sa place Neuve. Ce qui a changé, depuis l'année dernière, c'est que David Tapiero a repris ce restaurant, continuant de promouvoir l'art de bien manger à la lyonnaise. Bouchon pas bien grand par la taille, mais chaleureux et convivial, pour savourer une cuisine où l'on retrouve des classiques, comme le saucisson brioché ou le pâté en croûte, mais remis au goût du jour par un chef inspiré. Plats gourmands réalisés à partir de produits de saison et de qualité. Même la tarte praline s'affiche en version 2.0 ! Belle carte régionale des vins. À redécouvrir.

ARSENIC

132, rue Pierre-Corneille (3e)
✆ 09 62 39 85 55
www.arsenicrestaurant.com
Ouvert du lundi au vendredi midi et soir. Formule midi 25 €. Dîner de 36 € à 50 €.

Cet Arsenic est un antidote à la morosité. Créé par le chef Christian Têtedoie, le concept est de «lancer» un jeune chef prometteur qui deviendra, à coup sûr, un As (l'arsenic a pour symbole « As » au tableau périodique des éléments) de la restauration, à l'image de Nicolas Seibold (La Mutinerie), de Nicolas Lhote ou d'Alexandre Delteil. Carte blanche à ce jeune chef, 25 ans, issu de la formation Têtedoie qui propose une carte courte (2 entrées, 2 plats et 2 desserts), des plats originaux réalisés avec 3 ingrédients de circuits courts si possible, mais ouverts au monde. Accueil et service adorables pour déguster une cuisine surprenante de saveurs. Pépinière de talents à découvrir.

LA BALANÇOIRE

223, rue de Créqui (3e)
✆ 04 78 60 50 01
Ouvert du lundi au vendredi le midi, du mardi au jeudi le soir. Formule du midi 18 €. Menu complet 21 €.

La cédille de la Balançoire a repris du service pour nous régaler dans ce quartier de Saint-Amour traversé par la rue de Créqui. Une adresse pleine de vie pour bien manger, mais aussi échanger, se rencontrer lors d'un vernissage d'exposition. A la poussée de la Balançoire, l'adorable Mareva Reig en salle et la cheffe Anouk (qui fait aussi des menus à 4 mains). Cuisine sincère, inspirée par tous les horizons, généreuse dans des assiettes de saison – l'ardoise change tous les jours – réalisées avec des produits frais de nos terroirs régionaux. Vins naturels qui ne font pas mal à la tête, mais nous font chavirer. Une vraie réussite et des animations pour compléter le plus beau des tableaux.

BISTROT - BRASSERIE

BARCANDIER

65, rue de Marseille (7e)
Ouvert du mardi au samedi de 17h à 1h. Formule 29,50 €.

Difficile de classer une adresse pareille, de celles qui débordent joyeusement des cases ! Impossible de ne pas aimer le Barcandier, installé dans ce quartier étudiant et populaire où il fait bon s'encanailler le soir venu. Une vraie adresse de copains où l'on ne se prend pas la tête pour se faire plaisir autour d'une bonne bouteille de vin, de bière ou d'un cocktail maison. Barcandier, c'est un bar de haute convivialité pour partager du bon temps. Un bar qui se prolonge à l'étage d'une salle de restaurant pour se régaler de la cuisine du chef. Produits de saison, associations surprenantes et de vraies surprises dans des assiettes gourmandes. Belle découverte.

BISTROT - BRASSERIE

LE BISTROT DES FAUVES

29, rue Saint-Michel (7e)
✆ 09 81 44 46 05
Ouvert tous les jours de 8h30 à 1h. Formule du midi : 18 €.

Viens trouver refuge dans la cage des Fauves. Des Fauves tout câlins qui t'accueillent les bras ouverts, même si tu es végétariens d'ailleurs. Au carrefour d'un quartier animé, ce Bistrot est ce qu'il faut appeler un «lieu de vie» où l'on s'arrête à de larges horaires pour faire une pause café, boire un verre et partager de bons moments autour d'un plat de saison en toute simplicité, complicité et gourmandise. En terrasse comme en salle, ça court un peu en se laissant parfois déborder, mais il faut garder sa bonne humeur pour savourer des bons petits plats maison au goût du jour. Carte des vins appréciable. Si tu aimes l'ambiance bon enfant et l'air du temps, les Fauves sont faits pour toi.

BISTROT - BRASSERIE

LE BISTROT DU POTAGER

83, rue de Gerland (7e) ✆ 04 37 70 36 95
www.lebistrotdupotager.com
Ouvert du lundi au vendredi midi et soir, sauf mardi soir. Formule midi 21,50 €. Accueil groupes.

Dans un quartier de Jean Macé qui cherche encore ses repères, le Bistrot du Potager fait office de phare gourmand. Déjà, le bâtiment de pierre magnifiquement restauré illumine la rue de Gerland. La grande salle, mêlant lignes contemporaines autour du comptoir et pierres apparentes, nous réchauffe le cœur, à l'image d'un accueil et d'un service fantastiques. Une générosité à retrouver dans les assiettes préparées par le chef Nicolas Pascaud. Produits frais de petits producteurs locaux pour des plats à partager et quelques coquineries de saison bien senties. Bon choix de belles quilles, cocktails maison pour prolonger la soirée, dans ce Bistrot coup de cœur à l'esprit convivial.

BISTROT - BRASSERIE

LE BOUILLON PARADIS

58, rue Salomon-Reinach (7e)
✆ 09 83 91 52 72
Ouvert du lundi au vendredi de 9h à 1h, week-end de 9h30 à 1h. Formule midi 16 € (2 plats).

Le Bouillon, c'est un restaurant à vocation populaire, un lieu où l'on mange bien pour pas trop cher, un lieu animé d'un esprit de partage et de convivialité. Le Bouillon Paradis, c'est tout cela dans ce quartier populaire dont la cote ne cesse de grimper. Comme beaucoup de restaurants (notamment en raison de l'augmentation du télétravail), Le Bouillon a réduit ses horaires, mais on est tout heureux de le retrouver pour partager une planche de charcuterie faite maison à l'heure de l'apéro autour d'une bonne bouteille. Plats du jour et suggestions pour des assiettes composées de bons produits régionaux bio à prix raisonnables. Service souriant, ambiance joyeuse, événements et bonne musique.

BISTROT - BRASSERIE

BRASSERIE DES BROTTEAUX

1, place Jules-Ferry (6e)
✆ 04 72 74 03 98
www.brasseriedesbrotteaux.com
Ouvert tous les jours le midi et le soir. Menu 39 €.

Une brasserie qui a suivi l'évolution de son quartier tout en conservant le charme de ses origines. Née en 1913, la Brasserie des Brotteaux se trouvait alors face à la gare en activité, offrant un style plus populaire. Aujourd'hui, au cœur d'un quartier chic, la brasserie a su préserver son décor Art nouveau - parmi les plus beaux de la ville - tout en proposant une cuisine traditionnelle française de haut vol parsemée de quelques lyonnaiseries. Carte variant au rythme du marché de saison pour des plats classiques bien réussis, comme ce tartare de bœuf. Autre plaisir de la Brasserie, la carte des vins avec des crus d'exception à déguster entre amis. Une adresse du patrimoine lyonnais.

LE CAFÉ DES ANGES

81, rue Vauban (6e)
✆ 04 37 24 07 95
www.cafedesanges.fr
Ouvert lun au ven 9h-15h, jeu et ven 19h-23h, dim 11h-15h. Menus 29 €/mer, 27 €/terre, 24 €/végé. Brunchs dimanche 30 €.

Besoin de douceur loin de tous les fronts ? Direction ce lieu préservé de l'agitation urbaine, notamment côté cour intérieure où l'on pourrait se croire à la campagne en plein Lyon. Décor intérieur tout aussi angélique, chaleureux et convivial, pour se retrouver entre amoureux des bonnes choses. Entre la maison de famille et le bistrot chic, le Café des Anges a trouvé sa place dans le paysage gourmand. Larges horaires pour prendre un verre, le temps d'un apéro prolongé avant de savourer une cuisine inspirée par les produits de saison et le marché du jour. Mer, terre et végé, tout le monde est gâté. Brunch maison le dimanche. Un lieu où l'on se sent pousser des ailes.

LE CAFÉ DU PEINTRE

50, boulevard des Brotteaux (6e)
✆ 04 78 52 52 61
www.lecafedupeintre.com
Ouvert du lundi au vendredi midi, jeudi et vendredi le soir. Le soir groupes sur réservation. Formule midi 25 €.

Tableau 100 % lyonnais. Florence Périer, digne héritière des mères lyonnaises, est unique. Tout comme son fils Maxime qui anime avec talent la salle d'un bouchon au caractère bien trempé (pas dans l'eau…). Tous les midis – et même avant pour le traditionnel mâchon –, il faut se retrouver dans ce restaurant où se perpétue la meilleure tradition lyonnaise du vrai fait maison. Celle d'une cuisine réalisée à partir de bons produits frais de saison selon un savoir-faire transmis de génération en génération. Parmi les incontournables : la terrine ou la fameuse tête de veau braisée au vin rouge. Le vin, avec 1 200 références sélectionnées par Max, est l'autre plaisir de cette maison gourmande.

BONNES TABLES

RHÔNE RIVE GAUCHE

CHAIS ROMAIN

70, rue Masséna (6e) ✆ 04 78 24 62 24
Métro Masséna
www.chaisromain.fr
Ouvert du lundi au vendredi midi et soir. Formule midi 20,90 €. Planches en soirée.

Chuis bien, je reviens de Chais Romain. Un triptyque gourmand puisque cette adresse est à la fois restaurant, bar à vin et caviste. Aux commandes, un Lyonnais passionné par le vin. Un épicurien qui nous invite à découvrir la centaine de références proposées dans sa cave. Dès l'entrée, un bar avec ses chaises hautes colorées, un comptoir convivial et des étagères où sont rangées les bouteilles choisies avec amour. La cuisine se trouve derrière la verrière. Carte ultra courte, produits de qualité, plats de tradition et de saison : salade lyonnaise, ballotine de volaille et sa purée truffée... Et comme on est tombé amoureux du vin bu à table, on est reparti avec un carton !

CHOO CHOO

13, place Jules Ferry (6e)
✆ 04 87 65 04 65
www.choo-choo.fr
Ouvert tous les jours le midi et le soir.

Changement de conducteur pour ce Choo Choo en gare des Brottteaux, désormais dirigé par Geoffrey Clavel et Michael Castaldo, deux noms déjà connus à Lyon. Ce qui n'a pas changé, c'est la beauté de ce lieu unique avec de beaux espaces, mais également des endroits «cachés», comme ce bar à cocktails façon bar clandestin, avec code d'accès, au sous-sol. Avec une réouverture au printemps, le Choo Choo continue de proposer des soirées festives, alors que la restauration doit monter en gamme autour de produits d'exception, comme le homard bleu, et de plats de saison. Avec un dernier service peu avant minuit, le Choo Choo permet de bien démarrer la soirée pour ne jamais quitter ce train.

LA COMMUNE

3, rue Pré Gaudry (7e)
www.lacommune.co
Ouvert tous les jours midi et soir, sauf lundi toute la journée et dimanche soir. Environ 15 €.

Un lieu qui a bousculé les codes de la restauration lyonnaise en regroupant, dans un lieu insolite - une ancienne fabrique en plein 7e -, de jeunes chefs désireux de se lancer en «testant» leur concept culinaire. La Commune est toujours active, même si elle a revu ses ambitions à la baisse, n'ouvrant plus que 6 échoppes sur les 12. Le plaisir reste grand de prendre le temps d'un repas à la découverte des cuisines d'ici et d'ailleurs. Du Burger façon Sous-marin jaune aux fameux Bo Buns de la Maman (Indocafé on t'aime), en passant par les currys de Farah's Kitchen, il faut revenir pour tout goûter ! 3 bars et une ambiance de folie. Sur place, nombreux événements engageants. Vive la Commune !

DANTON...

8, rue Danton (3e)
✆ 04 37 48 00 10
Ouvert du lundi au vendredi le midi et le soir. Menu Trio 39 €. Dégustation 59 €.

Danton... Un restaurant que l'on se plaît à (re) découvrir, toujours avec le même plaisir. Ambiance bistrot classe mais convivial, pour regarder depuis sa table le chef Benjamin Besse s'activer dans sa cuisine de poche. Un régal pour les yeux, mais surtout pour les papilles qui se délectent déjà des saveurs des bons produits de saison sublimés par le travail du chef. Assiettes merveilleuses au dressage hyper soigné et aux parfums divins, comme pour ce paleron de bœuf d'Aubrac cuit 50 h et son étonnante choucroute de rutabaga. Desserts tout aussi exceptionnels. Carte des vins en rapport. Du bonheur à l'état pur et un rapport qualité/prix exceptionnel. Éternel coup de cœur.

EN METS FAIS CE QU'IL TE PLAIT

43, rue Chevreul (7e)
✆ 04 78 72 46 58
Ouvert du lundi au samedi le soir ; du lundi au vendredi le midi. Menus de 38 € à 48 €. Formule du midi : 25 €.

Ce qui plaît à Katsumi Ishida, c'est de faire de la cuisine et de recevoir les gens comme des amis. C'est sûr, il ne faut pas aller dans cet établissement d'angle de la rue Chevreul pour un premier rendez-vous galant, à moins de vouloir tester sa ou son partenaire... Le chef n'a pas tout misé sur le décor et l'entretien de son restaurant, mais sur les bons produits, faisant confiance à sa créativité iconoclaste et un savoir-faire remarquable. Plats au rythme des saisons entre grande tradition française et sensibilité japonaise. Vins nature. Délicieusement inclassable.

GRUM & GRAM

264, rue Duguesclin (3e)
✆ 04 72 31 60 57
www.grumetgram.com
Ouvert du lundi au vendredi midi et soir. Formule complète : 23 € à midi et 28 € le soir.

Grum pour le vin, Gram pour l'assiette. *Futé* se souvient qu'il fut l'un des premiers à tester et à aimer cette adresse qui a trouvé toute sa place dans le paysage gourmand. Avec son décor vintage charmant, la gentillesse de son accueil, sa convivialité naturelle, Grum & Gram poursuit son chemin en continuant de nous proposer une cuisine aux accents parfumés du marché de saison. Cuisine de bistrot, cuisine dans la lignée des bouchons sans l'obligation de passer par toutes les spécialités lyonnaises, mais avec un délicieux saucisson chaud lyonnais sauce vigneronne ! Belle carte des vins à faire rouler entre les dents et de bons rhums à déguster avec modération. Une adresse qui compte.

LE JEAN MOULIN

45, rue de Sèze (6e)
✆ 04 78 37 37 97
www.lejeanmoulin-lyon.com
Ouvert du mardi au samedi le midi et le soir. Menu carte 34,90 €.

Bistronomie, gastronomie, bonnes tables : la frontière est parfois mince entre ces catégories. Pouvant figurer dans les trois, le Jean Moulin est presque un cas d'école en la matière. Son côté bistrot lui vient d'une carte courte et de formules composées par les produits de saison. Ambiance détendue, mais cadre contemporain chic et assiettes parfaitement dressées par un chef, Grégoire Baratier, au savoir-faire gastronomique appris chez les chefs étoilés. Cuisine française traditionnelle revisitée avec talent dans cet univers gourmand. La carte des vins confirme cette belle impression. La résistance gourmande s'organise au Jean Moulin autour d'un excellent rapport qualité-prix.

LES INNOCENTS

113, rue Sébastien Gryphe (7e)
✆ 09 87 01 65 13
Ouvert du mercredi au dimanche de 8h30 à 1h. Formule midi : 19,90 €.

Aux Innocents, la bouche pleine ! Une adresse qui affirme année après année sa place gourmande dans la très tendance rue Chevreul. Elle a poussé à l'ombre d'un café de quartier dont elle a conservé le charme, tout en installant une terrasse actuelle avec de grandes tablées et des bancs à partager. Jeunes gens dynamiques et charmants au service d'une cuisine pleine de fraîcheur. Ardoise courte de plats de saison composés de produits préparés avec un beau savoir-faire. De quoi se faire plaisir à toute heure, puisque les petits déjeuners sont gourmands et les planches idéales en soirée. Le petit plus : la carte des vins et des alcools derrière le bar. Des Innocents confirmés.

L'ESCAPADE DU DANTON

8, rue Danton (3e)
✆ 04 78 60 48 67
Ouvert du lundi au vendredi midi et soir. Formules de 22 € à 28 €.

© DELPHINE CASTEL

Même si le chef Alexis Pouly n'est plus là, ses deux créations - Danton… et l'Escapade du Danton - continuent leur chemin pour le plus grand plaisir des gourmands en quête de bonnes adresses dans le quartier de la Part-Dieu. Derrière les fourneaux, le chef Marc Balorin perpétue la tradition d'une cuisine qui met en avant les saveurs de produits de saison. Maîtrise des cuissons pour un œuf de poule fermier cuit parfait, des travers de cochon cuisson 50h ou une pièce de bœuf d'Aubrac cuite à juste température. Carte courte 100 % maison et travail remarquable sur les légumes. Choux à la noisette et au citron pour terminer. Belle carte des vins. Toujours un remarquable rapport qualité-prix.

BISTROT - BRASSERIE

LE HANGAR

69, cours Albert Thomas (3e) ✆ 04 72 13 66 04
www.lehangarrestaurant.fr
Ouvert du lundi au vendredi le midi et le soir. Formule 2 plats 22 €. Formule 3 plats 25 €.

Ecran noir de quelques murs, chaleur du parquet, chaises colorées et dépareillées, ce Hangar offre un véritable décor de cinéma. A côté de l'Institut Lumière et du hangar dans lequel fut tourné le premier film de l'histoire, ce restaurant du quartier de Monplaisir rend hommage au génie des frères Lumière et à la bonne cuisine française dans une belle modernité. Cadre chaleureux à l'image de l'accueil et inventivité au service puisqu'il est possible de visualiser les plats de la carte sur des tablettes tactiles. Cuisine réalisée avec de bons produits entre tradition et modernité, d'un ceviche de poulpe au burger maison. Café gourmand pour tout goûter. Prêts à (re) tourner au Hangar !

KITCHEN CAFÉ

34, rue Chevreul (7e)
✆ 06 03 36 42 75
www.lekitchencafe.com
Ouvert lundi, jeudi et vendredi 8h à 18h30, week-end 8h30 à 18h30. Déjeuner 21 € à 25 € semaine, 30 € à 34 € week-end.

A plus d'un titre, le Kitchen Café a ouvert une nouvelle voie dans la restauration lyonnaise. Par ses horaires - du petit déjeuner au goûter -, par sa cuisine - mêlant les influences, s'appuyant sur les produits de saison -, par son décor - petite salle façon salon de thé et terrasse très cool -, le tout dans un quartier jusqu'alors ignoré, le Kitchen de Connie Zagora et Laurent Ozan a bousculé les codes. Aujourd'hui, il continue d'avoir une longueur d'avance et rien ne vaut de s'y arrêter pour un petit déjeuner exceptionnel, un déjeuner cuisiné maison, souvent à partir de produits bio et locaux, sans oublier le bar à desserts qui reste ouvert tout l'après-midi. Kitchen for ever !

BONNES TABLES

RHÔNE RIVE GAUCHE

L'ÂME SŒUR

209, rue Duguesclin (3e)
✆ 04 78 42 47 78
www.restaurantlamesoeur.fr
Ouvert du lundi au vendredi le midi ; du mardi au vendredi le soir. Menu 28 €. Menu Truffes 64 €.

La gastronomie n'est pas qu'une histoire de prix. Olivier Paget le prouve à chaque service en proposant un menu à 28 €, offrant un repas que l'on peut qualifier de gastronomique. Aux portes du «nouveau» palais de justice, dans un quartier animé au déjeuner, le chef propose une cuisine du marché pour une carte qui change toutes les 3 semaines. Fraîcheur et qualité garanties pour un menu unique comptant parmi les meilleurs rapports qualité-prix de la ville. Superbes associations de saveurs de saison et assiettes raffinées dans une salle aux fenêtres ouvertes sur le vignoble de la vallée du Rhône, côte-rôtie en tête. Splendide carte des vins. Une adresse tentante.

CHEZ RAPHAEL

30, rue Tête d'Or (6e)
✆ 04 78 94 60 25
www.chez-raphael.fr
Ouvert lundi au samedi midi et mardi au samedi soir. Formule midi 20 €. Menu à partager soir 29 €/pers. Brunch dimanche.

Ce qui est essentiel Chez Raphaël, c'est le partage et la générosité. Un vrai lieu de vie au cœur du 6e. Terrasses accueillantes, décoration chaleureuse entre pierres apparentes et bois, salle cosy en mezzanine, cave vitrée remplie de bonnes bouteilles, comptoir et convivialité, on sait recevoir chez Raphaël Richard. L'autre grand bonheur, c'est la cuisine du chef Rémi Loureiro qui sélectionne les meilleurs produits régionaux pour composer des plats gourmands. Hommage aux spécialités lyonnaises avec une andouillette. Carte inspirée, cuisine savoureuse, coup de cœur pour les planches, les plats ou le menu à partager du soir. Brunch le dimanche à réserver. La vie est belle Chez Raphaël.

BISTROT - BRASSERIE

MOWGLI

27, rue Capitaine Robert Cluzan (7e) ✆ 04 78 02 75 32
www.mowglicafe.com
Ouvert du lundi au vendredi de 9h à 19h, samedi de 10h à 18h, dimanche de 10h à 17h. Formule midi 22 €. Brunch.

Lyon n'est pas la jungle et Mowgli ne vous recevra pas avec Baloo et Bagheraa... Mowgli, c'est un lieu de vie dont la principale qualité est la simplicité. Un lieu hybride – restaurant lunch café cuisine de partage bar – qui nous propose des horaires étendus, du petit déjeuner à la fin de journée, pour partager les bienfaits d'une cuisine artisanale à base de bons produits. Dans des assiettes responsables, des produits locaux de préférence, de saison toujours avec les légumes et les fruits, pour une cuisine artisanale authentique et généreuse. Autre bonheur, la gentillesse de toute l'équipe qui nous reçoit. Excellent brunch. Manger sain et bien. Ateliers dans le même esprit bien-être.

BISTROT - BRASSERIE

RAVIGOTE

76, rue Mazenod (3e) ✆ 04 72 15 45 54
www.restaurant-ravigote.com
Ouvert du lundi au vendredi le midi, jeudi et vendredi le soir. Formule midi 26 €. Menus soir 49 €. Carte.

C'est dans un ancien bistrot de quartier près de la Bourse du Travail que se sont installés Xavier et Marie-Laure, accompagnés de Philippe en salle. Cuisine inspirée par les bons produits du terroir fournis par la famille Pyod, des produits travaillés par des passionnés. Résultat : ambiance conviviale, des assiettes pleines de couleurs et de saveurs. Après avoir épongé un pot de sauce ravigote avec un pain absolument délicieux, merci Antoinette, on attaque un gravlax de truite du Vercors, puis un pastrami de veau maison. Plateau de fromages et confiture maison. Que c'est bon ! Végétariens et enfants bienvenus. Annexe accolée servant dès le petit-déjeuner et d'excellents sandwichs de saison.

LES RAFFINEUSES

41, rue Professeur-Grignard (7e)
✆ 09 83 02 38 13
www.les-raffineuses.fr
Ouvert du mardi au vendredi midi et soir. Formule midi 23,50 €. Tapas en soirée.

Dans la série «Les meilleures cantines de Lyon», les Raffineuses ont leur place au palmarès. Une adresse gourmande pleine de joie dans un quartier paisible où il fait aussi bon se retrouver à la pause déjeuner qu'en soirée pour bien démarrer autour d'une carte de tapas - une des meilleures de la ville -, de bons vins et des cocktails maison. Mais revenons à nos Raffineuses qui nous accueillent chaleureusement sur une belle terrasse ou dans une salle hautement conviviale. Chaleur humaine dans un cadre néo-bistrot réussi, carte courte de saison réalisée à partir de bons produits par la cheffe Morgane Murcia qui mixe parfaitement les saveurs d'ici et d'ailleurs. Raffineuses toujours !

SAKU RESTAURANT

27, rue Rachais (7e)
✆ 04 78 69 45 31
www.sakurestaurant.wordpress.com
Ouvert du lundi au samedi midi et soir, sauf mercredi midi. Menus de 34 € à 50 €. Formule midi 22 €.

Proche du métro Garibaldi, la devanture de Saku se fond dans le décor urbain. Le décor intérieur n'invite pas plus à l'évasion. Des tableaux apportent des touches de couleur à une salle d'une grande sobriété. Mais les gourmands sont vite réconfortés par la gentillesse d'un service prévenant qui les installe à des tables bien mises. Réconfortés également par la cuisine du chef japonais Seisaku Miyamoto. Formé chez Lassausaie, il maîtrise à la perfection les classiques de la grande cuisine française pour les mettre à sa sauce avec brio. La carte courte change toutes les semaines, une bonne raison de revenir souvent se laisser surprendre chez Saku. Excellent rapport qualité-prix.

© EMMANUEL SPASSOFF

© EMMANUEL SPASSOFF

L'AERO

Aéroport de Bron - **BRON**

✆ 04 72 15 01 02

https://restaurant-laero.fr

Ouvert tous les jours midi et soir, sauf dimanche soir. Formule complète 19,90 €. Brunch dimanche 28 €.

L'Aéro atterrit dans la rubrique Restaurant, mais il aurait pu se poser dans la rubrique Sortir parmi les bars rocks et dansants. S'ouvrant sur les pistes de l'aéroport de Bron pour suivre le spectacle des avions, la nouvelle terrasse avec pergola bioclimatique offre le meilleur spot de toute la Métropole pour profiter d'un repas gourmand. DJ en soirée les fins de semaine. A l'intérieur, décor aviateur, mezzanine et scène musicale pour accueillir des groupes en live. Bonne cuisine de brasserie à partir de produits de qualité : poulpe à la plancha, tartares, lyonnaiserie du moment, burgers et desserts généreux. Super bar à cocktails, vins et bières à la pression ! Organisation d'événements.

© EMMANUEL SPASSOFF

© EMMANUEL SPASSOFF

© EMMANUEL SPASSOFF

BONNES TABLES
RHÔNE RIVE GAUCHE

LE SUPRÊME

106, cours Gambetta (7e)
✆ 04 78 72 32 68
www.lesupremelyon.fr
Ouvert du mardi au samedi midi et soir. Formule midi 30 €. Menu Découverte 46 €/4 plats, 56 €/5 plats.

A l'heure hivernale de tester le Suprême, toujours avec grand plaisir, nous avons constaté que celui-ci ne proposait - encore - que de la vente à emporter. Alors, en attendant la fin des restrictions sanitaires, espérons vite retrouver ce restaurant de quartier tenu par un duo gagnant de cuisiniers. Originaire du côté de La Rochelle, Grégory Stawowy a été formé chez les plus grands étoilés. Son épouse sud-coréenne, Yun Young, a elle aussi été formée à des adresses prestigieuses. Le Suprême aime la volaille de Bresse travaillée avec respect, maîtrise et modernité. D'autres produits d'exception, dont un foie gras, alimentent la carte au rythme des saisons. Suprême à la sauce d'aujourd'hui.

VAS-Y VAS-Y

10, rue des Verriers (7e)
✆ 04 37 37 10 61
Ouvert du lundi au vendredi midi, jeudi et vendredi soir. Samedi privatisation possible. Menu midi 19,90 €. Carte soir.

Reviens vite tous les midis au Vaz-y Vaz-y. Le télétravail, c'est fini ! Il est temps de retrouver la convivialité, le partage et la gourmandise d'une belle adresse de quartier. Un restaurant dans une rue discrète, avec son comptoir à l'entrée, ses salles surprenantes et son patio charmant. Mais le vrai bonheur des lieux, c'est la cuisine de l'adorable Nicolas Revol : généreuse, sincère, savoureuse, mariant plats traditionnels du Sud-Ouest – cassoulet maison aux 4 viandes préparé à certaines dates incontournables ! – et spécialités lyonnaises. Carte des vins dans le même esprit. Foie gras à commander en fin d'année et plaisir en permanence. Allez-y, vous allez nous dire merci.

LA TABLE DE MAX

46, avenue Jean Jaurès (7e)
✆ 04 78 72 09 73
www.table-de-max.fr
Ouvert du mardi au vendredi le midi, du mardi au samedi le soir. Menus de 41 € à 47 € (le soir). Formule du midi : 25 €.

Max a le sens du show costumé. Charlotte est charmante. A eux deux, ils vous accueillent dans un lieu à part pour un repas qui a du sens et beaucoup de folie. Avec Romain et Antoine en cuisine, l'équipe de la Table de Max n'est pas prête d'éteindre sa flamme, continuant de nous servir des produits d'exception - bœuf de la boucherie Bello et produits de la mer, notamment le homard, de la maison Margain Marée - dans des plats exceptionnels. Impossible de ne pas goûter au moins une fois au fameux «Beef & Lobster» ou à l'association Onglet et Poulpe. Autre richesse des lieux, la sélection des vins. Un restaurant sérieux qui ne se prend pas vraiment au sérieux. Toujours au top !

VICTORIA HALL

33, rue du Repos (7e)
✆ 04 37 28 07 97
www.victoriahall.fr
Ouvert du mardi au vendredi midi et soir, samedi soir. Formule midi 28 €. Menu du Marché (soir) 48 €.

Ce qui frappe d'abord, c'est la beauté du lieu. Dans un quartier pas très excitant, une maison hors du décor urbain, hors du temps. Luxe, calme et volupté ne sont pas des termes galvaudés pour définir l'ambiance de cette maison chic qui semble sortie d'un écran de cinéma. Terrasse somptueuse, espace cigares, salles magnifiques... Il ne faut pas oublier de mentionner la cuisine inventive de Denis Pasdeloup qui travaille les meilleurs produits de saison pour nous proposer une carte courte pleine de fraîcheur et de saveurs. La soirée se prolonge au bar lounge à l'étage du Victoria Hall avec une belle carte des cocktails maison et un bar à vodkas. Adresse classe qui défie le temps au présent.

TRATTINO

58, rue Clément Marot (7e)
✆ 06 40 12 87 97
https://trattino.fr
Ouvert du mardi au samedi le midi et le soir. Formule du midi 15,50 €.

Trattino, c'est un lieu insolite, un ancien garage réaménagé pour devenir un «tiers-lieu entièrement dédié à l'alimentation écologique». Avec un nom qui fait le trait d'union entre la France et l'Italie et une cuisine inspirée par les recettes italiennes que sont les gnocchi, les risotti et autres tiramisù, Trattino travaille avec des produits locaux, bio et équitables. Grande terrasse façon guinguette, salles animées, événements réguliers, ambiance festive, un restaurant accueillant à de larges horaires (épicerie aussi) pour grignoter entre amis dès l'apéro, puis enchaîner avec des antipasti et des plats plus consistants. Convivialité, responsabilité et gourmandise, des valeurs à partager.

VIEILLE CANAILLE

14, rue Saint-Jérôme (7e)
✆ 04 72 71 47 12
Ouvert du mardi au samedi le midi et le soir. Formule midi 21 €. Menu 31 €.

Les Vieilles Canailles ne meurent jamais ! Un des lieux les plus vivants du quartier, de ceux qui ont permis la renaissance du 7e. Chaleur humaine qui fait de Vieille Canaille un lieu entre le bouchon et le restaurant de copains où l'on aime se retrouver à de larges horaires. Simplicité, sincérité, ici on ne triche ni avec l'accueil souriant, ni avec la qualité des ingrédients qui composent des assiettes généreuses. Belle carte des vins pour bien commencer à l'apéro par un verre entre amis en terrasse animée, avant de plonger dans l'ardoise pour faire son choix parmi quelques lyonnaiseries et autres plats du moment, comme cet œuf cocotte au foie gras. Adresse comme il en faudrait partout.

© EMMANUEL SPASSOFF

© EMMANUEL SPASSOFF

BISTROT - BRASSERIE

LE BISTROT DE L'AVIATION

158, rue de la Pagère - **BRON** ✆ 09 53 50 95 14
https://bistrot-aviation.fr

Ouvert du lundi au samedi midi et soir, de 8h30 à 21h. Plat du jour 11,90 €. Menu 17,90 €. Suggestions de 13 à 25 €.

Envie de décoller du quotidien, de prendre un nouveau départ ? Direction le Bistrot de l'Aviation au cœur de Bron. Belle terrasse et salle chaleureuse aux sièges colorés pour partager un voyage gourmand. Excellent rapport qualité-prix pour un menu du jour aux saveurs de saison avec des plats réalisés à partir de produits frais. Cuisine traditionnelle de brasserie, salade du chef, pièces de viande du boucher, tartare de bœuf, poke bowls, sans oublier les desserts maison du chef pâtissier. Le soir, planches de produits artisanaux, burgers, fromages avant de savourer un rhum arrangé ou un cocktail. A suivre dès que possible, brunch le dimanche midi et les concerts en soirée. Bienvenue à bord.

© EMMANUEL SPASSOFF

© EMMANUEL SPASSOFF

© EMMANUEL SPASSOFF

BISTROT - BRASSERIE

ANGELY'S

43, rue de la République - **GENAS**
✆ 04 72 47 06 34
http://angely-s.fr
Ouvert du lundi au vendredi à midi, du mardi au samedi le soir. Formule midi 17,80 €.

© ANGELY'S

© ANGELY'S

Escapade gourmande à Genas pour se régaler à l'Angely's. Les futés se garent sur un parking gratuit avant de découvrir un restaurant charmant et sa terrasse estivale abritée dans une cour intérieure. Chaleur de l'accueil de Claire dans une maison à l'ambiance festive où, dès que possible, il faudra prolonger la soirée. En cuisine, le chef Pascal Bonnamour nous régale de plats généreux, savoureux, faits maison : foie gras de canard mi-cuit maison, grenouilles comme en Dombes servies avec un gratin dauphinois, salades bien composées, tartare de saumon, burgers et pizzas de même qualité, pour terminer avec une omelette genassienne flambée au Grand-Marnier. Convivialité et gourmandise.

MODJO LYON PART-DIEU

152, rue du Docteur Bouchut (3e)
✆ 04 82 54 54 45
www.facebook.com/modjolyon
Ouvert du lundi au samedi. Ouvert toute la journée. Carte : 15 € environ.

Le Modjo, c'est une énergie pure, sauvage, celle qu'il faut attraper pour repartir du bon pied. Dans le quartier actif de la Part-Dieu, un lieu pour se poser, boire et manger en partageant du bon temps autour d'un verre et d'un plat. Grand espace idéal pour venir à plusieurs et/ou faire des rencontres, Modjo adapte son offre aux temps de la journée, du matin jusqu'à très tard le soir. Travail l'après-midi en networking avec un délicieux café, afterwork pour se détendre. Et le soir ambiance festive avec les meilleurs DJ locaux autour d'une planche et d'un cocktail réalisé par des experts. Brunch le samedi et retour des événements à surveiller. Pour faire le plein d'énergie positive.

AU BORD DE L'EAU

Chemin du Pontet - **DÉCINES-CHARPIEU**
✆ 04 78 49 02 39
www.aubordelo.fr
Été, 7j/7 midi et soir, sauf dimanche soir. Hiver, 7j/7 midi, fermé le soir de dimanche à mercredi. Menu 29 €.

Ce qu'il y a de merveilleux à Lyon, c'est qu'il n'est pas besoin d'aller bien loin pour changer de décor et vivre des instants magiques au bord de l'eau ! Terrasse fantastique avec vue exceptionnelle sur une vaste étendue d'eau pour savourer un délicieux repas. Et si le temps ne permet pas de profiter des extérieurs, la salle aux grandes baies vitrées laisse admirer le spectacle de la nature. Bonne humeur et professionnalisme de toute une équipe autour de Pierre Muguet et Marie-Laure. Belle cuisine de tradition au rythme des saisons : délicieuses grenouilles, petites fritures fraîches, côte de bœuf et des produits locaux comme les fromages de Meyzieu. Pur plaisir à partager Au Bord de l'eau.

ENTRE TERRE ET MER

20, route de Lyon - **LA TOUR-DE-SALVAGNY** ✆ 04 78 48 05 32
www.entreterreetmerlatour.fr
Ouvert du mercredi au samedi le soir, du jeudi au dimanche le midi. Menus de 35 € à 53 €.

Une salle aux tons neutres contemporains, une terrasse naturellement ombragée pour se détendre en été, un service adorable par Stéphanie Jannuzi, pour se concentrer sur l'assiette préparée par la cheffe Cécile Minot. Une cuisine créative à partir de produits frais pour des harmonies éphémères à savourer avec les yeux – plats magnifiquement dressés – et les papilles pour de belles émotions. Associations pimpantes entre betterave, crémeux de chèvre frais, écorce de citron et pignon de pin ou un surprenant Tom Kha Kai de crevette à la coco, saumon et légumes de saison au beurre. Superbes accords avec les vins. Cuisine créative à l'honneur dans un lieu bousculant nos habitudes.

© EMMANUEL SPASSOFF

© EMMANUEL SPASSOFF

LA CHOPINETTE

78, route du Bruissin - **FRANCHEVILLE**
✆ 04 72 41 33 85
www.la-chopinette.fr
Ouvert du lundi au vendredi à midi, jeudi et vendredi en soirée. Formule du midi 18 €.

Showpinette, Chaudpinette, Choupinette ou Chopinette, vous pouvez l'écrire comme vous voulez, c'est toujours l'un de nos restaurants préférés ! Le show, c'est celui d'une terrasse XXL façon guinguette de campagne sur les hauteurs de Francheville, à quelques minutes du centre de Lyon, et les soirées festives. Le chaud, c'est la convivialité assurée autour des excellents Yannis et Emelie Rousseau. Cuisine maison, savoureuse et généreuse, réalisée par Yannis à partir de bons produits. Foie gras maison, saumon fumé maison, viandes de qualité, burger de bœuf, poisson du moment et des spécialités lyonnaises comme la tête de veau sauce ravigote. Belle sélection de bouteilles. Coup de cœur.

© EMMANUEL SPASSOFF

© EMMANUEL SPASSOFF

© EMMANUEL SPASSOFF

BONNES TABLES
DANS LES ENVIRONS

CHEZ CARO

25, rue Louis Saulnier - **MEYZIEU**
✆ 04 78 72 63 03
chez-caro.fr
Ouvert du mardi au dimanche midi, mardi et du jeudi au samedi soir. Formule jour 15 €. Menu arménien. Plats à emporter.

© EMMANUEL SPASSOFF

© EMMANUEL SPASSOFF

Mettez vos lunettes de soleil, vous allez être ébloui ! Ebloui par le soleil sur la terrasse fleurie. Ebloui par la cuisine de Caroline, originaire de Meyzieu, qui réussit le pari de transmettre le plaisir de cuisiner appris avec sa maman. Parking facile et toute la chaleur d'une adresse conviviale où l'on choisit entre deux cartes réalisées à partir de bons produits frais cuisinés sur place (même le pain est maison !). Carte traditionnelle pour se régaler d'une joue de bœuf confite ou de cuisses de grenouilles à la persillade (sur commande) et carte de spécialités arméniennes pour savourer des keftes poêlés ou des mantis (raviolis). Desserts maison. Du soleil en toute saison.

BISTROT - BRASSERIE

DADDY POULE

173, avenue Charles de Gaulle - **TASSIN-LA-DEMI-LUNE**
✆ 04 74 70 07 07 - www.daddypoule.com
Ouvert tous les jours le midi et le soir. Formule midi 23 €. Menu 36 €.

Daddy Poule, l'enseigne est déjà cool. Un restaurant qui pourrait se classer dans notre Top des insolites puisqu'il est installé sur le toit d'un bâtiment moderne au centre de Tassin. Un lieu atypique pour un restaurant imaginé par le chef Philippe Gauvreau que l'on retrouve derrière les fourneaux. Salle chaleureuse ouverte sur un rooftop avec terrasse pour les beaux jours. Ambiance conviviale, voire festive, pour savourer une cuisine qui met à l'honneur la volaille, mais pas que... Produits de saison et de grande qualité pour des plats d'une belle gourmandise, jusqu'aux desserts maison. Service efficace pour repas pressés, mais il fait aussi bon prendre son temps chez Daddy Poule.

LE TABAGNON

214, avenue Charles de Gaulle
TASSIN-LA-DEMI-LUNE
✆ 04 72 38 00 54
Ouvert du lundi au dimanche midi et soir, sauf dimanche soir. Formule 29,50 €.

Une adresse à plusieurs facettes - restaurant, cave, bar à vin et épicerie fine - qui se rejoignent dans un seul et unique Tabagnon gourmand. A deux pas du quartier des Tuileries, entre Tassin, Francheville et Craponne, ce café comptoir est un véritable lieu de vie pour se régaler toute la journée. Terrasse agréable, salle vivante et conviviale, notes tropicales aux murs, décoration rustique chic, le ton est chaleureux. Une chaleur à partager avec Florian, spécialiste du vin, et Christophe au service. Le chef expérimenté Stéphane Byczko prépare une cuisine maison faite de produits frais et de saveurs de saison. Le soir, planches pour prolonger le plaisir d'être au Tabagnon. Plats à emporter.

MAISON BARBET

6, avenue du Général Brosset
VOURLES
✆ 04 72 04 32 10
Ouvert du lundi au vendredi midi, jeudi et vendredi soir. Carte 25 € environ.

B comme Barbet, Bonne chère et Bons vins, deux éléments tellement indissociables à cette adresse que notre Bon vivant a profité d'un atelier voisin de son restaurant pour créer une nouvelle cave à vin proposant bientôt 1 000 références, toujours sélectionnées avec le même soin. Comptoir pour déguster et partager avant de passer à table. Au restaurant, où l'on peut déguster tous les vins de la cave moyennant un droit de bouchon (12 €), on continue de faire la bamboche en dégustant fruits de mer et viandes cuites à la broche. Combinaisons sublimes qui nous font un bien fou. Bonnes quilles, bonne bouffe. Une maison d'exception accessible à tous. Traiteur, devis sur mesure.

© EMMANUEL SPASSOFF

© EMMANUEL SPASSOFF

BISTROT - BRASSERIE

O'BISTROT

3, rue du 11 Novembre - **MIONS**
✆ 04 78 25 30 12
www.obistrot-lyon.fr

Ouvert du lundi au samedi le midi, du mardi au samedi le soir. Plat du jour 11 €. Formule complète 17,50 €.

Quand on va O'Bistrot, belle maison de caractère au cœur de Mions, c'est pour y trouver convivialité et bonne cuisine. Accueilli à de larges horaires par l'excellent Pascal Favre, Maître Restaurateur, et son équipe souriante, chacun vient faire le plein de bonne humeur et de bonnes saveurs ! Belle terrasse protégée de l'agitation, salle climatisée pour éviter les coups de chaud, ambiance décontractée pour se régaler d'une cuisine artisanale faite avec amour. Planches à partager, terrine de foie gras de canard maison, belle entrecôte avec ses sauces maison, burger maison, gambas, poulpe ou grenouilles en persillade, sans oublier les fruits de mer. Animations festives en soirée.

© EMMANUEL SPASSOFF

© EMMANUEL SPASSOFF

© EMMANUEL SPASSOFF

BASQUE

ETCHEBERRY

20, rue du Palais-Grillet (2e) ✆ 04 72 40 96 61
www.etcheberry-lyon.fr

Ouvert du lundi au samedi midi et soir. Carte 30 € environ. Menu enfant 11,50 €. Formule midi 21 €.

Toute la chaleur du Pays basque. Toute la fraîcheur de l'océan. Toutes les saveurs d'une maison ouverte à de larges horaires pour vivre au rythme des vacances. Une belle terrasse, une salle chaleureuse façon bistrot, un ensemble qui nous invite à ne pas brader le temps de l'apéro avant de passer aux spécialités culinaires. Belle carte de vins et de cocktails à déguster en multipliant et en partageant les pintxos. On continue de surfer sur la vague entre mer et terre, avec une piperade estampillée Etcheberry, une morue fraîche ou une Tapilla de cochon ibérique servie avec sa sauce miel et romarin. Ossau Iraty et confiture de cerise noire (sur le gâteau...). Dépaysement gourmand.

BASQUE

LA LÙZ

6, petite rue des Feuillants (1er) ✆ 04 78 30 67 70
www.cafe-comptoir-laluz.fr

Ouvert du mardi au samedi le soir. Dimanche et lundi groupes sur réservation. Tapas à partir de 5 €. Vente à emporter.

La Lùz, lumière de nos soirées, brille depuis 20 ans dans cette petite rue discrète à deux pas des Terreaux. A la Lùz, toutes générations confondues, il faut partager de bons moments avec de savoureux pinxtos et un verre – voire un pichet c'est mieux – de sangria maison. La Lùz, c'est un bar à tapas à caractère jovial pour croquer à pleines dents le soleil qui nous manque parfois dehors avec du jambon de qualité et bien d'autres charcuteries ou magrets de canard, sans oublier le foie gras au piment d'Espelette. Alcools régionaux, décor chaleureux et ambiance sympathique. Convient aussi bien aux repas en tête-à-tête qu'aux tables d'amis avec possibilité de privatisation pour vos événements.

CORSE

CHEZ EUX

180, rue de Créqui (3e) ✆ 04 72 61 96 73
www.chezeux.fr

Ouvert du lundi au vendredi le midi ; du lundi au samedi le soir. Menus de 24 € à 29 €.

Une histoire de famille. Un restaurant qui ne triche pas sur ses origines corses, puisque le patron vient de Prunelli di Casacconi, petit village charmant sur les hauteurs près de Bastia. Retour à Lyon, dans le quartier animé du Palais de la Bourse, pour goûter aux plaisirs d'une cuisine inspirée par les produits de saison et, surtout, les bons produits de Corse. Assiette de charcuterie, omelette au brocciu, à suivre un confit d'agneau au four à la nepita ou des linguine aux gambas. Tartare de bœuf maison bien réussi, sans oublier la mousse au chocolat maison et sa confiture de clémentines corses bien entendu. Vins insulaires qui donnent envie de rester «Chez eux».

CRÊPERIE

BIGOUDENE

21, avenue Debourg (7e) ✆ 04 78 69 52 19
www.creperiebigoudene.com

Ouvert du lundi au vendredi le midi, le jeudi et le vendredi le soir. Formule du midi 14,50 €.

A deux pas de la Halle Tony Garnier et du Musée des Confluences, comme ça fait du bien de souffler en prenant un bol d'air breton ! Chez Bigoudène, la Bretagne est à l'honneur (chose rarissime à Lyon). Petite et agréable terrasse, décor actuel qui n'en rajoute pas dans les clichés, l'essentiel se trouvant à la fois dans l'accueil, adorable, et dans l'assiette, gourmande. Farine de blé noir IGP Bretagne pour composer de délicieuses galettes, légumes du jardin, produits de qualité issus de circuits courts, Bigouden a tout bon ! Formules végétariennes. Crêpes et glaces à composer soi-même. Cidres bretons et bières artisanales. Enfin, une vraie crêperie naturellement bretonne.

CRÊPERIE

LA BLANCHE HERMINE

91, cours Gambetta (3e)
✆ 04 78 60 39 80

Ouvert du lundi au samedi le midi et le soir. Menu unique à 13 €.

Une crêperie de qualité qui, sans tomber dans le folklore bretonnant, a le bon goût de nous emmener vers l'Atlantique. «Go Ouest» en compagnie des adorables propriétaires des lieux : Jocelyne en salle et André derrière ses tuiles à crêpes. Salle toute en douceur, à l'image de l'accueil, pour un voyage en toute sérénité. Ne reste plus qu'à choisir sa galette faite minute par André qui respecte la tradition tout en s'autorisant des compositions plus originales, mais toujours délicieusement réalisées avec de bons produits. Cidre pour accompagner les crêpes qui se déclinent aussi en version classique ou spécialités. Excellent rapport qualité/prix pour une crêperie de référence.

CRÊPERIE

LE KRÉPIÔT

2, quai Romain-Rolland (5e)
✆ 04 72 41 78 22

Ouvert du vendredi au mercredi le midi et le soir. Carte : 15 € environ.

Sur les quais de Saône, adossé au Vieux Lyon, la vie est plus belle et les crêpes du Krépiôt méritent de faire une pause gourmande en terrasse ou dans sa salle chaleureuse. Tout est fait maison par un crêpier qui a choisi des produits, bio - même pour le cidre médaillé - et de qualité. Les légumes viennent du marché Saint-Antoine, la farine et les œufs aussi sont bio... Bref, que du bon pour des galettes et des crêpes qui ont du goût. Pour les crêpes, le caramel au beurre salé est maison, les confitures artisanales... Le tout est absolument délicieux. Gaufres liégeoises pour varier les plaisirs. Accueil et service adorables. Excellent rapport qualité-prix dans ce quartier touristique.

NEW

CRÊPERIE

LA TABLE BRESTOISE

10, rue Mourguet (5e)
✆ 04 78 85 08 96
Ouvert lundi 11h30-17h, du mercredi au samedi 11h30-21h30, dimanche 11h30-19h. Crêpes à emporter à partir de 2,50 €.

Tonnerre de Lyon, la Table de Brest a ouvert ses portes à la fin de l'année dernière dans les murs en pierre d'une maison du Vieux Lyon. Dans une petite rue pavée dédiée au créateur de Guignol, ambiance chaleureuse pour cette crêperie bretonne où l'on aime se réchauffer à deux ou entre amis à de larges horaires. Côté crêpes, de bons ingrédients, des compositions classiques ou plus créatives pour varier les plaisirs, de la générosité et des saveurs à partager. Même avec les enfants parfaitement reçus aux heures des repas et du goûter (avec un menu goûter notamment). Salon de thé pour les plus grands. Cidre de qualité pour accompagner la bonne cuisine maison.

CUISINE DU NORD

LE CH'TI POT NEY

39, rue Ney (6e) ✆ 04 37 24 13 95
www.lechtipotney-restaurant-lyon.com
Ouvert du lundi au samedi le soir, vendredi midi. Moules-frites 15 €.

Pas d'angoisse pour savoir où vous allez passer votre prochaine soirée quand on connaît le Ch'ti Pot Ney. Ça marche aussi pour le midi, mais uniquement le vendredi quand arrivent sur votre table les meilleures moules-frites fraîches de la ville. Le Ch'ti Pot Ney, c'est un authentique estaminet du ch'nord tenu par un patron gaillard, l'adorable Steph, qui aime autant bien manger que partager son amour pour la bière artisanale maison : l'Ovalys. Entre plats traditionnels du terroir – avec une sauce au maroilles – et un match de rugby, convivialité assurée. Tarte au maroilles, frites maison, carbonnade flamande et gaufre liégeoise. A table comme au bar, essai transformé à chaque soirée.

SAVOIE

ALTITUDE

200, rue de Créqui (3e) ✆ 04 27 78 68 08
https://altitude-lyon.fr
Ouvert lundi et du jeudi au samedi le midi, du mercredi au lundi le soir. Fondue à partir de 21 €.

Prendre de la hauteur tout en restant à Lyon. Retrouver les saveurs de nos alpages en plein cœur de la ville. Vous en avez sûrement rêvé pendant la saison blanche de ski... Il vous suffit de pousser la porte d'Altitude, un restaurant d'inspiration savoyarde – les propriétaires viennent de Megève –, ouvert toute l'année, pour partager une fondue savoyarde ou un braséro sur lequel chacun cuit sa viande, fait fondre son reblochon ou son fromage à raclette. Assiettes généreuses de bons produits des Alpes – charcuterie, diots et fromages excellents – pour des plats à savourer dans un décor boisé chaleureux. Vins de Savoie naturellement. Direction les sommets du plaisir.

ALSACE

NEW

L'ALSACIEN

8, rue Chavanne (1er)
✆ 04 26 65 86 01
www.lalsacien.com
Ouvert du mardi au samedi le midi et le soir. Formules de 9,90 € à 11,90 €. Sur place et à emporter.

© DR

© DR

L'Alsacien et le Lyonnais ont en commun la passion de bien manger et de bien boire. Au cœur de Lyon, une agréable terrasse, une salle chaleureuse et toute la convivialité d'une équipe qui nous accueille dans ce «bar à flammekueches», de délicieuses tartes flambées composées de produits frais, sourcés et de qualité. Une adresse 100% alsacienne à partager sans compter, excellent rapport qualité-prix, mais en partageant sa flamme : une traditionnelle avec sa salade au melfor ou une flamme plus locale comme la Jean-Michel Aulard (fan de cette vanne). Flammekueches sucrées pour terminer. Jeu de fléchettes et joie de vivre. Belle carte de vins et de bières. Salle privative pour faire la fête.

VÉGAN & VÉGÉTARIENS

PRESQU'ÎLE ET CROIX ROUSSE

NEW

VÉGÉTARIEN

ALOHA GREEN BURGERS

31, rue Mercière (1er)
www.alohagreenburgers.com
Ouvert tous les jours le midi et le soir. Carte : 16 € environ. Sur place, à emporter, en livraison.

Le fast good gagne du terrain avec l'arrivée rue Mercière - et c'est une première - d'Aloha Green Burgers. Derrière cette enseigne 100 % végétarienne, tout le savoir-faire de King Marcel. D'ailleurs, on retrouve le pain signé Pozzoli et quelques ingrédients des burgers maison à la sauce Aloha, mais sans aucune viande. Des burgers qui se déclinent en version galette végétale, notre préférée, ou steak végétal signé HappyVore. Burger pour les végans. Bluffé aussi par les nuggets de blé, meilleurs que ceux au poulet, les wraps maison et les frites de patates douces. Cheesecake et Açaï bowl pour les desserts. Terrasse pour surfer, salle pour voyager, équipe sympathique. Bonne expérience veggie.

VÉGÉTARIEN

LASKA

13, rue Terraille (1er) ✆ 04 78 98 86 30
www.laska-lyon.fr
Ouvert du lundi au vendredi de 12h à 21h ; le samedi de 16h à 22h. Formules lunch à partir de 14 €. Menu soir 39 €.

Il y a de l'amour chez Laska. Et c'est normal, parce que Laska ça veut dire «amour» en slovaque. Une belle adresse installée entre des murs en pierre et une petite traboule de la rue Terraille, non loin de l'Opéra, pour nous faire goûter à tous les plaisirs d'une cuisine végétarienne. Oui, une cuisine maison à base de fruits et légumes peut être à la fois bonne, généreuse, vivante et conviviale. Décor chaleureux, service souriant et assiettes colorées, savoureuses, proposant du 100 % fait maison à partir de produits bio de saison. D'autres bonnes surprises avec la carte des vins et une ouverture en continu en journée pour partager un verre ou prendre un café avec le goûter. Adresse raffinée.

VÉGÉTARIEN

CULINA HORTUS

38, rue de l'Arbre Sec (1er) ✆ 04 69 84 71 08
www.culinahortus.com
Ouvert du mardi au samedi midi et soir. Menu midi : 35 €. Menu découverte : 70 €.

S'il est le meilleur restaurant végétarien du monde, titre décerné en 2020 par We're Smart, le Culina Hortus avait déjà été sacré par le *Petit Futé* dans son Top des restaurants. En créant, par conviction, une adresse gastronomique dédiée à la cuisine 100% végétarienne, Thomas Bouanich et Maxime Rémond ont eu mille fois raison. Décor boisé contemporain hyper chaleureux, accueil et service bienveillants et, surtout, la cuisine végétale exceptionnelle d'Adrien Zedda et de sa brigade. Récoltant les produits de saison, le chef propose des plats aux saveurs et aux textures étonnantes. De l'éveil des papilles aux desserts, chaque bouchée offre un émerveillement des sens. Incontournable !

VÉGÉTALIEN

LIKE AN ELEPHANT

11, montée Saint-Sébastien (1er) ✆ 09 82 59 59 24
www.likeanelephant.fr
Ouvert du mercredi au samedi midi et soir, dimanche midi. Menu 2 plats : 20 €. Menu 3 plats : 25 €.

Une adresse à l'emplacement discret qui s'impose pourtant comme un mastodonte dans cette rubrique dédiée au végétal. Saviez-vous que l'éléphant, plus gros animal terrestre, était exclusivement végétalien ? La preuve qu'il ne suffit pas de manger de la viande pour grossir et devenir intelligent... Like en Elephant, c'est notre coup de cœur pour un restaurant qui sait nous faire partager son engagement pour une meilleure alimentation végane en proposant une cuisine savoureuse avec le travail du chef Anthony Magnin mis en valeur par le service adorable d'Antoine Janin. Produits de saison, mais aussi burger du moment au steak de pois chiche. Grosse claque gourmande garantie.

VÉGAN

HANK BURGER

5, rue Pizay (1er)
✆ 04 28 29 78 99
www.hankrestaurant.com
Ouvert tous les jours le midi et le soir. Menus de 14 € à 16 €.

Fast-food et veganisme sont deux mots qui semblent totalement opposés et pourtant... Hank a réussi le pari de réconcilier le vite manger avec le bien manger dans un quartier paisible au cœur de la ville. Hank, ça signifie «Have a nice Karma». Ici, aucune matière animale dans les burgers, mais du fait-maison à base de légumes, d'un steak végan et bio et d'astuces pour donner du goût au sandwich bien ficelé. Options sans gluten pour n'oublier personne sur le bord de la route gourmande. Addition à peine plus salée que la moyenne des fast-foods, qualité au rendez-vous et promesses tenues. Milkshakes, glaces véganes et bonne humeur pour une adresse dans l'air du temps.

NEW

VÉGÉTARIEN

MATERR.

13, rue du Plat (2e) ✆ 04 78 85 48 39
https://restaurant-materr.com
Ouvert du mardi au dimanche le midi et le soir. Formules à partir de 13 €. Suggestion du chef 16 €. Brunch 24 €.

Manger pour se faire du bien avec des plats « guérisseurs», c'est la promesse tenue de Materr. Une adresse pour mieux vivre ensemble et mieux manger autour d'une table où l'on se sent apaisé au cœur de l'agitation urbaine. Clara, passionnée de cuisine inspirée par la Sicile et ses voyages autour du globe, et Arthur, brésilien, partagent leurs connaissances des saveurs et des bienfaits des aliments pour notre santé. Vision holistique et gourmande pour un repas complet en différents formats, de la salade de légumes frais du marché à emporter au brunch du dimanche parfaitement composé. Produits sourcés de la région lyonnaise mêlés aux épices du monde pour se régaler en toute conscience.

VÉGÉTARIEN

LES MAUVAISES HERBES

3, rue du Jardin des Plantes (1er)
✆ 04 27 01 52 26
Ouvert du mardi au samedi le soir ; du jeudi au samedi le midi. Formule du midi : 19 €.

Les Mauvaises Herbes ont poussé dans les Pentes pour le plus grand bonheur des végétariens/végans qui en ont fait leur repaire. Une cuisine inspirée par la nature et donc variable au rythme des produits de saison. La carte change toutes les semaines et les plats se composent de produits bio et de préférence locaux, toujours frais et de qualité. Belles assiettes pleines de fraîcheur, de couleur et d'originalité. Du végétal à toutes les sauces – les steaks sont bluffants –, des graines germées et des fruits sur des desserts sans gluten. Bon choix de vins et bières naturels pour arroser ces Mauvaises Herbes. De la bonne humeur et des saveurs pour une cuisine végétale plus joyeuse.

VÉGAN

BOKO LOCO

77, rue Villeroy (3e) ✆ 09 80 79 28 39
www.bokoloco.com
Ouvert du lundi au vendredi le midi. Carte : 20 € environ. Bocaux à partir de 5,50 €.

2 adresses, une dans les Pentes et l'autre, encore plus surprenante, face à un petit square faisant l'angle de la rue Saint-Amour dans le 3e pour une cuisine 100 % responsable, 100 % végétal, 100 % idéal pour emporter chez soi. Céline et Nicolas se sont engagés avec passion et conviction dans la voie verte du bien manger. L'idée est simple et lumineuse : des plats végans à base de produits frais, bio et locaux, servis dans des bocaux à consommer sur place ou à emporter. Cuisine maison aux saveurs d'ici et d'ailleurs par le chef Florent Gouverneur qui nous emmène faire un joli tour du monde gourmand. Possibilité de commander ses bocaux sur Internet. Service traiteur.

VÉGÉTARIEN

CAFÉ VERT

1, montée des Epies (5e) ✆ 09 81 33 20 33
https://cafevert-lyon.fr
Ouvert du jeudi au samedi le soir, du vendredi au dimanche le midi. Carte environ 26 €.

Le Vieux Lyon est un quartier vivant où le Café Vert met en avant une cuisine vivante. Café Vert, c'est une proposition gourmande végétale qui a toutes les vertus : 100 % bio, végane, sans gluten et faite maison, tout ça pour le bien-être de tous, humains et animaux. Vue sur la Saône depuis Saint-Georges pour savourer un menu de saison autour d'une alimentation vivante – riche en bons nutriments– composée de légumes, de fruits, de graines et de céréales germées. Carte courte garantie de fraîcheur avec délicieux faux-gras et son confit, suivie d'une assiette chaude bien composée et d'un carré citron pour terminer. Bonne nouvelle, Café Vert fait aussi coffee-shop pour faire une pause.

VÉGÉTARIEN

SOLINE

89, rue Paul-Bert (3e) ✆ 04 78 60 40 43
www.soline.net
Gluten-free et vegan friendly. Ouvert du lundi au vendredi le midi. Formule complète midi 19 €. Vente à emporter.

Ce restaurant-traiteur écoresponsable s'est intéressée à l'alimentation végétarienne bien avant les autres, puisque Soline a vu le jour il y a plus de quinze ans. Dans un quartier d'affaires où les repas de midi se prennent souvent sur le pouce, Soline offre une vraie pause gourmande dans un décor coloré qui met de la vie dans votre journée de travail. Cuisine 100 % maison réalisée avec des produits frais et de saison pouvant s'adapter aux régimes particuliers (intolérances, allergies...), avec des produits, locaux de préférence, issus d'une agriculture responsable. Une cuisine découverte pour une adresse à taille humaine qu'il est vraiment bon de fréquenter au déjeuner (service tardif).

VÉGÉTARIEN

AGAINST THE GRAIN

135, rue Sébastien-Gryphe (7e)
✆ 04 72 94 05 33
Ouvert du mardi au samedi de 11h30 à 18h. Plat du jour. Brunch 23 €.

Je me régale tout en prenant soin de moi et de mon environnement. C'est vertueux et si en plus c'est bon, c'est encore meilleur ! Agréable terrasse ouverte sur un petit square laissant apparaître un peu de verdure et salle pastel où l'on retrouve les créations gourmandes du moment 100 % végétales. Cuisine végane 100 % maison réalisée selon le marché de saison. Franchement, c'est bon. Coup de cœur pour les desserts adaptés à tous les régimes avec un bon choix de gâteaux – donuts, marbré, brookies, carrot cakes, cookies... – à l'heure du goûter, autre temps fort de la journée chez Against the Grain. Brunchs de saison absolument délicieux. Prenez-en de la graine et venez vous régaler.

VÉGÉTALIEN

AU BONHEUR DES CHATS

5, rue de Bonald (7e) ✆ 09 87 18 24 24
www.au-bonheurdeschats.fr
Ouvert du mercredi au vendredi de 10h30 à 18h30, week-end de 11h30 à 18h30. Formule midi 10 €. Brunch week-end 25 €.

Dans ce quartier surprenant de la Guillotière, une rue paisible et une adresse que l'on aurait pu classer parmi les insolites. La double porte pour rentrer, c'est pour que les chats ne sortent pas dans la rue ! Comme son enseigne l'indique, Au bonheur des chats accueille une dizaine de matous qui se baladent partout entre le comptoir du rez-de-rue et les petits salons de l'étage. Décor boisé pour les griffes, ronronthérapie à fond les ballons, mais ce qui nous a vraiment surpris, c'est une cuisine 100 % végétale faite avec amour. Excellent Buddha bowl aux légumes de saison avec sa sauce japonaise et Tofu jaga maison accompagné de son riz. Smoothie minute de saison. Brunch à découvrir.

BOUCHON LYONNAIS

A MA VIGNE

23, rue Jean-Larrivé (3e)
✆ 04 78 60 46 31
Ouvert du lundi au samedi le midi ; le vendredi et le samedi le soir. Carte : 30 € environ. Formule : 27 €.

Loin des caricatures du bouchon lyonnais, A Ma Vigne a sa propre personnalité. En dehors des circuits touristiques de la Presqu'île et du Vieux Lyon, il est ancré sur la rive gauche du Rhône. Créé en 1960, ce bouchon tout ce qu'il y a de plus authentique a su conserver l'âme d'un genre souvent dévoyé. Ici, c'est du plaisir avant tout avec dans les assiettes des bonnes recettes transmises par les aïeuls. En cuisine, Stéphane Giraud perpétue la tradition des tripes «Joséphine» et du merveilleux steak poêlé au beurre mousse, frites maison. Sans oublier la tarte à l'orange, merveille des merveilles. Vins en pot comme il se doit avec une belle sélection régionale. Pur régal lyonnais.

BOUCHON LYONNAIS

LES ADRETS

30, rue du Boeuf (5e)
✆ 04 78 38 24 30
Ouvert du lundi au vendredi midi et soir. Menus de 29 € à 49 €. Formules midi : 20 € et 26 €.

Avant d'entrer aux Adrets, rappelons que la cuisine de bouchon ne doit pas se limiter aux soi-disant spécialités lyonnaises à base d'abats. Parce qu'elle a toujours été, et avant tout, une cuisine de marché du jour, elle peut et doit continuer à s'enrichir des produits de saison et de la personnalité des chefs qui se succèdent derrière les fourneaux. Salle des plus authentique avec sa cour abritée d'une verrière, dans un superbe immeuble Renaissance parmi les premiers restaurés du Vieux Lyon. Guillaume Riva nous régale d'une cuisine mêlant une délicieuse tourte maison, l'incontournable pâté en croûte et des plats aux accents plus exotiques. Très belle carte des vins. Toujours au top.

BOUCHON LYONNAIS

LE BISTROT DE LYON

64, rue Mercière (2e)
✆ 04 78 38 47 47
www.bistrotsdecuisiniers.com
Ouvert tous les jours midi et soir tard. Menu du moment 26,90 €.

Alors que la rue Mercière n'était pas encore une enfilade de restaurants, Jean-Paul Lacombe créait en 1974 - non loin du Léon de Lyon qu'il dirigeait - un bistrot de copains. Le Bistrot de Lyon était né. Au fil des années, le Bistrot a su affirmer les valeurs des fameux «Bistrots de cuisiniers» : authenticité, convivialité, générosité et enthousiasme. Magnifique salle Belle Epoque avec sa collection d'objets, terrasse incontournable, service adorable et cuisine mettant à l'honneur les classiques de la cuisine lyonnaise, parfois revisités juste ce qu'il faut, du gâteau de foies de volaille au Saint-Cochon du Bistrot, sans oublier le Gnafron au rhum en dessert. Emblématique.

BOUCHON LYONNAIS

LE BOUCHON DE L'OPÉRA

11, rue des Capucins (1er)
✆ 04 78 28 49 47
Ouvert lundi soir et du mercredi au samedi le soir. Menus de 21 à 25 €. Menu Terroir : 30 €.

Comme tous les vrais bouchons, le Bouchon de l'Opéra a sa vraie personnalité. Juste ce qu'il faut à l'écart de l'agitation des Terreaux, dans les Pentes, ce bouchon réalise les meilleurs accords entre les origines bressanes d'un cuisinier gourmand, l'adorable Stéphane, et une salle aux airs de brocante - d'ailleurs, des brocantes sont organisées - avec des objets chinés. Florence au service ajoute du soleil dans un décor hors du commun. Plaisir garanti dans les assiettes avec du tout fait maison : ravier lyonnais, gratin d'andouillette au saint-marcellin, gaude et quenelle de brochet maison avant de terminer avec une tarte praline. Carte des vins régionale. Mâchon. Des bonheurs à partager.

BOUCHON LYONNAIS

LE BOUCHON DES FILLES

20, rue Sergent-Blandan (1er) ✆ 04 78 30 40 44
www.lebouchondesfilles.fr
Ouvert tous les jours le soir ; du vendredi au dimanche le midi. Menu unique à 28 €.

Les bouchons ne sont pas réservés aux garçons. A l'origine inventés par des mères lyonnaises pour les travailleurs - plutôt des hommes à l'époque -, les bouchons ont certes la réputation de servir une nourriture grasse et virile, mais ils ne tombent pas tous dans le cliché. Baignées dans l'atmosphère bouchon, les filles - Isabelle et Laura - ont su créer il y a 15 ans un bouchon à leur façon, proposant une cuisine débarrassée du gras superflu, révélant toutes ses saveurs. Défilé de saladiers lyonnais revisités avec gourmandise et une incontournable croustille de boudin aux pommes. Ganache au chocolat noir et mandarine confite. Carte des vins du même tonneau. Un bouchon pour toutes et tous.

BOUCHON LYONNAIS

BOUCHON TUPIN

30, rue Tupin (2e) ✆ 04 78 37 45 93
www.bouchontupin.com
Ouvert du mardi au samedi le midi et le soir. Menu des Canuts 28,50 €. Formule midi 18 €. Terrasse.

Ce n'est ni le nombre des années ni le décor de carte postale qui font la qualité d'un bouchon. Il ne suffit pas de mettre une marionnette de Guignol et une nappe à carreaux pour bien recevoir et faire bien à manger ! Si le Bouchon Tupin est installé dans une vieille maison de restauration lyonnaise, il offre un cadre contemporain, convivial et soigné à des assiettes mariant à leur tour tradition et modernité. Belle énergie à tous les niveaux, de l'accueil aux plats composés de produits de saison : œuf parfait en meurette ou un paleron de bœuf confit 8 heures, avant de terminer par un riz au lait maison. Belle carte des vins. La meilleure preuve que les bons bouchons sont d'actualité.

BOUCHON LYONNAIS
LE CAFÉ DES FÉDÉRATIONS

8-10, rue du Major-Martin (1er)
✆ 04 78 28 26 00
Ouvert du mardi au samedi midi et soir. Réservation conseillée. Formule midi 22 €. Menu soir 29 €.

Les Fédérations font partie des institutions lyonnaises qui perpétuent la bonne tradition des bouchons comme on les aime. Dans cette rue exiguë de la Presqu'île, une salle elle aussi pas bien grande mais fortement animée comme il se doit. Décor typique, chaleur d'une équipe qui joue parfaitement la carte de l'accueil et du service en toute convivialité. Pas de ronds de jambe, mais de grands sourires pour nous servir une carte de tradition lyonnaise : saladier lyonnais, gâteau de foies de volaille, quenelle de brochet sauce langoustine, incontournable civet de joue de porc, ris de veau aux morilles et tarte à la praline. Cuvée des Fédés en morgon pour le vin. Carte postale gourmande.

BOUCHON LYONNAIS
COMPTOIR CHABERT

14, quai Romain-Rolland (5e) ✆ 04 78 42 99 65
www.chezchabert.com
Ouvert du lundi au samedi le soir ; du mardi au samedi le midi. Menu unique : 27 €.

Dans le Vieux Lyon, sur le quai face à la Saône, un des (rares) bons bouchons de ce quartier classé. Chabert, c'est un gage de qualité dans le petit monde de la restauration lyonnaise. Ici, on fait dans l'authentique et la tradition. Tables collées-serrées (mais distanciation respectée), grande banquette, salles chaleureuses à l'image du service, petite salle façon caveau, assiettes signées du Comptoir Chabert pour une cuisine maison selon le meilleur répertoire local : défilé des saladiers lyonnais pour tout goûter et plat au choix, du foie de veau persillé à la quenelle sauce Nantua. Cervelle de canut et saladiers de desserts, maison bien entendu. Carte des vins à la hauteur. Un régal.

BOUCHON LYONNAIS
CHEZ ABEL

25, rue Guynemer (2e)
✆ 04 78 37 46 18
www.maisonabel.fr
Ouvert tous les jours le midi et le soir. Menus de 32 € à 49 €.

Même si la définition du bouchon lyonnais prête à débat, disons qu'il était plutôt un lieu populaire où les bourgeois venaient s'encanailler. Ici, on aurait plutôt à faire au plus vieux des bistrots bourgeois - daté de 1928 - où le peuple vient aujourd'hui goûter aux spécialités autrefois préparées par la Mère Abel. Une mère lyonnaise qui a marqué les esprits avec ses tripes, toujours à la carte. Dans cette belle maison pleine d'histoires, on perpétue la tradition de la qualité avec le fond d'artichaut frais au foie gras maison, la quenelle de brochet en gratin, les ris de veau aux morilles et l'incontournable poulet aux morilles à la crème. Excellente carte des vins. Valeur sûre.

BOUCHON LYONNAIS
LES CULOTTES LONGUES

42, rue Sala (2e)
✆ 04 78 37 13 00
Ouvert du mardi au samedi midi et soir. Menu unique à 27 € (le soir). Formule midi : 19 €.

A deux pas de Bellecour (direction Perrache), les Culottes Longues font partie de ces adresses que vous n'avez pas encore découvertes. Pourtant le rapport qualité-prix est très certainement l'un des tout meilleurs du quartier, notamment à l'heure du déjeuner où l'ardoise affiche un (petit) choix (mais savoureux et de saison) d'entrées, plats et desserts maison pour moins de 20 €. Derrière les fourneaux, l'excellent David Cano fait des merveilles avec les suggestions du marché. Bonne humeur et spécialités lyonnaises, comme ce duo de ris de veau et rognons qui a fait la réputation de la maison. Excellente carte de vins, notamment en beaujolais. Une adresse de confiance.

BOUCHON LYONNAIS
CHEZ HUGON

12, rue Pizay (1er) ✆ 04 78 28 10 94
www.bouchonlyonnais.fr
Ouvert du lundi au vendredi le midi et le soir. Réservation recommandée. Menu unique à 29 €.

Tant qu'Arlette sera derrière ses fourneaux, surveillant d'un œil les plats et de l'autre la salle, souriant largement à tous les clients, Chez Hugon restera un des tout meilleurs bouchons de Lyon. Salle patrimoniale depuis 1937 où il faut se serrer pour savourer une authentique cuisine maison digne de recevoir toutes les certifications lyonnaises. Chez Hugon, c'est une carte à faire figurer au Panthéon de la cuisine locale : lentilles saucisson chaud, poulet au vinaigre, quenelles maison, gâteau de foies de volaille sauce Nantua, boudin aux pommes confites... Une bouteille de Morgon pour rendre hommage au Père Hugon. Expérience humaine et gourmande à vivre sans tarder.

BOUCHON LYONNAIS
DANIEL ET DENISE

156, rue de Créqui (3e) ✆ 04 78 60 66 53
www.danieletdenise.fr
Ouvert du lundi au vendredi midi et soir. Formule midi 21 €. Menu de saison 40 €. Mâchon.

Parce qu'à notre goût, l'original est toujours meilleur que les répliques d'une enseigne qui s'est aussi installée à Saint-Jean et à la Croix-Rousse, Daniel & Denise Créqui fait partie des adresses incontournables pour qui fait le tour des bouchons lyonnais dans ce qu'ils ont de plus authentique. Bouchon étoilé créé en 1968 par Daniel et Denise Léron, il a été repris en 2004 par Joseph et Françoise Viola. Le chef, Meilleur Ouvrier de France, perpétue la tradition lyonnaise, notamment avec son fameux pâté en croûte au foie gras de canard et ris de veau Champion du Monde 2009. Saladiers, tête de veau cuite au court-bouillon sauce ravigote, volaille de Bresse aux morilles... Monumental !

BOUCHON LYONNAIS

LES FINES GUEULES

16 rue Lainerie (5ᵉ) ✆ 04 78 28 99 14
www.fines-gueules.fr

Ouvert du mardi au samedi midi et soir. Menu 32 €. Formule midi 21 €.

Disciple de l'immense Paul Bocuse, auprès duquel il passa 11 ans à Collonges, Joël Salzi œuvre depuis 10 ans dans le Vieux Lyon, à côté de la place du Change. Terrasse et salle chaleureuse, juste ce qu'il faut à l'écart de l'agitation pour profiter d'un cadre exceptionnel. Accueil et service adorables pour nous présenter une cuisine sincère composée de spécialités lyonnaises et de plats de saison cuisinés avec passion. Du fait maison du début à la fin, avec du traditionnel comme cette quenelle de brochet artisanale et sa bisque d'étrilles maison. Affichage très clair des intolérances possibles pour chaque plat, bravo ! Carte des vins à la hauteur. L'adresse à connaître dans le quartier.

BOUCHON LYONNAIS

LE FRANÇOIS VILLON

20, rue du Bœuf (5ᵉ) ✆ 04 78 68 58 81
www.lefrancoisvillon.fr

Ouvert du jeudi au lundi et les jours fériés le midi et le soir. Carte : 30 € environ.

Au cœur de ce quartier hautement touristique, le François Villon - du nom du premier poète maudit - nous reçoit avec générosité et gourmandise comme on sait le faire à Lyon. Une adresse qui ne se raconte pas d'histoires, même dans son changement de décor avec sa composition de caisses de bois pour exposer des objets, mais réalise à la perfection une cuisine de tradition aux saveurs locales : quenelle de brochet servie avec son écrasé de pommes de terre, gratin d'andouillette ou une terrible cuisse de canard confit, miel et thym à déguster en famille un dimanche. Assiettes à partager à l'apéro, saint-marcellin et café gourmand au dessert. Notre péché mignon dans le Vieux Lyon.

BOUCHON LYONNAIS

LES FRÈRES BARBET

58, boulevard Emile-Zola - **OULLINS**
✆ 04 78 51 33 92

Ouvert du lundi au samedi le midi ; le jeudi et le vendredi le soir. Formule midi 15 €.

De l'art et du cochon. L'adresse qu'il faut connaître pour goûter, au moins une fois dans sa trop courte vie, au bonheur de bien manger à Lyon (même si l'on est à Oullins...). Une bonne table comme on n'en fait plus guère. Chez Julien Barbet, on ne compte pas les calories ! On fait du bon avec du beurre, on fait du bien avec de la crème. Le gras c'est plus que jamais la vie et on se régale de ces recettes pleines d'onctuosité et de saveurs non frelatées. Ne surtout pas manquer le plat du jour à base de produits du marché, un vrai plat mijoté qui en a sous la cuisse. Saucisses fumées maison, brochettes et grillades d'exception, carte des vins et des bières... Mâchon sans contrefaçon.

BOUCHON LYONNAIS

LE GARET

7, rue du Garet (2ᵉ)
✆ 04 78 28 16 94

Ouvert du lundi au vendredi le midi et le soir. Menu unique à 30 €. Formule du midi : 22 €.

Entre ici que tu sois lyonnais ou d'ailleurs. Entre au Garet pour découvrir ce qu'est un véritable bouchon - depuis 1918 - au décor incroyable et à la cuisine haute en saveurs. Entre ici rejoindre d'illustres figures comme Jean Moulin, dont la table était toujours la même à l'entrée. Entre dans ce décor de film et dans cette maison gourmande en place depuis 150 ans et tenue depuis 20 ans par l'excellent Emmanuel Ferra, autre figure lyonnaise. Cervelle meunière, tête de veau, tétines de vache et des suggestions de saison qui permettent au chef de travailler les bons produits d'une nature sauvage. Un beau et bon bouchon qui a des histoires à partager avec le monde entier. Une valeur sûre.

BOUCHON LYONNAIS

LE JURA

25, rue Tupin (2ᵉ) ✆ 04 78 42 20 57
www.bouchonlejura.fr

Ouvert du mardi au samedi midi et soir. Menu unique 29 €. Formule midi : 19,20 €.

Créé en 1867, le Jura a su conserver son intérieur XIXᵉ siècle et quelques secrets qu'il faudra vous faire raconter sur place. Un lieu exceptionnel pour une famille exceptionnelle. Brigitte Josserand est la digne héritière des mères lyonnaises et sa cuisine, composée des bons produits récoltés sur le marché Saint-Antoine, régale tous les gourmands. En salle, Benoît assure le service d'assiettes qui tiennent toutes leurs promesses : tête de veau sauce Hélène Neveu (recette de 1930), tablier de sapeur sauce Choron, poulet fermier de l'Ain au vin jaune et morilles et une véritable andouillette beaujolaise sauce au vin blanc ou au vin rouge. Adresse sincère et généreuse.

BOUCHON LYONNAIS

LA MÈRE JEAN

5, rue des Marronniers (2ᵉ)
✆ 04 78 37 81 27

Ouvert du lundi au samedi le midi et le soir. Menus de 17 € à 21 €.

Comme tout ce qui est petit est mignon, La Mère Jean est le plus mignon des bouchons. Soyez prêt à être proche de votre voisin de table et à partager vos conversations, comme dans un vrai bouchon ! Joie de vivre et gourmandise lyonnaise dans ce restaurant populaire depuis 1924. Terrasse collé-serré. Et si à l'intérieur c'est pas bien grand, le cœur est comme le plaisir : immense. Un ensemble à classer au patrimoine lyonnais, tout comme l'équipe aussi efficace que sympathique. Manger des produits frais à ce prix-là, c'est possible grâce à un approvisionnement malin plein de fraîcheur et de saveurs. Légumes de saison et plats de tradition. De bons vins aussi, dont le meilleur Gamay du monde !

BOUCHON LYONNAIS

CHEZ MOUNIER

3, rue des Marronniers (2e)
✆ 04 78 37 79 26
Ouvert du mardi au samedi le midi et le soir. Formule 15,50 €.

Séparons le bon grain – Chez Mounier – de l'ivraie – d'autres restaurants dans la même rue. Que faut-il pour faire un bon bouchon ? De la convivialité, et Chrystelle et son équipe en ont à revendre ; un excellent rapport qualité-prix, et la formule de midi est à cet égard imbattable ; de bons produits et une cuisine faite maison, oui tout est fait maison même la pâte à tarte ; et une certaine légitimité transmise par la belle histoire de la mère Mounier et une adresse en place depuis 1926 ! Rien ne manque Chez Mounier pour savourer tout ce qui fait le bonheur de manger à Lyon : andouillette à la moutarde, boudin noir aux pommes, saucisson chaud… Chez Mounier, une adresse pleine d'amour.

BOUCHON LYONNAIS

LE MUSÉE

2, rue des Forces (2e)
✆ 04 78 37 71 54
Ouvert du mardi au samedi midi, du mardi au vendredi le soir. Formule midi 26 € (31 € soir). Mâchon.

Un sans-faute du début à la fin. Et le début peut commencer très tôt à l'heure matinale du traditionnel mâchon lyonnais et se terminer beaucoup plus tard que la fin du repas par la visite touristique d'une traboule par un homme complet, aussi beau qu'intelligent (on s'comprend) : Luc Minaire. Dans les anciennes écuries de l'Hôtel de Ville, un des derniers bouchons de Lyon dans l'esprit et la cuisine. Faut se serrer à table et jouer des coudes pour savourer le meilleur saucisson chaud brioché de Lyon, pied et museau en salade, cervelle d'agneau à la grenobloise, tablier de sapeur sauce gribiche, cervelle de canut et tarte à la praline. Pots de vin sur table et belles quilles. Incontournable.

BOUCHON LYONNAIS

NOTRE MAISON

2, rue Gadagne (5e) ✆ 04 72 41 78 48
www.bouchonnotremaison.com
Ouvert du lundi au samedi le soir ; le week-end le midi. Réservation recommandée. Menu de saison 30 €.

Ça fait plus de 20 ans qu'on prend le temps de bien manger à Notre Maison. Râleurs/râleuses, stressés, pressés et autres «rien ne va» : passez votre chemin. Tout l'art du bouchon lyonnais, c'est de bien vivre, de bien boire et de bien s'amuser. À Notre Maison, on fait du sérieux sans se prendre au sérieux. Décor théâtral, tables à la bonne franquette, service adorable et discussions prolongées pour attendre des plats qui prennent le temps de mijoter. Cuisine généreuse : pâté de tête persillé, pied de cochon rôti, gâteau de foie de volaille, andouillette ficelle, quenelle de brochet, tripes en sauce, joue de bœuf au miel…, le tout servi dans des plats en fonte posés sur la table. Un régal.

BOUCHON LYONNAIS

LES PAVÉS DE SAINT-JEAN

23, rue de Saint-Jean (5e)
✆ 04 78 42 25 13
www.lespavesdestjean.com
Ouvert tous les jours le midi et le soir. Menus de 19 € à 27 €.

© PETIT FUTÉ

Comment ne pas perdre la tête aux Pavés de Saint-Jean ? Un bouchon qui respecte les meilleures traditions dans ce quartier du Vieux Lyon. A commencer par un accueil adorable dans une salle charmante avec son côté campagne qui nous amène vers les produits régionaux et son côté bouchon qui nous amène vers les assiettes gourmandes. Autre tradition respectée, la cuisine maison, avec des cuisiniers à suivre du regard depuis la salle, réalisée avec de bons produits pour savourer les meilleures lyonnaiseries : salade lyonnaise aux oreilles de cochon, marmite de tête de veau, tripes de veau sautées au vin blanc… Desserts maison de qualité. Les Pavés de Saint-Jean, c'est Lyon comme on l'aime.

BOUCHON LYONNAIS

AU PETIT BOUCHON CHEZ GEORGES

8, rue du Garet (1er) ✆ 04 78 28 30 46
www.aupetit-bouchon-chez-georges.fr
Ouvert du lundi au vendredi midi et soir. Menu midi 27 €. Menu soir 33 €. Mâchon tous les matins.

Chez Georges, c'est une institution lyonnaise bien en place depuis plus de 60 ans. Il faut dire tout le bien qu'on pense de ces murs chargés d'histoire, des propriétaires des lieux qui perpétuent le meilleur de la tradition, d'une cuisine généreuse présentée sur une carte où ne manque aucune spécialité lyonnaise, du gâteau de foies de volaille à la quenelle de brochet sauce homardine. Mais la tradition, c'est aussi de maintenir les fameux mâchons au quotidien dès 9h du matin pour bien commencer une journée de travail (RTT conseillé…) ! Superbe carte des vins. Au top !

BOUCHON LYONNAIS

LE PETIT BOUCHON DE LA PLACE

4, place Neuve Saint-Jean (5e)
✆ 04 87 62 53 04
Ouvert tous les jours le midi et le soir. Menu Saveur 27 €.

© EMMANUEL SPASSOFF

© EMMANUEL SPASSOFF

Quel bonheur de s'attabler en terrasse sur l'une des rares places du Vieux Lyon ! Accueil adorable, décor de carte postale qui se prolonge dans les salles pour savourer une cuisine de tradition lyonnaise et française : planches à l'apéritif, gâteau de foies de volaille, foie gras maison, maxi-salades. Idem pour les plats, de la belle quenelle artisanale aux fameuses cuisses de grenouilles en persillade ou des gambas flambées au pastis, en passant par un burger-frites maison, c'est un sans-faute. Suggestions du marché de saison et vins pour accompagner.

BOUCHON LYONNAIS

LE SAINT-VINCENT

6, place Fernand-Rey (1er)
✆ 04 72 07 70 43
Ouvert du mardi au samedi midi et soir. Menu midi : 20 €. Le soir : 28 €/3 plats, 26 €/2 plats.

Quels plats doit-on servir dans un bouchon ? Si certains pensent encore qu'une «nage coco crevettes et cabillaud à la thaïe» n'a rien à faire sur une table de bouchon, c'est qu'ils n'ont rien compris - à notre avis - à la philosophie du bouchon ! Un bouchon, c'est d'abord un lieu de vie. La terrasse du Saint-Vincent, sur la plus belle place de Lyon, offre un lieu de vie ravissant. Et puis c'est une cuisine maison à base de produits locaux de saison. Pas besoin de cuisiner des spécialités lyonnaises pour respecter ce critère ! Le chef Olivier Meignant, alias Tonton, s'amuse à revisiter avec talents des plats d'ici sans se priver d'aller voir ailleurs. L'esprit du bouchon comme on l'aime.

BOUCHON LYONNAIS

LA TÊTE DE LARD

13, rue Désirée (1er) ✆ 04 28 31 69 83 - Métro Hôtel de ville.
www.bouchonlatetedelard.fr
Ouvert du mardi au samedi midi et soir. Formule midi 22 €. Menu complet soir 30 €.

Un bouchon des plus authentique dans la forme et dans le fond. Cette belle tête de cochon a tout pour nous plaire. Il y a la terrasse au frais d'une rue sans circulation avec ses nappes à carreaux rouges et blancs et une salle pittoresque avec ses hommages au cochon. Mais il y a surtout tout le reste qui fait la différence. Un authentique cuisinier formé dans les meilleurs bouchons lyonnais, perpétuant le bon goût de la tradition tout en y ajoutant une petite touche personnelle bienvenue. Sur l'ardoise du jour, des classiques jamais gras, mais généreusement servis, comme cette merveilleuse langue de veau ravigote (que l'on ne trouve pas souvent). Carte des vins régionale et de qualité.

BOUCHON LYONNAIS

LE VIVARAIS

1, place Gailleton (2e) ✆ 04 78 37 85 15
www.restaurant-levivarais.fr
Ouvert du mardi au samedi midi et soir. Menus de 29 € à 39 €. Formule 18 €. Menu du Marché 23 €.

Quand on parle tradition du bien manger à Lyon, on peut se référer sans se tromper au Vivarais. Non seulement parce que la maison est ouverte depuis le 7 novembre 1917 (c'est précis non ?), mais aussi parce que la cuisine est assurée par Williams Jacquier, un des Meilleurs Ouvriers de France, qui a su remettre au goût du jour un pâté en croûte Richelieu au foie gras champion du monde ou la traditionnelle quenelle de brochet sauce Nantua ou un porcelet rôti à la broche ou une tête de veau belle époque. Le menu du Marché, composé de produits de saison parfaitement cuisinés, offre un excellent rapport qualité-prix à l'heure du déjeuner. Un classique au goût du jour.

VIANDE

L'ARGOT

132, rue Bugeaud (6e)
✆ 04 78 24 57 88
Ouvert du mardi au samedi le midi, mardi, jeudi et vendredi le soir. Plaisir carnassier (viande prix au kg + 15 €/pers).

Pure gourmandise carnassière ! Installé depuis 7 ans à deux pas des Brotteaux, l'Argot nous parle viande de la plus gourmande des manières. L'Argot, c'est à fois une boucherie (avec ses propres horaires) et un restaurant (qui se sert dans la boucherie). Superbes armoires réfrigérées comme autant de présentoirs à viandes, certains maturées. A table, on se régale d'une viande Wagyu persillée, d'un onglet de bœuf du Limousin, d'une pièce de Salers ou d'Aubrac maturée plus de 60 jours... C'est le concours des races à viande ! Sans oublier le cochon d'Auvergne dont l'Argot fait de bons saucissons. Très belle carte des vins. Prix en rapport avec la qualité de viandes inoubliables.

VIANDE

CARNEGIE HALL

253, rue Marcel-Mérieux (7e)
✆ 04 78 58 85 79
Ouvert du lundi au samedi le midi et le soir. Pas de menu. Carte : 35 € environ.

Les «anciens» se souviennent que le Carnegie Hall de Gerland s'est installé dans les abattoirs créés par Jean-Baptiste Killijian, figure emblématique de ce restaurant de viande où l'on pouvait voir la découpe sur les carcasses avant de savourer une pièce de viande dans une grande salle où régnait une ambiance conviviale, voire festive, les soirs de match. Epoque révolue et si cette adresse marque une certaine nostalgie, elle continue de nous faire plaisir avec une excellente qualité de viande. Parmi les incontournables : le Marius, spécialité de la maison, la palette de viandes, le Cannibale, tous les tartares, même le tartare de veau allégé. Adresse où l'on s'attarde volontiers.

VIANDE

B.L.O.

37, rue de la Charité (2e) ✆ 04 72 31 76 95
www.blo-restaurant.com
Ouvert du lundi au samedi midi et soir. Formule à partir de 18,90 €.

Quand l'une des meilleures boucheries de Lyon, celle de Frédéric Bello, ouvre un restaurant juste en face, il faut vite réserver sa table ! Ambiance convivialité et pâturage dans une salle tout en douceur, loin des clichés des steakhouses. B.L.O n'a rien à cacher, surtout pas la découpe au comptoir dans l'espace boucherie où se trouvent les meilleures pièces. Après un pâté en croûte maison, il faut choisir entre les morceaux de bœuf, de l'onglet à la côte, en passant par la version tartare (un délice). Pluma de pata negra pour varier les plaisirs. Morceaux maturés d'exception. Autre merveille pour accompagner les viandes, la carte des vins. Rapport qualité-prix-plaisir exceptionnel.

VIANDE

DELICATESSEN

6, rue de Savy (1er) ✆ 04 78 39 57 04
www.pigmalyon.com
Ouvert du lundi au samedi le soir ; le samedi midi. BBQ 4,90 € les 100 g.

Si vous répondez «C'est pas faux» quand on vous dit que Delicatessen compte parmi les meilleures adresses de Lyon, c'est que vous avez la bonne référence ! Adresse joyeusement décalée, un lieu étonnant mis en scène et en cuisine par l'excellent Brice Fournier qui nous propose sa version française de l'*american barbecue* à base de cochon fermier d'Amplepuis, de bœuf fermier de la région, de saucisse de Toulouse et de poulet fermier de Bourgogne. Des bons produits cuits avec amour, des viandes marinées faites par des passionnés, des sauces maison, le tout à déguster accompagné d'une bonne bouteille sélectionnée avec la même envie de partager de bons moments. De belles soirées à partager.

VIANDE

BOUCHERIE TROLLIET - GRAND HÔTEL DIEU

21, quai Jules Courmont (2e) ✆ 04 78 82 51 50
www.boucherie-trolliet.com
Ouvert du mardi au samedi le midi, jeudi et vendredi le soir. Formule 25 €. Menu soir 35 €.

Une expérience gourmande unique au cœur du Grand Hôtel-Dieu. Quand un grand nom de la boucherie, Trolliet, vous invite à passer à table pour déguster en direct des viandes d'exception cuisinées par le chef Yannick Decelle. Installez-vous avec vos amis en terrasse dans la superbe cour, sirotez un cocktail, commencez par une tranche d'un excellent pâté croûte avant de savourer un assortiment de viandes et légumes cuits au braséro. Burgers maison, côte de cochon fermier ou viande à choisir sur l'étal. Carte des vins en conséquence. Du pur plaisir à partager.

VIANDE

LE FRENCH FUMOIR

16, rue Elie Rochette (7e) ✆ 04 87 62 22 06
www.lefrenchfumoir.com
Ouvert du mardi au samedi midi et soir. Carte à partir de 15 € (viande et accompagnement).

Si la cuisine américaine n'est pas toujours brillante, la cuisson à l'américaine peut se montrer réjouissante ! Ce French Fumoir, installé dans un coin discret (pas loin de Thibaudière) du 7e, nous en donne la preuve la plus gourmande. Mix gourmand entre les bons produits de chez nous, les viandes, et un mode de cuisson «made in Texas», le barbecue qui fume lentement la viande au bois de chêne plutôt qu'il ne la brûle... Résultat, dans un lieu chaleureux (terrasse, événements et salle climatisée), on se régale d'un Pulled pork ou de Beef short ribs aux saveurs inimitables. Végétariens bienvenus. Glaces signées Unico et cheese cake maison. Rallumons le feu !

NEW

VIANDE

LES OIES SAUVAGES

120, rue Bugeaud (6e)
✆ 09 54 56 58 29
Ouvert du lundi au samedi de 9h à 1h. Formule du midi : 21 €. Plats à partager le soir.

Plutôt côté Brotteaux de la très longue rue Bugeaud, un tout nouveau bar-restaurant - larges horaires d'ouverture, même si vous n'avancez pas dans les marais à 5h du matin (si vous avez la référence...) - spécialisé dans la viande. Haut degré de convivialité pour ce lieu à tendance festive où l'on vient autant se régaler d'une belle pièce de bœuf que boire un verre en regardant un match de rugby ou en tentant sa chance au blind-test. Sur l'ardoise de midi 3 entrées, 3 plats et 3 desserts 100% maison avec magret de canard et pommes de terre grenailles suivi d'un croustillant aux poires. Super rapport qualité-prix. On revient le soir pour partager une viande de qualité en bonne compagnie.

FROMAGES

L'AMOUR DE NUIT

80, rue de Marseille (7e)
✆ 04 37 66 57 12
www.amourdenuit.fr
Ouvert du mardi au samedi le midi et le soir. Formule du midi 17 €.

L'amour, l'amour, l'amour... C'est le poivre du temps et un fromage que l'on adore. Dans ce quartier universitaire où il fait bon se retrouver midi et soir autour d'une table des plus conviviale, notre choix s'appelle l'Amour de Nuit. Un resto, bar à vins et bars à fromages qui doit son nom à un fromage fabriqué entre les grands crus des vins de Bourgogne. Terrasse charmante, ambiance chaleureuse pour savourer une délicieuse formule au déjeuner, découvrir le Plat de la Crémière et le Cheesecake de l'Amour. Planches dégustation en soirée, mais aussi raclette et mont-d'or ou la spécialité de la maison : la fondue de brillat-savarin. Menus et plateaux à emporter. Un Amour d'adresse !

FROMAGES

LES FROMAGIVORES

3, rue Romarin (1er) ✆ 04 78 91 28 92
Croix-Paquet
www.lesfromagivores.com
Ouvert du mardi au samedi le soir. Ardoises à partir de 13,90 €.

Le fromage, ce n'est pas entre le plat et le dessert. Le fromage, c'est essentiel. C'est le partage, la convivialité, des morceaux de bonheur qu'il faut savourer le soir aux Fromagivores entre Terreaux et Croix-Paquet. Un lieu vivant pour se faire plaisir autour de véritables morceaux de bravoure passés au four - camembert, bleu de Bavière, reblochon, Mont d'Or - ou encore un aligot truffé à volonté pour une soirée événement. Maxi planches à partager en mode découverte ou composées avec amour à partir de fromages fermiers. On craque aussi pour le croque-monsieur truffé. Carte des vins pour se faire plaisir en rouge, en blanc et sélection de bières artisanales. Soyez Fromagivrés !

FRUITS DE MER - POISSONS

LE GABION

13, boulevard Eugène-Deruelle (3e) ✆ 04 72 60 81 57
www.legabion.fr
Ouvert du lundi au samedi midi, du mercredi au samedi le soir. Formule midi : 25,90 €.

La référence lyonnaise en matière de restaurant de poissons. La recette du Gabien pour durer dans ce quartier «mouvant» de la Part-Dieu : qualité et fraîcheur des produits de la mer. Dans un décor contemporain composé de galets du Rhône et de couleurs chaudes, le Gabion perpétue la tradition du bon poisson frais en arrivage direct de nos ports tout en proposant des plats au goût du jour. Assiette du pêcheur façon bouillabaisse et incontournable poisson grillé entier selon les arrivages. Ambiance conviviale pour une adresse qui convient aussi bien aux repas romantiques qu'aux groupes. Un bateau qui tient la marée, même face aux tempêtes, et l'un des meilleurs restaurants de poisson de Lyon.

FRUITS DE MER - POISSONS

HUÎTRES MERLE

102, cours Lafayette (3e) ✆ 04 78 62 30 29
www.maison-merle.fr
Ouvert du lundi au samedi midi et soir, dimanche midi. Carte 40 € environ. Plateau dégustation 77 €/2 pers.

Destination le bord de mer dans l'étonnant wagon mis à notre disposition par la maison Merle. Au cœur des Halles de Lyon Paul Bocuse, Merle est le spécialiste des huîtres et des coquillages depuis... 1938 ! Provenances clairement affichées pour de produits de la mer d'une fraîcheur remarquable. Des huîtres et coquillages à savourer installé en toute convivialité au comptoir avec son assiette P.B.C. (pain, beurre, citron) ou plus confortablement dans le fameux wagon servis sur un plateau. Soupe de poissons, moules marinières, confit de coquille Saint-Jacques, avant de terminer par l'incontournable baba au rhum maison. Adresse incontournable des Halles et de Lyon.

INSOLITE

LE BAD'S

44, rue Victor-Lagrange (7e) ✆ 04 72 71 50 50
https://badsclub.com
Club 7j/7. Restaurant du lundi au vend midi, du mardi au jeudi le soir. Autres soirs, afterworks, petite restauration.

Nouveau souffle pour le Bad's, repris par les cousins John et Jonathan Olivier, qui ont apporté leur joie de vivre et leur envie de partager de bons moments autrement autour d'une table et d'un terrain de sport : badminton, squash ou... pétanque. Pour reprendre des forces, tous les jours une proposition gourmande d'un plat - poisson, viande et végétarien -, une carte composée de produits locaux et de bonnes bières de la région (Orbital, Rouget de l'Isle, brasserie du Pilat...). Terrasse en été avec brasero pour se détendre et se régaler. En hiver, spécialités de la montagne à la carte. Chaque dernier dimanche du mois, brunch pour prendre encore plus de bon temps au Bad's.

ZOOM

OUVERT LE DIMANCHE

Lyon a beau être la deuxième métropole de France, l'une des capitales mondiales de la gastronomie, il n'est pas simple de trouver un restaurant ouvert le dimanche ! Beaucoup de ces adresses dominicales se trouvent dans les quartiers les plus touristiques, à savoir le Vieux Lyon et la Presqu'île, surtout autour de la rue Mercière. Cette page présente des adresses incontournables, des évidences que l'on peut oublier mal réveillé un dimanche matin, et des adresses plus confidentielles, plus éloignées du centre-ville.

Brasserie Georges (2e)

A part pendant les confinements, la Brasserie Georges ne ferme jamais ses portes ! Toujours une place. Service continu le dimanche de 11h30 à 23h.

Les Burgers de Papa (2e)

Le plaisir régressif du dimanche à de larges horaires, service de 11h à 23h, de manger un des meilleurs burgers de Lyon au centre de Confluence avant/après un ciné ou une balade en bord de Saône.

Chez Léon (3e)

Envie de fruits de mer un dimanche midi ? Direction les Halles de Lyon Paul Bocuse Chez Léon. En terrasse animée ou au petit salon, des huîtres sur un plateau. De septembre à mai, service au déjeuner le dimanche.

Food Traboule (5e)

Quand le Vieux Lyon se refait une jeunesse dans les murs de la Tour Rose. Attente possible, mais détente garantie. Service continu le dimanche de 11h45 à 21h45.

Comptoir du Bœuf (5e)

Au cœur du Vieux Lyon, un dimanche midi autour d'une bonne viande ou d'une salade généreuse. Accueil adorable. Service au déjeuner le dimanche.

Aux Trois Maries (5e)

Un refuge au cœur du Vieux Lyon pour savourer une cuisine soignée dans un cadre ravissant. Service au déjeuner et dîner le dimanche.

Chez Grand-Mère (5e)

Le dimanche, on va manger chez Grand-Mère. Cuisine de tradition réconfortante dans une salle voûtée du Vieux Lyon. Service au déjeuner et dîner le dimanche.

Pavés de Saint-Jean (5e)

Parmi les bouchons du Vieux Lyon, choisissons pour notre déjeuner dominical la gentillesse de l'accueil

Têtedoie (5e)

Rares sont les restaurants gastronomiques ouverts le dimanche ! Cuisine inspirée, cadre grandiose et vue panoramique. Bistrot (et rooftop en été). Service au déjeuner et dîner le dimanche

Là-haut sur la colline (Saint-Cyr-au-Mont-d'Or)

Prendre de la hauteur sur une terrasse ensoleillée. Produits de terroir, cuisine bistronomique et partie de pétanque. Service au déjeuner et dîner le dimanche.

FRUITS DE MER - POISSONS

CHEZ LÉON

102, cours Lafayette (3e)
✆ 04 78 62 30 28
www.chez-leon.com
Ouvert tous les jours midi et soir, sauf dimanche soir.

© EMMANUEL SPASSOFF

Depuis toujours aux Halles de Lyon - 1920 -, Léon est le meilleur ! Aller chez Léon, c'est avoir tout bon, avoir la plus grande qualité d'huîtres et de fruits de mer dans une ambiance de haute convivialité. Pont ouvert entre Lyon et les côtes françaises de septembre à mai, Chez Léon ne propose que des produits d'exception sans nous assommer côté tarifs. Terrasse plus animée qu'un port de pêche, sourire et efficacité de l'équipe de Damien Sibert, Salon du Capitaine pour déguster des plateaux gourmands : huîtres, langoustines, coquillages, tourteaux... Ne pas manquer les palourdes farcies et les moules marinières maison. Produits ultra-frais disponibles en Click & Collect et drive.

SPÉCIALITÉS

COSY CORNER

3 bis, place du Petit-Collège (5e)
✆ 04 78 42 74 80
Ouvert du mercredi au dimanche le midi et le soir. Formule du midi 20 €. Terrasse.

Quand un café comptoir donne des leçons de lyonnitude à quelques bouchons frelatés du quartier ! Sur cette place discrète et charmante du Vieux Lyon, une terrasse de rêve pour faire une pause entre deux visites et/ou se retrouver entre Lyonnais dans une ambiance des plus conviviale. Au Cosy Corner, tout est beau, tout est bon. La bâtisse date du XIVe siècle et a une cour intérieure pittoresque, des pin-up sur les murs, sans oublier Laurence en cuisine et Isabelle en salle au service du vin. Carte pour petits creux et ardoise courte à base de produits de saison. Incontournable burger du moment et plat du jour gourmand. Un vrai petit coin de paradis réservé aux bons vivants.

BRUNCH

LE DESJEUNEUR

3, rue des Pierres-Plantées (1er)
www.ledesjeuneur.com
Ouvert du lundi au vendredi de 10h à 16h, le week-end de 10h à 17h. Brunch 17,50 €. Formule semaine 13 €.

The place to brunch ! Installés en terrasse au-dessus de Lyon, dans cette rue paisible de la Croix-Rousse, Les Desjeuneurs vous proposent de bruncher tous les jours de la semaine, le week-end aussi ! Fournisseurs locaux de bons produits frais pour composer un brunch maison : yaourts fermiers, granola maison, myrtilles, pain frais avec des confitures artisanales et du beurre salé, une pile de pancakes, banana pancakes ou des œufs au plat... Boisson chaude et verre de jus de fruit artisanal. La carte s'élargit au déjeuner avec un plat du jour dans le même esprit, à base de produits locaux de saison. Croque végétarien pour varier. Ambiance sereine, passage obligé pour bien bruncher.

INSOLITE

CIRQUE IMAGINE

5, avenue des Canuts - **VILLEURBANNE** ✆ 04 78 24 32 43
www.cirqueimagine.com
Spectacle seul 39 €, déjeuner spectacle 63 €, dîner spectacle à 72 € ou 99 €.

Au Cirque Imagine, votre repas prend une autre dimension ! Profitez en même temps des arts de la table et des arts du cirque, c'est un enchantement proposé depuis 10 ans – Bon anniversaire ! – sous le chapiteau installé au Carré de Soie. Confortablement installé autour de la piste, les artistes tout près, goûtez au spectacle du cabaret-cirque créé par Anastasia et David Massot avec toute leur équipe. Ambiance cabaret avec des chansons, des chorégraphies et des paillettes. Numéros de cirque avec un nouveau spectacle en septembre 2022. Possibilité de privatiser les lieux (1 300 m² d'espaces atypiques et organisation clé en main) pour réunir jusqu'à 1 000 personnes sous les 3 chapiteaux.

INSOLITE

LA TABLE EN BRAILLE

44, quai Charles de Gaulle (6e) ✆ 04 72 39 92 31
www.table-enbraille.fr
Ouvert le mardi et du jeudi au dimanche le soir. Menus de 49 € à 55 €.

Paradoxe des temps modernes, ne verrait-on pas mieux dans le noir ? Plutôt que de scroller pendant votre repas ou de prendre votre assiette en photo pour votre Instagram, prenez le temps de savourer l'instant, retrouvez le goût en devinant les aliments qui composent votre plat. A cette table insolite de la Cité Internationale, partagez - c'est délicieux en amoureux - l'expérience unique d'un repas dans le noir. Hors de la vue, les autres sens sont en éveil : l'ouïe, le toucher, l'odorat et le goût s'activent et font monter le plaisir. Passé quelques fous rires, vous découvrirez des plats raffinés élaborés avec des produits de saison. Menus végétariens ou sans gluten. Surprenez-vous !

NEW

ITALIEN ET PIZZERIA

ANTONIO & MARCO

19, rue Thomassin (2e) ✆ 04 78 79 77 61
https://antoniomarcopizzeria.com
Ouvert tous les jours le midi et le soir. Formule : 15 €. Pizzas à partir de 12 €.

L'enseigne n'est pas nouvelle, puisque les deux frères Morealle - issus d'une famille de restaurateurs italiens - avaient déjà leur adresse à Tassin. Mais l'ouverture d'une adresse de cette qualité au cœur de Lyon devait apparaître dans notre guide pour permettre à tous les amoureux de la pizza de se faire plaisir. *Pizza, Amore e Fantasia*, telle est la devise d'Antonio et Marco. D'authentiques recettes artisanales pour élaborer une délicieuse pâte maison à partir de farine bio et de levain naturel reposant 48h, garnie de produits italiens de qualité, le tout cuit au feu de bois. Antipasti et autres plats gourmands, jusqu'aux desserts, dans le même esprit. *Italia per sempre !*

ITALIEN ET PIZZERIA

L'ATELIER DU PIZZAIOLO

5, quai Antoine Riboud (2e) ✆ 04 69 16 09 54
www.atelier-du-pizzaiolo.fr
Ouvert du lundi au vendredi le midi, du mardi au samedi soir. Formule 19 €. Pizzas à partir de 15 €. Vente à emporter.

Avec un peu d'imagination, les gourmands en terrasse peuvent voir les gondoles accostées sur la marina de Confluence. Un air et un goût d'Italie à cette adresse adepte du fait maison pour des pizzas traditionnelles de qualité. Farines italiennes de blé tendre et bons produits en garniture. Belle terrasse estivale, salle contemporaine, service agréable et un choix de pizzas et calzones à emporter, de la Parmiggiana à une fameuse Tartuffo. Pâte croustillante généreusement garnie de produits de qualité. Pour varier les plaisirs, un burger maison à l'italienne et quelques pâtes. Vins d'ici et d'Italie. Tiramisu traditionnel et une pizzetta crème et pralines fondues.

PORTUGAIS

CAFE LISBOA

9, rue des Quatre Chapeaux (2e)
✆ 04 78 42 83 10
www.cafelisboa.fr
Ouvert du mardi au samedi midi et soir. Carte 20 € environ. Tapas.

Café Lisboa n'est pas que la simple copie d'un café de Lisbonne dans les rues de Lyon. C'est un lieu original qui respecte l'esprit et les saveurs lisboètes. Façade verte au cœur de la Presqu'île, terrasse, salle qui n'a pas besoin d'en rajouter pour nous faire voyager, accueil adorable, que demander de plus ? La cuisine naturellement dans un café-restaurant aux horaires élargis. Plats colorés, préparés avec amour par un chef qui connaît sur le bout des doigts une cuisine tirant vers le large : salade de poulpe et plats de morue en tête. Cuisine parfumée allant aussi vers la douceur avec le pastel de nata. Bières et vins participent à l'évasion, direction Lisbonne en plein cœur de Lyon.

ITALIEN ET PIZZERIA

CARMELO

7, rue Neuve (1er)
✆ 04 78 72 02 95
www.bigmammagroup.com
Ouvert tous les jours le midi et le soir. Carte : 25 € environ.

Dans une rue Neuve qui dissimule bien son jeu, l'impression de rentrer dans un décor de cinéma en franchissant la porte de Big Mamma. Difficile de détacher ses yeux de murs qui en jettent et d'objets que vous ne réussirez jamais à compter. Les serveurs ressemblent à des acteurs italiens, surjouant parfois leur rôle, mais ça fait aussi le charme du lieu. Et les assiettes ? Quand elles ne sont pas sur les murs, elles accueillent une cuisine faite maison à partir de bons produits italiens. De la générosité et des saveurs pour une carte qui bouscule juste ce qu'il faut les classiques de la Botte : arancini au poulpe, pâtes fraîches maison, pizze, sans oublier un Choco clap clap, notre chouchou.

ITALIEN ET PIZZERIA

CASA NOBILE

3, place de l'Hôpital (2e) ✆ 04 78 03 02 54
www.casanobile.fr
Ouvert du lundi au samedi le midi et le soir. Pizzas à partir de 12 €. Plats à partir de 12 €.

Une enseigne bien connue des Lyonnais amoureux de bonnes pizzas et de bons produits italiens. Si la «maison mère», face à l'entrée du Grand Hôtel-Dieu, continue de nous régaler, les nouveautés ne cessent de se multiplier dans Lyon. Après l'ouverture annoncée du Forno Mobile rue Grolée, on a découvert celui de la Part-Dieu. Autre nouveauté, qui n'avait pas encore ouvert ses portes au moment de la rédaction de ce guide, la version «mare» (mer) en lieu et place du Jols de Gerland. Une adresse attendue par les amoureux de l'Italie et des produits de la mer. En attendant, savourons les délicieuses pizzas maison cuites au four à bois et la gastronomie sicilienne. Epicerie et traiteur.

ITALIEN ET PIZZERIA

CHEZ CARLO

22, rue du Palais-Grillet (2e) ✆ 04 78 42 05 79
www.chezcarlo-lyon.fr
Ouvert tous les jours midi et soir. Formules à partir de 15 €. Pizzas de 11 € à 20 €.

Qui ne connaît pas Carlo n'est pas lyonnais ! Chez Carlo rime avec pizza depuis 1958 et peut se vanter d'être la plus ancienne pizzeria de Lyon. Au cœur de la ville, dans une rue paisible, une magnifique terrasse, mais aussi des salles qui mériteraient d'être inscrites au patrimoine local. De part et d'autre d'une traboule, elles ont toutes leur personnalité et chacun trouve sa place. Le bal des serveurs est impeccable et l'ambiance toujours conviviale. Pizzas cuites au four à bois, saveurs prodigieuses, produits de qualité, antipasti et salades, pâtes extraordinaires et plats dans le même esprit jusqu'au tiramisu et l'omelette norvégienne maison. Chez Carlo, l'Italie à Lyon.

SAVEURS MÉDITERRANÉENNES

PRESQU'ÎLE ET CROIX ROUSSE

CUISINE MÉDITERRANÉENNE

LA GRENADE

5, rue du Garet (1er)
✆ 04 78 72 47 38
www.cantinelagrenade.com
Ouvert du mardi au samedi le midi et le soir. Formule du midi : 21 €. Le soir, mezze à partir de 8 €.

Une Grenade explosive pour réveiller vos sens endormis. Si ce restaurant a comme sous-titre « cuisine clandestine », cette adresse se partage largement. L'an passé, nous vantions les mérites des pitas copieusement garnies, cette année mettons l'accent sur une cuisine d'inspiration méditerranéenne pleine de saveurs et d'originalité par la cheffe Alissa Guevara. Il faut se régaler de plats 100 % maison, véritables leçons de vivre ensemble. Produits frais de qualité pour des mezzes en soirée, tabaq avec un canard à l'orange 2.0, pour finir sur un riz au lait à l'eau de rose. Une Grenade qui prouve à chaque bouchée qu'il n'y a rien de meilleur que la diversité. Coup de cœur du *Futé*.

CUISINE MÉDITERRANÉENNE

KABESTAN

3, place Amédée Bonnet (2e)
✆ 04 72 32 24 77
www.kabestanlyon.fr
Ouvert du lundi au vendredi de 15h à 1h ; le samedi de 12h à 1h. Carte : 32 € environ.

© DR

Cap vers les merveilles de la cuisine méditerranéenne au cœur du Grand Hôtel-Dieu, sur les terrasses du Kabestan Lyon. Habillées d'un nouveau mobilier original et chaleureux, elles offrent les meilleures places pour chiller en profitant d'une belle carte de cocktails avant de découvrir celle des mezzes et plats à partager. Cuisine maison avec des assiettes pleines de saveurs ensoleillées : kebab d'agneau, de fameuses tentacules de poulpe caramélisées, un poisson entier rôti au four ou une étonnante salade de poulpe au shaker. Desserts maison absolument délicieux. Accueil adorable, salle magnifique autour du bar central et groupes acceptés. Faites-vous vraiment plaisir au Kabestan !

CUISINE D'AFRIQUE DU NORD

L'ÉTOILE D'ORIENT

31, rue des Remparts-d'Ainay (2e)
✆ 04 72 41 07 87
Ouvert du mercredi au dimanche le midi et le soir. Menu Etoile d'Orient 29,70 €. Menu Découverte 30,90 €.

Dans le quartier d'Ainay, un joli contraste avec un décor dépaysant sans trop en rajouter côté folklore. Cuisine faite maison, c'est certifié, réalisée par un chef qui a le sens des détails dans ses préparations, Romain Devemy, Parmi les spécialités, un tajine d'agneau sucré-salé (incontournable à notre goût) ou un tajine de poulpe grillé. Sans oublier les couscous qui se déclinent selon les envies, poulet au citron ou poisson. Terrible plateau de pâtisseries orientales ou plus sages salades d'orange à la cannelle pour terminer en douceur. Vins de Tunisie et du Maroc pour mettre du soleil dans nos verres. Sans doute l'un des meilleurs restaurants orientaux de Lyon.

ITALIEN ET PIZZERIA

MARIA

3, rue des Pierres Plantées (1er) ✆ 06 64 87 90 85
www.maria.pizza
Ouvert tous les jours, sauf mardi, midi et soir. Pizzas à partir de 6,50 €.

Chez Maria, des images pieuses nous invitent à la tentation... de dévorer d'excellentes pizzas d'inspiration napolitaine. Un savoir-faire ramené en haut des pentes de la Croix-Rousse par une jeune femme adorable dans une pizzeria qui bouscule les codes en respectant la tradition. Belle façade bleutée, plafond à la française, convivialité et surtout un four «made in Napoli» avec Maria écrit dessus. Carte très courte – 7 pizzas, dont 2 végés – pour une qualité maximale avec des produits en provenance directe d'Italie. Pâte réalisée en prenant le temps, farine italienne, fermentation lente... Ne pas résister à la tentation et même rajouter une glace à l'italienne maison.

ITALIEN ET PIZZERIA

MOZZATO

63, rue Mercière (2e)
✆ 04 81 47 11 76
www.mozzato.fr
Ouvert tous les jours le midi et le soir. Carte 30 € environ.

A Lyon, on aime les comptoirs. Qu'ils soient dédiés au bon vin, à la cochonnaille ou, plus rare, à la mozzarella ! La mozza : un produit noble méconnu et trop souvent réduit à son rôle «de base» dans les pizzas. Mais la mozza, c'est bien plus que ça ! Chez Mozzato, en terrasse de préférence ou dans une salle à la déco joliment décalée, vous pourrez goûter à la mozzarella sous différentes formes, en différentes associations, mais toujours avec des produits de grande qualité ! Fraîcheur remarquable et saveurs prononcées. Et si vous ne savez que choisir, n'hésitez pas à demander conseil, le service est aussi adorable qu'avisé. Vins italiens pour accompagner ces instants de plaisir.

ITALIEN ET PIZZERIA

ULTIMO

4, rue Giuseppe Verdi (1er)
www.ultimolyon.fr
Ouvert dimanche et lundi de 17h à 23h, du mardi au samedi de 12h à 1h. Carte 20 € environ.

Ultimo, un établissement difficilement classable entre le restaurant et le bar, entre l'Italie et les autres pays, qui nous donne, à de larges horaires dans ce quartier animé, du plaisir sans (trop) compter. Et le plaisir commence quand on s'installe sur une terrasse animée, dans une salle étonnante, en découvrant une carte qui n'a pas, elle non plus, vraiment de frontières. Excellentes pâtes fraîches maison et bio avec toujours un coup de cœur pour les bucatini al ragù au cochon fondant ou les bucatini au pecorino, poivre et ganciale. Plats à partager avec des arancini, mais encore une croquette de poulet fermier à la courge. Afogato à manger jalousement. Belle carte des vins et cocktails.

MAROCAIN

RESTAURANT LE TOUAREG

38, rue du Boeuf (5e) ✆ 04 72 77 69 66
www.letouareg.fr
Ouvert tous les jours midi et soir de 11h30 à 23h30. Menus de 27 € à 38 €. Couscous à partir de 19 €.

Lyon, ville ouverte sur le monde. Même dans ses vieux quartiers historiques, Lyon ouvre des portes vers des destinations ensoleillées. C'est le cas du Touareg, institution gourmande qui nous emmène en direction de l'Afrique du Nord. Aux commandes des cuisines, Naima maîtrise les recettes ancestrales à base de safran. Décor chaleureux, à l'image de l'accueil souriant, au milieu des vieilles pierres pour savourer les classiques revisités de la cuisine marocaine avec des spécialités comme la pastilla royale, la Tangia d'Essaouira, les grillades, le filet de rouget, sans oublier les incontournables Couscous et Tajine Touareg. Pâtisseries orientales et thé au safran. Beau voyage gourmand.

NEW ITALIEN ET PIZZERIA

ACCANTO

12, rue Pré Gaudry (7e) ✆ 04 72 70 46 76
https://accanto.fr
Ouvert tous les jours le midi et le soir. Pizza à partir de 14 €. Plat du jour 13 €.

En attendant l'EM Lyon, dans un quartier où les chantiers se multiplient, voici Accanto, italian food et bières locales. Une double promesse tenue qui nous a attiré l'œil et le palais. La grande salle n'a que peu changé, un peu plus chaleureuse, la terrasse sur cour nous met à l'abri des travaux extérieurs. Accueil adorable d'une équipe jeune et souriante qui nous propose un voyage culinaire joyeusement décalé. Produits italiens de qualité complétés de produits français pour la garniture (rigotte de Condrieu, fourme d'Ambert, œufs des Monts du Lyonnais...), pizzas savoureuses et généreuses, plats végés ou pas avec accord à la bière (large carte). Agréable bande-son. Belle découverte.

ITALIEN ET PIZZERIA

CASA FLAVIO

98, rue Chevreul (7e)
✆ 04 72 73 17 43
http://casa-flavio-lyon.com
Lundi et mardi 8h à 15h, du mercredi au vendredi 7h30 à 23h30. Menu midi 19 € et carte. A emporter.

© CASA FLAVIO

© CASA FLAVIO

Quand on aime, on reste fidèle. 15 ans de gourmandise partagée dans ce restaurant-pizzeria d'exception ! Belle terrasse et salle au décor chaleureux, à la fois très intimiste et très convivial. Intimité et convivialité, c'est aussi ce que dégage l'adorable Flavio Landi au service. Un havre de bonheur bercé de musique jazz pour savourer la cuisine maison de Danièle avec des côtelettes à la milanaise et sa polenta au gorgonzola... Une merveille ! Tout comme les fameuses pizzas qui comptent parmi les meilleures de Lyon. Incontournable pizza du mois. Epicerie de produits italiens sélectionnés pour se faire plaisir ou faire plaisir (cadeaux, comités d'entreprise). Notre dose de bonheur.

ITALIEN ET PIZZERIA

L'AFFREUX JOJO

61, rue de la Part-Dieu (3e) ✆ 04 72 64 25 86
www.laffreuxjojo.com

Ouvert du lundi au samedi le midi, du mercredi au samedi le soir. Panozzo à partir de 9 €. Vente à emporter.

Affreusement tentants, terriblement délicieux ! Face à la place Guichard, bon plan au moment des spectacles, pizza et panozzo d'exception. Petite terrasse, mais surtout salle chaleureuse à l'ambiance hautement conviviale. Accueil et service, que des sourires et des attentions charmantes pour nous proposer, sur place ou à emporter, les spécialités préparées par Alix. Et là, on fond littéralement de plaisir. Des pizzas napolitaines croustillantes et moelleuses, garnies de produits italiens sélectionnés avec soin, mais aussi les fameux Panozzo, généreux et savoureux, pour faire le plein de bonnes choses. Antipasti, salades, burrata, tiramisu maison de compétition... Absolument craquant.

NEW

ITALIEN ET PIZZERIA

GIUSEPPE

62, quai Charles de Gaulle (6e) ✆ 04 72 44 02 21 - Cordeliers
www.giuseppe-lyon.fr

Ouvert du mardi au samedi midi, du mercredi au samedi soir. Plat du jour 13 €. Plat du jour et dessert 17 €. A emporter.

Giuseppe a déménagé pour nous recevoir et nous régaler à la Cité Internationale. Pour profiter de cette nouvelle version de l'un de nos italiens préférés, rien de plus simple : parking P1, Giuseppe se trouve à côté du centre des Congrès. Superbe terrasse pour boire une bière pression ou un Spritz. En salle, décor chaleureux, équipe sympathique autour de Jean-Mi et bonne musique pour se détendre. Service efficace pour les déjeuners pressés, mais on peut aussi prendre son temps à l'afterwork et partager une planche composée de produits italiens de qualité. Antipasti, délicieuses pizzas, focaccia et un burger italien avec son pain puccia à découvrir. Vins italiens dans le même esprit. Validé !

ESPAGNOL

BELLOTA-BELLOTA

102, cours Lafayette (3e) ✆ 04 78 62 82 46
www.bellota-bellota.com

Ouvert tous les jours, sauf lundi, aux horaires des Halles de Lyon. Traiteur, épicerie fine, restauration.

Du soleil au cœur des Halles de Lyon Paul Bocuse ! Toutes les saveurs gourmandes en direct de l'Espagne, pays qui fait de l'ombre à nos charcuteries françaises, surtout avec les fameux jambons Bellota-Bellota®, parmi les meilleurs jambons au monde. Un délice absolu qu'il faut absolument savourer au comptoir de cette enseigne ou à emporter avec des Bocadillos, sandwichs préparés avec amour et garnis de produits d'exception : jambons Bellota-Bellota®, lomo, chorizo, Manchego. Tostados chauds tout aussi délicieux. Superbes planches pour l'apéritif, fromages époustouflants à accompagner d'un verre de vin gorgé de soleil et produits d'épicerie comme cette ventrèche de thon blanc. Un régal.

CUISINE MÉDITERRANÉENNE

ICEO

147, avenue Jean-Jaurès (7e) ✆ 04 72 73 00 00
Métro Jean Jaurès - www.iceorestaurant.fr

Ouvert du lundi au vendredi midi et soir, samedi soir. Pizza à partir de 11 €. Menu Escales 35 €.

S'il y a bien un bateau solidement arrimé à Lyon, c'est ICEO. Sur cette longue avenue Jean-Jaurès, entre Gerland et la gare de Jean Macé, un restaurant qui pourrait passer incognito si ce n'était quelques couleurs chatoyantes qui nous attirent l'œil vers une terrasse aux airs de vacances. Normal, ICEO - pour Italie, Corse, Espagne et Orient - nous propose une escale en Méditerranée dans un cadre dépaysant. L'équipage à la manœuvre est à la fois souriant et très efficace pour nous plonger dans une carte mêlant pizza dès l'apéro, point fort de la maison, et des plats pleins de soleil, comme ce poulpe grillé à la plancha et son Arroz negro. Vins et cocktails dans le même esprit ensoleillé.

ITALIEN ET PIZZERIA

CHEZ CARLO GERLAND

241, rue Marcel-Mérieux (7e) ✆ 04 78 72 62 48
http://chezcarlo-lyon.fr

Ouvert tous les jours le midi et le soir. Pizzas classiques à partir de 10 €, gastronomiques à partir de 17 €. Terrasse.

Chez Carlo, institution qui relie Lyon à l'Italie depuis 1958, nous accueille à Gerland, sur une place des Pavillons totalement rénovée. Belle terrasse pour profiter d'un quartier apaisé, plus animé les jours de match du LOU. Grande salle chaleureuse, convivialité, accueil et service dans le tempo, il ne reste plus qu'à savourer la cuisine réalisée à partir de produits issus des meilleurs producteurs et fournisseurs lyonnais (boucherie Massot, maison Masse, Mère Richard). Pizzas gastronomiques cuites au feu de bois, pasta et l'escalope de veau à la milanaise qui fait son grand retour ! Desserts maison avec un tiramisu au café. Belle carte des vins aux accents italiens. Destination gourmande.

ITALIEN ET PIZZERIA

IL FICO

54, rue Ney (6e) ✆ 04 72 15 92 83
Massena
www.pizzeria-ilfico.com

Ouvert du lundi au vendredi le midi et le soir. Pizzas environ 14 €.

Quel ingrédient rend meilleur les pizzas proposées par Blerimo et Aurélie ? L'amour bien sûr ! En plus du savoir-faire de Blerimo, authentique pizzaïolo italien formé à Rome, en plus d'une pâte faite maison, d'une sauce tomate elle aussi maison, d'une cuisson au feu de bois et de produits d'excellence en provenance directe d'Italie pour la garniture, tous les plats servis par Aurélie profitent d'un supplément d'amour qui n'a pas de prix. Les pizzas d'Il Fico – à la pâte fine et généreuse, craquante, la meilleure – donnent du bonheur aux gourmands. Pizzas, dont une incontournable calzone, tiramisù maison dans le même esprit de qualité et d'amour. Vins 100 % italiens. Il Fico, *ti amo* !

ITALIEN ET PIZZERIA

LELLO

231, rue Paul-Bert (3e)
✆ 09 72 55 38 74
www.lello.fr
Ouvert du lundi au vendredi le midi, jeudi et vendredi le soir. Spécialités. A emporter.

Lello, surnom du chef sarde Antonello Cabras, se décline en deux versions. Le midi, c'est La Cantina by Lello qui nous mijote de bons petits plats du jour à savourer sur place ou à emporter. Une version qui doit son succès à la fraîcheur des produits en provenance de petits producteurs italiens, et à la qualité des préparations sur une carte ultra courte. Le soir, la version Osteria prend le relais avec une cuisine toujours sincère, faite avec passion. Incontournables, les tagliatelles fraîches à la sauge plongées dans une meule de Parmiggiano Reggiano, servies avec l'huile de truffes blanches d'Alba. Une tuerie absolue ! Deux versions certifiées Ospitalità italiana.

ITALIEN ET PIZZERIA

NICOLO E MARIA

49, avenue Berthelot (7e) ✆ 04 78 72 00 20
www.pizzeriavivaldilyon.fr
Ouvert du mardi au samedi le midi et le soir. Carte 20 € environ. Pizze à partir de 12,50 €. Vente à emporter.

Incomparables pizzas cuites au feu de bois garnies de produits en provenance directe d'Italie. Nicolo e Maria, c'est le restaurant 100 % italien. C'est le restaurant de Maria, sommelière de formation, et de Nicolo, maître pizzaiolo aux fourneaux. Le chef travaille des ingrédients A.O.P. selon la meilleure tradition, offrant aux gourmands les vraies saveurs de la cuisine italienne. Il ne reste plus qu'à savourer : les *pizze* sont réalisées dans les règles de l'art et garnies d'excellents produits. Pâtes artisanales, *gnocchi* de même qualité. Belle carte de vins italiens pour accompagner le tout. Autres délices des lieux, les desserts avec un tiramisu maison. Viva Vivaldi, Viva Nicolo e Maria.

NEW

ITALIEN ET PIZZERIA

NOBILE MARE

283, avenue Jean Jaurès (7e) ✆ 04 78 72 10 10
www.casanobile.fr
Ouvert du lundi au samedi le midi, du mardi au samedi le soir. Suggestions 21 €. Carte environ 35 €.

Le dernier-né de la famille Lonobile du côté de Gerland. Un lieu bien connu des amoureux de poissons et fruits de mer, un magnifique marché couvert dont les murs ont près d'un siècle. Superbe verrière, grande salle de 150 couverts avec mezzanine, Nobile Mare ouvre des horizons gourmands en s'orientant vers une cuisine méditerranéenne... autour des fruits de mer et des poissons. Direction la Sicile, les vacances, le parfum envoûtant de poissons cuits entiers au gril, des poulpes bien préparés ou d'un risotto marinara... Antipasti, pasta, toujours avec les meilleurs produits d'Italie. Carte des vins italienne. Une adresse iodée et ensoleillée qui donne un souffle nouveau au quartier.

ITALIEN ET PIZZERIA

DON VITO

154, avenue des Frères-Lumière (8e)
✆ 04 78 09 22 88
www.donvito.fr
Ouvert du mardi au samedi midi et soir. Menus de 28,40 € à 32,50 €. Formule midi 17,90 €. A emporter.

© EMMANUEL SPASSOFF

© EMMANUEL SPASSOFF

Total respect à Don Vito, le restaurant de spécialités italiennes à Lyon 8e qui nous donne envie de traverser la ville pour découvrir le quartier de Monplaisir (musée Lumière). Belle et agréable terrasse en contrebas de la rue et trois salles décorées aux couleurs de l'Italie. Julien, le propriétaire et gérant des lieux, a toujours à cœur de proposer une cuisine maison qui nous emmène de l'autre côté des Alpes. Délicieuses pizzas, pour toutes les envies, garnies de produits frais et des plats gourmands, généreux et savoureux : salades, pâtes, risotto, poissons frais, tartare de bœuf au couteau... Sans oublier le tiramisu maison. Belle sélection de vins italiens. Belle vita a Don Vito !

SAVEURS MÉDITERRANÉENNES

RHÔNE RIVE GAUCHE

ITALIEN ET PIZZERIA

LA NONNA

29, rue Ney (6e) ✆ 04 26 28 16 06
www.restaurant-lanonna.com
Ouvert du mardi au samedi midi et soir. Pizzas à partir de 13 €. Plat du jour 13,90 €. Vente à emporter.

Installée sur Lyon depuis 35 ans, La Nonna fait partie des références pour les spécialités italiennes. Dans une rue qui s'anime à l'heure du déjeuner, La Nonna offre un refuge pour les gourmands assurés de savourer une délicieuse pizza, mais aussi un bon plat du jour au goût de l'Italie. Après avoir partagé, dans une ambiance conviviale, une assiette Nonna bien composé de produits italiens, il va falloir choisir entre les roulés, les salades, les pâtes, les gratins, les viandes - dont une véritable escalope de veau à la milanaise et un large choix de pizzas - et une assiette découverte pour les gourmands qui ne peuvent pas choisir ! Sélection de vins italiens et français. Une valeur sûre.

ITALIEN ET PIZZERIA

VERANOTUTI

122, rue Montesquieu (7e) ✆ 04 37 66 16 22
www.veronatuti.com
Ouvert du mardi au vendredi midi, du mercredi au samedi le soir. Formule midi 24 €. Dîner (menu unique) 33 €.

Faire une virée à deux, entre ami(e) s, à travers toutes les régions gourmandes d'Italie. Pas besoin de décapotable quand le Veranotuti nous offre le plus beau des voyages dans le quartier de la Madeleine. Pas de clichés, mais de la vraie cuisine traditionnelle italienne avec les meilleurs produits à la une. Lieu chaleureux et coloré tenu par d'authentiques passionnés, Veranotuti propose des produits exceptionnels de l'entrée au dessert (le *semifreddo* aux amandes de Sicile est une tuerie) en passant par une superbe carte des vins. Antipasti, primo o secondo, tous les plats changent au gré de la région visitée et du marché de saison, les spécialités nous affolent. Formidable.

ITALIEN ET PIZZERIA

SAPORI DI CASA

134, avenue Thiers (6e) ✆ 04 72 44 37 98
www.saporidicasalyon.fr
Ouvert du lundi au vendredi de 11h30 à 18h30. Plat 13,90 €. Buffet à volonté jeudi soir 19,90 €.

Connaissez-vous le bonheur de manger des pâtes fraîches ? Sapori di Casa vous propose de savourer le vrai plaisir des pâtes «made in Italy» mais à Lyon ! Des pâtes fraîches faites le matin avec amour et savoir-faire par Francesca, authentique italienne. Les pâtes se déclinent selon les saisons : rigatoni, orecchiette, cannelloni... ou de délicieuses casarecce au gorgonzola DOP. Le tout à base de produits frais, pour la plupart en provenance d'Italie et du Piémont en particulier. Salades, dont certaines végétariennes. Fameux tiramisù maison. Vins italiens. Tous les jeudis soir, *apericena* avec buffet à volonté. Salle chaleureuse et sourire de Delphine au service. Simple et délicieux.

ITALIEN ET PIZZERIA

ITALIA E SAPORE

88, rue Vendôme (6e) ✆ 04 78 24 76 84
www.italiaesapore.com
Ouvert du mardi au samedi le midi, du jeudi au samedi le soir. Pizzas à partir de 12,50 €.

Toutes les couleurs de l'Italie brillent chez Italia e Sapore. Dans cette rue paisible, une terrasse estivale, mais surtout un restaurant qui n'est pas « qu'un » restaurant, puisqu'il nous emmène un peu plus en Italie dans une boutique/épicerie des plus tentantes. Qualité première : les produits. En provenance directe d'Italie, ils sont à l'origine de tous les plats maison préparés par des passionnés. Et ça se sent dans des assiettes de dégustation – antipasti, jambon truffé, jambon de Parme, mortadelle... – et des farandoles à tomber. Salades et pâtes dans la même veine. Pizzas parmi les topissimes. Le plus : la possibilité de rapporter les bons produits et les plats à la maison.

ITALIEN ET PIZZERIA

TOTO LI VIGNI

50, cours du Docteur-Long (3e) ✆ 04 78 42 19 24
www.totolivigni.com
Ouvert du mardi au samedi le midi et le soir. Carte 25 € environ. Pizza à partir de 10,20 €.

Toto li Vigni, c'est beaucoup d'amour et de gourmandise réunis dans une même adresse située dans le quartier de Montchat. Il faut absolument franchir la porte de ce *ristorante* pour découvrir toute la chaleur humaine qui s'en dégage et découvrir également une superbe terrasse dans la cour à l'arrière de la maison. Un plaisir à prolonger en savourant les meilleures recettes d'un chef qui n'a pas sa langue, ni ses mains, dans sa poche. La carte est une succession de merveilles qu'il faut toutes goûter ! De la Parmigiana Rivisitata, création maison exceptionnelle, aux *spaghetti alle vongole* en passant par le risotto du chef et les *pizze* à vous retourner le cerveau, c'est un régal à l'italienne.

CUISINE D'AFRIQUE DU NORD

CHEZ BOUGACI

29, rue Gambetta - **SAINT-FONS**
✆ 04 78 70 92 55
Ouvert du mardi au dimanche le midi ; du mercredi au samedi le soir. Carte : 20 € environ.

Aller à Saint-Fons sera, pour certains lyonnais, un premier dépaysement. L'autre, ce sera en franchissant la porte de ce restaurant, véritable institution depuis 45 ans, qui vous emmène par son décor de mosaïques de carrelage et ses saveurs quelque part de l'autre côté de la Méditerranée, dans les montagnes de Kabylie. Chez Bougaci, maison de cuisiniers de père en fils, on se transmet la passion d'une cuisine traditionnelle faite avec le cœur et de bons produits. Générosité des assiettes et saveurs pour se régaler de plats composés d'une semoule comme nulle part ailleurs, de légumes qui ont du goût et de viandes parfaites (poulet, agneau, bœuf, merguez). Beau voyage gourmand.

THAÏLANDAIS

BANGKOK ROYAL

40, rue Sergent-Blandan (1er) ✆ 04 78 28 19 83
www.bangkok-royal.fr
Ouvert tous les jours le soir, du mercredi au dimanche à midi. Formules midi à partir de 14 €. Carte 25 €. A emporter.

Bientôt 20 ans de bons et loyaux services gastronomiques en faveur de la cuisine thaïlandaise. Si la décoration est un peu datée, le côté «vintage» des lieux fait aussi partie du charme du Bangkok Royal. De toute façon, l'essentiel se trouve dans les assiettes qu'il faut partager avec les convives installés autour de la table. Carte claire et niveau de piment bien indiqué pour éviter les surprises. Saveurs délicieuses dans des plats typiques comme ce fameux canard grillé. Une cuisine authentique pour tous les goûts, avec une recommandation particulière pour les currys maison, excellents. A Lyon, il est toujours possible de voyager dans un royaume gourmand : la Thaïlande.

JAPONAIS

KOME

4, rue Lanterne (1er) ✆ 04 78 28 36 64
www.sushikome.fr
Ouvert du mercredi au lundi le midi et le soir. Menus sushi à partir de 15,50 €.

En Espagne, il y a les bars à tapas. Au Japon, il y a les izakaya. Et à Lyon, il y a Komé. Un mix entre le bistrot de quartier et le restaurant fusion japonais à l'ambiance chaleureuse et décontractée. Ouvert tous les jours, sauf le mardi, à deux pas de la place des Terreaux, Komé nous fait voyager autour d'un bon verre de saké, de bière, de whisky, d'un cocktail maison avant même de découvrir une carte gourmande composée par un véritable chef. Grillades Jiaozi, donburi, chirashi, sushi, nigiri, sashimi, california rolls, udon ramen... Toute la street-food japonaise, mais aussi poke bowl pour varier les plaisirs. A emporter, plateaux à partager. Grande gentillesse, délicieux coup de cœur.

VIETNAMIEN

MAMASAN

46, rue Ferrandière (2e) ✆ 04 78 37 44 84
www.mamasan.eu
Ouvert du lundi au samedi le soir ; du mardi au samedi le midi. Carte : 25 € environ. Bò bún 13 € et 15 €.

En Asie comme à Lyon, la cuisine des « mères » est la seule qui compte ! Mamasan, une porte ouverte vers l'Asie du Sud-Est – Vietnam et Laos – dans un restaurant de la Presqu'île au décor décalé trop joli (avec des toilettes qui surprendront plus d'un voyageur...). C'est beau, exotique, les serveurs sont adorables, mais ce qui fait vraiment la différence c'est la cuisine familiale réalisée par deux cheffes – Huong et Nhung, mère et fille – qui perpétuent le meilleur de la tradition. La qualité des produits utilisés renforce notre bonheur à manger un fameux *Bò bún* ou un porc aux épices douces. Sauces maison. Partir loin de Lyon, c'est un luxe à s'offrir tous les jours chez Mamasan.

CHINOIS

NEW

BAO TIME

5, rue de l'Arbre Sec (1er)
✆ 04 78 58 52 51
www.baotime.fr
Ouvert tous les jours de 11h30 à 22h. Formules à partir de 10 € (2 baos).

© EMMANUEL SPASSOFF

© EMMANUEL SPASSOFF

Bao Time : une enseigne que nous avions déjà adorée sur la place Guichard. Mais le succès mérité des baos, spécialité de la street-food chinoise - petites brioches farcies de bons produits et cuites à la vapeur -, a permis à Bao Time d'ouvrir deux nouveaux restaurants : rue de Marseille et aux Terreaux. D'authentiques baos préparés artisanalement selon une recette maison par un chef chinois à partir de produits frais et de qualité pour se régaler à de larges horaires (y a pas d'heure pour manger un ou plusieurs baos aussi bons !). Des baos pour tous les goûts, veggie, bœuf, poulet, porc, crevette... Nouveaux baos burgers toujours plus gourmands. Ateliers pour découvrir les secrets des baos.

SAVEURS D'ASIE

PRESQU'ÎLE ET CROIX ROUSSE

JAPONAIS

MUBYOTAN

6, rue Duviard (4e) ✆ 06 24 53 20 39
www.mubyotan.fr
Ouvert du mercredi au samedi midi, du mercredi au vendredi le soir. Samedi de 16h à 18h. Midi 15 €. Soir 29 €.

Ils auraient pu s'installer à Kyoto pour faire découvrir la cuisine française aux Japonais. Ils ont choisi de s'installer à la Croix-Rousse pour nous faire découvrir la cuisine traditionnelle japonaise. Et nous en sommes heureux ! Eux, c'est Naoko et Adrien, couple franco-japonais, elle au service, lui en cuisine. Dans une salle épurée, l'impression de manger dans une famille japonaise, surtout à midi avec le « teishoku », plat du jour bien accompagné. Saveurs délicates et prononcées, ce qu'il faut pour voyager. Coup de cœur pour le dessert, une pâte de haricot rouge enveloppée dans un petit beignet à l'effigie de la maison. Végétariens bienvenus. Excellente adresse dans l'air du temps.

INDIEN

LE SHALIMAR

39, quai Gailleton (2e) ✆ 04 78 42 18 20
www.leshalimar.com
Ouvert du lundi au samedi le soir, du mercredi au samedi le midi. Carte 30 €. Vente à emporter.

Plus qu'un parfum d'Orient, une adresse qui a traversé le temps. Voyage vers les Indes pour le restaurant lyonnais historique – 38 ans – de la destination. Pas le restaurant le plus simple d'accès – parking parfois compliqué dans le quartier –, mais celui qui nous emmène le plus loin. Décor traditionnel raffiné, boiseries sculptées, accueil et service prévenants, reste à explorer une large carte et à s'extasier devant des assiettes aussi belles à regarder que délicieuses à savourer. Le Shalimar Naan fourré aux piments verts est à fondre, les crevettes jouent des variations tout comme les viandes avec, en point d'orgue, un Shalimar Biryani. Carte de cocktails. Adresse envoûtante.

CUISINE ASIATIQUE

SABAI SABAI

4, Petite Rue des Feuillants (1er)
✆ 04 26 72 45 87
http://sabaisabai.fr
Ouvert du mardi au samedi le soir. Tapas à partir de 4,50 €.

Un vrai voyage en plein Lyon. Une petite rue en pente nous emmène dans une autre petite rue thaïlandaise, invitant à découvrir les saveurs authentiques d'une cuisine street-food inspirée par l'Asie du Sud-Est. Sabaï Sabaï, ça nous réveille le corps et l'esprit dans une ambiance décontractée et conviviale qui ouvre l'horizon de nos soirées (même si les horaires sont avancés). Des tapas originales à déguster en soirée dans un cadre cosy ravissant. Des tapas de qualité : prix accessible, qualité faite à base de produits frais, mais encore – et c'est rarissime – la possibilité de réaliser des accords tapas et vins avec une belle carte en la matière. Cocktails prolongeant la soirée.

VIETNAMIEN

HONG HA

21, rue Saint-Jean (5e) ✆ 04 78 42 18 92
www.restaurant-hong-ha.fr
Ouvert du mardi au samedi le midi et le soir ; le dimanche midi. Bobun : 12 €.

Ce restaurant vietnamien en plein cœur du Vieux Lyon est installé depuis 45 ans, une véritable référence dans sa catégorie. Cette affaire de famille est très certainement l'un des meilleurs vietnamiens de Lyon. Bien sûr, la petite salle d'une trentaine de couverts et la patine du temps ne sont pas pour plaire aux affranchis de la décoration moderne, mais tout cela donne un charme supplémentaire à ce lieu totalement inclassable. Le «best-of» de la carte s'appelle «My Xao Hong Ha» (avec quelques accents en plus) et demeure un secret que l'on se transmet de génération en génération. A découvrir, une carte pleine de richesses préparées «minute» avec des produits frais. Délicieux.

CUISINE ASIATIQUE

SAPNA

7, rue de la Martinière (1er) ✆ 09 81 77 27 25
www.sapna.fr
Ouvert du mardi au samedi le soir, vendredi et samedi le midi. Carte 26 € environ.

Sapnà, c'est un rêve pour les voyageurs gourmands. Sapnà, ça veut dire «rêve» en hindi. Un rêve à partager dans le plus créatif des restaurants asiatiques. Aux commandes, le chef Arnaud Lavardin et ses amis – Thomas et Rémy – nous conduisent vers des destinations gourmandes, des territoires inconnues pour nos palais européens. Belle sobriété chaleureuse dans une salle très personnelle, à l'image d'une cuisine inédite. Le midi en fin de semaine se décline autour des bao. Le soir, la carte varie en fonction des recettes inspirées par les voyages, laissant une belle place au sucré, chose rare dans cette catégorie. De la douceur, des saveurs, le plus gourmand des rêves éveillés.

INDIEN

LAL QILA

4, place Saint-Paul (5e) ✆ 04 72 07 82 11
www.lalqila.fr
Ouvert du mardi au dimanche le midi et le soir. Fermeture vendredi midi. Menus de 22,90 € à 28,90 €.

Dans le style indien, le Lal Qila est une sorte de référence nichée dans le Vieux Lyon. Un plus tout de même qui le distingue : sa terrasse lounge dans ce coin du Vieux Lyon paisible. Pour le reste, on plonge dans les délices d'une Inde parfumée, savoureuse et forcément envoûtante qui se déclinent en de multiples spécialités : briani, fruits de mer, un poulet Madras dont on se méfiera de la sauce curry relevée, un bœuf kashmiri tout en douceur avec ses noix de cajou, un agneau tikka massala, l'un de nos plats préférés, sans oublier les nombreuses préparations de pains et les légumes pour les végétariens. Un dîner en tête-à-tête ou un repas de famille, le Lal Qila est toujours là !

JAPONAIS
CHEZ TERRA

81, rue Duguesclin (6e)
✆ 04 78 89 05 04
www.chezterra.com
Ouvert du mardi au samedi le midi et le soir. Carte : 40 € environ.

L'habit ne faisant pas le moine, par extension disons que le décor ne fait pas toujours la qualité du restaurant… et que Terra, qui n'en a pas l'air, est certainement l'un des tout meilleurs restaurants traditionnels japonais de la région. Sagesse populaire qui s'applique à ce «bistrot japonais» – dites *izakaya* – à la décoration minimaliste, c'est très japonais, mais qui reste – selon nos sources japonaises et notre propre avis – le meilleur restaurant japonais de Lyon. A la découverte d'un art de vivre autant que d'un genre culinaire raffiné grâce au chef Hiroshi Teramoto. Accords plats-saké de haute qualité. Voyage culinaire dépaysant au Pays du Soleil Levant.

THAÏLANDAIS
KOH PHANGAN

92, rue Pierre Corneille (3e) ✆ 04 78 38 30 79
www.kohphanganrestaurant.fr
Ouvert du lundi au vendredi le midi, du lundi au samedi le soir. Carte 25 € environ. Formule midi 16,80 €.

La Thaïlande : ses plages, ses îles, ses petits coins de paradis et sa cuisine traditionnelle parfumée. En attendant d'y aller, partez immédiatement au Koh Phangan. Une salle spacieuse avec sa paillote tropicale et une petite terrasse dans la rue aux beaux jours. Décor sobre et gentillesse au service de monsieur, français, qui nous explique les plats préparés par belle-maman, véritable cheffe thaïlandaise. Ah, le curry de belle-maman... Carte courte réalisée avec des produits frais de qualité, ce qui peut causer un peu d'attente. Patience récompensée par son lot de saveurs, parfums, textures. Régal jusqu'au dessert. Végétariens bienvenus. Une île paradisiaque à savourer sans modération.

INDIEN
DEB'S BISTRO INDIEN

26, rue Lortet (7e) ✆ 04 72 71 49 11
www.debsbistro.com
Ouvert du mardi au samedi le midi et le soir. Carte 25 € environ. Formule midi 19,50 €.

L'Inde, ce n'est pas une cuisine, mais des cuisines ! Il faut imaginer qu'un pays aussi riche que celui qui est appelé «sous-continent» n'offre pas qu'une seule cuisine, mais bel et bien une multitude de saveurs à découvrir lors de vos prochaines visites chez Deb's Bistro Indien. A deux pas de Jean Macé, une salle chaleureuse à l'image de l'accueil reçu. Voyage à travers l'Inde sur les traces du chef Debdutta Gupta. Des sommets de l'Himalaya aux plages de Chennai, les plats ravissent tous les palais. Viandes, poissons, végétaux, plongez dans l'inconnu avec confiance et délice ! Végétariens bienvenus. Excellent rapport qualité-prix. Un voyage à partager avec les gens qu'on aime.

JAPONAIS
KURO GOMA

15, rue de Bonald (7e)
✆ 09 88 06 06 08
https://kurogomalyon.fr
Ouvert du mardi au samedi le midi et le soir. Carte : 25 € environ. Plat environ 14 €.

Invitation gourmande dans un authentique *izakaya* dans le 7e ! Si votre chéri(e) n'a pas fait Langues O et ne connaît pas bien Lyon, il va falloir lui expliquer. Reprenons : un *izakaya*, c'est un bar traditionnel japonais où l'on viendrait prendre l'apéro et déguster des «tapas» version Pays du Soleil Levant. Beau petit lieu qui mérite largement que l'on pousse sa porte pour savourer des Gyozas. À midi, plats du jour servis sur un riz japonais avec quelques bonheurs comme ce Yakiniku Don, une viande d'exception. Quelques touches de sésame noir, la signature maison. Bières japonaises à la pression. Toujours un excellent rapport qualité-prix-voyage, les saveurs en plus.

JAPONAIS
IMOUTO

21, rue Pasteur (7e) ✆ 04 72 76 99 53
www.imouto.fr
Ouvert du mercredi au samedi le midi et le soir. Formule du midi 27 €. Menu du chef 47 €.

Une parenthèse enchantée dans le quartier de la Guillotière. Le chef Gaby Didona, aux origines japonaises, a ouvert une double voie. Celle d'une cuisine fusion franco-japonaise tout en nuances et subtilités parfumées. Celle d'un restaurant élégant avec son décor inspiré - particulièrement joli chez Imouto - façon bistrot. Avec Guy Kendell aux fourneaux, le chef continue de nous faire voyager par-delà les continents, sans oublier les bons produits français, avec une préférence pour les produits de la mer : ormeau sauvage de Bretagne émincé, poulpe poêlé et purée au yuzu, mais aussi un pigeon laqué... Desserts de même niveau. Végétariens et végétaliens participent à la fête. Un délice.

CHINOIS
NEW CHINA

178, rue Garibadi (3e) ✆ 04 78 95 32 00
www.restaurant-newchina.com
Ouvert tous les jours le soir, du mardi au samedi le midi. Menus de 39 € à 69 €. Formule du midi 23 €.

La cuisine chinoise ne se cantonne pas à la cuisine «populaire». Oubliez tout ce que vous avez déjà vu et goûté dans un restaurant chinois, du décor aux plats réchauffés, et découvrez le New China. Ici, la cuisine chinoise prend une dimension gastronomique en fusionnant avec la cuisine française. Esprit chinois tout en douceur avec une agréable terrasse et une salle élégante et raffinée à l'image des plats du chef Shi Lin, lauréat du concours gastronomique de Hong Kong. Exigeant, il ne travaille que des produits de qualité assurant fraîcheur et saveurs. Résultats : des assiettes exceptionnelles avec un incontournable canard entier à la pékinoise et sa sauce aux fruits de mer. Surprenant.

JE ME RÉGALE

SAVEURS D'ASIE

RHÔNE RIVE GAUCHE

JAPONAIS

OTO OTO

15, rue d'Aguesseau (7e) ✆ 04 37 37 84 23
www.oto-oto.fr
Ouvert du mercredi au dimanche le midi et le soir. Carte : 25 € environ.

L'izakaya est au Japon ce que le pub est à l'Angleterre, un lieu convivial et gourmand où l'on aime se retrouver après une journée de travail pour se détendre, bien boire et bien manger. Dépaysement garanti chez Oto Oto avec ses murs recouverts de couvercles en bois de boîtes de riz. Le plus dépaysant, de véritables «grottes» en forme de cocon où l'on peut s'isoler pour boire des verres ! Côté cuisine, le chef Dany Hu nous régale de saveurs japonaises en version chaude et froide, normale ou grande. Produits des meilleurs fournisseurs pour des plats de qualité. Excellents plats à base de poisson, bentos, plats à partager, carte de sakés et de whiskies. Une adresse à aimer.

JAPONAIS

RESTAURANT WASABI

76, rue d'Anvers (7e)
✆ 04 37 28 08 77
www.wasabilyon.fr
Ouvert du mardi au samedi soir. Menus de 38 € à 62 €.

Ouvert uniquement le soir lors de notre visite, le Wasabi s'est spécialisé dans l'art de la dégustation des sushis et des sashimis. Cela fait plus de dix ans que le chef Kim s'est installé rue d'Anvers dans un décor romantique, poétique qui se prête parfaitement aux dîners en amoureux, prouver tout son bon goût à sa moitié. Sushis, sashimis, makis, california rolls de premier choix réalisés avec des produits de la mer frais - saumon, daurade, thon, turbot, mais aussi crevettes - et de grande qualité. Des sushis qui se déclinent dans des menus variés et généreux, agrémentés d'une soupe Missoshiru pour se «rincer» la bouche entre chaque pièce. Wasabi authentiquement japonais.

CUISINE VISUELLE

Envie de faire vos propres sushis ou de devenir un pro du poulet yassa ? L'appli Cuisine visuelle devrait vous y aider ! Elle permet d'apprendre une multitude de recettes de cuisine du monde grâce à des cours vidéo. C'est assez simple et même les débutants aux fourneaux devraient s'y retrouver. Il suffit d'un peu de concentration et de rassembler tous les ingrédients, puis le tour est joué.

THAÏLANDAIS

SIAM BISTROT

7, rue Danton (3e) ✆ 04 78 95 07 28
www.siambistrot.com
Ouvert du lundi au vendredi le midi, du mercredi au vendredi le soir. Formule midi 20,50 €. Menu soir 34 €.

Le Siam Bistrot, c'est le royaume des gourmands à l'esprit voyageur dans le quartier de la Part-Dieu. A l'angle de rues paisibles, une terrasse où règne la plus grande convivialité. Direction l'Asie du Sud-Est dans une salle d'où se dégagent toute la chaleur humaine d'une équipe joyeuse et souriante au service et les senteurs d'une cuisine ouverte entre produits français et recettes traditionnelles thaïlandaises. Fusion siamoise totalement réussie ! Au déjeuner, incontournable menu du jour offrant des plaisirs de saison avec un rapport qualité-prix imbattable. Chaque bouchée est un pur plaisir. Afterwork avec des tapas thaïes maison, menu et carte évolutive en soirée. Végétariens bienvenus.

JAPONAIS

RAMEN DJIZAN

49, rue Chevreul (7e)
✆ 09 80 99 12 63
www.djizan-ramen.fr
Ouvert du lundi au samedi le midi. Ramen à partir de 9,80 €.

La streetfood japonaise garde la cote et pas seulement grâce aux sushis. Les ramens sont une autre spécialité japonaise, moins connue en France que les sushis, à base de nouilles servies dans un bol de bouillon avec des garnitures et des accompagnements selon les envies. Un plat populaire qui a su se renouveler et plaire aux Lyonnais grâce à la qualité d'une enseigne comme Ramen Djizan. Dans un cadre qui n'en rajoute pas dans l'exotisme, Ramen Djizan joue la carte de la simplicité et de l'authenticité des recettes réalisées à partir d'ingrédients de qualité. Sur des bases, dont une végétarienne, possibilité de personnaliser son plat. Bon rapport qualité-prix pour varier les plaisirs.

CORÉEN

SINABRO

126, rue de Sèze (6e)
✆ 04 78 52 74 34
Ouvert du mardi au samedi le midi et le soir. Formule midi 19 €.

Si vous aimez la sobriété, vous allez adorer le Sinabro. Un décor tout à fait zen pour mieux se détendre et apprécier son repas. Un cadre qui laisse courir notre imagination en direction de Séoul à la découverte de la cuisine coréenne. Sinabro est un bistrot coréen dans une version inédite à Lyon. Pour vous dire la qualité des plats, il faut savoir que derrière Sinabro il y a Younghoon Lee, chef étoilé dans une autre maison tout à côté : le Passe Temps. Produits de qualité pour une cuisine à la fois «populaire», à la fois saine et raffinée, envoûtante par ses saveurs. Bibimbap et Dopbab pour se régaler de bœuf ou porc sauté servi avec 3 accompagnements et une soupe du jour. Un délice.

TIBÉTAIN - NÉPALAIS

LA VOIE HIMALAYA

200, rue Garibaldi (3e)
✆ 04 28 31 69 13
www.lavoiehimalaya.com
Ouvert du lundi au samedi le midi et le soir. Menus de 20 € à 30 €.

Dans ce quartier qui a bien changé, profitant d'un large trottoir ombragé pour installer sa terrasse, une voie s'ouvre vers une autre culture, une autre cuisine. La Voie Himalaya offre zénitude, couleurs chatoyantes, parfums et saveurs, pour nous emmener ailleurs. Salle chaleureuse, accueil adorable, comme une invitation à découvrir le Népal et le Tibet à travers des images mais surtout à travers une gastronomie méconnue. Plats traditionnels réalisés par un cuisinier passionné qui nous fait découvrir les saveurs de son pays. Viandes marinées, cuisson au tandoor, raviolis népalais, sans oublier les nouilles et les naans. Bières, rhums et whisky népalais à tester. Laissez-vous surprendre.

VIETNAMIEN

THE PHAMILY

7, rue du Boeuf (5e) ✆ 04 78 92 83 20
www.thephamily.co
Ouvert du mercredi au lundi le midi et le soir. Menu 22,90 € et carte.

Le Vieux Lyon s'enrichit en s'ouvrant à la cuisine du monde. Surtout quand le cuisinier partage d'authentiques recettes familiales transmises de génération en génération, s'approvisionne tous les matins en légumes frais au marché Saint-Antoine en limitant son empreinte carbone. Cuisine sincère 100 % maison qui fait le lien direct entre les traboules lyonnaises et les ruelles de Saïgon par un transfert des sens. The Phamily, c'est un lieu de vie où l'on partage de bons moments en se régalant des spécialités maison que sont la soupe Pho au bœuf ou le Bo Bun. Végétariens bienvenus. Thés et sodas bio pour varier les plaisirs. Une porte gourmande vers le Vietnam, une belle découverte.

CUISINE ASIATIQUE

N'AUTRE MONDE

16, avenue de Montlouis - **CHAMPAGNE-AU-MONT-D'OR**
✆ 09 81 65 45 25 - www.restaurant-nautremonde.fr
Ouvert du lundi au vendredi midi, du jeudi au samedi le soir. Menu midi 17,50 €. Vente à emporter.

Qui n'a pas rêvé d'un N'autre Monde où la Terre serait... ? Avant de partir à l'autre bout du monde, partons au Vietnam dans une avenue paisible de Champagne-au-Mont-d'Or. Gentillesse de l'accueil, chaleur et convivialité de l'ambiance, le voyage commence dans les meilleures conditions. Tout continue parfaitement à table avec les plats d'une cuisine pleine de fraîcheur et de saveurs. Nems, raviolis, rouleaux de printemps, samoussas, soupe tom yum pour débuter. Incontournable bò bún maison, pad thaï poulet ou crevettes, délicieux curry de poulet, wok aux légumes ou marmite du pêcheur pour continuer. Pâtisseries françaises faites maison. Une « N'autre » façon de se régaler dans la Métropole.

VIETNAMIEN

THÊ' VÂN

6, rue Passet (7e)
✆ 04 72 71 33 64
Proximité métro/tramway Guillotière
Ouvert du mardi au samedi midi et soir. Menus de 13,90 € à 18,40 €. Formules midi 10,40 € à 11,40 €. Vente à emporter.

© EMMANUEL SPASSOFF

© EMMANUEL SPASSOFF

Dans le décor dépaysant du petit quartier asiatique de Lyon, Thê'Vân nous emmène en voyage gourmand vers le Vietnam depuis plus de 20 ans. Salle sobre aux tons clairs loin des clichés du genre et un accueil d'une gentillesse toute naturelle. Chez Thê'Vân, hospitalité et gourmandise font la paire pour nous faire découvrir une cuisine pleine de saveurs. Ne pas hésiter à se faire expliquer les plats et leur exacte composition pour choisir à la carte ou un menu à l'imbattable rapport qualité-prix midi et soir. Produits de qualité, recettes savoureuses, il faut absolument goûter à la soupe Phô et à l'un des meilleurs Bò Bún de la ville, sans oublier tous les autres plats ! Cuisine du cœur.

NEW

MEXICAIN

ALEBRIJE

1, rue Justin Godart (4e) ✆ 04 72 00 03 02
https://alebrijelyon.fr
Ouvert du mardi au samedi le midi et le soir. Menus de 35 € à 47 €. Formule du midi : 19 €.

Nouveau voyage à la Croix-Rousse, direction le Mexique. Une jeune cheffe mexicaine, Carla Kirsch passée par l'Institut Bocuse, nous offre une expérience unique dans un lieu coloré qui nous donne envie de faire la fête. Une adresse loin de tous les clichés sur la street-food mexicaine, plutôt dans la tendance bistronomique. Mélange de savoir-faire français, de produits... français (locaux et régionaux de préférence) et de recettes traditionnelles mexicaines pour des assiettes aux saveurs incroyables relevées de quelques piments, comme ce Mole de Olla, un pressé de bœuf légèrement épicé, ou ce dessert original «Comme une margarita». Quand la cuisine nous emmène vers un ailleurs délicieux.

RÉUNIONNAIS

LES FILAOS

1, place Fernand-Rey (1er) ✆ 04 78 28 67 60
www.lesfilaos-lyon.com
Ouvert du mardi au samedi midi et soir. Formule midi 21 €. Menus soir de 25 € à 31 €. Terrasse.

Faire le plus beau des voyages sans bouger du centre de Lyon, direction La Réunion aux Filaos. Depuis 36 ans, la famille Grondin nous emmène sur son île à la découverte d'une cuisine aux accents savoureux et colorés. Installé sur l'une des plus belles places de Lyon, le restaurant offre une terrasse ombragée à midi, où fleurissent les lauriers en été, et animée en soirée. Un bonheur à partager qui se prolonge naturellement dans les assiettes avec des recettes authentiques transmises de génération en génération : bouchons, samoussas, rougail (servi aussi à midi), bœuf massalé... Cave à rhum. La Réunion s'invite chez vous grâce à la vente en livraison ou à emporter. Adresse de cœur.

AFGHAN

AZUR AFGHAN

6, rue Villeneuve (4e)
✆ 04 78 39 66 19
Ouvert du lundi au samedi midi et soir. Menus de 17 € à 21 € (menu carte). Formule midi 14 €. Menu dégustation 50 €.

L'Afghanistan n'est pas la destination gourmande à laquelle on pense en premier. À première vue aussi, ce restaurant ne paie pas de mine. Et pourtant... Loin de l'actualité tourmentée de ce pays, Azur Afghan propose depuis plus de 20 ans une cuisine dépaysante, plus raffinée qu'on ne l'imagine. D'accord, la décoration sommaire de la salle et des dressages un peu négligés dans les assiettes ne sont pas les meilleurs atouts de cette adresse, mais les saveurs (et le service adorable) nous font voyager bien au-delà de ce que l'on pouvait espérer. Pour le dessert, on se tourne vers les pâtisseries orientales ou une bugne afghane parfumée à la cardamome (*gochéfil*). Une vraie découverte.

MEXICAIN

GOMEX CANTINA

16, rue des Capucins (1er) ✆ 04 78 49 66 36
https://commande.go-mex.fr
Ouvert du mardi au dimanche le midi et le soir. Samedi et dimanche en continu de 11h30 à 22h. Carte : 16 € environ.

Dans les Pentes, une petite place au carrefour des rues, une terrasse colorée, une salle chaleureuse à l'image de l'accueil qu'on y reçoit, voilà GoMex Cantina. Street-food version mexicaine dans un restaurant rapide où il faut savoir prendre son temps pour se régaler de plats hauts en saveurs. Immense bravo à Enrique Gomez Moro, passé par l'Institut Bocuse et des établissements prestigieux, et son équipe qui ont su mettre à l'honneur une cuisine mexicaine de qualité à savourer sur place ou à emporter. Tacos, burritos, tortas, fajita fiesta à partager à 4, des recettes gourmandes composées d'excellents produits, comme ce paleron de bœuf confit pendant 9h. Autre adresse à Confluence.

CUBAIN

BODEGUITA CUBANA

44, rue de Cuire (4e) ✆ 04 72 07 95 47
www.bodeguitacubana.fr
Ouvert du lundi au vendredi le midi, du mardi au samedi le soir. Menus de 24 € à 27 €.

Ah Cuba ! Tout ça nous semble tellement loin dans cette période où l'on peut à peine sortir de chez soi... Heureusement Hugo Aguilera et Allucha nous emmènent là-bas dans leur bistrot – c'est ainsi que l'on pourrait traduire Bodeguita – au cœur de la Croix-Rousse. Des couleurs chaleureuses, notamment du bleu, et des objets qui évoquent cette île devenue mythique par sa musique. Après un mojito, embarquement pour des déjeuners aux saveurs rythmées par le marché du jour, mais encore plus pour des repas typiques qui ont le goût de l'Amérique latine. Le soir et le week-end, les soirées s'animent autour de la salsa, notamment le samedi soir, à cette adresse qui a le sens de la fiesta.

LIBANAIS

MON LIBAN

19, rue Mercière (2e) ✆ 04 78 42 35 00
www.lemontliban.fr
Ouvert tous les jours midi et soir. Formule midi 18 €. Mezze de 29 € à 63 €. Menus 35 € à 48 €. Animations.

Le Liban de Mon Liban est unique et ouvert à tous. Dans ce petit coin paisible de la rue Mercière, le Liban est gourmand. Depuis plus de 30 ans, cette adresse nous donne la meilleure image d'un pays qui reste à découvrir. Terrasse agréable, mais aussi un décor superbe, entre modernité et tradition, qui nous emmène déjà en voyage vers d'autres rivages. Accueil adorable, service prévenant, il ne reste plus qu'à s'émerveiller d'une cuisine parfumée, inspirée de différentes cultures. Large carte permettant de varier les plaisirs en partageant de fameux mezzes. Végétariens bienvenus. Autre bonheur de Mon Liban, l'exceptionnelle carte des vins. Un vrai voyage en terre gourmande.

CUISINE DU MONDE

MAS AMOR POR FAVOR

10, rue Burdeau (1er) ✆ 04 72 07 95 07 - Métro Croix-Paquet.
www.masamorporfavor-lyon.com
Ouvert du mardi au samedi le soir de 18h à 1h, dimanche midi 11h à 15h. Plats à partir de 10,50 €. Carte environ 25 €.

Toujours plus d'amour s'il vous plaît ! Bien sûr que l'on peut reprendre cette enseigne en forme d'incantation dont le monde a bien besoin... Sur les hauteurs de la place Sathonay, une cantine tropicale pour partager des plats et des tapas venus du monde entier. Aux commandes de ce lieu « caliente », trois associés : Jean, Alexandre et l'incontournable Tony. Chaleur humaine d'un lieu hautement convivial sous le regard de Frida Kahlo pour savourer ensemble des tapas du monde : poulpe rôti, Bao de pulled pork, tataki de thon, accras de butternut, artichauts à l'italienne ou maffe végétarien... jusqu'aux desserts maison. Belle carte de cocktails à prix corrects. Adresse pleine d'amour.

IRANIEN

MOJGAN

20, rue Royale (1er) ✆ 09 83 72 66 67
www.mojgan.fr
Ouvert du mardi au vendredi le midi, du mardi au samedi le soir. Formule du midi 24,50 €. Menu soir 43 €.

Le parcours de Mojgan est exemplaire. Elle qui a grandi en Iran, à Shiraz, elle dont le grand-père et la mère étaient des cuisiniers réputés, est arrivée en France il y a 21 ans. Installée à Lyon, elle a voulu partager sa passion, la cuisine, et l'amour d'un pays lumineux dont on ne connaît trop souvent que la face sombre. Passée par l'Institut Bocuse, elle ouvre son propre restaurant il y a 4 ans dans la rue Royale pour offrir aux gourmands des saveurs inédites. Réalisant les recettes de sa grand-mère à partir de produits frais et de produits typiques, la cheffe y ajoute sa touche personnelle. Le riz basmati maison suffit à nous transporter vers un ailleurs gourmand. Voyage culinaire.

TEX-MEX

MULLI

13, rue Mercière (2e) ✆ 04 78 05 11 90
https://mulli.fr
Ouvert du mardi au samedi midi et soir. Formule complète à partir de 16 €.

L'adresse qui « pique » dans le bon sens du poil ! Une adresse qui a changé d'enseigne mais pas de destination, puisqu'elle nous emporte toujours vers le Mexique, pays dont la cuisine ne se résume pas aux clichés publicitaires. Le chef Mauricio Hernandez nous fait entrer dans une maison mexicaine à la découverte d'une cuisine de tradition. Accueil adorable, ambiance et décor chaleureux pour savourer une cuisine maison pleine de saveurs : incontournable guacamole, soupe aztèque, tostada de ceviche, choix des tacos – à manger avec les doigts –, tortas, flautas, enchiladas... et desserts maison à l'ardoise. Bières mexicaines pour accompagner le tout. Le Mexique version authentique.

CUISINE D'AMÉRIQUE ET CARAÏBES

NATIVO

11, rue Laurencin (2e) ✆ 04 78 05 87 92
www.nativo-restaurant.fr
Ouvert du mardi au samedi le soir et samedi midi. Formule du midi 23 €.

En réservant chez Nativo, Bistró Latino, vous allez mettre des paillettes et des couleurs dans votre vie ! De la fraîcheur en été, de la chaleur en hiver, Nativo répond à toutes vos envies de partager du bon temps. A commencer par celle de manger dans un lieu splendide décoré avec goût, comme la plus belle des invitations au voyage entre l'Amérique centrale et l'Amérique du Sud. Promesses tenues dans les assiettes avec de sublimes déclinaisons de ceviches de langoustine, maquereau ou Saint-Jacques, des empanadas argentinas de bœuf, de la morue... Le midi, carte courte, toujours pleine de saveurs. Sympathique carte des vins. Billet doux pour un rapport qualité-prix-plaisir fantastique.

CUISINE OCÉAN INDIEN ET PACIFIQUE

OHANA POKE BAR

9, rue Gentil (2e)
✆ 04 78 72 18 74
www.ohanapoke.fr
Ouvert du mardi au samedi midi et soir. Poke de 13 € à 15 € + 3 € avec dessert et boisson.

© DR

Préférez toujours l'original ! Avant qu'une pluie de poke bowls ne s'abatte sur Lyon, Ohana nous invitait à découvrir le véritable poke version hawaïenne pour manger bien, manger sain. D'excellentes combinaisons de saveurs réalisées à base de produits de qualité à retrouver dans un lieu chaleureux façon baraque au bord de la plage. Julio et Thomas nous invitent dans leur famille, Ohana en hawaïen, pour savourer des plats uniques qui touchent tous les sens. Saumon d'Ecosse de qualité, crevettes bio... Des poke bowls généreux, composés des meilleurs produits de saison (4 cartes dans l'année) et assaisonnés d'une sauce maison. Thé glacé maison, bières Belafonte, café Loutsa. Coup de cœur.

AILLEURS DANS LE MONDE

PRESQU'ÎLE ET CROIX ROUSSE

IRANIEN

LE PETIT PERSAN

8, rue Longue (1er) ✆ 04 78 28 26 50
www.lepetitpersan.fr

Ouvert du mardi au samedi le soir, mardi et du jeudi au samedi le midi. Menus de 27 € à 37 €.

Loin de l'actualité et de la politique, l'Iran, autrefois appelé Perse, possède une merveilleuse culture, notamment culinaire. Eh oui, l'Iran est un pays savoureux où tout n'est que douceur ! Dans la rue Longue au cœur de Lyon, le Petit Persan offre un charmant havre de paix en soirée. Chaleur du décor et de l'accueil pour des assiettes dont la qualité est toujours vérifiée. L'Assiette du Petit Persan offre un assortiment d'entrées chaudes et froides pour tout goûter du bout des doigts : feuilles de vignes farcies, caviar d'aubergine... Plats mijotés, mais encore des brochettes marinées aux parfums d'Orient. Desserts enivrants. Beau voyage culinaire dans un grand pays.

NEW

LATINO

RESTAURANT CANAIMA

24, rue Leynaud (1er) ✆ 09 87 05 87 25
www.restaurantcanaima.fr

Ouvert du mercredi au samedi le soir. Carte : 40 € environ. Formule : 28 €.

Un restaurant difficile à classer, placé en cuisine du monde comme il aurait pu se retrouver en bistronomie. Et si c'est déjà la saison 3 de Canaima, le *Futé* a décidé de le mettre en avant comme une nouveauté. Une vraie découverte en bas des Pentes, un trait d'union entre la France et l'Amérique latine. Décor sobre et chaleureux, clins d'œil exotiques et aux commandes le chef Andrés Sandoval, diplômé de l'Institut Bocuse, et Veronica Suñé. Gentillesse de l'accueil pour nous servir des assiettes colorées où fusionnent la cuisine et les produits français au fil des saisons avec les recettes sud-américaines. Même esprit pour la carte des vins. Végétariens bienvenus. Attention, révélation !

BRÉSILIEN

SAMPA

22bis, rue d'Enghien (2e) ✆ 04 78 37 43 60
https://sampa-lyon.fr

Ouvert du mercredi au samedi midi et soir. Dimanche brunch. Menu midi 20 €. Brunch 23 €.

Pas besoin de connaître les pas de la samba pour aller jusqu'au Sampa. Pas besoin de savoir danser comme au Brésil – Sampa désigne São Paolo – pour franchir la porte de ce restaurant, bar, scène musicale tout à la fois. Vieilles pierres brutes, mobilier qui aurait pu être chiné, sol vinyle façon mosaïque noir et blanc, ce n'est pas dans le décor que Sampa investit mais dans l'ambiance humaine et chaleureuse, à l'image d'une cuisine de partage aux saveurs totalement dépaysantes par la cheffe Fernanda Ribeiro. Tout est fait maison et avec passion en utilisant des produits frais d'ici et en provenance directe d'Amazonie. Généreuse feijoada à midi. Une vraie rencontre culturelle et gourmande.

MEXICAIN

TWO AMIGOS

1, rue Henri-IV (2e) ✆ 09 53 11 86 70
www.twoamigos.fr

Maître Restaurateur. Ouvert tous les jours le midi et le soir. Burritos à partir de 14,50 €. Vente à emporter.

Il y a plusieurs façons d'envisager la cuisine mexicaine. La façon industrielle standardisée et la façon artisanale personnalisée ! Vous préférez laquelle ? Nous aussi ! Direction Two Amigos pour se régaler de burritos, nachos, quesadillas fabriqués sur place, sous vos yeux, à partir de produits frais. Ici, c'est de l'amour que l'on savoure avec le Give me love ou le Green peace, des Burritos Signature épicés sur demande. Des noms rigolos pour des plats qui ont du caractère, comme ce Kill Bill Chorizo composé de bons produits maison : chips de maïs et chorizo mexicain. Desserts maison dans la même veine. Cocktails maison avec plusieurs margaritas et de la tequila comme nulle part ailleurs.

BRÉSILIEN

SAMBAHIA

13, rue du Doyenné (5e) ✆ 04 78 37 82 10
www.sambahia.fr

Ouvert du lundi au samedi de 19h à 1h. Carte : 30 € environ. Chèques non acceptés. Chèque Restaurant. Végan-friendly.

Depuis une quarantaine d'années, le Sambahia s'est imposé comme une véritable institution de la cuisine brésilienne à Lyon. Il offre un décor exotique et typique qui transporte les Lyonnais au cœur de Rio de Janeiro ! C'est dans une ambiance chaleureuse et festive que Cristina Gonçalves et son chef proposent une cuisine authentiquement brésilienne : picanha, feijoada, galinhada, moqueca de peixe ou un plat 100 % végétal. Côté cocktails, la caïpirinha, boisson brésilienne par excellence, est bien entendu à la carte. Il ne vous reste plus qu'à profiter d'un moment gourmand et festif avec les musiciens et les danseuses brésiliennes qui viennent rythmer les soirées le week-end.

CUISINE DU MONDE

L'ACCENT

61, rue Masséna (6e) ✆ 09 63 53 85 64
Masséna ou Brotteaux
https://laccent-lyon.fr

Ouvert du lundi au samedi le midi et le soir. Formule du midi : 22 €.

Le monde est vaste, mais voyager peut être compliqué. Heureusement, il y a l'Accent. Parfois, c'est au coin de la rue que l'on découvre des destinations lointaines ! Ailleurs dans le monde, c'est ici dans le Sud-Ouest avec l'adorable Christelle et toute son équipe. La bonne idée de ce bistrot guinguette, en plus de la terrasse où savourer des tapas, c'est le fameux «Tourniquet de bolinettes». Servi le soir, un plateau tournant avec des petits bols bien garnis de produits cuisinés selon les recettes du monde : 2 viandes, 2 poissons et 2 végétariens pour faire plaisir à tout le monde, sans oublier le riz thaï à volonté. Propositions végétariennes et street-food. Adresse (en) chantante.

CUISINE D'AMÉRIQUE ET CARAÏBES
CASA JAGUAR
157, rue Cuvier (6e) ✆ 04 78 24 03 73
www.casajaguar.fr
Ouvert du mardi au samedi de 18h30 à 1h. Carte : 35 € environ. A emporter.

Une adresse indomptable où l'on vient autant pour la cuisine tropicale que pour l'ambiance sud-américaine, à moins que ça ne soit l'inverse ! Dans tous les cas, un Jaguar plutôt du soir qui sait nous plonger dans une atmosphère décalée pour nous faire oublier nos journées de travail. Décontraction, convivialité autour des tables, à manger et à boire pour se faire plaisir. A la carte, qui change régulièrement, des plats traditionnels revisités, comme ce poulpe fondant confit au mojo ou ce tataki de magret de canard. Ne surtout pas manquer les grillades maison. Et pour accompagner de merveilleux cocktails maison, carte tout aussi alléchante avec une polenta à la truffe par exemple !

PÉRUVIEN
LA CEVICHELA
18, rue de Bonald (7e)
✆ 04 37 70 11 25
www.la-cevichela.com
Ouvert du mardi au samedi le soir. Ceviche à partir de 14 €.

La toute première cevicheria lyonnaise. Si tu ne sais toujours pas ce qu'est un ceviche, c'est que tu n'es pas sorti depuis le premier confinement ! Alors, sors de ton appartement découvrir ce délicieux plat emblématique du Pérou réalisé à base de poisson frais et cru, de citron... pour composer le fameux Leche de Tigre (la marinade à base d'agrumes) et bien d'autres ingrédients suivant les recettes. Plat healthy par excellence, le ceviche est un pur régal quand il est préparé dans les règles de l'art – poisson frais du jour – ce qui est le cas à la Cevichela. Egalement huîtres et fruits de mer pour varier les plaisirs. Carte des vins et cocktails maison pour voyager. Toujours tout bon.

PÉRUVIEN
MIRAFLORES
112, boulevard des Belges (6e) ✆ 04 78 24 49 71
www.restaurant-miraflores.com
1 Michelin. Ouvert du mardi au samedi midi et soir. Formule du midi 45 € (Yka bar & ceviche). Menu Machu Pichu 150 €.*

Un restaurant gastronomique étoilé totalement à part dans le paysage lyonnais. Direction le Pérou au Miraflores, la maison du chef Carlos Carmino qui nous emmène à la découverte de la cuisine, mais aussi de la culture péruvienne. Lieu unique, expérience unique et menu unique pour une immersion complète dans ces terres méconnues. Qualité des produits qui viennent d'ici mais surtout de là-bas pour nous régaler dans des assiettes déroutantes : huîtres fine de claire, noix d'Amazonie, maïs choclo, volaille de Bresse, truffe melano... Plats de la mer et des sommets, il faudra revenir pour tout goûter. Sans oublier YKA, le Bar où l'on savoure des ceviches. Une merveille.

PÉRUVIEN
NEW
KRIOYA
33, rue de la Thibaudière (7e)
✆ 09 75 27 48 39
www.krioya.com
Ouvert du mardi au samedi le midi et le soir. Carte : 22 € environ.

© DR

Parmi les territoires gourmands que vous n'avez pas l'habitude d'explorer, le Pérou. Krioya offre une cantine street-food version péruvienne de haute qualité. Accueil adorable et salle colorée pour nous embarquer dans ce bout d'Amérique du Sud dont la cuisine est nourrie de toutes les cultures qui l'ont traversé. La cheffe Veronica Moreno cuisine comme sa grand-mère des produits frais à la minute, notamment poissons et légumes. Son secret ? Le leche de tigre, sauce inoubliable. Excellents ceviches selon des recettes maison, dont un spécial à base de daurade, ou un wok, dont un délicieux Lomo Street-Food. Incontournable cocktail Pisco Sour. Festif et gourmand.

BRÉSILIEN
LE PAIN DE SUCRE
82, rue Masséna (6e) ✆ 04 72 74 17 09
www.lepaindesucre-lyon.fr
Ouvert du mardi au samedi le soir ; le jeudi et le vendredi le midi. Assiette découverte : 20 €. Carte : 40 €.

Samba ! Echappez-vous pour un voyage des plus authentiques direction le Brésil. Tenu par Robson Vicente, originaire d'Angra dos Reis, et Philippe, authentique Lyonnais, le Pain de Sucre est bien plus qu'un restaurant à l'ambiance chaleureuse : une ambassade des saveurs du Brésil. La cuisine proposée par le chef est authentique et 100 % maison, réalisée à partir de produits de qualité directement importés du Brésil. De la confection des beignets jusqu'aux desserts en passant par la sauce piment, toujours servie à part, tout est vraiment maison. L'incontournable, c'est la Pincaha de bœuf Black Angus servie avec des accompagnements brésiliens. Passion gourmand à partager.

SÉNÉGALAIS

LYON DAKAR

227, rue de Créqui (3e)
✆ 04 78 62 29 54
Ouvert midi et soir du mardi au samedi. Menus de 18,50 € à 26 €.

© EMMANUEL SPASSOFF

© EMMANUEL SPASSOFF

L'aventure culinaire au bout de la rue ! Avant de partir en Afrique, commencez par découvrir l'un des meilleurs restaurants de la ville version cuisine du monde. Depuis plus de 20 ans, voyage gourmand vers l'Afrique, plus particulièrement le Sénégal, avec l'adorable Samy assurant un accueil et un service des plus souriant en salle, pendant que l'excellente Maryama, authentique cuisinière sénégalaise, prépare des plats réalisés à partir de produits de qualité. A commencer par le fameux thiéboudienne, plat national sénégalais, à base de mérou, un bar grillé ou un Thiep à la viande. Dégustation de rhums pour néophyte, amateur ou expert. Végétariens bienvenus. Saveurs envoûtantes de l'Afrique.

MEXICAIN

PIQUIN

16, rue d'Essling (3e) ✆ 04 72 32 98 48
www.piquin.fr
Ouvert du mardi au samedi le midi et le soir. Suggestion du jour : 12,50 €. Tacos : 9,90 € les 3.

Qu'est-ce que c'est qu'une taqueria ? C'est un restaurant de spécialités mexicaines. Dans son style, Piquin nous réserve le meilleur de la cuisine mexicaine ! Chez Piquin, concentré de bonne humeur, la restauration est 100 % maison : des tacos aux tortillas, en passant par le dessert du jour à vous retourner le cerveau. Piquin, que vous prononcez comme vous voulez, c'est l'aventure culinaire de Sandra Alvarez, mexicaine d'origine passée par l'Institut Bocuse, qui fait des merveilles derrière les fourneaux, et d'Hugo Boissin qui anime une salle colorée. Des passionnés de la cuisine et de la culture mexicaines. Ceviche, guacamole, nachos, bières locales et dégustation de tequilas. Pépite !

ARGENTIN

RESTAURANTE MILONGA

59, rue Ney (6e) ✆ 04 72 75 22 18
www.restaurantmilonga.fr
Ouvert du lundi au vendredi le midi ; du jeudi au samedi le soir. Parillada dégustation 61 €/2 pers.

Viva Argentina ! Milonga est toujours là pour nous rappeler que l'Argentine n'est pas qu'une terre de football. C'est avec bonheur qu'il faut goûter une cuisine argentine mettant en avant les bons produits argentins, viandes en tête. Ça commence par les empanadas ou un ceviche de cabillaud et le leche de tigre. Les meilleures viandes de bœuf cuisent sur des braises ardentes, alors que les gambas flambent au Fernet-Branca accompagnées de mangues rôties. Coup de cœur pour les parilladas qui permettent de goûter plusieurs viandes tout en partageant le plat. Le voyage ne serait pas complet sans les vins. Un restaurant carnivore à l'accent dépaysant et au service adorable. Excellent voyage.

NEW

BRÉSILIEN

RIO DIZIO

167, rue Duguesclin (6e)
https://riodizio.fr
Ouvert du lundi au jeudi et samedi à midi, du lundi au samedi soir. Déjeuner 13,90 € à 24,90 €. Dîner 24,90 € à 32 €.

Envie de mettre de la couleur et des saveurs dans une vie lyonnaise qui ne décolle pas ? Direction une nouveauté à deux pas des Halles de Lyon Paul Bocuse et du cours Lafayette. Même si l'on n'est pas totalement transporté à Rio, un décor contemporain mêlant végétation et couleurs vives nous plonge dans l'ambiance brésilienne. Accueil adorable pour découvrir la cuisine d'un chef inspiré par les recettes de son pays et les bons produits à retrouver sur les buffets froids et chauds. Car c'est l'originalité du lieu, ces buffets qui accompagnent un service à table des viandes - de grande qualité dans des préparations maison - à la broche découpées dans votre assiette. C'est la fête !

À EMPORTER

LA BROCHE

14, rue Romarin (1er) ✆ 04 82 33 13 24
www.labroche-notrerecettedukebab.com
Ouvert tous les jours le midi et le soir. Week-end en continu de 11h à 22h. Menus à partir de 11,90 €.

Comme le sandwich, le kebab peut se décliner en plusieurs versions. David et Fabrice, deux frères venus du Nord – c'est sans doute pour ça qu'ils savent faire de bonnes frites aussi – préparent une version très personnelle du kebab. Dans un pain au sésame signé Pozzoli, garantie lyonnaise de qualité, les frangins glissent un haut de cuisse de poulet marinade maison grillé sur la broche, des légumes frais eux aussi marinés et une bonne sauce maison. Il existe une version végé avec feta et 10 légumes. Plus calorique, la version poutine... Frais, simple, efficace, service souriant : une alternative locale séduisante et gourmande. C'est ouvert tous les jours, faut vite embrocher !

KEBAB

CHËF

10, rue Terme (1er)
www.chefberliner.fr
Ouvert du lundi au samedi le midi et le soir. Kebap et boisson 10,90 €. Bowl et boisson 12,40 €.

Quand l'excellent François-Régis Gaudry te dit que le meilleur kebab de France se trouve à Lyon, ça t'interroge. Comme t'es curieux, tu vas vite découvrir cette adresse nichée au pied des Pentes. Et là, c'est un grand coup de pied dans tes... préjugés contre les kebabs. Tu fais la queue pour avoir le privilège de savourer un «berliner kebap» et tu tombes en amour. Un délicieux sandwich, servi aussi en version bowl, garni d'excellents produits - du veau, du poulet ou du seitan mariné fait maison, légumes grillés, chou rouge mariné, salade, tomate, oignon rouge, persil et feta - mariés par des passionnés, le tout servi avec un grand sourire. Desserts maison. Chëf déjà incontournable.

À DOMICILE

COUSBOX

16, rue d'Algérie (1er) ✆ 04 78 28 27 78
www.cousbox.com
Ouvert tous les jours en continu de 9h à 1h. Menus de 7,70 € à 12,60 €.

Le couscous, plat préféré des Français, est un héritage qui se transmet depuis 3 générations chez la famille Hedia. Des recettes savoureuses à base de produits frais issus en grande majorité de l'agriculture locale, avec des fournisseurs du Rhône et de l'Ain clairement identifiés. Graine de qualité cuite à la vapeur, légumes de saison, viande ou accompagnement au choix, c'est un régal absolu ! Salades, soupes, taboulé et plats pour les veggies et végans. Sur place, à emporter ou en livraison en boîtes compostables, des couscous savoureux et généreux à prix doux pour se régaler tous les jours. Desserts maison. Joie de vivre et de bien manger où vous voulez avec Cousbox.

À EMPORTER

LES BURGERS DE PAPA

112, cours Charlemagne (1er)
www.lesburgersdepapa.fr
Ouvert tous les jours de 11h à 23h. Menus de 8 € à 13,90 €. Click&Collect. Vente à emporter. Livraisons.

© DR

© DR

Pas la peine de te demander Papa où t'es ? puisque Papa est partout avec 4 adresses à Lyon, plus 2 adresses à Saint-Genis-Laval et Tassin. Papa, il nous aime tellement qu'il a refait la déco pour nous présenter sa carte de burgers gourmets à base de bons produits du terroir. Version bœuf pour les carnivores et galette de légumes pour les veggies. Ça dégouline d'amour et de saveurs dans la bouche de la Tête de lard au Fils à papa. Super frites maison, bonnes sauces, nuggets, camemboules originaux, crousticlettes qui en jettent, salade César, box apéro, desserts gourmands, milkshakes... Rien n'arrête Papa qui propose aussi sa Binouze, sa limonade et son pinard. Papa, toujours le meilleur !

NEW

BIO

GRIMPEURS CYCLIST HOUSE

2, rue d'Oran (1er) ✆ 04 72 98 00 04 - www.grimpeurs.cc

Ouvert du lundi au samedi 8h-19h30, dimanche 8h-14h. Carte : 20 € environ. Terrasse. A emporter. Boutique.

Pour un régime plus équilibré, une alimentation plus saine, changez de plateau : direction Grimpeurs. Le nouveau concept qui s'adresse aux cyclistes, mais pas que. Créé par des passionnés du vélo, adeptes de la performance, Grimpeurs intéressera toutes celles et tous ceux qui sont à la recherche d'un lieu convivial où l'on peut boire et manger en se faisant du bien. A de larges horaires, du petit déjeuner au goûter, l'offre tourne autour de la qualité des produits proposés, avec des fournisseurs clairement identifiés. Cuisine 100 % maison avec des bowls, wraps, pâtes ou croques qui changent chaque semaine au rythme des ingrédients de saison. Desserts maison et boissons dans le même esprit.

NEW

SALADERIE

JOUR HEALTHY BY NATURE

23, rue Thomassin (2e) - www.jour.fr

Ouvert du lundi au vendredi de 8h à 21h, le samedi de 11h à 18h. Combo 8,90 €.

Le « fast healthy food » a le vent en poupe et c'est tant mieux ! Avec l'ouverture de Jour, Healthy by nature, Lyon suit d'autres villes où cette enseigne créée il y a bientôt 20 ans prêche le bien-manger, sain et équilibré, même quand on est pressé. Idéalement situé dans la Shopping Zone de la Presqu'île, Jour reprend tous ce qui rend la restauration rapide vraiment rapide – bornes de commande, commande en ligne, appli, click&collect – tout en proposant des plats, bowls et salades, des soupes en hiver, des quiches..., le tout composé de produits de saison issus d'une agriculture bio ou raisonnée. Précurseur de la vague « healthy food », Jour nous invite à faire une vraie pause gourmande.

BURGER

GUY & SONS CORDELIERS

14, rue Tupin (2e) ✆ 04 72 82 88 06

www.guyandsons.fr

Ouvert 7j/7 midi et soir. Menus de 10,90 € à 13,90 €. Terrasse. A emporter. Livraison.

Dans le monde impitoyable des burgers, Guy & Sons a su tailler sa place en même temps qu'il taillait ses frites au quotidien. Une précision importante, on dit « Guy » à la française, sinon c'est tout l'Aveyron qui se vexe... Un restaurant de burger qui joue avec raison la carte de la qualité en préparant ses sandwichs à base de bons ingrédients frais et bruts : du pain artisanal, des viandes françaises et des fromages de qualité. Version veggie des burgers avec un gros champignon portobello. Mais il n'y a pas que les burgers dans la vie de Guy, il y a aussi les club-sandwichs et des salades gourmandes préparées sur place. Futé : le programme de fidélité Guy & Sons Social Club.

À EMPORTER

LIPOPETTE

17, rue Hippolyte Flandrin (1er) ✆ 09 83 49 01 56

www.lipopettelyon.fr

Ouvert du lundi au vendredi midi et soir. 1 maki (8 pièces) à partir de 6,90 €. Menu Donburi à partir de 14,50 €.

Comme les sandwichs, les kebabs, les crêpes... Les makis peuvent se préparer à toutes les... garnitures. Car un maki, ce n'est jamais qu'un rouleau d'algue nori entourant du riz blanc assaisonné à du vinaigre de riz sucré et farci... par ce que l'on veut ! Et c'est là qu'est l'idée de génie d'Adrien et Etienne qui ont inventé le maki local et de saison. Produits français de qualité : gravlax de truite saumonée, pulled pork, fromage frais... Idéales à emporter, ces pièces gourmandes offrent des compositions de saison, comme ce maki des monts au mi-frais de chèvre et caviar de légumes de saison. Franchement bluffant. Autres bonheurs, les Donburis. Super Lipopette !

À EMPORTER

HEAT

70, quai Perrache (2e)

https://h-eat.eu

Ouvert tous les jours le midi ; le samedi soir. Selon les containers.

Entrez chez Heat. C'est ce qu'il faut appeler un lieu de vie, parce qu'on y propose à manger, mais pas que... Autour de cette «halle à manger» abritée sous une charpente métallique près des quais du Rhône, d'un côté de Confluence sans doute moins connu, Heat est un repaire de hipsters, mais pas que... Communauté cool réunie par l'envie de se détendre en pleine jungle urbaine et de bien manger dans une grande cantine à ciel ouvert ou sous la Serre. Dans les containers, les restaurateurs qui tournent régulièrement mettent en avant les circuits courts et la qualité des produits à tendance bio. Evénements réguliers, du bon son et un bar pour chiller sur la grande place en jouant à la pétanque.

TRAITEUR

PIGNOL

8, place Bellecour (2e)

✆ 04 78 92 43 92

www.pignol.fr

Ouvert du lundi au samedi de 8h à 19h.

La maison Pignol, c'est près de 70 ans d'expérience au service des plus belles créations gourmandes. La tradition est respectée, parfois bousculée juste ce qu'il faut, pour faire rêver tous les convives autour des plats préparés par les équipes d'un artisan Meilleur Ouvrier de France. Repas à la carte pour un dîner en amoureux ou buffet pour 2 000 personnes, cocktail apéritif ou dinatoire.... Grande gamme de prestations avec la qualité en point commun. La boutique permet d'emporter les plats les plus réputés de la maison. Une adresse communicante avec la pâtisserie Pignol de la rue Emile-Zola, âme de la maison Pignol, pour la partie sucrée. Une maison gourmande.

NEW

BURGER

PNY

2, rue Ferrandière (2e)
www.pnyburger.com
Ouvert tous les jours de 12h à 0h. Burger 13,50 €. Combo lunch 17,50 €.

Une enseigne parisienne fraîchement débarquée à Lyon, à l'angle de la rue Mercière et de la rue Ferrandière, qui nous promet les meilleurs burgers de la planète ? Futé a testé dès l'ouverture. D'abord, le décor pas banal. Entre le dîner américain version chic et l'Art déco, un éclairage rétro-futuriste même sur les tables en verre, le lieu interroge et séduit. Accueil adorable, bières pas vues ailleurs, mais les burgers ? Sélection impeccable de bons produits bien travaillés, du pain maison à la viande maturée et hachée sur place, des compositions originales et savoureuses. Attention, les Kartoffelchips ne font pas dans la légèreté ! PNY et L associés pour l'amour des burgers. Validé !

BURGER

YABIO

4, rue des Marronniers (2e)
www.yabio.fr
Ouvert tous les jours le midi et le soir. Menu Burger 13,90 €. Menu étudiant 10 €. Vente à emporter. Végan-friendly.

Si Yabio n'a pas changé et poursuit son engagement – des burgers bio et locaux pour tous : végans, végés et carnivores – en sélectionnant les meilleurs producteurs bio de la région, l'enseigne essaime dans Lyon avec une 4e adresse sur l'avenue des Frères Lumière. Yabio, enseigne certifiée bio par Ecocert, a été parmi les tout premiers restaurants à s'engager dans cette voie avec ses burgers 100 % bio et ses frites également bio. Une enseigne locale également engagée dans une démarche responsable avec ses emballages 100 % compostables. Desserts maison et service adorable à toutes les adresses. Boissons naturelles pour rester dans le thème. Yabio, du goût et des valeurs.

NEW

BURGER

THE ROSTER

22, rue de la Platière (1er)
www.theroster.fr
Ouvert tous les jours le midi et le soir. Non stop le samedi. Burgers à partir de 12 €.

Le *Futé*, qui sillonne toute notre belle région, l'a découvert du côté d'Annecy où The Roster cartonne au bord du lac. Créée par des snowboarders, l'enseigne gourmande prône des burgers qui glissent entre bons ingrédients de proximité - même pour les patates qui poussent en Savoie - et sauce qui fait baver. Quatre recettes permanentes, dont une veggie (même si toutes les recettes peuvent se décliner en version veggie), et un Lunatic qui varie chaque semaine. C'est très bon, avec une préférence pour The Patriot qui nous emmène dans les montagnes. Croqs, Lil'Burgers pour les p'tits creux et des frites spéciales qui vont en caler plus d'un avec crème de cheddar maison, bacon et sauce Roster !

BURGER

L'ATELIER DE MARION

3, rue de Bonald (7e) ✆ 06 67 82 07 82
http://hamburgerlyon.com
Ouvert du mardi au samedi le midi et le soir. Burger avec frites maison à partir de 9,80 €.

A deux pas de la piscine du Rhône, dans un coin paisible de la Guillotière, l'Atelier de Marion se définit comme une «hamburgeria lyonnaise». Lieu chaleureux, façon bistrot de quartier amélioré, pour savourer un sandwich complet, rapide et pratique à emporter, composé de produits frais sélectionnés avec un soin particulier. La formule burger-frites maison, c'est la base, c'est un plaisir qu'il ne faut pas se refuser dans un Atelier où les petits pains se multiplient à la carte. Burgers aux origines marquées - Australien, Auvergnat, Corse, Savoyard, Italien…-, généreux et particulièrement savoureux. Salades dans le même esprit de fraîcheur. Du tout fait maison avec amour.

INSOLITE

UNI

33, rue Mercière (2e)
www.lieuxdevie.restaurant-uni.com
Ouvert tous les jours de 12h à 23h. Avec ou sans abonnement. Abo 5,90 €/mois. Plats sans abo 12,90 €.

UNI®, c'est une nouvelle façon d'aller au restaurant en payant un abonnement pour profiter de repas à petits prix. Oui, chez UNI® la fidélité ça paye une bonne partie de l'addition ! Une grande adresse par la taille, belle terrasse, de la rue Mercière (autre adresse à Décines OL Vallée) qui multiplie les innovations. Chez UNI®, il est possible de s'abonner pour réduire les prix et accéder à des animations particulières, mais encore de télécharger une application permettant de réserver une table, commander un plat et régler la note ! Carte courte de 7 plats et 5 desserts, pizzas, burgers et autres plats de saison. Salle de jeux pour les enfants et menus Kids. UNI®que !

TRAITEUR

AU PETIT VATEL

1, rue Pierre-Corneille (6e) ✆ 04 78 52 11 45
www.au-petit-vatel.fr
Ouvert du lundi au samedi de 9h à 13h15 et de 16h à 19h30. Boutique climatisée.

C'est quoi la première spécialité lyonnaise qui vous vient à l'esprit ? La quenelle. Et où faut-il acheter ses quenelles ? Au Petit Vatel ! Plus de 70 ans d'un savoir-faire inimitable fera toujours la différence en faveur de la famille Vaivrand. Dans leur boutique traiteur située à l'angle de la place du Maréchal Lyautey, Michel, Franck et leur équipe préparent chaque jour des plats délicieux à partir des meilleurs produits. Comme pour ces incontournables quenelles réalisées selon une recette personnelle à base de brochet, lait fermier, œufs frais et beurre fin. Charcuteries maison, produits haut de gamme et plats variés. Service souriant plein de bonnes idées. Grande maison lyonnaise.

À EMPORTER

BABA LA GRENOUILLE

102, cours Lafayette (3e) ✆ 04 78 60 30 94
https://baba-la-grenouille.fr

Ouvert du mardi au dimanche de 8h à 13h30 (8h-19h vendredi et samedi). 12 grenouilles 15 €. A emporter.

Les Halles de Lyon-Paul Bocuse rassemblent sous un même toit de haute convivialité toutes les spécialités gourmandes de la région. Mais jusqu'ici, impossible de se régaler de cette spécialité dombiste que sont les grenouilles à la persillade que l'on accompagne volontiers d'un petit verre de blanc et d'un gratin dauphinois. Oubli réparé par la Baba team emmenée par Thomas Védrine. Bien sûr, les grenouilles ne peuvent pas venir de la région, c'est interdit, mais elles sont de qualité et parfaitement préparées. Bonne humeur et conseils pour réchauffer son plat à la maison. D'autres plats à emporter avec le couscous et la paella, bien pratique dans la période. Sautez sur cette adresse.

RESTAURANT DE BURGER

GUY & SONS CHARPENNES

89, cours Vitton (6e) ✆ 04 37 44 20 00
www.guyandsons.fr

Ouvert 7j/7 midi et soir. Menus de 10,90 € à 13,90 €. Terrasse. A emporter. Livraison.

Cette adresse so freshhhh n'est pas un fast-food comme vous l'entendez trop souvent. C'est un vrai restaurant de burgers faits maison à partir de bons ingrédients frais. Et ça fait toute la différence, comme le fait que ces burgers soient servis à table en temps «normal». Chez Guy&Sons – Guy qu'il faut prononcer à la française pour ce concept né du côté de Clermont –, on fait son pain tous les matins et on le garnit d'ingrédients de saison soigneusement sélectionnés. Pour les veggies, galette de légumes maison. En plus des burgers, Guy&Sons propose une salade cool et un croque truffé délicieux. Sur le cours, petite terrasse devant les baies vitrées pour prolonger la pause gourmande.

NEW BURGER

LE COMPTOIR D'EDOUARD

2, rue de Dole (7e)
✆ 04 37 56 82 65

Ouvert du lundi au vendredi de 6h à 15h. Formule 15 €. Plat du jour 9,70 €.

Il y a ceux qui ne savent même pas que Lyon possède un port fluvial (port Edouard Herriot dans le quartier de Gerland). Il y a ceux qui n'ont jamais osé franchir les barrières, pourtant levées, de l'entrée. Et il y a ceux qui vont avoir le bonheur de découvrir cet ensemble méconnu des Lyonnais en même temps qu'ils découvriront le tout nouveau Comptoir d'Edouard. Un container snack pour toutes les faims du petit matin jusqu'à l'heure du déjeuner. Au programme, produits frais de qualité pour composer des burgers maison, salades et poke bowls, de délicieux sandwichs gourmands, un hot-dog, un French qui vaut tous les kebabs du monde et un vrai plat du jour. Du fait maison servi avec le sourire.

NEW PIZZAS

IMMORALE

37, rue de la Thibaudière (7e) ✆ 04 37 28 21 44
www.immorale-pizza.com

Ouvert du lundi au samedi le soir. Pizzas à partir de 14 €. Livraison ou à emporter.

Installée en lieu et place de l'emblématique Lambretta, Immorale continue de nous proposer de délicieuses pizzas artisanales maison, mais - à l'heure de notre visite - uniquement en livraison (sur les plateformes) ou à emporter (si tu as le courage de bouger de ton canapé quand tu habites le quartier). Immorale, un lieu qui bouscule les règles en suivant les siennes, une pizzeria qui a choisi son camp, celui de la bonne bouffe, du plaisir à partager. Des produits de haute qualité, bio et en provenance directe d'Italie, un savoir-faire remarquable, de l'amour et un peu de fantaisie sur une carte courte d'une douzaine de pizzas, dont une Rucola parmigiano qui déchire. *Benvenuto* Immorale.

TRAITEUR

CYRIL NITARD

84, rue Béchevelin (7e) ✆ 04 72 70 77 59
www.cyril-nitard.com

Ouvert lundi et mardi de 17h à 19h, du mercredi au vendredi de 11h à 14h et de 17h à 19h, samedi de 10h à 14h.

Si la vente à emporter ne s'est jamais aussi bien portée, «traiteur» semblait un terme vieillissant. Dans ce quartier «expérimental» qu'est le 7e, Cyril Nitard – cuisinier de métier passé par de belles maisons – a réinventé le métier de traiteur dans son atelier-boutique. Contact direct avec le chef installé dans sa cuisine. Pas de barrières dans ce lieu ouvert où l'on vient chercher des plats préparés à partir d'excellents produits. Parmi les incontournables, les pâtés croûtes maison comme le Béchevelin - noix de veau, filet de porc et foie gras -, des plats cuisinés de saison ou du snacking avec un croque étoile. Apéros dînatoires à piocher dans la vitrine ou sur commande.

BURGER

NINKASI GERLAND

267, rue Marcel-Mérieux (7e) ✆ 04 72 76 89 00
M° Stade de Gerland. - www.ninkasi.fr

Restauration tous les jours 11h-22h. Formules de 11,50 € à 16,90 €.

Le Ninkasi des origines est toujours là, au moins jusqu'en 2023, alors profitons-en avant une période de travaux prévus sur le site. Car Gerland, c'est le lieu de naissance d'une enseigne qui a largement essaimé dans Lyon et la région. Si l'activité concerts et événements a disparu depuis quelque temps, la restauration a pu reprendre, que ce soit sur la grande terrasse ou dans une agréable salle XXL. Parmi les incontournables de la maison, les fameux burgers, dont un burger du moment ou un burger à composer sur mesure, mais aussi des salades, des bagels, un fish & chips et des glaces particulièrement gourmandes. Autres incontournables, les bières maison, ou encore les whiskies et spiritueux.

SANDWICHERIE

PIGNOUF LYON

22, rue Chevreul (7e) ✆ 04 28 29 99 66
pignouflyon.fr
Ouvert du lundi au vendredi de 11h à 23h, week-end de 9h à 23h. Dwich' à partir de 6,50 €.

Adresse pour public averti ! Ou pour les grands enfants qui ont gardé le sens de la blague parfois douteuse, toujours juteuse… Nous, on aime et c'est bien dans l'esprit potache du quartier. Un bar de coin de rue faussement déglingué qui fait du bien aux jeunes comme aux anciens (si tu n'as plus de dents, c'est meilleur pour manger les Dwichs maison…). On commence par vous parler de la carte des bières, parce qu'elle est originale. Ensuite viennent les fameux Dwichs faits avec amour (et des doigts propres) avec des bons pains du moulin de Léa et des viandes françaises, sauf pour le Sando Maso puisqu'il est à base de saumon. Finitions au Fat Cookie et beignet. Les Pignoufs sont des Ouf !

À EMPORTER

ROTISSERIE MAISON BLANCHET

102, cours Lafayette (3e) ✆ 04 78 60 15 98
www.maisonblanchet.fr
Ouvert tous les jours le midi. Plat du jour à partir de 12 €. Poulet fermier rôti : 19,50 €.

Quand l'excellence et la gastronomie se déclinent de la table aux produits à emporter. Michel Blanchet n'est pas un inconnu puisque le chef nous propose de délicieux plats garnis de truffe dans son échoppe voisine : Passionnément Truffes. Pas facile de trouver à Lyon un bon poulet rôti à rapporter à la maison. Manque réparé avec cette rôtisserie où volailles bio, poulets fermiers, de Bresse, mais aussi pintades, canards ou cochons à la broche sont préparés dans les règles de l'art. Burger de volaille pour changer ses habitudes. Sandwichs chauds du rôtisseur.

TRAITEUR

SASSOUN TRAITEUR

73, avenue des Frères-Lumière (8e) ✆ 04 78 74 27 18
www.sassoun.fr
Ouvert du lundi au samedi de 9h30 à 19h30. Formule Mezzé Sassoun 18,90 €.

Tout le savoir-faire de la famille Toumayan. Restaurateur à Valence depuis 1976, la nouvelle génération porte haut le drapeau de la cuisine libano-arménienne dans la Métropole lyonnaise. Coup de cœur et coup de projecteur pour l'adresse du quartier Lumière. Sobriété chic d'une salle blanche bien agencée et qualité des plats proposés derrière la grande vitrine. Promesses alléchantes tenues. Sur place ou à emporter, des plats de tradition à partager : les fameux falafels, les Beureg – chaussons arméniens au fromage –, un choix de houmous colorés et parfumés, sans oublier le choix des desserts avec les baklava ou les yaourts grecs. Accueil adorable, ensemble délicieux.

À EMPORTER

MUZETTE

102, cours Lafayette (3e)
✆ 06 95 22 05 24
Ouvert le mardi, le mercredi et le dimanche de 9h à 15h ; du jeudi au samedi de 9h à 19h. Formule : 14 €. Plat : 9 €.

Qu'est-ce qu'on va bien pouvoir mettre dans notre musette pour tenir toute une journée qui peut se comparer à une course, même à la maison ! Encore une belle adresse aux Halles de Lyon-Paul Bocuse avec Muzette, épicerie-restaurant qui nous propose de délicieux produits issus de l'artisanat français, comme ces chips artisanales, de la charcuterie de haute qualité, des condiments artisanaux, des produits salés et sucrés pour toutes nos envies. Le plus agréable, c'est de pouvoir savourer des plats préparés dans le même esprit de proximité et de qualité, comme ce Burger Muzette garni d'un steak haché de veau, de moutarde au miel, d'un confit d'oignons au piment d'Espelette… Muzette gourmande.

FRUITS DE MER - POISSONS

SKIPJACK

12, rue d'Auvergne (2e) ✆ 09 81 35 36 36
www.skipjack-lyon.com
Ouvert du lundi au vendredi de 11h30 à 16h ; le samedi de 11h30 à 17h. Poke bowl 10,50 €. Formules à partir de 12,50 €.

Comme le Futé n'a pas encore de catégorie Poke Bowls (il va falloir la créer…), mettons Skipjack dans les restaurants de poissons. En effet, le Skipjack est une espèce de thonidé, un thon quoi, que l'on retrouve dans la composition des plats maison, notamment les fameux Hawaiian poke où le poisson est roi (même si le saumon est bien présent). Le décor nous donne des envies de plage et de baignade, accueil et service adorables et des possibilités qui nous laissent vraiment le choix dans des compositions personnalisées. Base, protéine (recommandation pour le tataki de thon ou les crevettes aux épices cajun), side, sauce, topping… Boissons maison et cheesecake. Bonne pêche !

BURGER

LES BURGERS DE L'AVIATION

158, rue de la Pagère - **BRON**
✆ 09 53 50 95 14
Ouvert du lundi au samedi le midi de 10h à 14h et le soir de 18h à 21h. Menus burgers : 14,50 €.

Dans cet avion qui vient d'atterrir au cœur de Bron, décollage pour un voyage gourmand à partager. Terrasse pour prendre l'air, une salle aux sièges colorés et une déco qui nous plonge dans l'ambiance aviation (n'oubliez pas de prendre les commandes de l'avion aux toilettes). Tout l'équipage vous souhaite la bienvenue à bord pour déguster de délicieux burgers maison, recette américaine, avec steak de qualité façon boucher. Burger de l'Aviation avec escale du moment, Norvégien et son pain noir garni au saumon… et une version veggie. Tiramisu ou mousse au chocolat maison.

AU 14 FEVRIER

Le Plâtre Durand - **SAINT-AMOUR-BELLEVUE**
✆ 03 85 37 11 45
www.sa-au14fevrier.com
Le midi de 12h à 14h, du vendredi au lundi. Le soir de 19h30 à 21h, du vendredi soir au lundi soir. 2 Michelin.*

A la limite du Beaujolais, que de poésie pour un si beau restaurant ! Masafumi Hamano, chef et propriétaire des lieux, n'en est pas à son coup d'essai. En effet, son restaurant est le deuxième du nom, le premier Au 14 Février est d'abord né dans l'Indre dans un village portant le nom de Saint-Valentin ; quoi de plus évident alors d'en ouvrir un second à Saint-Amour ? Un romantique doublé d'un chef talentueux. Chaque nouveau menu crée un nouvel épisode sublimant les produits de saison : menu Exclusif ou menu Hommage. Produits du terroir, assiettes sublimes, fleuries, parfumées, le mélange des saveurs d'ici et d'ailleurs se fait magique. Un restaurant remarquable.

AUBERGE DE CLOCHEMERLE

173, rue Gabriel-Chevalier - **VAUX-EN-BEAUJOLAIS**
✆ 04 74 03 20 16
www.aubergedeclochemerle.fr
Ouvert du jeudi au lundi le soir, du vendredi au dimanche à midi. Menus de 51 € à 84 €. 10 chambres à partir de 99 € €.

Une adresse qui fait partie du patrimoine du Beaujolais. Le mot qui vient à l'esprit en découvrant cette adresse est « émotions ». Au pluriel bien entendu, car les émotions à ressentir en venant à l'Auberge de Clochemerle sont nombreuses ! A commencer par celle qui monte face au paysage entourant cette belle maison qui continue de briller parmi nos étoiles. Le chef Romain Barthe réalise une cuisine gourmande et créative à partir des meilleurs produits de saison. Modernité, curiosité et savoir-faire pour un défilé de couleurs et de saveurs dans des assiettes suivant les saisons et les arrivages. Un chef, une équipe, une auberge, un nom à partager pour se faire plaisir.

AUBERGE DE L'ABBAYE

47, place des Anciens-Combattants - **AMBRONAY**
✆ 04 74 46 42 54
www.aubergedelabbaye-ambronay.com
1 Michelin. Ouvert du mercredi au dimanche midi, mercredi au samedi soir. Déjeuner 65 €. Dîner 95 €.*

Si Ambronay s'est construit autour de son abbaye, le village abrite une autre étoile entre ses murs : l'Auberge de l'Abbaye. La table étoilée d'Ivan Lavaux, natif de Nantua, qui a passé son enfance à Ambronay, fait partie du patrimoine de la ville. Une table élégante, raffinée, située en face de l'abbaye à laquelle elle répond par une belle modernité. Avec Ivan Lavaux, l'essentiel c'est le produit. Des produits sélectionnés avec soin, avec des arrivages quotidiens des producteurs et des artisans qui inspirent le chef dans sa cuisine créative, moderne et gourmande. Beau travail sur les poissons notamment. Une auberge pleine de surprises, parmi les meilleures adresses de la région.

L'AUBERGE DU CEP

11, rue des Quatre Vents - **FLEURIE**
✆ 04 74 04 10 77
www.aubergeducep.com
1 Michelin. Ouvert du mardi au dimanche le midi, du mardi au samedi le soir. Menus de 45 € à 65 €. Formule midi 26 €.*

Après d'importants travaux, coup de jeune pour cette auberge de haute tradition gourmande, située face à l'église de l'un des plus beaux villages du Beaujolais : Fleurie. Une adresse qui sait se renouveler tout en conservant ses racines, un peu à la manière des vignes qui proposent chaque année un nouveau vin ! En salle, place à une belle modernité. Le chef Aurélien Merot, originaire de la région, a fait ses classes dans de grandes maisons et nous livre sa vision d'une cuisine tournée vers les bons produits du terroir, revisitant les classiques comme ce poulet façon coq au vin. Adresse équilibrée entre retour aux sources et départ vers le futur pour s'inscrire dans le présent gourmand.

AUBERGE DU LAC GENIN

18, route du Lac Genin - **CHARIX**
✆ 04 74 75 52 50
www.lacgenin.fr
Fermé de mi-oct à début déc. Ouvert du mar au sam soir, du mar au dim midi. Menus 22,90 à 25,90 €. Logis rest. Terroir.

Sur les hauteurs d'Oyonnax, du bonheur à partager quand on se retrouve au lac Genin chez Denis Godet, troisième génération à la tête de l'Auberge. Sur les bords d'un lac aux airs canadiens, la terrasse est idéale pour se détendre au grand air. Denis, son épouse Pascale et leur fille Charlotte nous font partager leur passion des bons produits de terroir avec une délicieuse cuisine de tradition. Spécialités de l'Auberge, les grillades au feu de bois : côte de veau moutardée, faux-filet persillé, beefsteak aux herbes... Un fameux tournedos aux morilles ou des filets de perche au beurre. Belle carte des vins. L'été, offre de snacking à emporter au bord du lac. Réservation fortement conseillée.

GEORGES BLANC

Place du Marché - **VONNAS** ✆ 04 74 50 90 90
www.georgesblanc.com
3 Michelin. Ouvert du mercredi au dimanche le soir, du vendredi au dimanche le midi. Menus de 260 € à 330 €.*

Au patrimoine mondial de la cuisine française, le restaurant Georges Blanc se trouve au cœur d'un ensemble luxueux intitulé « Village Blanc » avec hôtel, spa, boutique... L'Auberge de Vonnas, ce sont 150 ans de tradition gourmande et une longévité record de 3 étoiles au Michelin (depuis plus de 40 ans). La tradition revisitée, la créativité permanente autour des meilleurs produits – notamment les plats de Mémoire avec la fameuse crêpe vonnassienne et l'emblématique poularde de Bresse «Elisa Blanc» –, voici quelques définitions rapides du travail de Georges Blanc, un chef secondé par son fils Frédéric. Une expérience gourmande unique à prolonger d'un séjour dans ce fameux village.

HÔTEL DES BAINS

345, rue Principale - **CHARAVINES**
✆ 04 76 06 60 20
www.hoteldesbains-charavines.com
Ouvert toute l'année. Tous les jours. Menus de 25 € à 30 €. Suggestion végétarienne 14 €.

Tout près du lac, une belle maison gourmande aux allures d'autrefois – depuis 1872 – avec son enseigne Hôtel des Bains et sa caisse enregistreuse d'un autre âge. Une adresse de tradition où l'on est toujours reçu avec le sourire pour savourer une cuisine faite maison servie dans des assiettes généreuses. Tapas à partager et des menus à composer avec une terrine de foie gras maison. Choisir de rester côté terre avec des viandes de qualité ou côté poissons avec de fameuses cuisses de grenouilles en persillade, une petite friture ou un turbot braisé au Cerdon du Bugey. Il faut se jeter à l'eau pour savourer la gentillesse et la cuisine maison de l'Hôtel des Bains.

LA PYRAMIDE

14, boulevard Fernand-Point - **VIENNE**
✆ 04 74 53 01 96
www.lapyramide.com
2 Michelin. Ouvert du jeudi au lundi midi et soir. Menus de 159 à 176 €. Formule midi 79 € (menu du Marché).*

Pour la partie historique, rappelons que cette auberge du XIXe siècle - qui fête cette année ses 200 ans d'histoire ! - fit les beaux jours des gourmands, le long de la Nationale 7, qui s'arrêtaient chez l'un des papes de la gastronomie française : Fernand Point. La Pyramide a passé le cap d'un nouveau siècle en s'inscrivant dans la modernité grâce au travail du chef Patrick Henriroux. Ce créateur d'émotions culinaires a su donner une nouvelle vie à ce haut lieu de la gastronomie qui ne cesse de se renouveler. Même philosophie en salle que dans les assiettes avec cette modernité maîtrisée par un chef mariant couleurs, saveurs, textures uniques. Pour tutoyer les étoiles à portée de Lyon.

RESTAURANT GUY LASSAUSAIE

1, rue de Belle-Cize
CHASSELAY ✆ 04 78 47 62 59
www.guy-lassausaie.com
1 Étoile Michelin. Ouvert du jeudi au lundi le midi et le soir. Menus de 78 € à 125 €. Menu enfant 25 €.

Une étoile qui brille toujours plus fort. Au cœur du village de Chasselay, le chef Guy Lassausaie montre tout son attachement à la terre de ses ancêtres tout en apportant ses notes personnelles, ses créations contemporaines dans un style inimitable : poitrine de volaille de Bresse farcie de la cuisse aux morilles et escalope de fois gras chaud. La boutique propose des produits d'épicerie fine sélectionnés et des plats traiteur pour emporter un peu de la magie Lassausaie chez soi. Une grande adresse accessible pour découvrir le meilleur de la gastronomie française.

LE PANORAMIQUE

84, Le Belvédère RN - **CERDON** ✆ 04 74 37 38 20
A 3,8 km à l'est de Cerdon et 1,2 km au sud de Labalme et de la grotte du Cerdon.
www.restaurant-panoramique-bugey.fr
Ouvert tous les jours haute saison. Se renseigner basse saison. Menus de 19 à 31,50 €. Formule 18,50 €. Relais Motos.

© EMMANUEL SPASSOFF

© EMMANUEL SPASSOFF

Respirer, s'évader, se régaler : voilà enfin un programme réjouissant ! Au Panoramique, sur les hauteurs de Cerdon, tout est plus haut, tout est plus beau, tout est meilleur. En moto ou en voiture, on monte surtout vers le bonheur de partager une belle journée d'évasion. Air pur et vue imprenable depuis la terrasse installée sur un belvédère naturel. Les gourmands viennent aussi pour la cuisine du chef Jérôme Abry, une cuisine de terroir réalisée par un authentique passionné des bons produits de pays. Beau travail sur le gibier en saison. Carte des vins essentiellement régionale. Service traiteur et organisation de tous vos événements privés. Adresse plaisir.

LE PROVENCE

20, rue Voltaire - **VIENNE**
✆ 04 74 85 12 03
www.restaurant-leprovence-vienne.fr
Ouvert du mardi au samedi midi et soir. Midi formule 12,50 €. Menu 22 €. Menu gambas 23 €, grenouilles 25 €. Enfant 9 €.

© EMMANUEL SPASSOFF

© EMMANUEL SPASSOFF

Un saut de puce depuis Lyon pour atteindre Vienne par l'A6. Un saut de cigale en direction du sud et du Provence, restaurant charmant installé depuis plus de 20 ans dans une petite rue paisible du centre-ville, au carrefour de tous les sites à visiter. Belle terrasse à l'ambiance provençale, salle chaleureuse, douceur de vivre, accueil adorable pour savourer de bons plats régionaux. A commencer par les fameuses cuisses de grenouilles en persillade, la spécialité maison, les gambas flambées au whisky, des moules marinières ou un faux-filet de bœuf. Desserts maison - tarte aux pommes, crème brûlée, mousse au chocolat, panna cotta - et belle carte des vins entre vallée du Rhône et Provence.

BISTROT - BRASSERIE

L'ÉMULSION

57, route de Lyon - **SAINT-ALBAN-DE-ROCHE** ✆ 04 74 28 19 12
www.lemulsion-restaurant.com
1 Michelin. Ouvert du mardi au samedi midi et soir, sauf mercredi midi. Menus 65 € et 90 €.*

Il y a des étoiles qui brillent mieux que d'autres, qui font moins de manières et, au final, nous plaisent davantage. L'Émulsion, c'est le mariage réussi de l'ancien – une ancienne bâtisse aux pierres apparentes – et du contemporain dans un décor charmant, encore plus ravissant avec les nouvelles tables. L'ambition de Romain Hubert : « Démocratiser la cuisine gastronomique ». Et, là encore, c'est une réussite. Des tarifs abordables, un accueil adorable (Oriane Hubert) et une ambiance conviviale. Assiettes d'exception aux associations de saison à partir de produits exclusivement régionaux. Tous les plaisirs d'une grande table d'aujourd'hui accessible à tous les gourmands, merci à l'Émulsion.

CUISINE RÉGIONALE

CHEZ BIBET

Rue de la Saône - **SAINT-BERNARD** ✆ 04 74 00 17 58
www.restaurant-grenouille.com
A partir du 1er avril, 7j/7. Fermé en hiver lundis et mardis soir. Formule midi 18,50 €. Menus de 29,50 € à 60 €.

Evasion gourmande à faire d'un saut de... grenouille sur les bords de Saône Chez Bibet. La grande terrasse ombragée offre un décor incroyable aux beaux jours. Sous les feuillages, des lumières magnifiques, une ambiance conviviale renforcée par l'accueil et le service parfaits de l'équipe. Excellente cuisine traditionnelle à l'une des meilleures adresses de la région pour les grenouilles fraîches. A midi aussi du fait maison avec des produits de qualité, un rapport qualité-prix remarquable avec des assiettes savoureuses et généreuses. Animations en été avec scène pour les concerts live, parties de pétanque et balades au bord de l'eau. Tous les bonheurs sont Chez Bibet.

GASTRONOMIQUE

LA TABLE DE JADE

402, rue des Roches - **SOURCIEUX-LES-MINES**
✆ 04 74 70 47 71
Ouvert du mardi au vendredi le midi, du jeudi au samedi le soir. Formule midi à partir de 20 €. Le soir, à la carte.

Quitter Lyon par le nord pour se rendre à une table qui regarde vers le sud. Si vous ne connaissez pas encore Sourcieux-les-Mines, un repas gourmand à la Table de Jade est la meilleure entrée en matière. Face à un ancien chevalement de mine, une maison de village où s'est installé le chef Christophe Vessaire. Parcours international pour un chef qui met du soleil en salle par sa cuisine ouverte et dans nos assiettes aux accents locaux - produits frais et de saison - et méditerranéens - épices qui parfument viandes et poissons. Formule à l'ardoise à midi et carte en soirée avec une cuisine toujours plus raffinée. Carte des vins en harmonie. Petit salon avec bibliothèque culinaire. A découvrir.

© EMMANUEL SPASSOFF

© EMMANUEL SPASSOFF

LE TROU EN UN - GOLF CLUB DU BEAUJOLAIS

Domaine du Chiel - **LUCENAY** ✆ 04 74 67 04 44
www.golfdubeaujolais.com

Ouvert tous les jours à midi. Groupes sur réservation le soir. Menu du jour de 12,50 à 21 €. Menu 38 €. Vue sur le golf.

Quand la campagne beaujolaise offre un coin de paradis, direction le restaurant du Golf du Beaujolais (par A6, sortie 32 Quincieux). Aucun nuage à l'horizon sur la terrasse de cette bâtisse du XVIIIe siècle en pierre de pays. Golfeurs et gourmands découvrent l'ardoise du jour avec une cuisine maison faite à partir de produits de qualité. Incontournable salade du Golf, tartare de bœuf, cassolette de ris de veau flambés ou filet de bar rôti... Belle carte des vins. L'après-midi : glaces et pâtisseries. Evénements privés ou professionnels. Adresse gagnante à tous les coups.

DELPHINE CAS...

© LE TROU EN UN

© EMMANUEL SPASSOFF

JE FAIS MON MARCHÉ

Je fais mon marché, je choisis la façon dont je me nourris. Facile à dire quand on n'a pas le budget pour s'approvisionner de produits frais. Cette vérité d'un temps ne l'est plus tout à fait dans une métropole située au cœur d'un département foisonnant de produits de qualité, disponibles à moindre coût dans de nouvelles moyennes surfaces alimentaires comme Rue des Producteurs ou Terres Lyonnaises. Le bio aussi continue de se démocratiser dans une région où l'agriculture respecte l'environnement par des moyens de lutte raisonnée. Depuis toujours, Lyon doit une grande partie de sa notoriété gastronomique à la richesse des produits qui l'entourent : volailles de Bresse, fruits de la vallée du Rhône et des Monts du Lyonnais, viandes du Charolais et du Massif central, poissons de lac, fromages de nos montagnes, sans oublier des vignobles d'exception dans toutes les directions, du Beaujolais à Condrieu. Des Halles de Lyon Paul Bocuse, temple local du bien manger, aux petits supermarchés de produits locaux, je mange en me faisant plaisir, plus responsable de ce que je mets dans mon assiette.

FROMAGERIE - CRÈMERIE

DIDIER GALLAND

8, rue d'Austerlitz (4e)
✆ 04 78 39 98 84
Ouvert lundi de 15h30 à 19h, du mardi au vendredi de 8h30 à 13h et de 15h à 19h, samedi 8h30-19h, dimanche 9h-13h.

On a beau habiter à la Croix-Rousse, la vie ne vaut d'être vécue sans un fromage bien affiné ! Merci à Didier Galland, fromager depuis plus de 40 ans, de nous rendre plus heureux depuis 35 ans sur le plateau. Un véritable passionné qui sélectionne avec amour et un savoir-faire d'artisan les meilleurs fromages selon les saisons. Parmi les merveilles du plateau : des fromages d'ici - excellente sélection régionale - et d'ailleurs, notamment de Suisse, des bleus pour tous les goûts, d'authentiques mozzarelles ou un moelleux à la truffe. Conseils avisés donnés avec le sourire. Possibilité de commander un repas de fromage ou des plateaux sur mesure pour régaler vos invités lors d'une réception.

FROMAGERIE - CRÈMERIE

FROMAGERIE LES TROIS JEAN

84, avenue Jean-Jaurès (7e) ✆ 04 37 66 68 86
www.fromagerielestroisjean.com
Ouvert du mardi au vendredi de 9h à 13h et de 15h à 19h30 ; le samedi de 8h30 à 19h.

Jean Bordereau, le premier des Jean, rend hommage au quartier où il a ouvert sa boutique (métro Jean Macé, avenue Jean Jaurès). Les Trois Jean, c'est la plus importante sélection de fromages, environ 80 selon les saisons, qui met à l'honneur le travail des producteurs fermiers. Du choix et de la qualité avec un grand respect pour l'environnement et le travail artisanal. Beaucoup de fromages locaux, notamment en chèvre. Plateaux sur commande, vins, bières, produits d'épicerie fine. Autre adresse à Point du Jour (5e). Des fromagers qui partagent leur passion avec plaisir.

FROMAGERIE - CRÈMERIE

FROMAGERIE B.O.F

18, rue Hippolyte Flandrin (1er) ✆ 09 82 23 41 60
www.fromagerie-bof.fr
Ouvert mardi, mercredi et vendredi 9h30-13h et 15h30-19h, jeudi 9h30-13h, samedi 9h30-13h et 15h-18h.

B.O.F. pour Beurre, Oeufs, Fromages. On pourrait rajouter Vins, Bières et Charcuterie... La maison mère se trouve du côté de la Martinière. Après la fermeture des Halles, une boutique juste à côté en 2012, avant l'ouverture d'une autre boutique l'an dernier vers Part-Dieu (place Guichard). Sophie et Matthieu sont des experts ès fromages avec un sens inné du partage. Dans les boutiques, une sélection des meilleurs fromages de saison, affinés comme il se doit (coup de cœur pour le Neuvillois maison), et la réalisation de plateaux sur mesure, de l'apéro à la fin de repas. Coup de projecteur sur les producteurs locaux. Click & Collect possible, mais conseils charmants en boutique.

FROMAGERIE - CRÈMERIE

FROMAGERIE MONS

102, cours Lafayette (3e) ✆ 04 78 62 36 77
www.mons-fromages.com
Ouvert du mardi au jeudi de 8h15 à 13h et de 15h à 19h, vendredi et samedi de 8h15 à 19h, dimanche de 8h15 à 13h.

La vie n'a pas de sens sans fromages. Vite, une boutique Mons Fromager Affineur ! Aux Halles de Lyon Paul Bocuse, mais aussi à Lumière, Croix-Rousse, Charité... Bref, aucun excuse ne sera retenue pour ne pas faire provision des meilleurs fromages sélectionnés et affinés par cette maison gourmande fondée en 1964 et propulsée sur le devant de la scène par Hervé Mons, MOF fromager 2000, et son frère Laurent. Dans toutes les boutiques, des passionnés formés par la maison pour choisir des fromages simplement exceptionnels : fromages auvergnats, camemberts truffés, mais aussi fondue et raclette en saison. Bar à fromages pour la dégustation. Carte de fidélité. Impossible de résister.

FROMAGERIE - CRÈMERIE

LA FROMAGERIE DU CHÂTEAU

3, rue de Sèze (6e)
✆ 04 78 24 32 66
www.fromagerie-du-chateau.com
Ouvert du mardi au samedi de 9h à 13h et de 16h à 19h.

C'est toujours le moment de se faire plaisir. Pour être sûr de trouver le fromage qui vous fera vraiment plaisir, rendez-vous à la Fromagerie du Château. Thérésa et Anis, d'authentiques passionnés, vous proposeront une sélection des meilleurs produits des terroirs français et étrangers. Dans une boutique qui se remplit au fil des saisons, les gourmands repèrent vite les fromages fermiers au lait cru : au lait de chèvre, de brebis, de vache, sans oublier les fromages au lait de bufflonne avec mozzarella, ricotta et burrata en provenance d'Italie. Quelques morceaux choisis exceptionnels. Réalisation sur commande d'une boîte apéro à marier avec une bonne bouteille. Des artisans du goût.

FROMAGERIE - CRÈMERIE

FROMAGERIE PIERRE & MARCELLIN

253, rue Paul Bert (3e) ✆ 09 81 14 16 14
https://pierre-et-marcellin.com
Ouvert du mardi au samedi de 9h à 13h et de 15h30 à 19h ; le dimanche de 9h à 12h.

Avis aux amoureux du fromage : vous allez tomber sous le charme ! Celui d'Angélique, mais surtout celui des fromages proposés par ces amoureux des bons produits, des fromages régionaux, comme ceux du Berger des Dombes ou de la Ferme de Blancabri. Plus qu'une fromagerie de quartier à deux pas de la Part-Dieu, cette seconde adresse signée Pierre et Marcellin nous propose une sélection de délicieux fromages, toujours de grande qualité selon les saisons. Accueil adorable. Magnifiques plateaux sur mesure et planches apéro. Autre adresse : 46 avenue Félix Faure (3e).

FROMAGERIE - CRÈMERIE

FROMAGERIE TÊTE D'OR

51, rue Tête-d'Or (6e) ✆ 04 78 24 51 38
www.fromagerie-tetedor-lumiere.fr
Ouvert lundi 15h-19h, du mardi au vendredi 8h-19h, samedi 7h30-19h.

Parce que le fromage, c'est aussi la vie et que rien n'est meilleur qu'un plateau de fromages, direction deux adresses d'une même enseigne de qualité. Les Frères Marchand – fromagers-affineurs à Nancy depuis 1880 - sont installés à deux adresses lyonnaises, l'autre étant avenue des Frères Lumière – pour défendre les fromages fermiers et au lait cru de petits producteurs. Parce que les fromages sont des produits vivants qu'il faut respecter et apprendre à connaître, le *Petit Futé* apprécie le service de livraison à domicile avec commande sur la boutique en ligne, même si rien ne vaut la convivialité et les conseils du fromager. Plateaux gourmands de qualité pour partager du plaisir.

FROMAGERIE - CRÈMERIE

LA MÈRE RICHARD

102, cours Lafayette (3e)
✆ 04 78 62 30 78
Ouvert du mardi au vendredi de 9h à 13h et de 15h à 19h, le samedi de 9h à 13h30 et de 14h30 à 19h.

Un nom, une institution qui mérite une explication pour mieux comprendre la dynastie Richard. Renée Richard (1928-2014) est entrée au Panthéon de la gastronomie lyonnaise grâce à ses inimitables saint-marcellin affinés, appréciés par un certain Paul Bocuse qui les servait dans son restaurant. Sa fille, Renée Richard, a perpétué la tradition aux Halles de Lyon Paul Bocuse. Qualité et tradition de fromages d'exception. Et s'il faut absolument craquer pour le saint-marcellin et le saint-félicien affinés par la maison, il faut découvrir également d'autres fromages régionaux en provenance de petits producteurs sélectionnés avec soin. Une légende lyonnaise à savourer sans modération.

FROMAGERIE - CRÈMERIE

LA LAITERIE DE LYON

13, rue Montebello (3e)
✆ 06 76 44 11 85
www.laiteriedelyon.com
Ouvert du mardi au samedi de 9h à 13h et de 15h30 à 19h.

Quand des activités et des commerces oubliés reviennent au cœur des villes, le *Futé* applaudit. Après 12 ans de disette, voici qu'ouvre une laiterie à Lyon. Entre Rhône et Guillotière, La Laiterie de Lyon est l'œuvre gourmande d'Anaïs qui fabrique sur place fromages, yaourts, fromages blancs, faisselles, mais aussi riz au lait... à partir de lait bio en provenance d'un Gaec isérois, dans une démarche équitable. Délicieux fromages maison - comme cet halloumi d'inspiration libanaise - et fromages d'ailleurs selon les saisons, yaourts parfumés à la verveine... selon les envies et des produits d'épicerie. Des ateliers permettent de découvrir les procédés de fabrication. Top adresse !

POISSONS - FRUITS DE MER

LE COMPTOIR DE L'OCÉAN

36, rue Cuvier (6e) ✆ 04 72 37 42 79
www.poissonnerie-lyon.com
Ouvert du mardi au samedi de 9h à 13h et de 16h à 19h, le dimanche de 9h à 12h30.

S'il ne manque qu'une chose à Lyon, c'est l'océan. Problème résolu grâce à Stéphane Navarro, un amoureux et spécialiste des produits de la mer, et son associé Michaël, cuisinier de métier lui aussi passionné des bons produits frais et savoureux de nos côtes, qui nous amènent les meilleurs produits de l'océan dans le 6e arrondissement (et ailleurs dans la Métropole avec un autre Comptoir à Caluire). Les poissons arrivent directement de petits bateaux de pêche artisanale, même qualité pour les fruits de mer. Sur place, conseils de préparation du poissonnier. En ligne, possibilité de commander avec livraison à domicile ou en retrait express. Un Comptoir à déguster sous toutes ses formes.

FROMAGERIE - CRÈMERIE

MAISON CELLERIER

102, cours Lafayette (3e) ✆ 04 78 62 37 75
www.cellerier-hallesdelyon.com
Ouvert du lundi au samedi de 8h à 19h ; le dimanche de 8h30 à 14h.

Parmi tous les talents gourmands de Cellerier, le fromage fait partie de l'ADN de cette maison d'exception fondée en 1890 par Hilaire Cellerier, marchand de fromages sur les marchés de Vénissieux ! Ce sont 4 générations qui ont perpétué le meilleur de la tradition dans les 4 boutiques Cellerier, dont celle des Halles de Lyon Paul Bocuse. Des produits d'excellence et près de 200 fromages de toutes les régions, des fromages sélectionnés par des passionnés du goût et de la qualité. Même philosophie, mêmes exigences pour les charcuteries et spécialités lyonnaises, pâtisseries et confiseries, vins, spécialités italiennes et au restaurant L'Ecailler des Halles. Référence du bon goût lyonnais.

POISSONS - FRUITS DE MER

HUÎTRES MERLE

102, cours Lafayette (3e) ✆ 04 78 62 30 29
www.maison-merle.fr
Ouvert du lundi au samedi de 8h à 22h ; le dimanche de 8h à 14h. Fermé le dimanche soir uniquement.

Fondée en 1938 par la famille Merle, voici une maison où se perpétue la tradition du meilleur choix et de la qualité en matière d'huîtres et de coquillages. Chez Merle, les huîtres sont sélectionnées avec soin et le choix est immense avec les fines de claire, les spéciales Gillardeau, les spéciales d'Isigny, d'Utah Beach, les irlandaises Ostra Regal ou les belons bretonnes. Les meilleures provenances pour des produits d'une fraîcheur remarquable. Plateaux d'huîtres à toute heure de la journée et d'excellents fruits de mer. Debout au comptoir, assis dans une salle en forme de wagon des années 1930, entre amis ou en tête-à-tête, à emporter sur le banc, le bonheur est gourmand.

© EMMANUEL SPASSOFF

© EMMANUEL SPASSOFF

POISSONS - FRUITS DE MER

MAISON BOUGEL

22, rue Duquesne (6e)
✆ 04 78 93 18 77

Ouvert le mardi, le vendredi et le samedi de 9h à 13h et de 15h30 à 19h, mercredi et jeudi de 9h à 13h.

Le bonheur, c'est simple comme aller chez Bougel. Homme charmant, tout comme sa femme Stéphanie qui travaille à ses côtés avec son équipe, Thierry Bougel est un charcutier traiteur aux talents multiples ! Ce passionné, travailleur qui ne compte pas ses heures, nous offre un grand savoir-faire dans des fabrications maison toutes plus délicieuses les unes que les autres. À commencer par ses saumons fumés maison ! Des saumons sélectionnés, préparés au fumoir avec amour. Des merveilles de qualité dont il ne faut surtout pas se priver en version marinée. Foie gras extra, pâté croûte d'exception, cervelas maison, saucissons briochés... De l'apéro aux plats, c'est un régal absolu. Coup de cœur.

© EMMANUEL SPASSOFF

© EMMANUEL SPASSOFF

© EMMANUEL SPASSOFF

POISSONS - FRUITS DE MER

LA POISSONNERIE

86, route de Brignais - **CHAPONOST** ✆ 04 72 66 11 12
www.lapoissonnerie.eu
Ouvert du mardi au jeudi 18h-19h (clic&collect), vendredi 10h-12h30 et 16h30-19h, samedi 10h-19h, dimanche 10h-13h.

Au large de Bellecour, mais rapide d'accès par l'A480 direction Chaponost, La Poissonnerie mêle poissonnerie traditionnelle présentant les meilleurs produits de la pêche française, bar à huîtres (plus de restauration) et cave à vin. Le capitaine de ce beau bateau, passionné des produits de la mer, c'est l'excellent Frédéric Chevalet qui nous donne ses bons conseils pour choisir : poissons sauvages, saumon frais d'Ecosse, flétan blanc Sterling, thon frais, huîtres d'exception, crustacés cuits sur place... Autant d'idées pour vous régaler au quotidien ou pour des occasions exceptionnelles. Plateaux magistraux, plats traiteur aux saveurs de la mer, soupe de poisson. Adresse phare.

POISSONS - FRUITS DE MER

POISSONNERIE DURAND

102, cours Lafayette (3e)
✆ 04 78 62 35 25
Ouvert du mardi au jeudi de 7h à 13h30, vendredi et samedi de 7h à 19h30, dimanche de 7h à 13h30.

Quel beau banc à la Maison Durand ! Attention, quand on parle de banc à cette enseigne fondée en 1868 - ça date ! -, on parle d'étal de poissons sauvages, de coquillages et de crustacés d'une fraîcheur remarquable. Tout le savoir-faire de poissonniers qui nous proposent le haut du panier avec des produits issus le plus souvent de la petite pêche française. Des poissons ultra-frais selon les arrivages en direct, des homards et autres gourmandises dans le vivier, tous les produits de la mer selon les saisons. Coup de cœur également pour le service adorable et le temps passé à nous donner de bons conseils pour bien cuisiner. Bravo à Nathalie, Florent et toute leur équipe.

POISSONS - FRUITS DE MER

POISSONNERIE PUPIER

102, cours Lafayette (3e)
✆ 04 78 62 37 26
Ouvert du mardi au samedi de 7h à 19h, dimanche de 8h à 12h30.

A Lyon, Pupier rime avec poisson. Maison fondée en 1947, aux Halles de Lyon depuis les années 60, Pupier a connu un nouveau souffle avec l'arrivée des excellents Nicolas Bureau et Florent Pugeat, deux passionnés des produits de la mer. Tout en conservant la qualité des arrivages de poissons sauvages frais, ils ont su imposer un style plus actuel. A midi, belle assiette fraîcheur/saveur au comptoir du Fish Bar. Les meilleurs poissons sont abattus selon l'ikejime, désarêtés à la pince à épiler, conservant leurs qualités nutritionnelles, offrant des saveurs uniques. Chez vous (livraison), sur place, des poissons nobles, des langoustines vivantes, des homards du vivier, de belles huîtres.

POISSONS - FRUITS DE MER

POISSONNERIE VIANEY

112, boulevard de la Croix-Rousse (4e) ✆ 04 78 28 68 67
www.maison-vianey.fr
Ouvert du mardi au jeudi de 8h à 19h, vendredi et samedi de 7h30 à 19h30, dimanche de 8h à 13h.

Paradoxe local, il faut monter sur le plateau de la Croix-Rousse pour trouver le plus beau des bancs de poissons, présent sur ses rivages depuis 55 ans. Tenue par Luc Vianey, Meilleur Ouvrier de France poissonnier écailler 2011, la poissonnerie fournit les plus grandes tables métropolitaines et prend le même soin à nous régaler au quotidien des meilleurs produits de la mer. Vaste choix de coquillages - dont un beau choix d'huîtres -, crustacés vivants, dont de superbes homards bretons ou des crevettes grises vivantes, des poissons sauvages arrivés quotidiennement de petits bateaux français, un délicieux saumon Label Rouge et tous les plats maison d'un poissonnier traiteur d'exception.

POISSONS - FRUITS DE MER

CHEZ LÉON

102, cours Lafayette (3e) ✆ 04 78 62 30 28
www.chez-leon.com
Ouvert du lundi au samedi de 9h à 22h, dimanche de 9h à 14h. Commande en ligne.

Le plaisir reprend place au cœur des Halles de Lyon Paul Bocuse depuis que Chez Léon, enseigne plus que centenaire, a rouvert terrasse et restaurant pour nous servir huîtres, coquillages et crustacés. Chez Léon, c'est du bonheur servi sur un plateau de fruits de mer. Aux commandes du navire, l'excellent Damien Sibert pour qui le relationnel est aussi important que la qualité des produits proposés. Résultat : une équipe pleine de bonne humeur avec l'envie de nous faire partager une joie de vivre retrouvée. Sélection remarquable des huîtres aux oursins selon les arrivages. Plateaux composés à la demande et commandes en ligne avec vente à emporter pour faire bonne pêche. Coup de cœur.

EPIÇERIE

L'ÉPICERIE DES HALLES

23, rue de la Martinière (1er) ✆ 04 74 57 45 46
www.lepiceriedeshalles.coop
Ouvert du lundi au samedi de 9h30 à 19h30, sauf mardi de 9h30 à 13h et de 15h à 19h30.

Au cœur d'une ville durable, faisant partie du patrimoine lyonnais depuis 1838, les Halles de la Martinière nous invitent avec leur épicerie à une consommation responsable et abordable. Dans une région AURA qui ne manque pas de bons produits, cette épicerie indépendante en SCOP vend des produits de saison issus de fermes locales pour une consommation pleine de sens en privilégiant l'approvisionnement direct auprès de producteurs en bio ou en conversion bio de préférence. Sur les étals, fruits et légumes, produits frais et notamment d'excellents fromages, produits d'épicerie salée et sucrée, vrac, mais aussi des boissons, cosmétiques et produits d'entretien. Animations régulières.

EPICERIE FINE
LE COMPTOIR IRLANDAIS

38, quai Saint-Antoine (2e) ✆ 04 78 68 21 96
www.comptoir-irlandais.com
Ouvert le mardi de 10h à 13h et de 14h à 19h ; du mercredi au samedi de 10h à 19h ; le dimanche de 10h à 13h.

Une boutique «irish» d'idées gourmandes pour twister son quotidien avec les meilleurs produits d'outre-Manche. Au Comptoir Irlandais, laissez-vous tenter par de nouvelles saveurs en faisant confiance à la sélection de grandes marques et aux conseils avisés de personnes charmantes. Grande variété de thés, notamment Barry's Tea, Whittard of Chelsea ou Damman Frères, les confitures et marmelades signées Follain ou Mackays, shortbreads Campbells... Porcelaine fine Dunoon pour servir le thé dans un mug élégant. Sans oublier la collection de vêtements irlandais : kilts, duffle-coats London Tradition fabriqués en Angleterre, pulls lambswool tout doux dans la tradition écossaise... Un régal.

EPICERIE FINE
MALLEVAL

11, rue Emile-Zola (2e) ✆ 04 78 42 02 07
www.malleval.com
Ouvert le lundi de 15h à 19h30 ; du mardi au vendredi de 9h30 à 19h30 ; le samedi de 10h à 19h30.

Malleval : maison gourmande depuis 153 ans. Malleval, c'est à la fois la cave historique d'une ville tournée vers la gastronomie - plus de 5 000 bouteilles pour toutes les occasions : vins, spiritueux et bières -, mais c'est aussi une épicerie pour se fournir des meilleurs produits grâce aux conseils personnalisés de professionnels qui vous reçoivent avec le sourire. Dans les rayons, de savoureux produits artisanaux comme ces confitures signées Stéphan Perrotte et inspirées par le chef Jean Sulpice - un délice absolu -, les jus de fruits Alain Milliat, des bocaux de chef ou les incontournables thés Mariage Frères. Malleval : les meilleurs produits pour offrir de bons moments à partager.

EPICERIE FINE
MÈRE BRAZIER ÉPICERIE COMPTOIR

53, rue de Saint-Cyr (9e)
✆ 04 72 20 05 05
www.merebrazier-epicerie.com
Ouvert du lundi au samedi de 7h à 18h ; le dimanche de 8h à 14h.

Parce que nous sommes trop jeunes pour avoir connu la version «porte-pot» d'Eugénie Brazier, mère lyonnaise triplement étoilée, le chef Mathieu Viannay et Gilles Demange réinventent une version moderne du comptoir lyonnais dans un lieu mêlant gastronomie, dégustation et un certain art de vivre local. Une épicerie buvette du XXIe siècle où tout devient possible : manger à une table du terroir et remplir son panier d'une sélection des meilleurs produits : charcuterie, pains d'exception au levain, poulets de Bresse, fromages, pâtisseries, vins... A consommer sans modération.

EPICERIE FINE
AU PALAIS GRILLET

10, rue du Palais Grillet (2e)
✆ 06 33 58 47 52
www.aupalaisgrillet.fr
Ouvert du mardi au samedi de 10h30 à 19h.

Il y a au moins deux choses qui nous font choisir une épicerie plutôt qu'une autre : le conseil et la sélection des produits. Le Palais Grillet réunit les deux : les conseils de Betty, une passionnée, et une sélection 100 % française particulièrement exigeante avec des produits «sourcés» garantissant leur fabrication sur le territoire national. De belles découvertes dans tous les terroirs, pour toutes les occasions. Du petit déjeuner avec des confitures extra fruits aux repas de fête avec de merveilleux foies gras. Découvrez le fameux Baulois, meilleur fondant au chocolat ! Vins, bières, smoothies, bocaux, chocolats, condiments, huiles... Coffrets gourmands à composer.

CHARCUTERIE
GAST

102, cours Lafayette (3e) ✆ 04 78 62 32 25
www.gast.fr
Ouvert mardi et du jeudi au samedi de 6h30 à 19h, mercredi de 6h30 à 13h et de 15h à 19h, dimanche de 6h30 à 13h30.

Fondée en 1945 par un Alsacien pour populariser la choucroute à Lyon, Gast est devenue, sous l'impulsion de la famille Lobietti - 3 générations - un grand nom de la charcuterie à Lyon. Installée au cœur des Halles, la maison Gast offre non seulement une merveilleuse boutique faisant le bonheur de tous les visiteurs avec ses saucissons suspendus, mais surtout de tous les gourmands avec des produits artisanaux de grande qualité : saucissons, cervelas pistaché et truffé, pieds de veau, gras double, fromage de tête persillé, pâté de campagne, pâté en croûte, jambon à l'os cuit blanc... Sans oublier l'incontournable choucroute maison. Vente en ligne et plats traiteur.

HUILE D'OLIVE
HUILERIE RICHARD

37, place Bellecour (1er)
✆ 04 78 42 73 20
www.huilerie-richard.com
Ouvert du mardi au samedi de 11h à 13h et de 14h à 19h.

L'origine de la Maison Richard installée en Drôme Provençale remonte à 1885, quand les premières livraisons s'effectuaient avec une charrette tirée par un mulet. Aujourd'hui, il suffit aux Lyonnais de se rendre dans l'une des 2 boutiques : Bellecour ou Croix-Rousse. Les secrets de fabrication de ces huiles d'olive extraites à froid se sont transmis de génération en génération. En vedette : l'huile d'olive AOP Nyons, mais on trouve également des huiles de macération (citron, ail, basilic) de noix, de noisette, de colza grillé... Dégustation au bar à huiles. La boutique propose aussi des produits d'épicerie sucrés et salés, des olives et tartinables, ainsi que des cosmétiques.

VOLAILLE DE BRESSE AOP

Bois de Chize
BRANGES
✆ 03 85 75 10 07
www.pouletdebresse.fr

La volaille de Bresse bénéficie depuis 1957 d'une AOC (Appellation d'Origine Contrôlée) et de l'AOP (Appellation d'Origine Protégée) depuis 1996. Issue d'une race ancienne à croissance lente, la Gauloise Blanche de Bresse, elle est caractérisée par ses pattes bleues, son plumage blanc et sa crête rouge. Elle trouve un tiers de son alimentation dans les pairies verdoyantes bressanes (vers, mollusques, insectes et herbes grasses). Son éleveur lui apporte aussi maïs, blé et produits laitiers tout au long de sa vie. Sa chair est ferme et persillée, sa peau très fine et nacrée. Elle a un goût de terroir qui ravive les papilles des amateurs, comme celles des plus fins gastronomes.

© EMMANUEL SPASSOFF

© DR

HALLE COUVERTE

HALLES DE LYON-PAUL-BOCUSE

102, cours Lafayette (3e)
www.hallespaulbocuse.lyon.fr
Ouvert du lundi au samedi de 7h à 22h30, le dimanche de 7h à 13h. Attention, chaque commerce a ses propres horaires.

Le paradis des gourmands. D'abord créées à Cordeliers en 1859, les Halles de Lyon se sont installées en 1971 dans le quartier de la Part-Dieu, Une place unique dans le monde de la gastronomie pour ces Halles, rebaptisées du nom de Paul Bocuse, qui réunissent 56 commerces d'exception. Des commerces de bouche tenus par des passionnés ne proposant que des produits d'excellence. De la convivialité autour des comptoirs dans une ambiance inimitable. Le meilleur de la tradition avec une pointe d'innovation pour 56 commerçants qui font partie du patrimoine gourmand de Lyon.

© EMMANUEL SPASSOFF

© NICOLAS VILLION

© EMMANUEL SPASSOFF

BOUCHERIE

BOUCHERIE BELLO

54, rue de la Charité (2e) ✆ 04 78 37 04 20
www.boucherie-bello.com
Ouvert du mardi au vendredi de 8h15 à 13h et de 15h30 à 19h30 ; le samedi de 8h30 à 19h.

La viande n'est pas un produit comme les autres. La boucherie Bello nous propose des bêtes sélectionnées dans les meilleurs élevages en agriculture biologique, mais encore tout le savoir-faire et l'expérience d'excellents bouchers qui préparent des viandes de caractère pour des plats qui ont du goût. Le bœuf, qu'il soit Aubrac, Salers, Angus..., est bio. L'agneau, le veau, le porc fermier d'Auvergne, les volailles sont bio. Alors oui, c'est un peu plus cher, mais puisque vous mangez moins de viande, autant qu'elle soit de qualité. Spécialité maison : les viandes maturées qui offrent encore plus de goût ! Charcuterie lyonnaise et étrangère. Epicerie. Bello, le bon goût de la viande.

BOUCHERIE

BOUCHERIE BRESSANE

4, place Jules-Guesde (7e)
✆ 04 72 80 04 30
Ouvert du lundi au samedi de 5h à 13h et de 15h à 19h30.

Vous aussi vous cherchez un bon boucher ? De ceux qui sélectionnent les viandes auprès des meilleurs producteurs de nos régions et les préparent avec un savoir-faire qu'on ne trouve plus guère ? Alors direction la place Jules Guesde. Depuis une trentaine d'années, Eric Cochet et sa fidèle équipe nous régalent des meilleures viandes affichant fièrement leurs labels (Label Rouge, Blason Prestige...). Des morceaux de choix pour toutes les envies, des conseils pour vos plats et des brochettes marinées qui font le bonheur de nos étés. Cave de maturation. Charcuteries de même qualité et plats traiteur pleins de saveurs pour nous faciliter la vie. Sourire et bonne humeur chez ce boucher passionné.

BOUCHERIE

BOUCHERIE TROLLIET

102, cours Lafayette (3e) ✆ 04 78 62 36 60
www.boucherie-trolliet.com
Ouvert tous les jours sauf lundi (mercredi et dimanche le matin). Fin décembre 7j/7 non-stop. Livraison, vente en ligne.

A Lyon, la passion de la viande a un nom : Trolliet. Une passion transmise de génération en génération au cœur des Halles Paul Bocuse puisque Alexis Trolliet et sa sœur Laurence poursuivent l'œuvre de leurs parents, Maurice Trolliet, Meilleur Ouvrier de France, et Marie-Claude. Avec une équipe fidèle, Thierry Giboulet en tête, la maison Trolliet propose des viandes de grande qualité issues des meilleurs élevages français respectant le bien-être animal. Des viandes de terroir qui ont du goût, à préparer selon les conseils du boucher. Agneau AOP de prés salés, délicieuses pièces de bœuf ou volaille de Bresse. Boucherie de tradition avec boutique en ligne et livraison à domicile.

CHARCUTERIE

BOBOSSE

102, cours Lafayette (3e) ✆ 04 78 62 66 10
www.bobosse.fr
Ouvert du lundi au samedi de 8h30 à 19h ; le dimanche de 8h30 à 13h.

Bobosse, un nom que tous les gourmands connaissent, qu'ils soient lyonnais ou d'ailleurs. Un nom qui évoque immanquablement une spécialité indissociable de la cuisine lyonnaise : l'andouillette tirée à la ficelle. Aux Halles de Lyon Paul Bocuse, comme dans le Beaujolais, Bobosse présente le meilleur de la charcuterie traditionnelle. A commencer par la célèbre andouillette tirée à la ficelle, composée à 100 % de menu porc et toujours fabriquée artisanalement. Sur un étal splendide, conseillé par une équipe sympathique, se laisser tenter sans retenue : sabodet, saucisson à cuire, caillettes, terrines, cervelas, jambon persillé, verrines ou foie gras d'oie. Bobosse aux Halles : un pur régal.

CHARCUTERIE

CHARCUTERIE SIBILIA

102, cours Lafayette (3e) ✆ 04 78 62 36 28
www.charcuterie-sibilia.com
Ouvert du mardi au samedi de 7h30 à 19h ; le dimanche de 8h à 13h.

Sibilia : un nom aux origines de la charcuterie lyonnaise traditionnelle depuis 1922. Un siècle au service de la charcuterie lyonnaise et du goût ! Dirigée depuis 11 ans par Bruno Bluntzer, charcutier traiteur et cuisinier, cette maison propose les meilleurs produits artisanaux, perpétuant la tradition de la qualité. Impossible de ne pas craquer pour des produits d'excellence : andouillette des gones, grande andouillette ficelle, saucissons à cuire nature, pistaché, pistaché truffé, sabodet, les saucissons secs, les pâtés en croûte et les saucissons briochés, le jambon... 4 boutiques charcuterie traiteur dans Lyon. Boutique en ligne, livraison par Chronofresh dans toute la France.

CHARCUTERIE

REYNON

13, rue des Archers (2e)
✆ 04 78 37 39 08
www.reynonlyon.com
Ouvert du mardi au samedi de 8h30 à 13h30 et de 15h à 19h15.

Reynon : une passion charcutière familiale qui s'est transmise de génération en génération depuis... 1937 ! Au cœur de Lyon, la maison Reynon propose ce qui se fait de meilleur dans la capitale de la charcuterie. Immanquable Oreiller de la belle Aurore, pâté en croûte d'exception préparé chaque fin d'année, mais encore de nombreux produits gourmands artisanaux, dont une emblématique gamme de saucissons de Lyon : saucissons secs, rosettes, Jésus de Lyon, saucissons à cuire, cervelas pistaché, cervelas aux morilles et truffés, quenelles maison. Service traiteur de même qualité pour une maison qui fait partie du patrimoine gastronomique de la ville. Reynon, délicieusement bon.

MARCHÉS - HALLES

LES HALLES DE L'OUEST

100, route de Paris
CHARBONNIÈRES-LES-BAINS
Ouvert du lundi au samedi de 8h à 19h ; de 8h à 12h45. Ouvertures selon commerces.

Vous êtes à l'ouest ? Pour une fois, ça tombe bien puisque vous allez pouvoir faire toutes vos courses gourmandes dans une Halle regroupant d'excellentes enseignes, pour la plupart déjà bien connues des Lyonnais. Dans un bâtiment ultra moderne et d'une élégante sobriété soulignée de noir, Les Halles de L'Ouest offrent un parking souterrain gratuit pour les clients. Pour remplir son panier ou faire une pause gourmande sur place : boucherie, poissonnerie, fromagerie, pâtisserie chocolaterie, épicerie, caviste... avec de grands noms comme Sébastien Bouillet, la maison Chapoutier, la maison Cellerier, Vessière ou les Poissonneries de Julia avec leur espace dégustation. Tout ce que l'on aime.

MARCHÉS - HALLES

HALLES MONT D'OR

2, place André Michel
SAINT-DIDIER-AU-MONT-D'OR
Ouvert le vendredi et le samedi de 9h à 13h et de 15h à 20h ; le dimanche de 9h à 13h.

Les Halles, un format qui plaît bien aux Lyonnais, même métropolitains. A deux pas de l'église Saint-Didier-au-Mont-d'Or, sur une place où l'on peut se garer (1h30 maxi) gratuitement, voici les Halles Mont-d'Or, un superbe et tout marché couvert où sont réunis en fin de semaine d'excellents artisans des métiers de bouche. Dans ce bel espace, la poissonnerie Cigale des Mers, le caviste bien connu La Vieille Réserve, la Fromagerie Neuvilloise, les produits fermiers et locaux de Ma Ferme en ville, le pâtissier chocolatier Aux 2 des Monts, les pains de la Maison Deschamps et l'épicerie fine Maison Carpaye. Brasserie L'Eclat de Pierre pour prolonger le plaisir de bien boire et bien manger.

HALLE COUVERTE

HALLES DE LYON-PAUL-BOCUSE

102, cours Lafayette (3e)
www.hallespaulbocuse.lyon.fr
Ouvert du lundi au samedi de 7h à 22h30, le dimanche de 7h à 13h. Attention, chaque commerce a ses propres horaires.

Le paradis des gourmands. D'abord créées à Cordeliers en 1859, les Halles de Lyon se sont installées en 1971 dans le quartier de la Part-Dieu, Une place unique dans le monde de la gastronomie pour ces Halles, rebaptisées du nom de Paul Bocuse, qui réunissent 56 commerces d'exception. Des commerces de bouche tenus par des passionnés ne proposant que des produits d'excellence. De la convivialité autour des comptoirs dans une ambiance inimitable. Le meilleur de la tradition avec une pointe d'innovation pour 56 commerçants qui font partie du patrimoine gourmand de Lyon.

MARCHÉS - HALLES

MARCHÉ AUX FRUITS

Route de Brignais
VOURLES
Marché d'été quotidien du 1er mai jusqu'à fin octobre de 18h30 à 19h30. Marché d'hiver mercredis et samedis à 15h.

La vente la plus directe possible du producteur au consommateur. Facile et rapide d'accès depuis le centre de Lyon par l'A450, ce Marché aux Fruits composé de producteurs locaux venus vendre uniquement leurs fruits et légumes (et aussi des fromages) a été ouvert au public en 1978. Un marché qui s'ouvre et se ferme une heure plus tard au son de la cloche. Seul bémol, la vente se fait à la barquette pré-pesée et parfois la qualité n'est pas uniforme... Cependant les bonnes et délicieuses affaires restent nombreuses de stand en stand, tous pris d'assaut par des consommateurs avertis. Peu de bio, mais de la qualité et des traitements raisonnés pour des fruits et légumes de qualité.

MARCHÉS - HALLES

LES HALLES GRAND HÔTEL-DIEU

21, quai Jules Courmont (2e)
✆ 04 78 37 39 61
http://halles-grand-hotel-dieu.fr
Ouvert du lundi au samedi de 9h à 19h30.

Quand neuf grandes maisons, parmi les meilleurs artisans de bouche de Lyon, sont réunies dans les murs de l'un des plus beaux bâtiments de la ville, le Grand Hôtel-Dieu, le résultat est délicieux. Des murs multi-centenaires et un décor contemporain contribuent à la magie de ces halles uniques en leur genre. Si l'on retrouve de grands noms lyonnais des Halles Paul Bocuse – Mère Richard, Boucherie Trolliet... –, d'autres les ont rejoints dans cette aventure gourmande au cœur de Lyon, comme Pignol, Voisin, Guyot, Fruisy, Jean-Luc Vianey ou Pozzoli. Régalez-vous en beauté.

MARCHÉS - HALLES

MARCHÉ SAINT-ANTOINE CELESTINS

Quai Saint-Antoine (2e)
Qualité Tourisme. Ouvert du mardi au dimanche de 6h à 13h. Ouvert jusqu'à 13h30 vendredi et samedi, 14h dimanche.

Le plus grand marché alimentaire de Lyon, le long des quais de Saône, où l'on a plaisir à venir le dimanche matin. Clientèle joyeusement mélangée, toutes classes sociales confondues. Il faut dire que le cadre s'y prête et que l'on y trouve de tout avec une cinquantaine de commerçants en semaine et 121 commerçants les fins de semaine : légumes, poissons, jus de fruits artisanaux, boucheries, charcuteries (notamment ardéchoises...), fromages, fleurs... Bon plan : prévoir de retirer du cash la veille ou dans un autre lieu, car les distributeurs du quartier sont pris d'assaut !

BOULANGERIE

ANTOINETTE

117, rue Sébastien-Gryphe (7e)
✆ 04 72 72 99 69
www.antoinettepainetbrioche.fr
Ouvert du mardi au samedi de 8h à 19h30.

Antoinette *is the best* ! Notre chère Antoinette est vraiment la meilleure à l'heure de choisir son pain ou sa brioche. La boutique d'origine, dans le 7e (depuis deux autres adresses ont ouvert), ne paie pas de mine, mais la queue à l'extérieur indique déjà que nous tenons là une adresse d'exception. Des passionnés de la boulangerie fabriquent des pains absolument délicieux à partir d'ingrédients locaux issus de l'agriculture bio. Résultat : des goûts, des saveurs, des textures inimitables. Pain au levain, aux 5 céréales, au sarrasin ou un extraordinaire pain de seigle, sans oublier le meilleur pain sans gluten de Lyon. Brioches individuelles et à partager. Quand le pain devient gourmandise.

BOULANGERIE

BOULANGERIE SAINT-VINCENT

49, quai Saint-Vincent (1er)
✆ 04 72 00 94 19
Ouvert du lundi au samedi de 7h à 19h30, dimanche de 7h à 18h.

Avec la fresque des Lyonnais toute proche, la Boulangerie Saint-Vincent (by Charles désormais) fait en quelque sorte partie du patrimoine d'une ville qui aime ses artisans gourmands. Et si les propriétaires ont changé depuis 2 ans maintenant, cette boulangerie continue de nous proposer des pains bio faits avec beaucoup d'amour (mais plus de pain sans gluten, contrairement à ce que notre précédente édition affirmait... Désolé pour le dérangement). Pâtisseries et viennoiseries de même qualité pour se régaler du petit déjeuner au goûter, avec des bugnes maison par exemple.

BOULANGERIE

BOULANGERIE DES CANUTS

18, rue Claude-Joseph-Bonnet (4e) ✆ 04 78 91 02 39
www.boulangerie-des-canuts.fr
Ouvert du mardi au samedi de 6h30 à 19h30, dimanche de 6h30 à 13h.

Une boulangerie tenue par un couple vraiment adorable, Delphine et Julien Croizier, excellent pâtissier formé chez Sébastien Bouillet et Sève... Autant dire que les macarons sont plus que bons, de même que les tartes maison et les gâteaux comme le Canut. Pourquoi vouloir résister à de telles tentations ? Les pains artisanaux de tradition française possèdent la même qualité de fabrication et les pains spéciaux permettent de satisfaire toutes les envies : tourte auvergnate, pain des Allobroges. Autre bonheur du petit déjeuner : les meilleurs croissants de Lyon. Superbes sandwichs et des salades maison à l'heure du déjeuner et des grands creux. Adresse gourmande à découvrir d'urgence.

BOULANGERIE

JOCTEUR BOULANGER DE L'ILE BARBE

5, place Henri-Barbusse (9e)
✆ 04 78 83 98 35
Ouvert du mardi au dimanche de 7h à 19h30.

C'est face à l'Ile Barbe que Philippe-Marc Jocteur – sur les conseils d'un voisin nommé Paul Bocuse – a créé cette enseigne. Belle verrière s'ouvrant sur une terrasse, du bois, une belle frise, tout nous rappelle la qualité d'antan. Une qualité à retrouver dans les pains réalisés par la maison, mais aussi dans les gâteaux, à commencer par les tartes à la praline, références en la matière depuis 30 ans ! Large choix de gourmandises faites avec amour pour se régaler à chaque occasion. Lieu idéal pour un petit-déjeuner en amoureux et pour se retrouver au goûter.

BOULANGERIE

BOULANGERIE GHISALBERTI

135, cours Albert-Thomas (3e)
✆ 04 78 54 38 82
Ouvert tous les jours de 6h30 à 20h.

Chaque quartier a son trésor. A la limite des 8e et 3e arrondissements, Ghisalberti compte parmi nos bonnes adresses. Et l'on n'est pas loin de pouvoir affirmer que la baguette Tradition maison fait partie de notre top 10... Mais cette grande boulangerie, avec son parking pratique, ne serait rien sans ses vendeuses toutes plus aimables les unes que les autres. Tout en regardant travailler les artisans, on hésite entre les pâtisseries, notamment de délicieux éclairs, sans oublier les viennoiseries, les pains spéciaux, les sandwichs et les salades. Terrasse fermée où l'on peut s'installer à toute heure de la journée pour boire un verre, un café, tout en dégustant une douceur.

BOULANGERIE

MAISON LAMBERT

23, Grande-Rue - **SAINT-PRIEST** ✆ 04 78 20 11 86
https://maison-lambert.fr
Ouvert du mardi au samedi de 6h à 19h30 ; le dimanche de 6h à 13h30.

Un authentique artisan et une enseigne, la Maison Lambert, qui régale les gourmands depuis plus d'un demi-siècle. Créée en 1960 par M. Lambert à Lyon, la Maison s'est installée en 1966 au cœur de Saint-Priest et dispose d'autres adresses tenues par les descendants de M. Lambert attachés à perpétuer le meilleur de la tradition artisanale. Ici, tout est fait maison par un chef boulanger travaillant avec les meilleurs produits pour nous livrer au quotidien des délices dont on ne peut plus se passer : les pains, les viennoiseries, toutes les gourmandises d'une maison qui sait aussi nous régaler avec de délicieux sandwichs. Pratique : la boutique en ligne pour commander en click&collect !

Des voitures à partager pour aller où vous voulez !

À partir de **2,50 €/h + 0,39 €/km**

Bientôt
400 véhicules Citiz
en libre service
dans la métropole
de Lyon.

citiz LPA

Boutique LPA
2 Place des Cordeliers, 69002 Lyon

lpa.citiz.fr
04 72 41 67 12

Un service proposé par LPA

BOULANGERIE
LA MIECYCLETTE

193, avenue Paul Santy (8e) ✆ 09 72 31 52 08
www.lamiecyclette.fr
Ouvert lundi, mardi, jeudi et vendredi de 16h30 à 19h. Marché Ambroise Courtois, mercredi de 14h30 à 19h.

Peut-être avez-vous vu la Miecyclette en passant avenue Paul Santy, là où se trouve le fournil ouvert aux gourmands seulement en fin de journée ? La Miecyclette, vous l'avez sans doute croisée dans les rues de Lyon avec son vélo-cargo livrant de bons pains bio aux professionnels, collectivités et groupements de particuliers. Si le *Petit Futé* met la Miecyclette à l'honneur, c'est qu'elle livre à vélo – c'est bon pour l'air que nous respirons – des pains savoureusement préparés à partir de produits bio (farines Moulin Marion de l'Ain, sel de Guérande Nature & Progrès...) et cuits dans un four à bois traditionnel – c'est bon pour nos papilles ! Une coopérative qui a tout compris à nos envies.

BOULANGERIE
LE PAIN DU GONE

102, cours Lafayette (3e) ✆ 04 78 62 95 54
www.lepaindugone.fr
Ouvert du mardi au samedi de 7h30 à 19h30, dimanche de 7h30 à 14h.

Des champs de céréales cultivés en bio en Saône-et-Loire aux pains sur les présentoirs, en passant par un moulin traditionnel dans l'Ain et le fournil de Limas, le Pain du Gône a tout bon. Des pains artisanaux de passionnés comme l'est Quentin Sany. Un savoir-faire remarquable pour celui qui a fait ses premiers pains à 8 ans avec son père et qui continue de faire des pains dont la pâte prend le temps de lever pour livrer toutes ses saveurs. Incontournable Saint-Roch, roi du Pain du Gône, avec ses arômes de graines toastées. Viennoiseries, tartes, brioches. Bienvenue à son frère et son cousin Jordane dans l'association, une vraie histoire de famille. Les boulangers paysans gourmands.

BOULANGERIE
PARTISAN BOULANGER

2, rue du Chariot-d'Or (4e)
www.partisanboulanger.com
Ouvert le lundi, le vendredi et le samedi de 6h30 à 19h30 ; le dimanche de 6h30 à 14h.

Le pain, c'est une matière vivante pour mieux nourrir les bons vivants. Bastien Malugani est un boulanger engagé qui met les mains dans le pétrin avec cœur. Matières premières de haute qualité avec une farine bio pure céréale, du sel de Guérande non raffiné, du beurre de baratte... Des provenances claires et affichées. Le travail est fastidieux, fait de tours de main, de savoir-faire et d'une passion brute et raffinée qui se partage entre deux sacs de farine. Les baguettes Canuses sont à tomber, les traboulettes aussi, les tartelettes aux fruits de saison à se damner, tout comme le kouign-amann (on sent bien le beurre) et les fameux croissants qui feraient sortir n'importe qui du lit.

BOULANGERIE
PAUME DE PAIN

13, rue Perrod (4e)
✆ 06 24 64 41 56
https://paumedepain.fr
Ouvert du lundi au vendredi de 16h à 20h, samedi de 10h à 13h.

Il aura fallu découvrir Alvéoles, la cantine à tartines d'à côté, pour vous parler de Paume de Pain. Sans doute on se cherche une excuse : que nos horaires n'étaient pas adaptés à ceux de cette boulangerie bio qui n'ouvre qu'en fin de journée et désormais le samedi matin, ce qui explique aussi notre passage... Bref, courez à toute vitesse à la Croix-Rousse savourer les merveilleux pains au levain naturel signés Sylvain Hanriot-Colin. Des pains artisanaux qui sentent bon les pains d'autrefois. Des pains qui prennent leur temps pour croustiller et fondre sous notre palais. Campagne, graines, épeautre, raisins... pour des pains d'exception. Viennoiseries et biscuits dans le même esprit.

BOULANGERIE
POZZOLI

18, rue Ferrandière (2e)
✆ 04 78 42 66 27
www.boulangerie-pozzoli.fr
Ouvert du lundi au samedi de 7h à 20h ; le dimanche de 7h à 13h.

Un grand nom de la boulangerie. Parce que François Pozzoli fait partie du cercle fermé des Meilleurs Ouvriers de France, mais aussi parce que la famille Pozzoli, reconnue Entreprise du Patrimoine Vivant, alimente la table des Lyonnais en bon pain depuis 44 ans. Fabrication 100 % artisanale qui prend le temps de bien faire la pâte, de la laisser lever et de la faire cuire avec amour et un savoir faire remarquable. Baguettes de tradition française, pain de seigle auvergnat, pain T80, la machodine – la spécialité maison –, tout comme les viennoiseries et un panettone de rêve. Quatre boutiques dans Lyon, dont une aux Halles du Grand Hôtel-Dieu, une autre à Vaise et à Gerland.

BOULANGERIE
AU PAIN NATUREL

14, quai Victor Augagneur (3e)
✆ 06 76 33 62 13
Ouvert du mercredi au samedi de 7h à 19h, dimanche de 7h à 14h.

Elles devraient être la norme. Elles sont l'exception, même si leur nombre grandit. Elles, ce sont les boulangeries qui fabriquent leurs pains à partir de levain naturel. Face au pont Wilson, discrètement installée sur le quai, une boulangerie qui affiche la couleur avec son enseigne. Ici, tout est fait «naturellement», sans aucun produit chimique. Résultat, des pains bio AB aux farines qui ont du goût - épeautre, kamut... - et des pains savoureux de longue fermentation et de longue conservation. Les viennoiseries maison sont pur beurre, et les brioches et autres gourmandises du goûter sont à craquer. Produits fermiers, comme ces radis pour manger avec le pain, dans le même esprit.

MES PLAISIRS SUCRÉS

CHOCOLATIER

BERNACHON

42, cours Franklin-Roosevelt (6e) ✆ 04 78 24 37 98
www.bernachon.com
Ouvert du mardi au samedi de 8h30 à 19h, dimanche de 8h30 à 17h. Fermeture le dimanche en juin et en juillet. Visites.

Une révolution chez Bernachon ! Rassurez-vous, rien n'a changé dans la qualité des chocolats fabriqués par le meilleur - n'ayons pas peur des mots - chocolatier de France (et du monde aussi...). Bernachon reste l'un des derniers chocolatiers à fabriquer lui-même son chocolat, de la fève à la tablette, pour nous proposer des produits d'exception comme le mythique Palet d'or, crème fraîche et chocolat noir enrichi d'une feuille d'or, une bouchée de pur bonheur, ou l'incontournable Président, son gâteau signature. Ce qui a changé du sol au plafond, c'est une boutique entièrement refaite. Magnifique écrin, avec sa mappemonde en fèves de cacao, pour dévorer du regard des chocolats d'exception.

CHOCOLATIER

MAISON BUISSON

3, place Jules-Ferry (6e)
✆ 04 37 24 07 34
www.maisonbuisson.fr
Ouvert le lundi de 12h à 19h ; du mardi au samedi de 10h à 19h.

Des bars où l'on peut boire du chocolat chaud, souvent de mauvaise qualité, ça ne manque pas. De vrais bars à chocolat, c'est plus rare. La Maison Buisson, c'est tout le savoir-faire de 3 générations au service, depuis plus de 60 ans, du chocolat. Mais pas que... Car si les chocolats chauds aux origines variées sont l'une des spécialités de la maison, cette chocolaterie réalise bien d'autres rêves chocolatés : traditionnels coussins, damiers, tablettes et macarons, l'hésitation nous gagne devant ce choix gourmand. Incontournable, le plateau Médicis, référence avec ses timbales garnies d'amandes enrobées. En été, les glaces maison offrent une alternative gourmande au chocolat.

CHOCOLATIER

LES CHOCOLATS D'ABI ET LISA

14, avenue de la Villermé
CORBAS
✆ 09 50 64 06 72
www.chocolat-abi-lisa.com
Ouvert du mardi au samedi de 10h à 13h et de 15h à 19h. Livraison possible (commande par Internet).

Si Céline Boucher ne plaisante pas avec la qualité des chocolats qu'elle fabrique dans son atelier de Corbas depuis plus de 10 ans, elle s'amuse à nous proposer des créations plus gourmandes les unes que les autres. Les chocolats d'Abi et Lisa, ce sont des produits originaux - possibilité de personnalisation -, délicieusement surprenants. Incontournable coffret découverte, coffret cadeaux, ballotins, tablettes, bonbons, pâte à tartiner... A Pâques, Noël et toute l'année, adresse incontournable pour de savoureux chocolats. Autre adresse gourmande à la Croix-Rousse.

CHOCOLATIER

PALOMAS

2, rue Colonel-Chambonnet (2e) ✆ 04 78 37 74 60
www.palomas1917.com
Ouvert du mardi au samedi de 10h à 19h. Fermé le lundi et le dimanche.

Il y a la haute couture et la haute chocolaterie. La maison Palomas est gardienne de la tradition depuis 1917 entre la place Bellecour et les quais de Saône. Sous la direction du maître pâtissier et chocolatier Dominique Clerc, Palomas réalise des chocolats artisanaux dans ses ateliers à partir de matières premières de qualité, du chocolat bien entendu jusqu'aux fruits en provenance de petits producteurs locaux. Parmi les spécialités de la maison : le Palet de Fourvière, craquant dessus (fine meringue) et moelleux dedans (praliné aux noisettes du Piémont), les Amandes de Bellecour ou les fameuses Délicia, rebaptisées «les hosties du diable». C'est si bon de pécher par gourmandise !

CHOCOLATIER

CHOKOLA

3, rue d'Austerlitz (4e) ✆ 04 72 10 02 98
www.chocolatier-bouillet.com
Ouvert du mardi au vendredi 10h-13h et 14h-19h, samedi 10h-19h.

Ce n'est pas Charlie, c'est Sébastien qui nous emmène dans sa «Chokola»terie. Pour les accros au chocolat, la boutique la plus tentante de Lyon. Car Sébastien Bouillet n'est pas qu'un pâtissier de génie, c'est aussi un créateur de grand chocolat qui a su mettre en scène tout un univers autour de sa passion. Décor fondant avec cette fontaine de chocolat et ce mur de chocolat liquide. Décor craquant avec cette «chocolathèque» remplie de gourmandises. Tous les sens sont en alerte rouge ! Et les raisons de succomber aux tentations sont nombreuses : Maca'Lyon, 40 tablettes maison réalisées avec des cacaos de différentes origines, 28 bonbons chocolat et autres bonheurs à dévorer.

CHOCOLATIER

PRALUS

27, rue Saint-Jean (5e)
✆ 04 78 62 74 09
www.chocolats-pralus.com
Ouvert tous les jours de 9h à 19h.

Fondée en 1948 à Roanne dans la Loire, la maison Pralus fait l'unanimité chez les gourmands. Pralus, c'est l'excellence en matière de brioche aux pralines, de pâtisserie et de grands chocolats. C'est l'un des derniers à travailler directement les fèves de cacao pour obtenir des grands crus présentés avec soin dans des écrins de bois. Succès assuré pour les 5 boutiques – Croix-Rousse, Vieux Lyon, Presqu'île, Monplaisir et Tassin –, dans une ville gourmande qui aime ces merveilleux produits sucrés. On se précipite aussi bien pour savourer la Praluline que pour offrir des chocolats – François Pralus s'est formé chez Bernachon... – au goût unique, vendus avec le sourire et la manière.

CHOCOLATIER

SÈVE

29, quai Saint-Antoine (2e) ✆ 04 78 37 67 81
www.chocolatseve.com
Ouvert du mardi au vendredi 9h30-13h30 et 14h30-19h, samedi 9h-13h et 14h30-19h, dimanche 8h30-13h.

Maître Chocolatier classé parmi les meilleurs chocolatiers de France, Richard Sève est un spécialiste-alchimiste du chocolat. Il a le goût de la modernité et de la perfection tout en utilisant les traditions ancestrales alliées à un climat d'élégance et de confort qui donnent la griffe Sève. Les chocolats de cet adorateur de fèves comblent les puristes par l'excellence de leurs rondeurs : sensualité, aromaticité et persistance. La Maison Sève, c'est aussi la sublimation des spécialités lyonnaises telles que la tarte aux pralines rouges, mais également les délicieuses pierres des Monts-d'Or (praliné feuilleté enrobé d'une meringue royale). Ateliers et Musée du Chocolat Musco à Limonest.

CHOCOLATIER

VOISIN

28, rue de la République (2e) ✆ 04 78 42 46 24
www.chocolat-voisin.com
Ouvert lundi 10h à 19h, du mardi au samedi 9h30 à 19h30. 15 boutiques dans Lyon et 7 boutiques dans la Métropole.

Voisin, naturellement labellisé *Made in* Lyon. Voisin, c'est la première chocolaterie artisanale française fondée en 1897, une véritable Entreprise du Patrimoine Vivant. Aujourd'hui, la quatrième génération d'artisans chocolatiers perpétue le meilleur de la tradition de la fève à la tablette en respectant toutes les étapes de la fabrication. L'incontournable de la maison, c'est le *Coussin de Lyon*, délicieuse sucrerie d'une incroyable finesse qu'il faut absolument rapporter dans ses bagages. Dans les nombreuses boutiques en ville : Sarment du Beaujolais, Quenelle de Lyon, Oranges confites et bien d'autres spécialités comme les Palets. Boutique en ligne. Voisin, un des grands noms de Lyon.

GLACIER

UNICO

91, montée de la Grande Côte (1er) ✆ 09 83 80 04 10
www.unicoglacier.com
Basse saison du mercredi au dimanche 13h30-19h. Haute saison du dimanche au jeudi 13h-20h, vendredi et samedi 13h-22h.

Si vous voulez manger une glace à la fraise en plein hiver, passez votre chemin ! Unico ne travaille qu'avec des produits de saison, des fruits sélectionnés chez les producteurs locaux, pour fabriquer artisanalement parmi les meilleures glaces de Lyon. Créations originales et des goûts de folie qui n'ont pas besoin qu'on en rajoute pour nous faire craquer selon les saisons. Autre adresse sur le quai de la Saône, dans un petit espace pour grand plaisir, avec Fresco, le spécialiste de la glace à l'italienne profitant de la même qualité. Insolite : les repas «glace-tronomiques» à faire en grandes tablées le soir chez Unico. Ateliers ouverts au public pour fabriquer ses propres glaces.

CHOCOLATIER

LES CHOCOLATS D'ABI ET LISA

73, Grande Rue de la Croix-Rousse (4e)
✆ 04 78 29 62 51
www.chocolat-abi-lisa.com
Ouvert du mardi au samedi de 10h à 19h. Salon de thé. Click & Collect. Livraisons.

© EMMANUEL SPASSOFF

© EMMANUEL SPASSOFF

Dans leurs boutiques, une à la Croix-Rousse, l'autre à Corbas, Céline et Stéphane nous ouvrent un monde de douceurs et de gourmandises à partager. Les chocolats d'Abi et Lisa, ce sont les créations chocolatées de Céline Boucher fabriquées dans la chocolaterie de Corbas qui nous font fondre à toutes les occasions. Bonbons de chocolats selon les goûts, ballotins, délicieuses tablettes de chocolat selon les envies, pâtes à tartiner artisanales faites avec amour, biscuits sans gluten, coffrets à offrir avec beaucoup de bonheur... Vente en ligne et click&collect. Purs plaisirs.

GLACIER

BARBARAC

1, rue de l'Ancienne Préfecture (2e) ✆ 04 78 59 21 74
https://barbarac.fr
Basse saison : ouvert du mercredi au dimanche. Haute saison : tous les jours.

Où trouver du réconfort toute l'année ? Chez Barbarac, le glacier de Saint-Tropez (et de Lyon). Petite terrasse, murs de pierres apparentes, service à table dans une atmosphère chaleureuse, cette adresse gourmande propose des glaces artisanales préparées à partir de produits naturels de saison pour des parfums merveilleux comme yaourt, praline ou sorbet chocolat. Toujours les meilleures glaces à emporter en pot ou en cornet, mais aussi, et c'est nouveau, des coupes glacées servies sur place. Autre nouveauté chez ce glacier qui se démarque, une formule salée avec piadina, galette italienne garnie de produits frais. Gaufres, crêpes, boissons chaudes et froides. Faites l'expérience du plaisir !

GLACIER

PAGE

51, rue de la Thibaudière (7e)
✆ 06 66 36 53 46
www.page-glaces-gateaux.com
Ouvert du mercredi au samedi de 10h à 19h.

Tout l'amour qu'on a pour Page se traduit en glaces et gâteaux à dévorer. La plus délicieuse des boutiques où l'on aime autant faire la queue dehors façon stand glacier pour choisir, dans un cornet maison, ses deux boules aux parfums de saison ou à l'intérieur pour choisir sa glace en pot de verre consigné ou à emporter dans ses propres récipients. Chaque saison offre de nouveaux fruits dont les arômes explosent en bouche. Version sorbet ou glace, le résultat est d'une gourmandise absolue. Autres grands bonheurs, les gâteaux maison, dont un Moon à l'amande, sans gluten et sans lactose mais tellement bon... Cerise sur le gâteau, la gentillesse d'un accueil aussi craquant que le reste.

GLACIER

LA FABRIQUE GIVRÉE

66, rue Saint-Jean (5e) ✆ 04 78 37 89 80
www.lafabriquegivree.com
Ouvert du lundi au vendredi de 13h à 19h ; le week-end de 12h30 à 19h.

Givré, il faut l'être pour se lancer dans une entreprise gourmande. Des amis d'enfance ont décidé, il y a plus de 10 ans, de se lancer dans l'aventure en changeant un monde un peu trop figé et pas assez givré, celui des glaces. Résultat, le Vieux Lyon abrite un lieu complètement givré imaginé par le chef Jérémie, créateur de glaces différentes, et Martin. Production artisanale en Ardèche à partir de fruits de saison en provenance, de préférence, de la vallée du Rhône. Abricots Bergeron, pousses de sapin du Vercors, raisins de l'Hermitage... Les parfums et les créations renversantes nous font tourner la tête. Du fameux Kif, entre glace et pâtisserie, aux meringues de dingue... C'est top !

GLACIER

RENÉ NARDONE

26, quai de Bondy (Vieux Lyon) (5e) ✆ 04 78 28 29 09
www.glaciernardone.com
Haute saison : ouvert tous les jours de 9h30 à 19h. Hors saison, ouvert du mercredi au dimanche de 13h à 19h.

Nardone, ça rime avec glacier et grand plaisir en terrasse depuis 1899. Une maison et une passion qui se transmet de père en fils et de père en filles. Ainsi, la famille Nardone règne sur la glace et sur ce coin du Vieux Lyon bordé par la Saône et un quai particulièrement passant, pas forcément le plus agréable pour faire une pause relaxante. Glaces fabriquées maison pour une haute qualité gustative. Sur place, un Pink Mojito, un Nardone Cook ou une Coupe de l'amitié pour 3 à partager en tendances. La qualité est au rendez-vous et c'est un bonheur de succomber à une coupe glacée – la Géante fruits avec ses 10 boules ! – signée Nardone. Possibilité de commander de délicieux desserts glacés.

GLACIER

GELATERIA ZOZO

33, cours Franklin Roosevelt (6e)
✆ 04 78 93 72 99
https://gelateriazozo.com
Ouvert tous les jours de 11h30 à 12h30 et de 14h30 à 19h.

A l'ombre des grands arbres du très chic cours Franklin Roosevelt, la gelateria Zozo propose des glaces artisanales du meilleur goût. Chaleur estivale, la Zozo a le bon goût d'ouvrir à des horaires qui varient avec les saisons. Une petite trentaine de parfums maison nous permettent de varier les plaisirs : mandarine de Sicile, violette, châtaigne d'Ardèche, stracciatella, chocolats bio... Onctuosité et saveurs, ces crèmes glacées et sorbets se classent parmi les toutes meilleures de la ville. Dommage que la gelateria n'offre pas un espace de dégustation pour les journées moins chaudes, mais l'accueil se montre généreux et souriant. Une adresse qui met de la fraîcheur dans le quartier.

GLACIER

TERRE ADÉLICE

1, place de la Baleine (5e) ✆ 04 78 03 51 84
www.terre-adelice.eu
Haute saison : ouvert tous les jours de 13h à 0h. Haute saison de mai à septembre.

Pause gourmande glacée au cœur du Vieux Lyon, Terre Adélice monte naturellement sur le podium des meilleurs glaciers de la ville. Née en Ardèche travaillant sans artifice, Terre Adélice propose le meilleur d'une nature généreuse et savoureuse dans de véritables délices fondants. Des sorbets et des glaces artisanales bio réalisées à partir de fruits frais de saison, notamment des fruits ardéchois où Terre Adélice trouve ses racines, mais aussi des touches d'exotisme. Terrasse souvent bondée au cœur d'un quartier touristique parfois en surchauffe, attente parfois pour emporter, mais ces glaces au naturel en valent vraiment la peine. Tous les parfums peuvent être rapportés à la maison en pot.

PÂTISSERIE

À LA MARQUISE

37, rue Saint-Jean (5e) ✆ 04 78 37 89 85
www.alamarquise.fr
Ouvert du mercredi au dimanche et les jours fériés de 9h à 19h30.

S'il y a une boutique dans le Vieux Lyon qui mérite que l'on fasse la queue devant pour se régaler, c'est celle de la Marquise. Installée depuis 1891 dans la maison du Chamarier, A la Marquise mérite son titre de noblesse. D'abord parce que la marquise de Sévigné séjourna ici, mais surtout pour les délicieuses pâtisseries préparées par une équipe de passionnés perpétuant la tradition. Tarte à la praline – véritable spécialité sucrée de Lyon – incontournable (sans doute la meilleure), croquants à la praline, brioches à la praline, meringues, viennoiseries et des bugnes en saison. Ambiance modernisée au salon de thé. En saison, l'attente est à la hauteur de la réputation de la Marquise.

PÂTISSERIE

DORNER FRERES

91, boulevard des Belges (6e)
✆ 04 72 83 96 28
www.dorner-freres.fr
Ouvert du mardi au samedi de 9h à 19h, dimanche de 9h à 12h.

Une histoire de famille qui, après avoir ouvert une nouvelle page entre Brotteaux et Tête d'Or, s'est installé au centre commercial Part-Dieu. Les deux frères Dorner, Maxime, pâtissier passé par des maisons étoilées, et Gauthier, cuisinier manager voyageur, ont saisi une belle idée : revisiter les grands classiques de la pâtisserie et laisser libre cours à leur imagination dans des créations délicieuses. Des desserts qui se déclinent comme de véritables bijoux gourmands dressés toute la journée sous les yeux des clients. Tarte aux fruits spectaculaire, mille-feuille à tourner la tête... Brioches et madeleine géante, chocolats et tant de plaisirs à partager dans un bel espace dégustation.

PÂTISSERIE

CONEY COOKIES

10, rue Saint-Polycarpe (1er) ✆ 04 78 30 97 06
https://coneycookies.bigcartel.com
Ouvert du mardi au dimanche de 10h à 19h.

Adresse référence dans sa matière : le Cookie. Notre gourmandise nous a rattrapés et nos pas nous ont portés vers cette boutique discrète à deux pas de la place Sathonay. Tout a commencé avec un estival sundae cookie. Une glace à la fleur de lait sur laquelle on casse un cookie de son choix. Une merveille. Et puis, on revient pour goûter tous les cookies maison, fabriqués sur place par de petites mains délicates. Des cookies composés de bons produits, comme ce Lyonnais au chocolat au lait et praline rose ou un New-Yorkais avec morceaux de chocolat noir, cacahuètes et beurre de cacahuètes... Sablés décorés dans le même esprit gourmand. Accueil charmant. Une adresse pleine de douceur(s).

PÂTISSERIE

LES GASTELIERS

123, rue de Sèze (6e) ✆ 04 78 24 87 11
www.lesgasteliers.fr
Ouvert du mardi au dimanche de 8h30 à 19h. Petit déjeuner, déjeuner, boissons et café. Terrasse. Boutique en ligne.

Aux Gasteliers, tout est fait maison avec amour et sans gluten. Ces artisans du goût installés au cœur du 6e – livraison possible avec la boutique en ligne – ont été les premiers à Lyon à proposer des produits – pâtisserie, boulangerie, viennoiserie et biscuits – sans gluten. Sans gluten mais pas sans saveur, bien au contraire ! En sélectionnant les meilleurs fournisseurs et des ingrédients issus de l'agriculture raisonnée ou bio, les Gasteliers ne trichent jamais avec le goût. Authenticité de la démarche qui garantit qualité et saveur, même pour certains produits sans lactose ! Tous les gourmands se régalent sans se faire de mal. Créations originales à partager au merveilleux salon de thé.

PÂTISSERIE

DÉLICES DES SENS

12, boulevard des Brotteaux (6e) ✆ 04 78 24 48 25
www.chocolat-delices-des-sens.com
Ouvert du lundi au samedi de 7h30 à 19h45, dimanche de 7h à 13h.

Romaric Boilley vise l'excellence, autant sur la qualité des produits employés à la réalisation de ces pâtisseries que sur l'aspect visuel de ses gâteaux. Dans ses boutiques (et une boutique de vente en ligne), des produits artisanaux d'une beauté saisissante. Les macarons, spécialités de la maison, sont réalisés suivant une recette traditionnelle. Au total, une vingtaine de variétés vraiment garnis, avec des classiques et des nouveautés selon les saisons. Mais encore des entremets, une délicieuse tarte à la praline, des tartes aux fruits selon les saisons, des entremets glacés, glaces au lait cru et des tablettes de chocolat. Adresses craquantes à partager pour des plaisirs gourmands.

PÂTISSERIE

LITTLE PETITS GÂTEAUX

30, rue des Remparts-d'Ainay (2e)
✆ 09 54 30 87 24
www.little-petitsgateaux.com
Ouvert du mardi au samedi de 10h à 19h.

Créer tout un univers dans un petit gâteau, rien de plus beau, de plus poétique et de plus gourmand ! Régalez-vous en vous amusant avec toute l'équipe de Little Petits Gâteaux. Dans le quartier d'Ainay, un merveilleux salon de thé qui, malgré son nom mi-français mi-anglais, revendique sa «french touch». Le vrai tour de force de cette équipe passionnée de pâtisserie, c'est de réaliser des gâteaux trop beaux, dont les «Layers Cakes» aux formes étourdissantes. Jamais écœurants, les gâteaux sont composés d'ingrédients de qualité aux saveurs inoubliables. Colorés, parfumés, déguisés, des cupcakes petits ou géants aux wedding cakes personnalisables, un choix immense et toujours délicieux.

NEW

PÂTISSERIE

MAISON ANTOINE

18, quai Saint-Antoine (2e)
✆ 04 87 74 74 74
https://lamaisonantoine.fr
Ouvert du mardi au dimanche de 7h à 20h.

Attention coup de cœur gourmand. Sous le charme de cette boulangerie-pâtisserie qui offre la vitrine la plus alléchante de la Presqu'île. Une nouvelle maison qui a le charme de l'ancien et surtout le savoir-faire inimitable d'une équipe fantastique. A commencer par le chef pâtissier Nabil Barina, sacré Champion du Monde de Tiramisu ! Des tiramisus à goûter absolument, sans manquer toutes les autres merveilles réalisées à partir des meilleurs produits frais, comme ces fruits de saison. A tomber, tout comme les viennoiseries de Juviana Fernandez et les pains fabriqués par Stéphane Ligonnes à partir de farines régionales. Gamme snacking dans le même esprit. Une vraie graine de vainqueur.

PÂTISSERIE

AUX MERVEILLEUX

32, rue Grenette (2e) ✆ 04 78 68 38 82
www.auxmerveilleux.com
Ouvert du mardi au jeudi de 7h30 à 19h45, du vendredi au dimanche de 9h30 à 18h.

Le nom est l'adjectif qui convient le mieux à cette pâtisserie : Merveilleux ! Ce gâteau est une spécialité du Nord. Une meringue croquante et fondante avec de la crème fouettée au chocolat enrobée de copeaux de chocolat noir. Le Merveilleux se décline : Excentrique, Magnifique ou Incroyable spéculoos et chocolat blanc. Frédéric Vaucamps a rendu les Merveilleux plus légers et plus savoureux. Travaillant en totale transparence, Frédéric Vaucamps a sélectionné d'excellents produits pour réaliser ses délicieux merveilleux à manger en part individuelle ou en gâteau de 4 à 24 personnes. Les Lyonnais – qui trouveront une seconde boutique dans le 6e – aiment les gourmandises « merveilleuses ».

NEW

PÂTISSERIE

MISS MADELEINE

11, rue des Quatre Chapeaux (2e)
✆ 06 83 89 35 62
https://miss-madeleine.com
Ouvert du mardi au samedi de 9h à 19h.

Avez-vous remarqué que de nombreux produits de pâtisseries font aujourd'hui l'objet de «spécialités» ? Et ce n'est pas pour nous déplaire ! Après les macarons, les éclairs, c'est au tour des madeleines d'être remises à l'honneur et revisitées par un jeune, audacieux et talentueux pâtissier. Faisant appel à nos souvenirs d'enfance, Miss Madeleine décline à l'envi ces bouchées sucrées... et salées ! Des madeleines «traditionnelles» à base de bons produits régionaux en version nature, amandes, chocolat, orange... Des madeleines à coque, à partager, des madeleines pâtissières originales, des pièces montées, des madeleines salées, des madeleines de saison... Madeleine nous faire perdre la tête.

PÂTISSERIE

SÉBASTIEN BOUILLET

15, place de la Croix-Rousse (4e) ✆ 04 78 28 90 89
www.chocolatier-bouillet.com
Ouvert lundi 9h30-13h et 14h-19h, du mardi au vendredi 9h-19h, samedi 8h30-19h30, dimanche 8h30-13h.

A sa manière très personnelle, Sébastien Bouillet a réinventé la pâtisserie. Et pas seulement la pâtisserie de ses parents qu'il a réinventée complétement depuis plus de vingt ans, mais la pâtisserie en général en lui donnant de nouvelles formes, de nouvelles couleurs, de nouvelles saveurs. Une pâtisserie créative, sans limites, de véritables bijoux qui nous font craquer à chaque visite : Gros caillou, St Ho !, Louvre, Tarte citron, Lyon Tokyo... Du plaisir d'abord, de l'émotion en bouche, un régal absolu. Pratique : la boutique avec retrait en boutique (commande sur Internet) et les expéditions à domicile. Macarons divins et chocolats au même niveau. Beauté gourmande.

CONFISERIE - DRAGÉES

VIOLETTE ET BERLINGOT

52, passage de l'Argue (2e) ✆ 04 72 40 97 49
www.violette-berlingot.com
Ouvert lundi 14h-19h, mardi 10h-13h et 14h30-19h, du mercredi au vendredi 10h-13h30 et 14h30-19h, samedi de 10h-19h.

Elle est née il y a 15 ans et nous réconforte comme aucune autre adresse en nous enveloppant d'un voile de douceur. Violette et Berlingot fait partie du patrimoine gourmand lyonnais avec ses confiseries de tradition. Des confiseries artisanales à l'ancienne fabriquées avec amour à partir d'ingrédients naturels qui nous plongent dans les saveurs de l'enfance. Boutique toute mignonne, gentillesse de l'accueil et ambiance sucrée pour découvrir les gammes de bonbons et confiseries. Il y a les spécialités lyonnaises – pralines, quenelles, cocons, coussins... –, les coups de cœur maison et tous les autres : guimauves, réglisses, nougats, dragées, mais aussi des chocolats. Impossible de résister.

MIEL - CONFITURE

LA FABRIQUE DE THÉ

5, rue d'Ivry (4e) ✆ 09 51 86 39 94
https://lafabriquedethe.com
Ouvert mardi, jeudi, vendredi 10h à 13h et 14h30 à 19h, mercredi 10h à 12h et 14h à 19h, samedi 10h à 13h et 14h à 19h.

La Fabrique, c'est ainsi que l'on appelait la Croix-Rousse du temps des métiers à tisser. Un quartier qui cultive son esprit d'indépendance, même quand il s'agit de faire son thé. Un comptoir de thé indépendant où les amoureux de cette boisson aux nombreuses vertus sont accueillis par Elodie. Joli cadre épuré pour se concentrer sur l'essentiel : le produit. Accueil agréable pour choisir son thé dans les meilleures conditions avec les meilleurs conseils. Dégustation du jour pour faire de belles découvertes. Des mélanges ou des thés purs aux origines diverses (Chine, Thaïlande, Népal, Inde...). De très beaux coffrets à partager en famille ou entre amis. Magnifiques théières en fonte.

© EMMANUEL SPASSOFF

© EMMANUEL SPASSOFF

PÂTISSERIE

MAISON HIRIART

248, rue Paul-Bert (3e)
✆ 04 78 54 68 10

Ouvert du mardi au samedi de 6h15 à 19h30, dimanche et les jours fériés de 6h15 à 12h45.

Avec Philippe Hiriart, Meilleur Ouvrier de France glacier et pâtissier d'exception, se faire plaisir n'a pas de limites ! Si ce n'est pas déjà fait, il faut aller à cette adresse du quartier de la Part-Dieu pour découvrir le vrai goût des bonnes choses. Avec un savoir-faire remarquable, Philippe Hiriart réalise de véritables chefs-d'œuvre gourmands pour satisfaire toutes les envies. De somptueux gâteaux, dont le fameux Paul Bert, des entremets et entremets glacés, des bûches pour les fêtes, des chocolats – et pas seulement à Pâques –, et des glaces inédites pour craquer en toute saison. Accueil adorable chez cet artisan qui adore transmettre sa passion. Hiriart, c'est la maison du plaisir.

© EMMANUEL SPASSOFF

© EMMANUEL SPASSOFF

© EMMANUEL SPASSOFF

CAFÉ - THÉ - TISANE

EN APARTHÉ

29, rue de la Thibaudière (7e) ✆ 04 82 91 28 65
enaparthe-lyon.fr
Ouvert lundi 14h à 19h, du mardi au jeudi 10h à 13h et 14h30 à 19h, vendredi et samedi 10h à 19h.

Faites une pause En Aparthé. Jolies vitrines, boutique charmante tenue par l'adorable Anne qui nous fait partager son amour pour une boisson millénaire : le thé. Une centaine de thés venus du monde entier, avec une sélection de thés bio, de thés d'origine plus aromatisés, des thés sélectionnés avec soin par une authentique passionnée pleine de bons conseils. Anne réalise des mélanges exclusifs à savourer selon les saisons ou son humeur. Vente en vrac, vaisselle, accessoires et nombreux conseils. Dégustation sur place avec une pâtisserie ou des biscuits artisanaux. Cafés bio, tisanes, eaux de fruits, rooïbos, poivres et baies pour parfumer votre cuisine. Vente en ligne.

NEW THÉ

LA CHARI'THE

15, rue de la Charité (2e)
✆ 04 78 59 50 52
www.fbkt.fr
Ouvert du mardi au samedi de 11h à 19h.

Qu'a-t-elle de si différent cette belle boutique de thé qui a ouvert ses portes l'an passé rue de la Charité ? Elle présente des centaines de boîtes à thé comme de nombreuses boutiques, mais ce qui fait sa différence c'est que les assemblages de thé sont ici réalisés par la Fabrikathé (aussi appelé FBKT), un des très rares assembleurs artisanaux français de thés et infusions implanté à Pouilly-les-Nonains, près de Roanne. Une entreprise familiale qui nous propose dans sa boutique près de 300 recettes originales d'assemblages de thés verts, noirs, blancs, rouges ou bleus ! Le samedi, c'est dégustation pour découvrir de nouveaux parfums. Epices et cafés Gonéo pour compléter son panier.

CAFÉ

GONÉO

2, rue Grenette (2e) ✆ 04 72 16 56 55
www.cafes-goneo.fr
Ouvert du mardi au samedi de 8h à 19h ; le dimanche de 9h à 14h.

Créé en 2015 par Hugues Chazottes, Gonéo est un torréfacteur lyonnais engagé pour nous proposer des cafés de haute qualité dans une démarche écoresponsable. D'authentiques cafés de spécialité dans cette nouvelle boutique ouverte au coeur de la ville. Gonéo, c'est une équipe de passionnés du café, de la sélection parfaitement sourcée aux conseils en boutique, en passant par la torréfaction faite à Vénissieux. Cafés Origine Pure et Blends Signatures pour découvrir des cafés riches en saveurs uniques. Dans le même esprit, thés et infusions en vrac avec Fabrikathé, machines à café Sage, DeLonghi et Jura, accessoires et comptoir pour repartir avec une délicieuse boisson chaude signée Gonéo.

THÉ

HUMAN & TEA

11, rue des Quatre-Chapeaux (2e)
✆ 04 78 38 93 63
www.humanandtea.com
Ouvert du mercredi au samedi de 11h à 19h.

Toutes les boissons font leur révolution. Mais cela fait longtemps que le thé est devenu un art de vivre. Bien avant le café, en Asie puis en Europe le thé a ouvert la voie aux échanges humains. Human & Tea, enseigne lyonnaise créée par Nathalie et Daniel Cotte, propose une centaine de thés. Des créations maison réalisées à la manière d'un parfum. Pas besoin d'être un expert pour découvrir les saveurs sous cloche à l'étonnante table olfactive qui nous permet d'aller à la rencontre des thés. Rencontre, partage, échange. Des mots-clés pour comprendre la philosophie de Human & Tea. Simplicité, plaisir, bien-être, d'autres mots pour décrire notre expérience à cette adresse envoûtante.

CAFÉ

LOUTSA

9, place Jules Guesde (7e) ✆ 04 87 24 79 45
www.loutsa.fr
Ouvert le lundi et le mardi de 11h à 18h ; du mercredi au samedi de 10h à 19h.

Petite maison est devenue grande, tout en gardant ses valeurs. Une belle aventure commencée place Jules Guesde avec des passionnés du café qui ont su s'inscrire dans la mouvance du «consommer mieux». Loutsa, c'est aujourd'hui 4 boutiques à Lyon (et 2 à Paris) pour découvrir des cafés bio de spécialité torréfiés sur place. Des cafés issus de petites fermes dans une démarche éthique, des cafés pleins de caractère. Torréfiés chaque jour, les grains de café offrent une fraîcheur remarquable, des saveurs inouïes. Le «blend» maison est délicieux. Espace dégustation chaleureux et caféologie avec des ateliers pour tout apprendre sur le café, le déguster mais aussi le préparer.

THÉ

THES SUR TERRE

47, rue Franklin (2e) ✆ 04 78 37 17 38
www.lesthes-surterre.com
Ouvert du mardi au samedi de 10h à 19h.

Le thé change de dimension. Cette boisson à l'image vieillotte s'est considérablement «rajeunie» ces dernières années. La preuve avec Thés sur Terre installé entre Carnot et Bellecour. Une boutique superbe, très apaisante avec ses tons clairs et chaleureux à la fois, accueil adorable pour nous faire partager une passion. Florian Aumaire, vainqueur du Tea Masters France (3e au Tea Pairing à l'international) dans la catégorie Accords thés et mets, et Sophie Rodrigues vous présentent une sélection d'une centaine de thés à marier avec vos meilleurs plats. Eh oui, le thé ne fait pas qu'accompagner les pâtisseries du goûter, les thés se marient à bien des saveurs. Une adresse de passionnés.

BIO

3 P'TITS POIS

124, rue Sébastien-Gryphe (7e) ✆ 09 54 18 54 64
www.3ptitspois.fr
Ouvert lundi 13h à 19h30, mardi, mercredi, vendredi 10h à 19h30, jeudi 10h à 13h et 15h à 19h30, samedi 10h à 19h.

Si tu veux devenir à ton tour un P'tit Poids, c'est que tu veux moins peser sur la planète en mangeant de manière plus durable et responsable. 3 P'tits Pois est une coopérative de distribution de produits bio, locaux et équitables sur la Métropole lyonnaise. Située dans un quartier où poussent les meilleures graines, cette épicerie hautement conviviale propose des produits en vrac toutes catégories en provenance de 100 petits producteurs et artisans : fruits et légumes frais, fromages et lait frais en bouteilles consignées, charcuterie, pain... A noter, 3 P'tits Pois fonctionne également pour les groupements d'achats collectifs et les professionnels. Venez avec vos bocaux et régalez-vous

BIO

BIOCOOP

11, place Bellecour (2e) ✆ 04 78 42 09 46
www.biocooplyonbellecour.com
Ouvert du lundi au samedi de 9h à 20h, dimanche de 9h à 13h.

Mettre le bio au cœur de la ville, c'est naturel quand on sait que Bellecour désigne un «beau jardin» autrefois planté d'arbres. Aujourd'hui, c'est une grande boutique Biocoop de 130 m² qui assure notre alimentation au naturel en proposant un libre-service d'alimentation biologique, ainsi qu'un rayon de cosmétiques naturels, d'écoproduits et de librairie. Biocoop Lyon Bellecour se tourne vers l'approvisionnement local, c'est pourquoi des dégustations de produits bio animées par les producteurs locaux sont régulièrement organisées. L'adhésion à Biocoop, leader de la distribution alimentaire bio, permet de bénéficier d'un large panel de produits. Une grande enseigne qui va dans le bon sens.

BIO

BIO C BON

162, avenue du Maréchal de Saxe (3e)
✆ 04 72 32 27 71
www.bio-c-bon.eu
Ouvert du lundi au samedi de 9h à 20h ; le dimanche de 9h à 13h.

Alors que nous n'étions pas certains de la continuité de cette enseigne sans un repreneur, c'est le groupe Carrefour qui a permis à Bio C Bon de poursuivre son activité. Ouverture de cette nouvelle adresse rive gauche qui va permettre aux citadins de s'alimenter facilement de produits issus de l'agriculture biologique. L'ambition de l'enseigne, déclinée en petits supermarchés de proximité, étant de rendre le bio plus accessible, les prix restent raisonnables côté produits frais et de saison, mais toujours locaux. Pour les céréales, des petites graines, des gâteaux, les distributeurs s'imposent naturellement pour remplir nos sachets en vrac. Une enseigne à suivre.

BIO

L'EAU VIVE

50 bis, Grande-Rue de la Croix-Rousse (4e)
✆ 04 78 27 93 96
www.eau-vive.com
Ouvert tous les jours de 9h à 19h30.

Une enseigne pionnière de la bio depuis 1979, spécialiste en nutrition santé. 5 adresses à Lyon -sans compter la boutique Mon Espace Bien-être dans la Grande Rue de la Croix-Rousse- et une 6e à Villeurbanne pour consommer intelligemment, pour notre bien-être et celui de notre terre en respectant les équilibres biologiques. Avec ses façades vertes facilement identifiables, L'Eau Vive, chaîne régionale, propose une vaste gamme de produits labellisés bio sous toutes les formes. On aime particulièrement les pains maison, le rayon épicerie bien fourni, mais encore les cosmétiques naturels et les compléments alimentaires que l'on se laisse conseiller par des dames charmantes.

BIO

LE BIOCAL

24, rue Paul-Verlaine - **VILLEURBANNE**
✆ 04 27 01 40 21
Métro A station Gratte-Ciel
Ouvert du mardi au samedi de 10h à 12h30 et de 15h à 19h.

Des circuits courts dans une boutique de proximité où le vrac est à l'honneur. Un Biocal uniquement consacré aux produits biologiques et écologiques fabriqués le plus localement possible. Et ils sont bien plus nombreux qu'on ne l'imagine. Au premier rang de ceux-là, les cosmétiques avec des produits de soin, d'hygiène, de maquillage, d'huiles essentielles, mais encore des produits pour la maison avec du linge, des ustensiles de cuisine et des produits pour cuisiner bio, des objets de déco, des objets pour les enfants... Sans oublier les livres pour y voir plus clair dans le monde de l'écologie. Ce sont plus de 1 500 références qui nous rendent le quotidien plus « bio ».

EPICERIE

LA FOURMI

8, rue Terme (1er)
✆ 09 81 33 84 58
https://epicerie-lafourmi.fr
Ouvert du lundi au samedi de 10h à 20h.

Une Fourmi rusée qui a trois greniers – aux Terreaux, à Guillotière et à Valmy – pour approvisionner les Lyonnais responsables et avides de bons plans en produits de déstockage. Deux adresses futées, puisqu'elles donnent une seconde chance à des produits dont les grandes surfaces (principalement) ne veulent plus pour de multiples raisons. Résultat, il y a de tout selon les arrivages qu'il faut surveiller. Il y a surtout de vraies économies à faire en achetant des produits d'excellente qualité qui auraient été jetés. Pains et viennoiseries de la veille, légumes gratuits et tout plein de produits à petits prix... Des bons plans, de la lutte anti-gaspi, des économies : la Fourmi a tout bon.

BIO

UN GRAIN DANS LE GRENIER

1, rue du Mail (4e)
✆ 04 78 23 60 15
Ouvert lundi de 15h30 à 19h30, du mardi au samedi de 10h à 13h et de 15h à 19h30.

Je pars avec mon sac et mes bocaux sous le bras pour Un grain dans le grenier. Quel joli nom pour cette enseigne dans l'air du temps et dans l'esprit de la Croix-Rousse ! Une épicerie différente pour consommer « intelligemment » en achetant des produits biologiques, solidaires et équitables. Tout pour remplir vos armoires de produits, vous nourrir de manière saine et équilibrée, mais surtout pour vous régaler de bonnes choses : épices, cafés, thés et chocolats bio bretons, quinoa, riz et pâtes, plats cuisinés, confitures, gâteaux salés et sucrés, biscuits, jus de fruits, bières, vins... Panier composé de produits de saison fraîchement ramassés par les producteurs.

PRODUITS DU TERROIR

RUE DES PRODUCTEURS

33, avenue Berthelot (7e) ✆ 04 37 70 84 41
https://ruedesproducteurs.fr
Ouvert lundi 15h30 à 19h30, du mardi au vendredi 10h30 à 13h30 et 15h30 à 19h30, samedi 9h30 à 13h30 et 14h30 à 19h30.

Avec ses petits animaux - une vache, un âne... - devant les 3 boutiques, Rue des Producteurs annonce la couleur : faire un lien direct entre les producteurs fermiers de la région lyonnaise et les consommateurs urbains désireux de mieux s'alimenter. Des petites supérettes à taille humaine où les produits arrivent au rythme des saisons en direct de petits producteurs du Rhône, de l'Ain, de Saône-et-Loire, d'Ardèche... Fruits et légumes, viandes, produits laitiers, épicerie, pain, glaces... Rue des Producteurs propose également du snacking pour manger plus sainement sans perdre de temps à l'heure du déjeuner. Site de vente en ligne et possibilité de commander des paniers hebdomadaires.

BIO

NATURALIA

37, quai Saint-Antoine (2e)
✆ 04 78 71 01 20
www.naturalia.fr
Ouvert du lundi au samedi de 9h à 20h, dimanche de 9h à 13h45.

Nos commerces urbains de proximité de demain seront à taille humaine et se tourneront vers l'humain. Nés à Paris, les Naturalia envahissent pacifiquement les rues de Lyon - on en a compté 8 tout de même ! -, surtout dans les quartiers « tendances » comme le 7e ou sur la Presqu'île. En attendant qu'il s'en ouvre d'autres ailleurs, entrons chez Naturalia faire nos courses de produits bio et équitables. Des fruits et légumes de qualité, un beau rayon épicerie pour le quotidien et le moins banal (inspirations pour les cuisines du monde), Naturalia nous veut du bien, même si notre porte-monnaie n'est pas toujours d'accord. Par ailleurs, l'adresse idéale pour les veggies et végans.

BIO

SATORIZ

11, rue des Rosiéristes
CHAMPAGNE-AU-MONT-D'OR
✆ 04 78 35 66 69
www.satoriz.com
Ouvert du lundi au samedi de 9h30 à 19h30.

Des Satoriz, il n'y en a pas à Lyon intra-muros, mais 3 dans la Métropole. Des grandes surfaces bio implantées dans la zone d'activité de Champagne, à deux pas de la sortie Dardilly sur l'A6, à Vaulx-en-Velin et Caluire-et-Cuire. On y trouve tous les fondamentaux du genre dans un espace très aéré : produits frais, boissons, cave à vins, huiles, pain, céréales et fruits secs en vrac, produits d'entretien, librairie, beauté et bien-être. A noter un assortiment de fruits et légumes pas plus donné qu'ailleurs, mais très frais, ce qui est rare dans ce genre d'enseigne. Un petit périodique maison donne des trucs, des recettes, des infos produits. Une adresse sûre.

BIO

OREXIS BIO

10, rue Chavanne (1er) ✆ 04 78 28 52 52
www.orexisbio.com
Ouvert du mardi au vendredi de 9h à 13h et de 14h à 19h ; le samedi de 9h à 19h.

Cette boutique bio indépendante est installée au même endroit depuis 1975 ! En plein cœur de la Presqu'île, un vaste choix de produits bio présentés sur 100 m², le plus grand choix de toute la Presqu'île en la matière. A commencer par de délicieux pains frais, mais encore tout un choix de produits frais en libre-service, façon marché. Légumes, fruits, et en conditionnement des laitages ou l'inévitable tofu. Bien adapté à l'alimentation végétarienne, ce magasin offre de nombreux produits estampillés AB, dont ceux des marques Priméal ou Bonneterre. Produits d'entretien écologiques et produits de bien-être au naturel complètent un libre-service où les vendeuses savent se montrer souriantes.

PRODUITS DU TERROIR

TERRES LYONNAISES

68, avenue des Frères Lumière (8e) ✆ 06 26 89 23 57
www.sicoly.fr
Ouvert du lundi au samedi de 8h30 à 19h30, dimanche de 8h30 à 12h30.

A l'origine de Terres Lyonnaises, il y a Sicoly (SIca des COteaux du LYonnais), une coopérative de producteurs fruitiers née il y a tout juste 60 ans. Après la création d'une première boutique dans les locaux de la coopérative, l'aventure lyonnaise démarre avec l'ouverture de nombreux magasins à Lyon et sa région en 2017. Si la boutique Saint-Laurent-d'Agny existe toujours, les Lyonnais peuvent s'approvisionner en direct des producteurs dans la dizaine d'adresses de la Métropole. Fruits frais et fruits transformés bien sûr, mais aussi légumes locaux, viandes et salaisons, épicerie, crèmerie, boissons, vrac... Qualité et fraîcheur des produits des Terres Lyonnaises.

CAVE À BIÈRES

20 000 LIEUES SOUS LES BIERES

56, cours Gambetta (7e)
✆ 04 91 25 05 24
www.20000lieuessouslesbieres.fr
Ouvert du mardi au samedi de 15h à 19h30.

En faisant bien attention de ne pas se noyer dans la bière, il est agréable de plonger dans cet univers mousseux. 20 000 Lieues sous les bières, il faut saluer le jeu de mots, nous offre un super choix de bières à déguster sur place ou à emporter. Toute la sélection est gardée au frais dans de vastes frigos. Une sélection qui s'étend vers des contrées lointaines tout en s'intéressant à la production locale. Autre avantage de cette cave/bar à bières, ce sont les conseils d'un passionné, ardent défenseur de l'artisanat de qualité. Entre boulot et domicile, vive l'apéro.

CAVE À BIÈRES

405 LA BOUTIQUE DE BIERES

1, rue Sainte Marie des Terreaux (1er)
✆ 04 78 31 11 93
Ouvert de lundi à jeudi de 15h à 20h, vendredi 14h à 20h, samedi 11h à 20h.

Tous les amoureux de la bière connaissent ce chiffre : 405. Deux bars à bière et une boutique de bière parmi les plus «conséquentes» de Lyon. Sur les pentes de la Croix-Rousse, pas loin des Terreaux, un immense choix, on parle de plus de 800 références venues du monde entier, de bières avec un penchant pour les bières locales et régionales. Sur les étagères, entre les caisses, une belle convivialité et des conseils avisés pour choisir la bière, enfin plutôt les bières, à notre goût. Des nouveautés régulièrement et, tous les jeudis, des promos sur les bières régionales.

CAVE À BIÈRES

LA CHOPE DE LUG

9, rue du Bœuf (5e) ✆ 09 67 10 59 88
www.lachopedelug.fr
Ouvert du lundi au jeudi de 14h30 à 19h30 ; du vendredi au dimanche de 10h30 à 19h30.

Qui de la bière ou du vin arriva le premier à Lugdunum ? Pas si évident. Ce qui est sûr, c'est que, depuis 10 ans, La Chope de Lug nous propose dans le Vieux Lyon les meilleures bières produites sur le terroir auverhônalpin. En effet, notre région compte de très nombreuses microbrasseries fabriquant des bières inédites. Un authentique passionné de la bière nous fait découvrir plus de 300 bières en provenance d'une cinquantaine de microbrasseries de la région. Des bières pour la plupart non filtrées et non pasteurisées pour conserver leur identité, certaines bières étant issues d'une agriculture responsable et bio. Consommer local, c'est aussi bon pour la bière que pour la planète !

CAVE À BIÈRES

LA CRAFTERIE

4, place Tobie Robatel (1er) ✆ 09 86 22 90 10
www.la-crafterie.com
Ouvert du mardi au jeudi de 14h à 20h, vendredi et samedi de 11h à 20h.

Tu fais le malin avec ta bière, mais tu ne sais pas ce que c'est qu'un «growler». C'est la possibilité d'emporter sa bière pression dans une bouteille en verre réutilisable ! C'est responsable et ça permet de choisir entre 12 bières à la pression régulièrement renouvelées à la Crafterie, repère des amoureux de la bière. Vieilles pierres et lieu chaleureux, accueil adorable et conseils avisés autour du comptoir. Sur les rayons, un choix impressionnant avec 500 bouteilles et les fameuses bières à la pression qui se conservent parfaitement en «growler». À ton tour d'initier – avec modération comme il se doit – tes ami(e) s aux plaisirs de la bière dans ce lieu recommandé.

CAVE À BIÈRES

LE DIABLE ROUGE

23, rue d'Austerlitz (4e) ✆ 04 72 07 76 19
http://lediablerouge.fr
Ouvert dimanche et lundi de 11h à 18h, du mardi au samedi de 10h à 13h et de 14h à 20h.

Les Diables Rouges, c'est le surnom de l'équipe de Belgique de football. Le Diable Rouge, c'est historiquement la première cave à bière lyonnaise créée en 1997 quand la bière n'avait pas la notoriété qu'elle a maintenant. Une cave qui met bien sûr à l'honneur... les bières belges. Car si nous sommes meilleurs au foot, les Belges sont plutôt de bons brasseurs. Des bières brassées artisanalement, goûteuses et savoureuses. Un vaste choix puisque la boutique présente près de 500 bières belges de toutes les origines et de nombreuses nouveautés. Il est donc indispensable de se laisser guider par un vendeur charmant et connaisseur. Bon choix de chopes et d'objets autour de la diabolique boisson.

CAVE À BIÈRES

LA PLANTE DU LOUP

67, rue de Marseille (7e)
✆ 04 37 29 09 12
laplanteduloup.fr
Ouvert le lundi de 16h à 23h, du mardi au vendredi de 11h à 14h et de 16h à 23h, samedi de 11h à 23h.

Pour Guillaume et Constant, la bière c'est bien plus qu'une boisson. La bière, c'est une passion qu'ils font partager à La Plante du Loup. Parce qu'il n'existe pas une bière, mais des milliers de bières artisanales de qualité et qu'on n'a pas fini d'en découvrir d'ici et d'ailleurs dans cette boutique surprenante. Ici, on se tutoie, on fait «ami-ami» (devise de la maison) dans ce lieu hybride, à la fois cave, bar à bière et lieu de dégustation avec plus de 120 bières différentes gardées au frais dans les frigos et plus de 350 références dans cette belle cave. Bravo pour les Growlers Stations en libre-service afin de remplir sa bouteille réutilisable. Pour boire avec les loups !

NEW

CAVISTE

LA CAVE BARBET

6, avenue du Général Brosset
VOURLES
✆ 04 78 42 55 89
Ouvert du mardi au samedi de 10h à 19h.

La Maison Barbet, tout le monde connaît. Repaire de bons vivants, cette maison de Vourles s'est étendue juste à côté en une cave à vin, digne de celle qui fait la fierté du restaurant de l'excellent Claude Barbet. Il n'y a donc pas que le gras dans la vie, il y a aussi les bons vins avec une sélection de bouteilles canons. À commencer par un vin de copains, la cuvée Bamboche du Clos Saint-Marc uniquement disponible à la cave Barbet. À signaler que Bamboche est aussi le nom du bar à vin mitoyen à ambiance festive... Beaujolais, côtes-du-rhône, vins d'ici et d'ailleurs, du Sud-Ouest à l'Amérique du Sud... Saucissons et terrines à l'épicerie. Bières et spiritueux. Bien boire à la cave Barbet.

CAVISTE

CAVE GILLES GRANGER

15, rue Antoine-Lumière (8e)
✆ 04 78 75 12 51
Métro ligne D, station Monplaisir - Lumière.
www.cavegillesgranger.fr
Ouvert du mardi au samedi de 9h30 à 12h30 et de 15h à 19h30.

© RAPHAEL SELOSSE

100% indépendant. 100% excellent. A la Cave Gilles Granger, toutes les bouteilles en vente ont été choisies après dégustation par un authentique spécialiste du vin avec plus de 20 ans d'expérience au compteur : Raphaël Selosse. Un caviste passionné qui nous guide vers les meilleurs choix, quels que soient nos envies et notre budget. Belle gamme de vins naturels, bio ou en biodynamie. Spécialiste lyonnais du rhum et du whisky, avec plus de 300 références de toutes origines pour chacun. Autre bonheur à partager, l'excellente sélection de gins et de cocktails prêts à consommer. Découvertes, dégustations et événements (Lyon Pure Spirits). Coffrets cadeaux entreprises et particuliers. 100% futé.

ALCOOL

AMBASSADE CROZET ET BONNAT

12, rue du Bœuf (5e)
✆ 04 72 40 99 66
www.ambassade-bonnat-crozet.fr
Ouvert tous les jours de 10h à 19h. Fermé le lundi matin.

Quelle bonne idée d'associer liqueurs, celles de la célèbre marque rhodanienne Crozet (depuis 1875), et chocolats, ceux de la fameuse marque iséroise Bonnat (depuis 1884), dans un même espace, un des plus beaux caveaux du Vieux Lyon ! Deux entreprises régionales qui nous présentent leurs meilleurs produits. Ne pas hésiter à demander conseil pour choisir sa liqueur – dont une fabuleuse au citron, une verveine verte, une eau-de-vie de poire... –, son sirop ou sa tablette d'un chocolat d'exception. Bar clandestin Au Bon Secours à retrouver dans notre rubrique dédiée.

ALCOOL

LA MAISON DES RHUMS

78, rue de la Part-Dieu (3e) ✆ 04 26 65 87 37
http://lamaisondesrhums.fr
Ouvert du mardi au vendredi 10h à 13h30 et 15h à 19h, samedi 10h à 19h. Achat en ligne.

Une Maison des Rhums, unique à Lyon et dans toute la région. Une maison de passionnés qui nous emmènent à la découverte d'une incroyable sélection plus de 1 200 références de rhums du monde entier ! Les bouteilles les plus originales et les plus rares sont disponibles sur le site de vente en ligne, alors que la boutique nous permet de voyager vers les meilleurs rhums des distilleries – Rhum JM de la Martinique, Foursquare de la Barbade, Kirk and Sweeney de la République dominicaine... – ou des embouteilleurs indépendants comme Ferroni de Marseille ou Mezan. Rhums arrangés de Ced'. Conseils précieux. Portes ouvertes et ateliers dégustation. Coffrets cadeaux et entreprises. Coup de cœur.

CAVISTE

FAC&SPERA BY MICHEL CHAPOUTIER

102, cours Lafayette (3e) ✆ 04 78 60 29 10
www.cave-fac-spera.com
Ouvert du mardi au samedi de 8h30 à 19h, dimanche de 8h30 à 13h.

Vin et gastronomie offrent le mariage parfait au cœur des Halles de Lyon chez Fac&Spera, la devise de la maison Chapoutier. Une superbe œnothèque, ouverte sur les autres boutiques, aux lignes contemporaines, un écrin luxueux pour présenter et faire déguster les différents crus de la maison Chapoutier. Le choix se fait d'abord parmi les grands classiques de la maison avec la côte-rôtie, le crozes-hermitage, le saint-joseph. Mais Chapoutier présente des vins plus exotiques élevés à l'étranger. Gamme de spiritueux (rhums, whiskies, chartreuse...) dans le même esprit.

© EMMANUEL SPASSOFF

© EMMANUEL SPASSOFF

CAVISTE

RELAIS DES CAVES

1, place Jules-Guesde (7e)
✆ 04 78 72 03 30
www.lerelaisdescaves-lyon.fr
Ouvert du mardi au samedi de 9h à 13h et de 15h à 20h. Ouvert 7j/7 en décembre.

L'adresse qu'il faut absolument connaître pour choisir les bonnes bouteilles. Sur cette place façon village, facile d'accès par le Tram T2 centre Berthelot, l'adorable Philippe Ducerf met ses 38 ans d'expérience dans le monde du vin à votre service. Conseils d'expert entre les bouteillles avec plus de 1 500 références sélectionnées par un passionné. Des grands crus les plus rares aux vins faciles à boire, une belle sélection de champagnes de producteurs, mais aussi des rhums, whiskies, gins, spiritueux, bières d'ici et d'ailleurs ou des cocktails pour varier les plaisirs. Soirées dégustation. Spécialiste des coffrets cadeaux pour entreprises et particuliers. Relais incontournable.

© EMMANUEL SPASSOFF

© EMMANUEL SPASSOFF

© EMMANUEL SPASSOFF

CAVISTE

LE COMPTOIR IRLANDAIS

38, quai Saint-Antoine (2e)
✆ 04 78 68 21 96
www.comptoir-irlandais.com
Ouvert lundi de 14h à 19h, du mardi au samedi de 9h30 à 19h, dimanche de 9h30 à 13h.

© PETIT FUTÉ

Comptoir et Irlande sont deux mots qui vont si bien ensemble. Dans une boutique où l'on peut s'approvisionner en produits d'épicerie fine, en objets pour la maison ou en vêtements, une belle et grande partie est consacrée à une cave exceptionnelle. Sur ce quai de Saône, le Comptoir Irlandais nous ouvre grand ses portes, avec un accueil charmant et de bons conseils pour choisir dans la cave à whiskys parmi les 300 références. Des classiques irlandais aux cuvées prestigieuses, voilà de quoi se faire – ou faire à ses meilleurs amis – de beaux cadeaux. Même qualité côté bières. Bien d'autres surprises avec une cave à rhums d'exception, des gins, des cidres. Une cave «irish» d'idées gourmandes.

ALCOOL

THE WHISKY LODGE

7, rue Ferrandière (2e) ✆ 04 78 42 48 22
www.whiskylodge.com
Ouvert du lundi au samedi de 10h à 19h. Ouvert tous les jours en décembre.

Que vous soyez connaisseur ou novice, une grande adresse du whisky. Une référence qui n'a pas attendu que le vent souffle d'Écosse pour se spécialiser dans le whisky. Une enseigne créée en 1969 et une boutique qui est un Graal, une référence en sa matière depuis un quart de siècle avec plus de 1 600 références en whiskies du monde et spiritueux haut de gamme. Le Whisky Lodge est le repère des vrais amateurs de belles et bonnes bouteilles. Blend, malt, old ou plus jeune, d'Ecosse, d'Irlande ou d'ailleurs, mais aussi des rhums et autres alcools. Dégustation ou cadeau plaisir, c'est là que l'on trouve le précieux flacon grâce aux conseils des passionnés. Incontournable.

CAVES - MAISONS DES VINS

AU GOULOT

76, rue de la Part-Dieu (3e) ✆ 04 82 91 12 67
https://augoulot.fr
Ouvert du mardi au vendredi 10h30 à 13h30 et 15h30 à 19h30, samedi de 10h à 19h. Ouvert dimanche en décembre.

C'est à boire qu'il vous faut et du bio directement Au Goulot ! Tout à côté de la Bourse du Travail, dans un quartier de la Part-Dieu en plein mouvement, voici une belle cave à vins, à bières et à spiritueux. Au Goulot, c'est Antoine. Un passionné qui s'est formé à l'œnologie pour partager ses coups de cœur. Bien boire, ce n'est pas réservé à une élite, grâce à une sélection de petits domaines travaillant en agriculture raisonnée ou en biodynamie. Intéressante sélection de beaujolais, vins blancs nature et de belles pépites à découvrir. Dégustation gratuite tous les jeudis à partir de 17h. Belle sélection de bières régionales. Coffrets cadeaux pour les entreprises. Tout le monde Au Goulot !

CAVES - MAISONS DES VINS

LA VIEILLE RÉSERVE

59, avenue Maréchal-Foch (6e) ✆ 04 78 89 15 17
Métro Foch
www.lavieillereserve.com
Ouvert du mardi au samedi de 10h à 13h et de 14h30 à 19h30.

Si les vieilles vignes donnent de bons vins, que dire de cette Vieille Réserve ? C'est pas du tout jeune – on s'approche du siècle d'existence – mais c'est du costaud, du bien charpenté. La Vieille Réserve, qui compte désormais trois adresses, a été fondée à Lyon en 1929 ! Cette institution n'est sans doute pas la plus rock'n'roll, mais elle offre une réelle expertise en matière de vins fins, de vins et de spiritueux. Concernant les cognacs, les amateurs retrouveront les crus de Grande Champagne, Fine Champagne et Petite Champagne. Des dégustations sont souvent organisées. Autres adresses du côté des Terreaux pour se ravitailler en Presqu'île et aux Halles Monts d'Or à Saint-Didier.

PRODUCTEUR

JUS PATRICK FONT

6, route de Givors
TARTARAS
✆ 04 78 07 48 60
www.patrick-font.com

Sur l'exploitation familiale située entre les coteaux du Jarez et les monts du Lyonnais, Patrick Font révèle dans ses collections de jus et de nectars les saveurs et les sensations du fruit frais. À partir de fruits de saison, cueillis au meilleur moment, et d'un savoir-faire artisanal entre tradition et créativité, Patrick Font propose des jus de fruits haut de gamme et de thés glacés. Dans chaque bouteille, le fruit est respecté et chaque gorgée nous donne la sensation de mordre dans un fruit frais. Pomme bio, pêche blanche, mûre sauvage, fraise, tomate, orange blonde, cassis noir de Bourgogne, et tant d'autres sont présents sur les plus belles tables. Des nectars divins !

CAVISTE

LE TROISIÈME FLEUVE

23, Grande-Rue de Vaise (9ᵉ)
✆ 09 87 02 52 60
Ouvert du mardi au samedi de 10h à 19h30, dimanche de 10h à 13h.

L'amour du vin, c'est la passion de Vincent Dechelette *aka* Gare Gamay. Un caviste souriant, bien au milieu de ses quilles, qui n'a qu'une seule envie : partager le plaisir de bien boire du bon vin. Dans la Grande-Rue de Vaise, comme à la nouvelle adresse de la rue du Plâtre, c'est un vrai bonheur de discuter avec ce passionné, notamment de gamay (et donc de beaujolais), qui va lui-même découvrir les producteurs. Pas besoin d'être Crésus pour se faire plaisir avec l'une des bouteilles de toutes les régions de France – notamment vallée du Rhône, Beaujolais (notamment primeurs), Bourgogne, Jura ou Loire. Un caviste jeune, détendu, passionné et d'excellent conseil. Adresse à partager.

CAVISTE

VERCOQUIN

33, rue de la Thibaudière (7ᵉ)
✆ 04 78 69 43 87
www.vercoquin.com
Ouvert du mardi au samedi de 10h à 12h30 et de 15h à 20h.

A l'heure où nos assiettes deviennent naturellement bio, nos verres doivent suivre le même chemin. Au Vercoquin, le caviste ne vous présente que des vins « vivants » depuis longtemps. Des vins qui vous parlent d'un terroir, d'un vigneron qui aime et respecte la terre. Des vins qui vous racontent une histoire et vous offrent un voyage olfactif et gustatif. Des vins naturels, biologiques et biodynamiques, que l'on découvre dans une « cave bar à vin » en choisissant sa bouteille parmi 400 références. Autre coup de cœur pour les rencontres avec des vignerons passionnés, véritables moments de partage autour des plaisirs du vin. Salon du vin nature «On se met au verre» en novembre.

FRIGO MAGIC

Vous rentrez tard un dimanche et c'est la déprime car vous avez oublié de faire les courses et tout est fermé ? Téléchargez vite l'appli Frigo Magic ! Elle permet de cuisiner avec ce qu'il reste dans le placard ou dans le frigo. On rentre les aliments et hop une série de recettes apparaît comme par magie. Et rassurez-vous, même si vous n'êtes pas un cordon bleu, vous devriez vous en sortir !

VINS - ALCOOL

NEW

OPALE WINE

20b, avenue de la Table de Pierre
FRANCHEVILLE
✆ 09 74 97 03 02
https://opale-wine.com
Ouvert du lundi au samedi de 10h à 20h.

© EMMANUEL SPASSOFF

© EMMANUEL SPASSOFF

Sortez de votre cave lyonnaise, explorez de nouveaux terroirs. Sur les hauteurs de Francheville, un quartier de résidences récentes et au pied de l'une d'entre elles (parking facile et gratuit), un caviste : Opale Wine & Spirit. Belle vitrine graphique, décor sympathique et un caviste passionné pour nous guider : Sébastien Chenu. Un large choix dans les vignobles régionaux et nationaux, mais sa spécialité ce sont les raretés, les bouteilles d'exception, des vieux millésimes qui font rêver les amoureux du vin. Très belle sélection de champagnes. Les Chartreuses sont de la partie. Pour les groupes et sur réservation, bar à vin en soirée et planches pour accompagner des vins exceptionnels.

INTERVIEW

© DR

ROMAIN FONT

MAISON PATRICK FONT, TERROIR ET EXCELLENCE

Rencontre avec Romain Font, directeur développement et marketing de la maison Patrick Font qui élabore et fabrique, tout près de Lyon, des jus de fruits et nectars servis sur les plus grandes tables. Retour sur l'histoire d'une entreprise familiale attachée au terroir et à l'excellence.

Quelles sont les origines de la maison Patrick Font ?

En 1987, mon père a récupéré l'exploitation agricole de mes grands-parents à Saint-Romain-en-Jarez. En 1991, il a eu l'idée de développer un atelier pour transformer les fruits des arboriculteurs des environs. C'est en 1993 que mon père transforme les fruits d'un arboriculteur qui a l'idée de faire du petit format pour la restauration gastronomique. Un véritable succès qui permet à ce dernier d'arrêter sa production pour se consacrer exclusivement à la commercialisation de jus fabriqués dans notre atelier mais sous sa marque, jusqu'en 2010, date à laquelle il s'est désengagé. Nous avons alors créé notre propre identité avec le savoir-faire historique de Patrick Font. En 2019, nous avons déménagé nos locaux à Tartaras afin de répondre à notre développement, avec mon père, et ma sœur qui nous a rejoints il y a maintenant 3 ans.

© DR

A qui s'adressent vos produits et comment sont-ils fabriqués ?

Nous servons uniquement les professionnels, surtout en hôtellerie-restauration, mais aussi les cavistes et épiceries fines. En 2012, nous avons créé le format 25 cl qui a été l'un des éléments déclencheurs de notre succès. Le sourcing est très important pour nous. Nos producteurs, avec lesquels nous souhaitons avoir des partenariats durables, se trouvent sur le terroir de prédilection du fruit. Tout en conservant un approvisionnement local – pêches de vigne des Monts du Lyonnais, pommes du Pilat… –, nous avons développé la gamme avec des parfums exotiques – ananas français de La Réunion, lychee sauvage, passion bio… – et des fruits rouges. Pour la fabrication, nous avons industrialisé le processus tout en conservant la qualité artisanale, l'excellence qui est l'essence de la maison Patrick Font.

© PETIT FUTÉ

Quels produits proposez-vous ?

Nous avons environ 45 parfums répartis en jus et nectars, avec de plus en plus de fruits bio ainsi qu'une gamme de thés glacés grands crus 100 % bio. Deux critères sont essentiels pour nos produits : le goût et la valorisation du produit brut. Dans tous nos jus et nectars, vous retrouvez toujours le fruit dans son excellence.

› JUS PATRICK FONT

6, route de Givors
TARTARAS
✆ 04 78 07 48 60
www.patrick-font.com

VINS - ALCOOL

MALLEVAL

11, rue Emile-Zola (2e)
✆ 04 78 42 02 07
www.malleval.com
Ouvert lundi 15h-19h30, du mardi au vendredi 9h30-19h30, samedi 10h-19h30. Livraisons sur Lyon et Métropole.

© EMMANUEL SPASSOFF

© EMMANUEL SPASSOFF

Savourez le présent en poussant la porte de la première cave historique de Lyon, 153 ans cette année : Malleval. Accueil adorable, conseils avisés par des sommeliers et des professionnels fidèles à la maison, choix et qualité des bouteilles -plus de 5 000 références en vins et spiritueux ! - avec des flacons d'exception et de nombreuses bouteilles à prix doux. C'est ici que les amateurs de vin viennent découvrir les grands de demain. Excellente sélection de bières, whiskys, portos, rhums, belle offre de gins avec la Distillerie du Rhône notamment et gamme de tonics, mais aussi d'eaux-de-vie. Coffrets et cadeaux d'entreprise. Malleval, le goût d'offrir et de partager de bons moments.

PRODUCTEUR

LA TÊTUE

3, rue Grobon (1er)
✆ 06 60 69 50 16
Ouvert du mardi au vendredi de 17h à 20h ; le samedi de 14h à 19h.

Est-elle têtue ? En tous cas, Géraldine Dubois est entêtante. Elle vient d'ouvrir l'une des adresses les plus inattendues de Lyon : un chai installé entre Saône et place des Terreaux. Poussez la porte et découvrez l'univers des vins d'une vigneronne, Géraldine Dubois, qui a ses vignes plantées dans les Coteaux du Lyonnais. Petite production de gamay et de chardonnay élevés en conversion bio par une Lyonnaise d'origine qui revient sur ses terres pour faire du circuit ultra-court en pressant, vinifiant et vendant en direct au consommateur au cœur de la ville. Bouteilles en verre consignées et gravées La Têtue pour se servir en vrac de vins d'ici à la sortie de la cuve. Coup de cœur.

CAVES - MAISONS DES VINS

ANTIC WINE

18, rue du Boeuf (5e)
✆ 04 78 37 08 96
Ouvert du mardi au samedi de 10h à 13h et de 15h à 20h ; le dimanche de 11h à 13h et de 15h à 19h.

Parce qu'il fallait dire plus d'un mot à propos de l'intarissable Georges dos Santos, Futé a poussé la porte de la boutique d'Antic Wine rue du Palais de Justice, alors que certains pleurent encore la fermeture du George Five. Un lieu qui s'est transformé en only.georges, un espace privé où l'on continuera à boire les meilleurs vins du monde en bonne compagnie. Antic Wine, c'est l'une des références absolues en matière de cave et cette adresse nous propose quelques nectars choisis, bouteilles de producteurs sélectionnés avec rigueur par un passionné du vin et bouteilles millésimées de haute volée. Le Vieux Lyon et les vignes nous ouvrent les portes du paradis.

YUKA

Il n'est pas toujours facile de savoir ce que contiennent exactement les produits qu'on achète en supermarché… À moins de passer des heures à lire les composants des aliments sur les boites et personne ne le fait. L'appli Yuka le fait pour vous en scannant les codes-barres et elle donne une note en fonction des qualités nutritionnelles, de la présence d'additifs, du label bio français ou européen.

NEW

ASIE

LES HALLES DU JAPON

4, rue Pasteur (7e)
https://les-halles-du-japon.fr
Ouvert tous les jours de 9h à 19h.

Au cœur du petit quartier asiatique de Lyon à la Guillotière, une nouveauté qui s'est fait un peu désirer, crise sanitaire oblige, mais qui nous fait tellement plaisir depuis son ouverture qu'il ne faudrait pas passer à côté. Dans un vaste bâtiment d'angle, l'impression de faire un beau voyage à destination du Japon et de la Corée. Dans des espaces bien aménagés, un grand choix de produits importés directement des deux pays. A l'espace épicerie, découverte d'une culture gourmande méconnue, des friandises et des gâteaux colorés, des boissons alcoolisées avec les sakés et d'excellentes bouteilles de gin japonais. Dento, baguettes et couteaux pour compléter la panoplie gourmande.

ASIE

LEAF MARKET

66, rue Béchevelin (7e)
✆ 04 26 00 65 11
https://leaf-market.fr
Ouvert tous les jours, sauf mardi, de 9h à 20h.

Un peu à l'écart du quartier asiatique de Lyon, de ce côté-ci de la rue de l'Université, Leaf Market a changé l'image que l'on pouvait avoir du supermarché installé en périphérie. Une grande hauteur sous plafond, des allées claires et bien rangées et des hôtesses qui nous aident gentiment à trouver le produit que l'on cherche (sans arriver à lire toutes les étiquettes, il faut bien l'avouer). Grand choix de produits asiatiques dans toutes les gammes, du frais au surgelé en passant par toutes sortes de produits d'épicerie, mais aussi les épices Espig, excellente gamme professionnelle. De quoi préparer de savoureux repas avec les ustensiles de cuisine également en vente. Plats traiteur.

MAGHREB

MASMOUDI

46, rue Victor Hugo (6e) ✆ 04 78 89 94 06
www.patisseriemasmoudi.fr
Ouvert le lundi de 12h30 à 19h30 ; du mardi au samedi de 10h à 19h30.

Masmoudi nous présente sur un plateau enchanté tous les délices de Sfax, capitale de la pâtisserie tunisienne. Magnifique décor aux motifs de céramique à l'ancienne pour un cadre façon Mille et une nuits. L'accueil se montre toujours chaleureux pour nous faire découvrir toutes les richesses des pâtisseries profitant d'un savoir-faire artisanal : baklawa, un cœur farci d'amande, datte farcie, nid de perruche, truffe à la pistache, un makroud doria ou nougat royal. Difficile de faire son choix et l'on y reviendra plusieurs fois pour tout goûter chez soi ! D'autant qu'il faut aussi savourer les confitures, les sirops naturels et les thés... Coffrets et ballotins à offrir.

MÉDITERRANÉE

BELLOTA-BELLOTA

102, cours Lafayette (3e)
✆ 04 78 62 82 46
www.bellota-bellota.com
Ouvert tous les jours aux horaires des Halles de Lyon. Traiteur, épicerie fine, restauration. Anglais, espagnol parlés.

© DR

Au cœur des Halles de Lyon Paul Bocuse, Bellota-Bellota® nous emmène dans la «dehesa», pâturages en sous-bois, maison du porc ibérique : le Pata Negra. Le meilleur jambon du monde – tranche, entier avec os, réserve... –, des charcuteries et des viandes d'exception – fayet, chorizo, lomo, pluma... – se retrouvent à l'étal de cette boutique qui fait aussi épicerie et restaurant pour savourer les meilleurs produits espagnols comme ces huiles, fromages ou produits de la mer. Accueil adorable, conseils avisés pour remplir son panier et se régaler d'un délicieux sandwich ou d'une assiette dégustation. Possibilité de commander en ligne, click&collect et livraison à domicile. Du plaisir à partager.

MÉDITERRANÉE

TACCA VIA ROLLE

102, cours Lafayette (3e)
✆ 04 78 62 30 27
Ouvert mardi 9h-15h, mercredi 9h-19h, jeudi 7h-19h, vendredi et samedi 8h30-19h et dimanche 9h-13h.

Tacca, tous les gourmands connaissent. Une institution installée aux Halles de Lyon depuis longtemps. Si l'enseigne n'a pas changé, elle a été reprise par une autre maison célèbre des Halles : Rolle. Ce qui ne change pas, c'est la qualité des produits italiens proposés et des plats à savourer sur place ou à emporter, le tout fait maison bien entendu. Choix de raviolis farcis, arancini maison, des pâtes - notamment signées Rustichella d'Abruzzo - et pâtes fraîches qui se déclinent en de nombreuses variétés et des sauces pour accompagner. Charcuterie, produits frais en provenance directe d'Italie et produits d'épicerie incontournables comme les vinaigres balsamiques. Ta (plus) cca te régaler.

PROCHE ET MOYEN-ORIENT

BAHADOURIAN

20, rue Villeroy (3e)
✆ 04 78 60 32 10
www.bahadourian.com
Ouvert du lundi au samedi de 8h à 19h30.

Quand une enseigne se trouve sur la place qui porte son nom (et pas l'inverse), c'est dire toute la reconnaissance d'une ville. Djebraïl Bahadourian s'est installé à Lyon, à la Guillotière, en 1929. Au fil du temps, Bahadourian est devenu la signature lyonnaise de l'épicerie fine en matière de produits «exotiques». Que l'on se rende à l'espace de la rue Villeroy, qui accueille un restaurant, ou à la boutique des Halles, on est subjugué par les saveurs d'ailleurs présentées comme des tableaux colorés : épices, condiments, aromates, herbes, huiles, vinaigres, cafés, thés, confitures, fruits secs, pâtisseries, vins et spiritueux... Bien plus de 1001 gourmandises dans cette Caverne d'Ali Baba.

EUROPE

BOUTIQUE PETROSSIAN

Halles de Lyon (3e)
✆ 04 78 62 39 75

On sait bien que c'est la crise - on pourrait même dire «les crises», notamment avec la Russie - mais le caviar, produit de luxe par excellence, est un produit d'exception qui a sa maison aux Halles de Lyon Paul Bocuse depuis bien longtemps. Le caviar, c'est un or noir, celui de la mer Caspienne. La Boutique Pétrossian est une référence en matière de caviar. C'est donc là que vous vous dirigerez tout naturellement pour acquérir quelques grammes de ces petits œufs qui coûtent les yeux de la tête, mais qui restent une expérience culinaire unique. Si décidément cela ne vous dit rien d'essayer, vous trouverez aussi ici de magnifiques saumons fumés et autres produits haut de gamme.

MÉDITERRANÉE

CIAO CIAO

102, cours Lafayette (3e)
✆ 04 78 95 11 99
Ouvert du lundi au samedi de 8h à 19h, dimanche de 8h à 14h.

Ciao Ciao n'est pas un au-revoir, mais une invitation à goûter à tous les plaisirs de l'Italie. Dans son écrin signé par la Maison Cellerier, Ciao Ciao se déguste sans compter. Dans cette boutique où l'on est toujours reçu avec le sourire, on découvre une belle sélection de produits traditionnels italiens pour un repas aux saveurs méditerranéennes. Des produits authentiques bien sûr, de haute qualité en provenance directe de la Péninsule, fabriqués par des artisans, comme ces huiles d'olive ou ces vinaigres balsamiques. On reste suspendu aux jambons finement tranchés, on se régale déjà de pâtes et de parmesan, de polenta, de minestrone, de risotto, d'osso buco, de lasagnes maison...

MÉDITERRANÉE

COFI

2, avenue Roger Salengro - **VILLEURBANNE** ✆ 04 72 43 97 09
www.comptoir-produits-italiens.fr
Ouvert du mardi au samedi de 9h à 19h ; le dimanche de 9h à 13h.

Cofi, c'est la référence en matière de produits italiens de qualité. Dans ce quartier de Villeurbanne, proche de Charpennes, un petit parking pratique pour se garer et une supérette qui emmène directement de l'autre côté des Alpes. Un voyage gourmand composé par des passionnés depuis 50 ans cette année. Autour d'un îlot central où l'on retrouve la charcuterie à la coupe, le fromage ou encore des antipasti maison, les rayons regorgent des meilleurs produits italiens. A commencer par un grand choix de pâtes et de sauces préparées pour ne pas se manquer, des huiles et des vinaigres, du café, des gâteaux, des panettones, des produits frais, mais aussi une très belle cave de vins italiens.

MÉDITERRANÉE

DELIZIE ITALIANE

27, place des Pavillons (7e)
✆ 06 03 56 51 91
Ouvert du mardi au samedi de 9h à 14h et de 16h à 19h.

Leurs charcuteries, leurs fromages, leurs pâtes, leurs vins... et tous les produits en provenance directe d'Italie : tout nous conduit sur une place des Pavillons rénovée et devenue piétonne. Tenue par des femmes charmantes, de vraies Italiennes qui vous préparent le midi à la minute des sandwichs à se damner, nappés d'huile d'olive et garnis de produits de qualité, cette épicerie italienne mérite de s'arrêter dans ce quartier de Gerland. Charcuteries du pays à la coupe fine et une magnifique sélection de fromages, dont un gorgonzola crémeux à perdre la raison ! Condiments, antipasti, pâtes, vins, apéros... Le plaisir se prolonge au restaurant italien juste à côté.

MÉDITERRANÉE

DOMO DE JANA

35, rue de la Thibaudière (7e) ✆ 04 37 66 50 75
http://domodejana-sardaigne.com
Ouvert du mercredi au samedi de 11h à 20h ; le dimanche de 11h à 14h.

Franchir la porte de Doma de Jana, c'est depuis plus de 10 ans partir en Sardaigne faire le plus beau des voyages gourmands. Dans un décor chaleureux qui tient autant de l'épicerie fine que du bistrot comptoir, le patron de Domo de Jana - sarde d'origine - n'a qu'une envie : partager les saveurs de son enfance, nous emmener à la découverte des meilleurs produits d'une terre exceptionnelle. Avec notre guide personnel, partons nous régaler des produits de qualité directement sélectionnés chez les producteurs artisanaux de cette île de la Méditerranée. Restauration sur place, terre et mer, bar à vins d'exception avec une centaine de références. Un voyage inédit ouvert à tous les budgets.

JE SORS JE ME CULTIVE

On rallume les sonos et les projecteurs, on installe les terrasses et on s'accoude au comptoir, on commence un livre et, plus que jamais, on se cultive pour lutter contre la désinformation. On s'amuse, on est plus insouciant que pendant, et l'on retrouve la joie d'avant en sortant ! Et si le monde de la nuit, le monde des bars, le monde de la culture ont particulièrement souffert, ils continuent de surprendre en se réinventant. Même Guignol a ouvert un nouveau théâtre au Grand Hôtel-Dieu ! Les théâtres, cafés-théâtres, cinémas, salles de concerts, offrent de nouveaux spectacles. Les bars, cafés, comptoirs trouvent aussi de nouvelles thématiques pour enrichir leurs activités et les baristas entrent en scène dans les coffee-shops. Si la crise sanitaire semble avoir mis un coup d'arrêt à la multiplication des bars à cocktails, ce sont les bars à vins, surtout vins naturels et bio, qui ont la cote. Alors que les bars à bières et les microbrasseries participent à l'ambiance festive d'une ville pétillante de vie. Sortir jusqu'au bout de la nuit, se cultiver dans les librairies, (re) vivre !

NEW

COFFEE SHOP ET SALON DE THÉ

69 NUANCES DE CAFES

22, rue de la Part-Dieu (3e) ✆ 04 78 38 24 74
https://69nuancesdecafes.fr
Ouvert du lundi au vendredi de 8h à 19h, samedi de 9h à 19h, dimanche de 10h à 18h.

Une enseigne bien trouvée qui a vu le jour rue de la Part-Dieu, près du cours de la Liberté. Petite terrasse sympathique pour ce Coffee House à la française qui met les cafés de spécialité à l'honneur tout en proposant un brunch les week-ends à 25 € composé de bons produits en provenance des artisans et primeurs locaux, notamment au bar à croque-monsieur. 69 Nuances de cafés, c'est l'occasion de s'arrêter boire un bon café torréfié à Lyon, dans une gamme aux saveurs exceptionnelles, et de repartir avec un sachet de cafés en grains, moulus sur demande ou en capsules compatibles Nespresso®. Du petit déjeuner à la pause goûter, pas besoin de se faire fouetter pour découvrir cette adresse !

COFFEE SHOP ET SALON DE THÉ

COMME A LA MAISON

36, rue Chevreul (7e) ✆ 09 83 36 66 69
https://commealamaison-coffeeshop.fr
Ouvert le lundi de 14h à 19h ; du mardi au samedi de 10h à 19h. Wifi gratuit.

Comme à la maison, mais en mieux ! Au coeur d'un quartier qui n'en finit pas de nous étonner, Comme à la Maison offre une pause gourmande et conviviale dans une ambiance familiale et détendue. Un Coffee Shop comme on les aime, où l'on vient autant pour papoter, partager ou travailler autour d'un café de spécialité ou d'un thé bio. On sirote une citronnade maison sur le canapé ouvert sur le spectacle de la rue ou directement en terrasse. Adorable Yannick et son équipe, avec une cheffe qui nous propose de bons plats maison à partir de produits frais au déjeuner. Spot idéal aussi pour le goûter ou l'afterwork. Autre adresse, même esprit CALM (Comme à la Maison) dans le 1er.

COFFEE SHOP ET SALON DE THÉ

IKONE

13, rue Constantine (1er) ✆ 07 67 92 46 58
www.ikone-chocolat.fr
Ouvert du mercredi au samedi de 11h30 à 19h ; le dimanche de 11h à 18h.

Alerte à tous les amateurs de chocolat, Ikône est un lieu qui causera votre perte. Si vous aimez le chocolat à vous en lécher les doigts, Ikône est le « bar à chocolat fondu » qui va vous faire fondre. L'autre bonne nouvelle, c'est que le chocolat en question, celui dont vous ne pourrez plus vous passer, c'est du Valrhona ! Choix de grands crus de chocolats pour faire trempotte avec vos fruits de saison. Du chocolat qui peut encore couvrir vos gaufres, vos crêpes, vos glaces artisanales (une tuerie)... Chocolat chaud en hiver, milkshakes et jus de fruit Patrick Font pour accompagner les délices chocolatés. Tous les jours sans réservation, et le dimanche sur réservation, c'est choco brunch.

COFFEE SHOP ET SALON DE THÉ

LES PAPAS SUCRÉS

42, rue Sala (2e) ✆ 06 38 50 68 45
http://lespapassucres.fr
Ouvert du mercredi au dimanche de 12h à 18h. Brunch le dimanche.

Papa est en haut qui fait des goûters gourmands... La chanson prend vie quand on entre en famille chez les Papas dans le quartier d'Ainay, près de Bellecour. Décor ravissant, façon cocooning, qui fait qu'on se sent trop bien. Gâteaux fabriqués sur place par Grégory derrière les fourneaux. Des gâteaux généreux et savoureux qui donnent du plaisir à chaque bouchée. L'autre papa, en salle, c'est Jonathan. Petite restauration à midi, gâteaux sucrés, citronnade fraîche et jus de fruits régionaux, chocolat chaud onctueux avec ses cookies et muffins, délicieuses gaufres maison (salées à midi et sucrées toute la journée) et, en été, Bubble Tea. Goûters toute la semaine et brunch le dimanche.

NEW

COFFEE SHOP ET SALON DE THÉ

LA PARFUMERIE

77, rue Montesquieu (7e)
✆ 09 83 40 69 74
www.fbkt-teas.com
Ouvert du mardi au samedi de 10h à 19h.

À l'angle de l'avenue Jean-Jaurès et de la rue Montesquieu, La Parfumerie est à la fois une boutique de thés signés La Fabrikathé (marque régionale de thés grands crus, thés d'origine, mais surtout de merveilleux assemblages maison), de cafés et de chocolats, mais aussi un salon de thé. Terrasse sur l'avenue pour faire une pause à n'importe quel moment de la journée, carte de boissons chaudes et fraîches pour toutes les envies. Ambiance chaleureuse, salle cosy, matériaux bruts et touches colorées, idéal pour faire un break en pleine ville. Cookie, brownie, cheese-cake maison pour accompagner son infusion, son thé glacé, un kombucha... Adresse pour se faire du bien.

COFFEE SHOP ET SALON DE THÉ

TONKA CROIX ROUSSE

17, rue du Chariot d'Or (4e) ✆ 09 50 16 73 47
www.tonkacroixrousse.fr
Ouvert du mardi au samedi de 9h à 19h ; le dimanche de 10h30 à 18h30. Ateliers.

Joyeuse et festive, délicieuse et créative, Tonka fait partie des adresses qu'il faut absolument connaître pour se faire de grands plaisirs sucrés. Tonka, c'est le roi du gâteau personnalisé. Tu veux croquer un flamant rose ou un super-héros ? Manger un savoureux cupcake, dont un Tonka sans gluten, un cheesecake savoureux et coloré, un pop-cake sur mesure ? Il suffit de t'installer dans ce ravissant salon de thé et succomber à toutes les tentations ! Service adorable et gâteaux réalisés par des spécialistes du cake design. Pas de limites à l'imagination pour réaliser le gâteau personnalisé de tes rêves. Petite restauration à midi et brunch de saison. Un amour d'adresse à partager.

ET SI ON PRENAIT UN VERRE ?

PRESQU'ÎLE ET CROIX ROUSSE

BAR - CAFÉ

LE 203

9, rue du Garet (1er)
✆ 04 78 28 66 65
www.moncafe203.com
Ouvert tous les jours de 7h à 2h.

Tu cherches un café restaurant où tu ne t'ennuieras pas ? Vas au 203 ! Bien sûr, l'emplacement est idéal à ce carrefour urbain animé où ce café tient parfaitement son rôle d'agitateur depuis 25 ans. Christophe Cedat se décrit lui-même comme un «agitateur de particules alimentaires et un patron insolent» qui fait régulièrement parler de lui (tape son nom sur un moteur de recherche...). Pour le consommateur, l'important c'est que la terrasse compte parmi les plus agréables de la ville, que le service compte parmi les plus adorables - ambiance conviviale et familiale -, que les boissons s'accompagnent volontiers de petits plats et pâtisseries maison parfaitement réalisés. Adresse indispensable.

BAR À COCKTAIL

L'ANTIQUAIRE

20, rue Hippolyte Flandrin (1er)
✆ 06 34 21 54 65
Ouvert tous les jours à partir de 18h.

Un Antiquaire qui joue la carte de la discrétion, mais qui a su s'imposer depuis une dizaine d'années comme une des adresses incontournables en matière de cocktails. Dans une petite rue à deux pas des Terreaux, un savoureux mélange de chic raffiné, d'ambiance d'antan et de goût du jour dans une salle aussi belle que les serveurs sont pros et à l'écoute. C'est tous les soirs que l'on vient découvrir sous les lumières tamisées un comptoir magnifique, un cadre chaleureux, une musique tranquille, mais aussi une terrasse estivale. Belle élégance décontractée de l'ensemble, service classe et souriant pour des cocktails classiques et raffinés. Un côté old school qui nous plaît.

BAR À BIÈRE

405 BAR À BIÈRES

9, rue Constantine (1er) ✆ 09 82 20 25 13
www.bar-a-biere-lyon.fr
Ouvert le dimanche et le lundi de 16h à 1h ; du mardi au samedi de 9h à 1h.

Avant de revenir sur cette adresse en particulier, signalons que 405 ce sont 3 bars à bières (2 dans le 1er, 1 dans le 7e) et une boutique, elle aussi située aux Terreaux. Le 405 de la rue Constantine est, paraît-il, l'un des bars proposant le plus large choix de bières pression en France avec 40 tirages différents, dont 20 bières de spécialités ! Des bières qui changent régulièrement et nous amènent vers tous les pays dans une ambiance à la fois conviviale et sportive. Le pub 405 Bis propose des bières en bouteille, une carte de whiskys, des cocktails et des shooters. Possibilité de manger des plats faits maison. Choix, convivialité et salles climatisées pour boire au frais.

PIANO BAR

LE BEC DE JAZZ

19, rue Burdeau (1er)
✆ 06 69 38 74 17
Ouvert du jeudi au samedi de 22h30 à 5h.

Pour les oiseaux de nuit qui aiment le jazz, ce Bec est l'endroit rêvé depuis... 40 ans ! Belle longévité pour ce bar au cœur des Pentes, avec son ambiance club façon Bird et Charlie Parker. Les murs sont couverts des gigantesques peintures du patron. Tchangodei laisse parfois courir ses doigts sur le piano – un 3/4 de queue Yamaha – pour régaler les habitués de ses compos. Jazzman injustement méconnu, ce Béninois d'origine, et Lyonnais d'adoption, a participé à une vingtaine d'albums. Dans son établissement, dont il faut devenir membre cotisant symboliquement, les heures ne se comptent pas et l'on ressort au petit matin, ivre de musique et frais (ou presque) comme une rose.

BAR À VIN

L'ANGE DI VIN

13, rue de la Monnaie (2e)
✆ 04 72 04 02 52
Ouvert du lundi au vendredi de 12h à 14h et de 18h à 1h ; le samedi de 12h à 1h.

Comme de nombreux bars à vins, l'Ange di Vin propose non seulement de bonnes bouteilles, mais a accentué son offre «solide» pour accompagner la succession de verres à déguster dans une rue piétonne - qui nous change de la trop agitée rue Mercière - animée à l'heure des tapas. Dans les verres, on peut toujours se mettre à l'heure du sud avec de nombreuses références italiennes ou choisir son cocktail en version originale. Côté tableau des vins, des bouteilles classiques et des vins plus surprenants pour visiter des terroirs méconnus. Belle variété de tapas avec des produits de qualité. Le plus : de bons conseils pour réaliser des accords mets et vins dès le déjeuner.

BAR DU MONDE

BLACK FOREST SOCIETY

29, rue de l'Arbre-Sec (1er)
✆ 06 66 17 00 14
Ouvert du lundi au mercredi de 18h à 1h, jeudi de 18h à 2h, vendredi et samedi de 18h à 3h.

G*roße* rigolade pour l'un des bars les plus joyeux et les plus décalés. Au programme : humour allemand (si, ça existe), tapas allemandes (toujours meilleures que les anglaises...) et cocktails bavoiroisement compatibles (ça existe aussi). Sans doute le bar à l'ambiance la plus fun qui peut nous tirer des larmes de joie avec sa communication au second degré et ses cocktails pas bus ailleurs. Il faut dire que la joyeuse équipe – ré-intitulée la Mannschaft – déniche des ingrédients pas piqués des ver (re) s pour des mélanges certifiés «Deutsche Qualität». Saucisses garanties, bières artisanales, ambiance bon enfant, musique élektro et Lederhosen facultatif. *Ein Prosit !* À vous de boire.

ET SI ON PRENAIT UN VERRE ?

PRESQU'ÎLE ET CROIX ROUSSE

NEW

BAR À COCKTAIL

BOEMA

8, rue du Mail (1er) ✆ 04 26 55 73 07
www.restaurantboema.com
Ouvert du mardi au samedi à partir de 17h ; le dimanche de 10h à 15h.

Ambiance tropicale à la Croix-Rousse. Ce n'est pas tout à fait une nouveauté, mais nous n'avions jamais eu l'occasion de pousser la porte de ce bar à cocktails et restaurant. Le ton est donné dès la façade, avec l'impression de pénétrer dans une jungle exubérante. À l'intérieur, on est entre le bar de plage et la forêt vierge pour chiller. Ambiance conviviale pour une escapade exotique dans un lieu à vivre comme une aventure à partager. Carte de cocktails entre classiques et créations maison réalisés par un passionné, Morgan. Autre carte pour bien accompagner les verres, celle des tapas et, plus étonnante, celle des gaufres de pommes de terre. Nouveau spot pour voyager au coin de la rue.

BAR - CAFÉ

LE BROC BAR

20, rue Lanterne (1er)
✆ 04 78 30 82 61
Ouvert du lundi au samedi de 8h à 1h ; le dimanche de 10h à 1h. Fermeture le lundi matin.

Le Broc, ça réchauffe le cœur autant que tout le reste. La plus accueillante des adresses toutes catégories confondues où l'on peut venir «comme on est, quand on veut». Le bar qui participe pleinement au bien-vivre en ville, sourire aux lèvres et gourmandise en bouche. Au Broc, tu peux venir avec ton sandwich, ton bento, ta pizza et, c'est écrit, avec ton plan Tinder (parfois, c'est moins bon que ton bento...). Gentillesse, tutoiement de rigueur, Stéphane et toute son équipe mettent de la bonne humeur dès le petit déjeuner. Café-croissant le matin, planche de bons produits à midi et apéro festif en soirée. L'adresse qu'il faut absolument connaître pour aimer Lyon.

BAR À VIN

BONSOIR CLARA

7, rue du Chariot-d'Or (4e)
✆ 04 78 39 04 55
Ouvert du mardi au samedi de 12h à 14h et de 19h à 22h.

Pour dire Bonsoir à Clara, il faut monter à la Croix-Rousse. Un quartier qui se prête parfaitement pour partager une bonne soirée entre copines, entre copains, dans un bar à vin qui est aussi un bar à tartine. Belle sélection de vins, notamment en vallée du Rhône, Bourgogne et Beaujolais, à déguster au pot, en bouteille ou en verre pour accompagner des planches à partager et des tartines de pain de campagne bien garnies. Produits frais et des compositions maison. Bon point pour les desserts, chose rare dans un bar de ce tonneau-là. Après le vin, la soirée se prolonge chez Clara avec un excellent verre de whisky ou de champagne. Une invitation qui ne se refuse pas.

BAR - CAFÉ

CAFÉ DE LA SOIE

5, place Bertone (4e) ✆ 04 78 28 71 37
www.cafedelasoie.fr
Ouvert tous les jours de 8h à 23h, sauf dimanche 9h à 15h. Restauration.

C'est ouvert tous les jours depuis... longtemps et c'est encore plus gourmand. Une institution du plateau qui perpétue l'univers croix-roussien. Accoudés au comptoir, sur la grande terrasse ombragée par les platanes ou installés autour de chaleureuses tables en bois, il faut s'arrêter non seulement pour savourer la douceur du quartier, mais aussi une cuisine traditionnelle lyonnaise proposant de copieux plats du jour et d'autres formules gourmandes. C'est aussi le rendez-vous des apéros-planches bien composées, avec une autre carte intéressante, celle des vins, notamment servis au verre. Les plus gourmands seront au rendez-vous dès le petit déjeuner qu'il fait bon déguster en terrasse.

BAR À VIN

LA BOUTEILLERIE

9, rue de la Martinière (1er) ✆ 06 60 99 35 27
Métro Hôtel-de-Ville, proximité place Sathonay et quai Saint-Vincent.
Ouvert du mardi au samedi de 17h à 22h.

Le vin, c'est du partage, des rencontres. Et ça commence par celle d'un sommelier talentueux : Christophe. Dans sa charmante Bouteillerie de la place Sathonay, il prend le temps de connaître vos envies avant de vous emmener vers de belles découvertes. Les rencontres, ce sont aussi celles réalisées par Christophe avec les producteurs pour bien comprendre chaque terroir, chaque vin. A la Bouteillerie, un seul conseil : laissez-vous guider. En soirée, délicieux verres de vin accompagnés de grandes planches avec des assortiments de fromages et charcuteries, des verrines de velouté, tartes salées et tout plein de petites choses à grignoter sans compter... Tous les plaisirs du vin.

BAR - CAFÉ

CAFÉ JOYEUX

13, rue Ferrandière (2e) ✆ 04 78 71 90 26
www.cafejoyeux.com
Ouvert du mardi au vendredi de 8h30 à 19h, samedi de 9h à 19h, dimanche de 10h à 14h. Menus 14 € et 16 €.

Une nouveauté qui fait du bien à tout le monde ! Faire une pause au Café Joyeux, c'est entrer dans une famille où tout le monde participe à créer de la convivialité, un véritable échange sincère, amical autour d'une table. « Joyeux, servi avec le cœur », c'est le premier café restaurant où les équipiers – serveurs, cuisiniers... – sont majoritairement des personnes en situation de handicap mental et cognitif. Des personnes souvent éloignées de l'emploi dont le travail, mais aussi la joie de vivre et de bien faire, sont ici mises en avant de la plus gourmande des manières. Petite restauration réussie, pause goûter et cafés de spécialités et thés de qualité. Joyeusement recommandé !

BAR DU MONDE

CALLE LATINO

3, cours de Verdun-Gensoul (2e)
✆ 04 78 42 24 90
Ouvert du mardi au samedi de 19h à 3h. Restauration.

A la recherche d'un bar festif ? Un bar où l'on ne se regarde pas en chien de faïence en détaillant son costume, mais où tout le monde se lâche vraiment dans une ambiance «happy people» dans une atmosphère endiablée tendance espagnole ! Le Calle Latino est votre destination, quand les abords de Perrache prennent des airs de salsa, de rumba, des airs latino. Bonne musique, bon esprit, ça rigole fort, ça boit l'un des meilleurs, sinon le meilleur, mojito de Lyon, ça mange aussi avec de savoureuses tapas chaudes et froides ou un assortiment de charcuterie. Un vrai sens de la fête dans l'esprit débridé du Sud pour ce Calle Latino recommandé chaleureusement par le *Futé*.

NEW

BAR À VIN

CHENIN N°20

13, rue Général Plessier (2e)
✆ 09 83 45 64 69
Ouvert du mardi au vendredi de 12h à 14h, du mardi au samedi de 18h à 0h.

A deux pas de la place Carnot en direction de la Saône, près de Perrache, cette adresse – malgré un changement d'enseigne et de concept – est abonnée au vin. Belle histoire que celle de Méliné et Damien, deux passionnés des vins naturels et du bien manger, qui se sont installé à Lyon pour ouvrir le « 1er bar à vin naturel sur mesure de France ». Concrètement, ça veut dire que vous allez composer vous-même votre planche en sélectionnant parmi les savoureux produits artisanaux présentés (prix en fonction de la composition réalisée). Vins naturels, chenins en tête, à déguster en toute convivialité dans un décor chaleureux, entre bar chic, salle à l'étage et petite terrasse. Belle découverte.

BAR D'HÔTEL

LE DOME

20, quai Jules Courmont (2e)
✆ 04 26 99 23 20
Du lundi au jeudi 18h-00h, vendredi 16h-00h, week-end 15h-00h. Tea time vendredi 16h-18h et week-end 15h-18h.

Quand tu apprends que le meilleur du monde se trouve à Lyon, tu fais quoi ? Tu sors de chez toi et tu vas vérifier ! Oui, le Dôme, bar de l'Intercontinental de Lyon, a bien été élu meilleur bar du monde par les très sérieux Villegiature Awards. Une distinction amplement méritée pour ce lieu magique installé au Grand Hôtel-Dieu sous le merveilleux Dôme signé Soufflot. Choc de découvrir cette coupole dont le sommet culmine à 32 m au-dessus d'une salle immense qui réussit à aménager des espaces intimes et chaleureux. Élégance magistrale d'un Dôme où le service est remarquable. Carte d'alcools et de cocktails avec des créations maison pleines de belles sensations à tester. Étourdissant.

BAR À COCKTAIL

LE FANTÔME DE L'OPÉRA

19, rue Royale (1er)
✆ 04 37 92 03 88
www.lefantomedelopera.fr
Ouvert du mardi au samedi de 18h à 1h.

Un gentil fantôme qui sort, malgré les coups du sort, ses collections de cocktails saison après saison. De la vie, de l'amour, du partage, des rencontres pour basculer du côté cocktail de la force sur une bande-son à l'image des lieux : libérée. Tout l'art de la mixologie s'exprime sur la scène feutrée de cet Opéra. Des créations originales, des compositions délicieuses réalisées à partir de boissons et d'ingrédients sélectionnés avec un soin tout particulier – alcools nobles des meilleures maisons –, dans un décor chic mais pas guindé. Fauteuils, terrasse estivale, pour satisfaire notre curiosité et notre plaisir. Assiettes de dégustation pour prolonger la soirée dans les draps du fantôme.

BAR - CAFÉ

GRAND CAFÉ DES NÉGOCIANTS

1, place Francisque-Régaud (2e)
✆ 04 78 42 50 05
www.lesnegociants.com
Ouvert tous les jours de 7h à 4h. Restauration en continu de midi à minuit.

Ce qui n'est pas négociable, c'est d'ignorer les Négociants. Institution au cœur de la vie lyonnaise depuis 1864, le café Les Négociants offre un décor Second Empire pour se retrouver dans une ambiance pas vraiment intime - des miroirs partout et des tables un peu serrées - entre gens de bonne compagnie. Les prix sont à la hauteur de la fréquentation du lieu, mais certaines boissons en valent la peine, comme les chocolats chauds maison. Selon les envies : bar, restaurant, salon de thé, glacier et, nouveau, centre d'affaires pour organiser vos réunions et cocktails.

BAR À COCKTAIL

GROOM

6, rue Roger Violi (1er)
www.groomlyon.com
Ouvert le mercredi et le jeudi de 18h à 0h ; le vendredi et le samedi de 18h à 4h.

Un «lieu hybride», ni totalement bar, ni totalement club, ni totalement scène musicale. Le Groom est un peu tout ça en même temps sur deux niveaux. Un lieu hybride et créatif avec des formats qui bougent pour s'adapter à la situation et qui vous donnent envie de tout goûter. Notamment sur la carte des cocktails maisons originaux préparés sous vos yeux par les bartenders. Cocktails fun - Groom libre, Aneth la Coco, Baril Show, W.A.N... –, Mocktails funs, carte de bières, vins, champagnes et spiritueux pour mixer les plaisirs. Sur la terrasse estivale ou dans une salle au décor minimaliste, du snacking – planches, empanadas... – pour faire durer la soirée quand c'est permis.

ET SI ON PRENAIT UN VERRE ?

PRESQU'ÎLE ET CROIX ROUSSE

MUSIQUE - SPECTACLE

LA GROOVERIE

9, rue du Jardin-des-Plantes (1er)
✆ 04 78 98 52 32
Ouvert du mardi au samedi de 18h à 1h.

C'est reparti en musique à la Grooverie ! Et ça fait tellement de bien dans cette période qui manque un peu de légèreté et de bonne humeur ! Après quelques marches depuis la place Sathonay se profile un *music bar* qui s'adresse tous les soirs aux amoureux du groove et des jam-sessions. Le principe est simple : un bar avec une belle carte d'alcools, notamment de cocktails à base de rhums, une scène pour jouer du bon son avec une programmation live autour de la soul, du swing (manouche entre autres)... Programmation swing et groovy à surveiller de très près pour se régaler. Degré de convivialité élevé pour jouer, danser, bouger et boire un verre en excellente compagnie.

BAR - CAFÉ

HÔTEL ROYAL

20, place Bellecour (2e)
✆ 04 78 37 57 31
www.lyonhotel-leroyal.com
Ouvert tous les jours de 11h à 0h.

Parce qu'on ne pense jamais assez aux bars d'hôtel pour passer un bon moment, osez Le Royal «Côté Bellecour». Magnifique salon tout de rouge vêtu, ambiance feutrée avec accès et vue unique sur la grande place au cœur de la vie lyonnaise pour faire une pause dans une bulle – avec des bulles ? – au cœur de l'agitation urbaine. Dans un cadre splendide, accueil charmant et service adorable, excellente bande-son aux notes jazzy et belle carte de boissons chaudes et froides, notamment côté vins, champagnes et spiritueux. Lieu idéal pour un rendez-vous galant de bon goût ou pour une causerie entre copines au milieu d'une séance shopping. Possibilité d'enchaîner avec le restaurant et l'hôtel...

BAR - CAFÉ

HARD ROCK CAFÉ

1, rue Président-Carnot (2e) ✆ 04 78 84 22 42
www.hardrock.com
Ouvert du dimanche au jeudi de 9h à 23h ; le vendredi et le samedi de 9h à 0h.

Déjà 6 ans que le Hard Rock Café s'est installé au cœur de la Presqu'île. Un bar – en fait 2 bars – hors norme, mais aussi un restaurant exceptionnel. Une adresse phare de la culture anglo-saxonne – l'enseigne est née à Londres, pas aux États-Unis – où les tee-shirts maison partent comme des petits pains. Côté cuisine, le bun du Sirha, burger mythique déclaré WBB (World Best Burger) 2019, n'attend que d'être dévoré accompagné d'une bonne bière ou d'un cocktail maison. Surprise avec The Impossible burger à base de plantes. Salle superbe et immense, pratique pour garder ses distances tout en s'amusant. Belle carte de spiritueux et cocktails. Pour décompresser dans un monde rock'n'roll.

BAR À COCKTAIL

JUSTIN

4, cour Saint Martin (2e)
✆ 04 72 04 89 69
Ouvert le lundi de 12h à 1h, du mardi au vendredi de 15h à 1h, samedi de 14h à 1h.

Dans l'univers feutré, trop feutré sans doute, du Grand Hôtel-Dieu, Justin s'est amusé à casser les codes. Fini les tables et les chaises toutes pareilles pour mettre un peu de folie lyonnaise dans un univers conventionnel. Il faut dire que Justin possède une superbe terrasse dans une cour protégée de l'agitation urbaine. Une terrasse qui nous a soufflés en installant, cet hiver, des télécabines - oui, vous avez bien lu, des télécabines ! - pour boire un verre au chaud. Lieu idéal pour chiller, écouter du bon son balancé par un DJ, même à l'intérieur dans une salle décorée avec goût par des artistes. Carte de cocktails et restauration pour prolonger le plaisir d'être chez Justin.

BAR DU MONDE

HECHO EN MEXICO

5, petite rue des Feuillants (1er)
✆ 04 78 08 73 59
www.hecho-en-mexico-lyon.fr
Ouvert du mardi au samedi de 18h à 1h.

Mettez du piment dans vos soirées, de la bonne musique qui bouge dans vos oreilles et de la salsa dans vos pieds ! C'est tout ça et bien plus encore Hecho en México, la seule «cantina mexicana» de Lyon. Lieu juste ce qu'il faut à l'écart de l'agitation du quartier pour s'agiter dans un intérieur chaleureux et bien pensé. Bar incontournable avec une incroyable sélection de tequilas blanco, anejo, reposado - on vous laisse découvrir la différence, avec modération bien sûr - à savourer avec ou sans la traditionnelle sangrita. Sans oublier le mezcal, les cocktails, les bières... Tapas mexicaines, tacos et tortillas pour accompagner. Beau voyage pour des soirées festives réussies.

NEW

BAR À VIN

MICRO SILLON

6, place Fernand Rey (1er)
✆ 09 84 23 52 47
www.microsillon-cave.fr
Ouvert du jeudi au lundi de 18h à 23h. Cave à vin ouverte dès 14h.

Vous l'entendez la bonne musique qui monte de la place Fernand Rey ? Nous, on la goûte avec délectation. Sans doute vous souvenez-vous avec émotion du Café Sillon et de son chef d'exception Mathieu Rostaing-Tayard ? Celui-ci revient, enfin, à Lyon avec l'excellente Joanna Figuet au service du vin. Le duo magique s'est installé sur l'un des spots les plus cools du centre-ville pour nous régaler de beaux flacons et de bons plats à partager au comptoir ou en terrasse. Un bar à vin, cave à manger, comme vous voulez, ouvert en soirée, même dimanche et lundi. L'après-midi, partie épicerie fine avec des produits sélectionnés par des passionnés. Adresse bien comme on les aime.

ET SI ON PRENAIT UN VERRE ?

PRESQU'ÎLE ET CROIX ROUSSE

BAR À COCKTAIL

MUMBAÏ CAFÉ

6, rue Sainte-Catherine (1er)
✆ 09 86 35 07 43
www.mumbaicafe.fr
Ouvert du lundi au samedi de 12h à 15h et de 18h à 1h.

Joli mix entre le café traditionnel, le bar à cocktail tendance et la cuisine fusion indo-pakistanaise, le tout servi sur un joli plateau. Plein de bons moments à partager au Mumbaï Café. Commençons par la restauration, meilleur alibi pour boire un cocktail ensuite, avec le thali, des plats savoureux à partager sur un plateau tout rond. C'est bon et veggie compatible. Côté boissons, derrière le comptoir un des meilleurs bartenders de la place. Ce Café offre une carte de cocktails originaux à base d'ingrédients souvent exotiques. Étonnante carte de whiskys japonais, de sakés et de vins. Les cocktails invitent à des voyages enivrants. Adresse pour s'évader du quotidien.

BAR - CAFÉ

PADDY'S CORNER

4, rue de la Terrasse (4e) ✆ 09 52 11 21 76
www.paddyscorner.com
Ouvert tous les jours de 8h à 1h. Ouvert jusqu'à 2h du jeudi au samedi.

Roux comme un Irlandais à la Croix-Rousse. Ça fait cliché, mais c'est bon de boire une bonne Guinness dans une ambiance irlandaise façon carte postale. Immanquable dans son habit rouge – vert pour la Saint Patrick –, le Paddy's Corner offre non seulement des bières de renom comme la Kilkenny, mais encore des soirées animées de concerts live ou des parties de darts endiablées. Entre une bière et un whisky, chacun reprend ses esprits pour encourager son équipé préférée sur grand écran ou partager sur les réseaux sociaux. Le tout en sifflant un air de musique irlandaise, avant le traditionnel Pub Quiz. Et pour sortir un peu le bout du museau de ce terrier, terrasse des deux côtés !

BAR - CAFÉ

NUAGE CAFÉ

16, rue des Capucins (1er)
✆ 04 72 26 41 86
Ouvert tous les jours de 7h à 21h.

Ça fait longtemps que vous ne vous êtes pas senti sur un petit nuage ? Direction les Pentes. S'ouvrant sur la place du Forez, faut connaître, avec terrasse charmante, le Nuage Café est un de ces petits bijoux dont le quartier garde le secret. Au Nuage Café, il y en a pour tous les goûts. Du petit déjeuner au début de soirée, de l'excellent café au jus d'agrumes, mais seulement du meilleur goût. Car au Nuage, on est exigeant sur la qualité, à commencer par les cafés du monde entier fraîchement torréfiés. Idem pour les thés, les smoothies maison, les glaces, les petits déjeuners ou le brunch mensuel du dimanche matin. Un lieu pour se ressourcer et voyager sur un nuage tout en restant ici !

BAR À COCKTAIL

LE PASSAGE

8, rue du Plâtre (1er) ✆ 04 78 28 11 16
www.le-passage.com
Ouvert le mardi et le mercredi de 19h à 1h ; du jeudi au samedi de 19h à 3h.

Le Passage a un côté «speakeasy». Vous savez, ces bars clandestins du temps de la prohibition. Caché dans un passage, c'est un véritable petit boudoir qui nous plonge dans une autre époque. Lancez-vous, traversez la petite cour en traboulant – on est bien à Lyon – et découvrez ce lieu hors du temps où il fait si bon se poser dans un canapé hyper confortable. Bande-son jazzy, sièges en velours, boiseries marquetées, ambiance feutrée, c'est le bar idéal pour un tête-à-tête en amoureux afin de montrer son bon goût et sa connaissance des adresses secrètes de la ville. Très belle carte de cocktails, classiques et créations, avec un choix impressionnant d'alcools de grande qualité.

BAR À COCKTAIL

L'OFFICINE

3, cour Saint-Henri (2e) ✆ 04 72 41 84 96
https://legrandrefectoire.com
Ouvert du mardi au jeudi de 18h à 23h30 ; le vendredi et le samedi de 18h30 à 1h.

Une Officine pour guérir de tous vos maux. Un lieu effervescent un peu secret du Grand Hôtel-Dieu, puisqu'il faut passer par le restaurant Le Grand Réfectoire, monter par l'escalier de service pour atteindre l'étage et entrer dans le cadre chaleureux de l'Officine, écrin de la mixologie. Les flacons en grand nombre derrière le bar sont des potions qui servent aux excellents barmans à composer parmi les meilleurs cocktails de la ville. Ça fusionne, ça invente, ça inspire et ça propose des cocktails, Signature à la Lyonnaise ou la Royal Praline, pas vus ailleurs. Sur mesure possible. Des classiques bien twistés, grand choix de gins, des bières et des tapas. Prenez soin de vous à l'Officine.

BAR À COCKTAIL

PÉLICAN

7, rue Terme (1er)
✆ 04 78 69 36 57
http://pelicanlyon.com
Ouvert du mardi au samedi de 18h30 à 1h.

Le Pélican, c'est un oiseau, une bière, un cocktail… et un excellent bar à cocktails. Aymeric Tortereau – vainqueur de beaux trophées en matière de cocktails et croisé au Soda Bar – réalise les bons classiques et crée de nouvelles compositions dans le bec du Pélican où il trouve une infinité de belles bouteilles. Décor chaleureux, mais qui ne vole pas la vedette aux stars : les cocktails. Avant de vous préparer votre cocktail, le barman discute avec vous pour mieux vous connaître et vous proposer des « variantes » personnalisées. « Signature » avec le Gold Snapper. Originalité avec les cocktails de garde à emporter en bouteille pour consommer entre amis à la maison.

ET SI ON PRENAIT UN VERRE ?

PRESQU'ÎLE ET CROIX ROUSSE

BAR À VIN

PLÉTHORE ET BALTHAZAR

72, rue Mercière (2e)
✆ 04 72 16 09 21
www.plethoreetbalthazar.com
Ouvert tous les jours de 11h à 1h. Terrasse.

Une explosion de vie, de couleurs, de saveurs. Un bar-restaurant pour les gens heureux. Terrasse sur une placette, verrière pour garder la lumière, salle au décor incroyable mêlant lignes graphiques et sol floral, plantes et matériaux bruts. C'est d'une grande beauté pour une grande convivialité. Pléthore et Balthazar, c'est un restaurant délicieux où les abats lyonnais côtoient des plats veggies sans contrefaçon. Produits locaux et éthiques garantis. Union autour d'une cave fantastique avec quelque 500 flacons sélectionnés avec amour, dont de nombreux vins nature. Une trentaine de vins au verre. Excellent bar à gins du monde entier et cocktails réussis. Adresse frappée.

BAR - CAFÉ

SOFFFA

17, rue Sainte-Catherine (1er)
✆ 04 26 17 40 21
https://sofffa.com
Ouvert tous les jours de 9h à 19h.

Inventer de nouveaux lieux de vie pour être heureux. Des lieux pour travailler autrement, pour partager du bon temps, pour se rencontrer, échanger les idées. Sofffa - Terreaux et Guillotière - c'est un lieu différent, un lieu en mouvement, un «slow café» où l'on paie du temps - 5 € la première heure, abonnements - plutôt que de payer une boisson. Une fois le réveil en main, c'est la liberté de choisir ce que l'on va boire et grignoter : boissons chaudes et froides. Business studieux, initiatives locales à partager ou moment de détente à la cool, tout le monde fait bon ménage dans cet espace de coworking chaleureux. Autre adresse à la Guill'. Un Sofffa que l'on peut privatiser.

BAR - CAFÉ

LE RÉPUBLIQUE

1, place de l'Hôpital (2e)
✆ 04 78 42 59 56
Ouvert tous les jours de 12h à 0h.

Toutes les grandes villes doivent avoir leur République, mais Lyon peut se vanter de rendre sa Marianne encore plus belle qu'ailleurs grâce à cette brasserie s'ouvrant sur la place de l'Hôpital. Avec le Grand Hôtel-Dieu en toile de fond, la terrasse enthousiasme un public toujours plus large qui semble rajeunir quand la soirée arrive. On dit bien «public», car le République (habile jeu de mots) est aussi connu pour la diffusion de tous les grands événements sportifs - matchs de l'OL en tête - que l'on peut vivre en «direct» avec d'autres supporters. Que l'on perde ou que l'on gagne, un cocktail s'imposera accompagné de tapas et d'un bon son dans ce bar avant tout festif.

MUSIQUE - SPECTACLE

SUPER5

2, rue de Savy (1er)
Ouvert du lundi au vendredi de 17h à 1h, samedi de 17h à 2h45.

Encore un établissement impossible à faire rentrer dans une seule case, une seule rubrique. Un lieu hybride comme on dit aujourd'hui. A une petite encablure de la place Sathonay, un bar non conventionnel qui se module, se transforme (se privatise aussi) selon les envies. Ce qui est sûr, c'est que vous y écouterez du bon son - dans presque tous les genres selon la bande du moment, avec une préférence pour l'électro - dans une ambiance club cool et bienveillante. DJ sets, blind test, une sélection de bières, une belle carte de cocktails et des planches composées de produits locaux pour ne pas boire et taper du pied le ventre vide. Lieu de rencontres et de partage, le Super 5 assure.

BAR À COCKTAIL

SODA

7, rue de la Martinière (1er) ✆ 04 78 39 06 66
www.soda-bar.fr
Ouvert le mardi et le mercredi de 19h à 1h ; du jeudi au samedi de 19h à 3h.

Contre toute forme de déprime : Soda. Le bar qui nous a donné l'envie de boire des cocktails, un art que peu de barmen maîtrisent, et qui nous redonne goût à la vie. Derrière un bar étincelant et digne de ce nom, Le Soda met en scène une équipe de vrais barmen qui savent vous concocter un cocktail ! Ambiance chic, glamour, non seulement pour boire un verre mais aussi pour se laisser bercer par une excellente programmation musicale et admirer la fresque murale. Plongeons sur la carte des cocktails pour commander, selon ses envies du moment (la carte change souvent), avec un incontournable Zombie (2 verres pas plus), une version Supanova du mojito ou un Soul Sista bien fruité. Une référence.

BAR À COCKTAIL

THE MONKEY CLUB

19, place Tolozan (1er) ✆ 04 78 27 99 29
www.themonkeyclub.fr
Ouvert mardi et mercredi de 18h à 1h, du jeudi au samedi de 18h à 3h. Cocktails.

La fin de journée s'annonce moins compliquée si vous avez prévu de la passer au Monkey Club. Retour à cette destination cocktail et bonne humeur pas bien loin de l'hôtel de ville, l'adresse parfaite pour se changer les idées et voyager le temps d'une soirée sous les tropiques sur une petite terrasse, rare dans le monde lyonnais du bar à cocktails plutôt confidentiel. Selon vos goûts, votre humeur, les barmen experts vous proposent le cocktail qui va bien, du Miss Marple au Pepper Sidecar en passant par un bon choix de gins tonics. Ambiance feutrée et chaleureuse sous les voûtes, service souriant au bar ou dans de confortables fauteuils club par une équipe adorable. Quelques grignotages.

ET SI ON PRENAIT UN VERRE ?

VIEUX LYON, FOURVIÈRE ET VAISE

PUB

L'ANTIDOTE

108, rue Saint-Georges (5e) ✆ 04 78 37 54 94
www.antidote-pub.com
Ouvert du mardi au jeudi de 17h à 0h ; du vendredi au dimanche de 17h à 1h.

Le long de la Saône, dans la suite sans fin des bars du quartier Saint-Georges, le *Futé* a un faible pour les pubs irlandais avec de vrais Irlandais dedans. Un peu excentré par rapport au tourbillon touristique, cet Antidote se veut justement le plus vieux et le plus authentique des pubs de Lyon. L'élixir de bonne vie entendu par l'enseigne sera de préférence une Guinness, *of course* ! Mais personne ne nous pousse à la mousse et l'on peut tout aussi bien prendre un cocktail pas trop cher. *Live music* et *big screen* sont également à l'affiche dans cet *english speaking bar* où l'on joue également au poker en buvant une pinte de Kilkenny en regardant un match de rugby.

BAR À COCKTAIL

BAR DE BON SECOURS

12, rue du Boeuf (5e)
✆ 04 72 40 99 66
Ouvert le lundi, le vendredi et le samedi de 19h à 0h. Mot de passe : Clan des Bars.

Connaissez-vous tous les secrets du Vieux Lyon ? Certainement pas ! Savez-vous ce qu'est un speakeasy à la française ? Vous allez le découvrir en poussant la porte de l'Ambassade Bonnat & Crozet, boutique des chocolats Bonnat et des boissons de la distillerie Crozet Frères. Pour entrer dans ce bar pas tout à fait clandestin, mais au moins confidentiel, sonnez vers la lampe orange et attendez que l'on vienne vous chercher quand la lampe passe au rouge. Dans un caveau : décoration années 1930 réalisée avec goût, affiches d'une distillerie de 1875, tables en marbre... Dégustation de l'Arquebuse bon secours, du Skos (recette unique). Carte de cocktails maison. Entrez dans la clandestinité !

BAR À VIN

LA CAVE DES VOYAGEURS

7, place Saint-Paul (5e)
✆ 04 78 28 92 28
www.lacavedesvoyageurs.fr
Ouvert du mardi au samedi de 17h à 1h.

Il n'y a pas que le train que l'on peut prendre à Saint-Paul. On peut aussi prendre un bon verre accompagné. C'est face à la gare du Vieux Lyon que La Cave des Voyageurs a posé ses valises il y a 23 ans maintenant. Ce qui fait de cette adresse l'un des plus anciens bars à vins de la ville. Une adresse lyonnaise dans l'âme avec un patron façon «bouchon», c'est-à-dire avec un caractère bien trempé... Superbe sélection. Bouteilles fortes en émotion et prix en conséquence. Pour garder ses esprits et prolonger la soirée, les assiettes de charcuteries et de fromages font l'affaire. Suivre le programme des dégustations pour ne rien manquer des destinations de cette Cave.

BAR - CAFÉ

LE BAVARD

1, quai Romain Rolland (5e)
✆ 04 78 37 36 32
Ouvert tous les jours de 8h à 1h.

© EMMANUEL SPASSOFF

© EMMANUEL SPASSOFF

Il nous parle bien ce Bavard installé entre les quais de Saône et le Vieux Lyon. Magnifique terrasse pour faire une pause, pourquoi pas gourmande, à de très larges horaires avec des tables jaunes et bleues et une salle chaleureuse aux pierres apparentes. Le Bavard, c'est un lieu de vie joyeusement animé et un lieu d'échange pour partager de bons moments autour d'une bière artisanale, grande sélection de bières en bouteille, ou d'un bon verre de vin, là aussi avec une sélection de bons vignerons. Carte gourmande réalisée à partir de produits frais et locaux, assiettes à partager le soir. Groupes, live DJ et autres événements. Un Bavard qui ne s'arrête jamais pour notre plus grand bonheur.

ET SI ON PRENAIT UN VERRE ?

VIEUX LYON, FOURVIÈRE ET VAISE

BAR À BIÈRE

LES FLEURS DU MALT - LA MISE EN BIERE

15, quai Romain-Rolland (5e) ✆ 04 72 65 64 16
www.lyon.lesfleursdumaltlebar.fr
Ouvert 7j/7. Lundi 17h-0h, mardi et mercredi 17h-1h, jeudi et vendredi 17h-2h, samedi de 14h-2h, dimanche 14h-0h.

Avant de trépasser, accordons-nous une bonne Mise en bière ! Le repaire des vrais amoureux de la bière par les passionnés des Fleurs du Malt. Plus qu'une étape sur le quai de la soif, la meilleure destination pour passer une bonne soirée. 16 pressions qui changent régulièrement (tous les tirages sont mobiles) et plus de 200 bouteilles de tous les pays. Conseils avisés de biérologues qui partagent leurs découvertes. Excellent son rock metal... Planches dégustation. Faites-vous plaisir le temps d'une soirée entre Vikings (salle privatisable). Meilleur bar à bières de Lyon.

PUB

SMOCKING DOG

16, rue Lainerie (5e)
✆ 04 78 28 38 27
Ouvert du lundi au vendredi de 17h à 1h ; le week-end de 13h à 1h.

Le Smocking Dog rapproche Lyon de l'Angleterre. Un vrai pub comme ceux que l'on trouve de l'autre côté de la Manche, une vraie ode à l'amitié franco-britannique, même quand il y a un match de foot ou de rugby (surtout quand la France gagne le grand chelem). La déco typique, avec coin de lecture à l'entrée, grand bar pris d'assaut et salle plus tranquille au fond, ajoute à l'ambiance. Les anglophones de Lyon ne s'y trompent pas. Les serveuses ont l'accent depuis 25 ans… Un endroit sympathique pour se remettre à l'anglais : la bière aidant, c'est beaucoup plus facile. Ambiance de folie les soirs de matchs, ou quand on peut gagner des shooters lors des quiz du mardi soir, et musique live.

BAR - CAFÉ

LYON PARTICULE

1, rue des Estrées (5e) ✆ 09 88 00 22 03
www.lyonparticule.com
Ouvert mercredi et jeudi de 11h45 à 19h, vendredi de 11h45 à 22h, samedi de 11h à 19h, dimanche de 11h à 18h.

Amoureux au premier regard de cette Particule lyonnaise. LP, c'est une terrasse de rêve qui s'ouvre sur le jardin archéologique au chevet de Saint-Jean dans le Vieux Lyon. Le lieu idéal pour faire une pause gourmande à de larges horaires autour de bons produits. Le tout accompagné d'un café Gonéo, torréfacteur lyonnais, ou d'un bon verre de vin. Autre facette de LP, la galerie d'art tenue par Alice et Charlotte. Peintures et sculptures d'artistes internationaux (le sculpteur français aRno Sebban, Valérie Argueyrolles Weber et Jean-Jacques Argueyrolles, Lyle Carbajal ou le danois Kenneth Blom), avec tous les mois un événement et une exposition. LP, l'art de vivre à la lyonnaise.

BAR À WHISKY

THE WALLACE BAR

2, rue Octavio-Mey (5e) ✆ 04 72 00 23 91
www.wallacebarlyon.com
Ouvert du dimanche au jeudi de 11h à 0h30, le vendredi et le samedi de 11h à 2h.

Un concentré de bonne humeur, de fêtes et de copains version écossais. The Wallace fait partie des étapes incontournables d'une vie étudiante ! Mélange unique à Lyon de pub traditionnel, avec plus de 200 whiskies et des bouteilles originales, 15 bières en pression, et de restaurant avec la possibilité de manger une cuisine traditionnelle anglophone : tartare de saumon bio d'Ecosse, Wallace Burger, Fish & Chips, lemon tart... Sans oublier le brunch le week-end. The Wallace Bar propose régulièrement des concerts, ainsi que les grands événements sportifs sur trois écrans géants, des soirées quiz, des soirées à thème et une terrasse avec chauffage côté Saône. Un éternel plaisir.

NEW

BAR À VIN

PALM

38, rue du Boeuf (5e)
✆ 09 88 51 67 90
Ouvert du mercredi au vendredi de 17h30 à 0h ; le samedi de 12h à 15h et de 17h30 à 0h.

Impossible de manquer cette nouveauté dans une rue du Bœuf décidément très en forme (en passe d'être la rue la plus stylée de Lyon). Derrière les pierres apparentes des murs du Vieux Lyon, une adresse luxuriante et chaleureuse imaginée par Marceau Bergeroux. Un lieu que nous aurions pu classer parmi les restaurants, si nous avions voulu mettre en avant une cuisine ou les maître-mots sont plaisir et partage. Mais notre coup de cœur est pour la carte des vins réalisée en collaboration avec Antic Wine, meilleur caviste ever. De superbes bouteilles à tous les tarifs et une sélection qui nous ouvre les terroirs d'une dizaine de pays. Cocktails réussis aussi. Haut degré de coolitude chez Palm.

BAR À COCKTAIL

L'ARTCHIMISTE

22, rue du Professeur Weill (6e) ✆ 04 78 41 15 85
www.lartchimiste.fr
Ouvert du lundi au jeudi de 18h à 1h, vendredi et samedi de 18h à 2h.

Vous avez séché les cours de chimie ? Il est temps de vous rattraper en découvrant une autre facette de la chimie à travers la composition de cocktails. Dans ce quartier chic entre Masséna et Brotteaux, voilà L'Artchimiste. La mixologie est bien la science de notre époque et il faut savoir maîtriser les mélanges (et quelques réactions chimiques aussi) pour réaliser les meilleurs cocktails. D'excellents ingrédients, notamment de grands spiritueux et des produits frais pour composer des cocktails qui se déclinent à l'envi. Tellement que le barman peut même vous composer un cocktail sur mesure. Lieu hyper chaleureux avec murs en pierre, plafond à la française et une cave. Belle adresse.

BAR À JEUX

BARNADE

49, rue de l'Abondance (3e) ✆ 04 78 38 08 76
https://barnade-lyon.fr

Ouvert du mardi au jeudi de 18h30 à 0h, vendredi et samedi de 18h30 à 1h.

Dans la rubrique des bars, il y a une catégorie qu'il ne faudrait pas oublier, celle des cafés pour jouer. Lieu de convivialité et de partage, le café est un lieu de vie idéal pour s'amuser avec des personnes que l'on connaît... ou pas. Au Barnadé, café ludique, l'ambiance monte au fil d'une soirée que l'on prolonge d'autant plus volontiers que l'on peut grignoter des plats et desserts faits maison et quelques boissons. Apéros jeux, présentation de jeux, prêt de jeux et... utilisation des jeux pour se défier tout en s'amusant à table. Grand choix de jeux à tester avec les conseils de toute une équipe sympathique pour bien choisir et maîtriser les règles. Nombreux événements.

BAR DE QUARTIER

LE COMMERCE

53, rue de Marseille (7e)
✆ 04 28 29 89 20

Ouvert du lundi au vendredi de 8h à 1h ; le week-end de 16h à 1h.

Belle terrasse estivale, petits stores qui lui donne des airs de vacances chics et un intérieur aussi décalé – décor végétal improbable – que sympathique. Le Commerce a tout pour plaire à de très larges horaires. Lieu idéal pour bien démarrer la journée autour d'un café-croissant en feuilletant la presse quotidienne, ce bistrot de quartier se transforme en cantine à midi avec sa cuisine maison simple mais efficace, notamment la fameuse escalope de veau à la milanaise. Bien entendu, rendez-vous à l'heure de l'apéro avec une belle carte de bières pression et des bières locales. Tapas en soirée pour prolonger le plaisir dans ce beau bistrot de quartier qui nous régale de bien des façons.

BAR À COCKTAIL

LE BLIND PIG

64, rue Ney (6e) ✆ 04 78 52 98 17
www.leblindpig.fr

Ouvert jeudi et vendredi 11h30 à 14h et 19h à 23h, samedi 11h à 14h et 19h à 23h, dimanche 11h à 14h brunch.

Pour celles et ceux qui ne seraient pas sortis de chez eux, vous pouvez sortir ! ! ! Direction le Blind Pig, nom donné aux bars clandestins pendant la prohibition américaine, pour bien boire et aussi manger. Avant de parler alcool dans les verres, parlons des assiettes, puisque de nombreux plats sont parfumés... D'excellents produits préparés avec amour sur une carte renouvelée (notamment pour les brunchs du week-end) avec brio. Manger c'est bien, mais quand nos assiettes sont bien accompagnées c'est encore mieux ! La spécialité maison, mise à l'honneur par Maria, c'est le «gin tonic», avec des centaines de références de tous les pays, avec des accords mets et gins. Cocktails endiablés.

BAR DE QUARTIER

LE COURT CIRCUIT

13, rue Jangot (7e) ✆ 09 54 36 61 29
www.le-court-circuit.fr

Ouvert du lundi au vendredi de 10h à 1h ; le samedi de 15h30 à 1h.

Dans une petite rue du quartier populaire de la Guillotière, un immeuble pas comme les autres, non mitoyen, ouvert sur un large square sur la place Mazagran où peut s'installer la terrasse colorée du Court Circuit. Aujourd'hui, ça fait un peu cliché de dire que c'est un lieu de vie et pourtant, c'est bien ce qu'est ce bar, restaurant, lieu d'exposition et de concert, de rencontres et même lieu de diffusion pour les éditions Repas. Restaurant labellisé Ecotable, le Court-Circuit offre un bar à la hauteur, notamment avec un choix de bières (artisanales) du moment sélectionnées par des passionnés. Pour manger, grignoter, boire un verre, s'amuser, partager autrement.

BAR - CAFÉ

CAFÉ NOVA

28, rue Chevreul (7e)
✆ 04 72 71 09 29

Ouvert lundi et mercredi de 10h à 20h, mardi et vendredi de 10h à 0h, jeudi de 10h à 22h.

Comment faire d'un bar d'autrefois un café-restaurant d'aujourd'hui. Belle leçon de «récup» dans l'air du temps faite par une joyeuse équipe sachant occuper nos journées et nos soirées. Un café au décor improbable du sol au plafond, un comptoir en zinc, une très agréable terrasse dans la tendance rue Chevreul pour un haut degré de coolitude. Le Café Nova, c'est du partage dès le petit déjeuner pour bien commencer la journée. Déjeuner, apéro, les occasions de se retrouver au Café Nova s'enchaînent pour savourer de bons produits en buvant un verre, s'asseoir pour jouer aux cartes, se nourrir de bons mots et de plats du jour frais sur l'ardoise de saison. Accueil excellent. Une Nova à voir.

BAR - CAFÉ

LE FER À CHEVAL

102, cours Lafayette (3e)
www.leferacheval-lyon.com

Ouvert du mardi au samedi de 7h30 à 20h ; le dimanche de 7h30 à 14h. Restauration rapide toute la journée.

Aux Halles, vous voulez miser sur le bon cheval ? Dès l'entrée, arrêtez-vous au Fer à Cheval, une véritable institution locale puisque l'enseigne était déjà présente lors de la construction du bâtiment en 1970 ! Un bar et une petite restauration/snacking de qualité dans un lieu de mixité où tout le monde se mélange autour du comptoir ouvert à 360°. Grande convivialité avec une équipe animée par le plaisir de bien nous recevoir pour nous servir un verre, belle carte des vins, ou un délicieux croque-monsieur, l'une des spécialités de la maison. Tapas lyonnaises, assiettes avec de bons produits et carte des boissons pour toutes les occasions. La chance, c'est de se retrouver au Fer à Cheval.

ET SI ON PRENAIT UN VERRE ?

RHÔNE RIVE GAUCHE

BAR À JUS DE FRUIT

FRUISY

156, rue Garibaldi (3e) ✆ 09 67 05 22 66
www.fruisy.fr
Ouvert du lundi au vendredi de 7h30 à 16h30, samedi de 9h à 16h30.

La bonne énergie se trouve dans les fruits (et les légumes...). Fruisy, qui ne fait pas que des jus de fruits, c'est une adresse qui met à l'honneur à travers des recettes originales, des fruits et des légumes de qualité issus de l'agriculture raisonnée et locale. Dans un espace clair, ouvert sur la rue, et chaleureux, Fruisy propose un large choix de «fresh juices», avec des mélanges qui vont des Classiques (fraise, banane, orange) au Pink Panther (poire, framboise, citron vert et eau de coco), en passant par des versions Detox (fenouil, ananas, pomme, concombre, épinard et citron vert) et mocktails signatures. A Ecully : sport, santé et alimentation saine avec Genae.

BAR - CAFÉ

KAFFEE BERLIN

26, cours Albert-Thomas (8e) ✆ 06 18 81 37 13
www.kaffeeberlin.com
Ouvert du lundi au vendredi de 10h à 1h, samedi de 11h30 à 1h, dimanche de 17h à 23h.

Ça fait 11 ans maintenant qu'ouvrait le premier Kaffee Berlin à Sans Souci. Un lien entre Lyon et Berlin, deux capitales où l'on aime bien boire une bonne bière dans une ambiance festive. En 2016, c'est au tour des Cordeliers sur la Presqu'île d'ouvrir pour manger un bagel, un burger ou une planche dégustation de saucisses allemandes en savourant toujours une bonne bière. Brotteaux en 2018, Croix-Rousse en mars 2020 et le petit dernier en mai 2021 Rive Gauche face à la piscine du Rhône. Cinq Kaffee Berlin pour une enseigne qui n'est pas réservée qu'aux étudiants, mais à toutes celles et à tous ceux qui veulent passer du bon temps tout au long de la journée et encore plus en soirée.

BAR - CAFÉ

GNOME ET RHÔNE

157, avenue de Saxe (3e)
✆ 04 82 33 25 56
Ouvert du lundi au vendredi de 9h à 1h, le week-end de 16h à 1h.

Fiers d'être lyonnais ? De porter les couleurs bleu et rouge ? Saxe passe chez Gnome et Rhône, qui était une marque de moteur d'avion avant de fabriquer des motos à Lyon. Les passionnés de mécanique et tous les autres foncent chez Gnome et Rhône, adresse 100 % lyonnaise créée il y a une trentaine d'années. Un café à la française avec sa terrasse sur l'avenue, son comptoir et des salles climatisées à l'ambiance décalée, comme pour ce cabinet de curiosités avec ses étranges objets... Bonnes bières, mais pas seulement avec une cuisine plus raffinée que vous ne croyez. Soirées DJ et thématiques, diffusion de matchs sur écran géant. Décollez de votre canapé pour cette adresse «Saxy».

KARAOKÉ

KBOX KARAOKÉ

8, place Raspail (7e)
✆ 09 83 81 94 64
https://karaokelyon.com
Ouvert tous les jours de 14h à 1h.

Et tu chantes, chantes, chantes... Mais en privé, pour ne pas te priver de chanter faux devant un public ! Direction rive gauche, chez Kbox Karaoké pour passer la meilleure des soirées à chanter sans jamais avoir peur du ridicule. Plaisir partagé de louer un salon privé tout équipé – écran géant, micros sans fils, lumières, canapés... le tout parfaitement insonorisé – pour laisser sortir votre superbe voix sur un titre fantastique comme... *La Reine des neiges* ! Que vous veniez très sérieusement pour chanter ou uniquement pour faire la fête avec vos amis, Kbox répond à toutes vos demandes. Le plus : la possibilité de commander à boire depuis l'interface karaoké dans votre salon.

BAR À BIÈRE

HOPPER

43, cours Gambetta (3e)
www.hopperlyon.com
Ouvert du lundi au samedi de 7h à 1h, dimanche de 8h30 à 1h.

Au carrefour de grands axes, métro Saxe-Gambetta, un coin d'avenue pas vraiment glamour avant l'installation de Hopper. Un bar, une brasserie d'une beauté absolue. C'est beau comme un entrelacement de tuyaux en cuivre supportant des cuves, comme des graffitis urbains en version américaine, comme un pub chaleureux avec à l'étage des coins encore plus confortables, comme des serveurs qui font de leur mieux pour satisfaire tout le monde, même un soir de match diffusé sur les écrans. 18 bières pression et une trentaine de bières bouteille pour voyager dans le monde entier. Pour ne pas boire le ventre vide : pizzas, salades, planches et plats de saison. Refuge urbain contre la morosité.

BAR À VIN

L'AROMO

15, rue Montesquieu (7e)
✆ 04 78 69 07 35
www.aromo-lyon.com
Ouvert du lundi au samedi de 18h à 1h.

Le vin n'a pas de frontières. La preuve à l'Aromo qui est un bar à vins - et le pluriel à son importance -, mais aussi une cave ouverte sur les terroirs du monde entier. Décor chaleureux dans des notes bleutées cosy pour un Aromo craquant avec Damien et Frédéric aux manettes, devant et derrière le comptoir. Un lieu d'échanges et de rencontres où l'on vient déguster d'excellents vins de France et surtout du monde sélectionnés par Damien. Plus d'une centaine de références qui nous font voyager à travers les terroirs français, mais aussi au Chili (l'Aromo est une vigne chilienne...) et dans le monde entier. Grand choix de gins, de spiritueux. Lieu privatisable.

BAR À VIN

MADEMOISELLE RÊVE

215, rue Vendôme (3e)
✆ 04 78 37 68 14
Ouvert du lundi au samedi de 17h30 à 1h.

Il y a celles et ceux qui rêvent de trouver la bonne adresse pour passer une soirée douce à deux ou entre amis. Et il y a celles et ceux qui l'ont trouvée en lisant le *Petit Futé* ! Direction la Bourse du Travail et juste à côté Mademoiselle Rêve. Terrasse tranquille, salle à l'ambiance cosy, canapé pour retrouver le goût de se parler tout en partageant quelques bons verres de vin sélectionnés par des amoureux des bonnes choses, des cocktails maison autour de planches composées de produits de qualité. Accueil toujours souriant d'une équipe adorable, bonne humeur garantie, bonne musique aussi, excellente soirée pour faire de beaux rêves éveillés sans avoir envie d'aller se coucher.

BAR - CAFÉ

SKULL

229, Grande Rue de la Guillotière (7e) ✆ 04 72 73 04 43
www.skull-lyon.com
Ouvert le mardi et le mercredi de 17h à 0h ; du jeudi au samedi de 17h à 1h.

Le présent vous semble déprimant (et les raisons de le penser s'allongent...) ? Passez la porte de chez Skull pour basculer dans un monde taillé pour les explorateurs. Skull, premier bar «steampunk» de France, n'en finit pas de nous surprendre par la beauté de ses décors inspirés par les œuvres du visionnaire Jules Verne. Mais il n'y a pas que le décor à être fantastique chez Skull, toute l'équipe est à la hauteur ! Belle carte de bières pression et en bouteille, de cocktails – dont un incontournable Jules Verne – à accompagner de planches à partager bien composées. Régulièrement des animations. Le bar idéal pour s'échapper du présent et vivre de nouvelles aventures.

BAR À BIÈRE

MALTING POT

263, Grande Rue de la Guillotière (3e) ✆ 09 70 95 27 78
www.malting-pot.com
Ouvert du mardi au vendredi de 12h à 14h et de 17h à 0h ; le samedi de 12h à 23h.

De nouveau se rencontrer autour d'une bonne bière. Faire la fête ensemble dans un lieu joyeusement décalé à deux pas de la Manufacture des Tabacs. Malting-Pot, c'est un lieu de vie de nombreux étudiants lyonnais, un «brew pub» un peu secret dans un bâtiment pas très avenant depuis la rue. De l'autre côté du miroir, un jardin clos (idéal pour les enfants) façon «beergarden» pour partager du bon temps en plein cœur de la ville. De nouveau de nombreuses animations, notamment des jeux pour faire éclater sa culture au grand jour ! C'est aussi bon de pouvoir emporter chez soi les bières artisanales brassées sur place par des passionnés et quelques petits plats maison aux saveurs exotiques.

BAR - CAFÉ

TRATTINO

58, rue Clément Marot (7e) ✆ 06 40 12 87 97
https://trattino.fr
Ouvert le mardi et le mercredi de 10h à 23h30, du jeudi au samedi de 10h à 0h.

C'est un choc de découvrir Trattino pour la première fois. A quelques pas du métro Jean Jaurès, facile d'accès à vélo avec parking juste devant, une belle terrasse paysagée façon guinguette avec ses lumières en soirée. Un lieu à part où il fait bon se retrouver à de larges horaires, dehors et dedans. C'est grand, c'est hyper chaleureux, l'accueil et le service sont adorables et la carte des boissons participe à notre bien-être avec des cocktails stylés, des bières artisanales, des smoothies «zéro gaspi», des vins nature, des tonics et softs surprenants... Le tout en 100 % bio et équitable. Restaurant à partager pour prolonger le plaisir d'être chez Trattino. Evénements festifs et culturels.

BAR À COCKTAIL

SAUVAGE

3, rue Montesquieu (7e)
✆ 04 37 29 23 79
www.sauvage-bar.fr
Ouvert du mardi au vendredi de 18h à 1h ; le samedi de 19h à 1h.

L'époque est sauvage et pour retrouver leur nature urbaine, celle des bars à cocktails et du monde de la nuit, les Lyonnais peuvent compter sur Sauvage. Un lieu à part pour donner le goût du voyage à des soirées où il fait bon se détendre sans se mettre la pression autour de coquetels - oui, ça peut s'écrire aussi comme ça - «low alcool», mais «high» en goût et arômes pour explorer d'autres horizons moins brumeux. Un lieu sauvage où l'on aime prendre le temps de la dégustation. On aime le concept de l'Apéro Studio dans lequel chaque coquetel est associé - grâce à un QR code, vous maîtrisez maintenant - à une playlist. Idem pour les tapas à associer aux coquetels pour un voyage complet.

BAR À BIÈRE

BIERISTAN

14, rue Paul Lafargue - **VILLEURBANNE** ✆ 09 83 69 11 05
www.bieristan.fr
Ouvert le mardi et du jeudi au samedi de 12h à 1h, le mercredi de 12h à 15h30 et de 17h30 à 1h.

Un territoire où il fait bon vivre ? Le Bieristan. Une République dont les frontières sont restées ouvertes grâce à la partie restauration avec des formules réconfortantes à midi et des flammekueches le soir. Une chaleureuse adresse coopérative du côté de Villeurbanne (métro Gratte-Ciel) où l'on aime se retrouver – les lieux sont plutôt grands – pour partager bonne humeur et bonnes bières artisanales sur les 15 becs pression. En terrasse estivale, des bières régionales - 25 brasseries dans un rayon de 200 km -, une sélection de vins bio, mais aussi du solide avec des plats réalisés à partir de produits locaux bruts et de saison. Concerts, événements, Bieristan restera notre patrie.

THÉÂTRE
LULU SUR LA COLLINE
60, rue Victor-Lagrange (7e)
✆ 04 72 98 36 28
Spectacles du jeudi au samedi.

Lulu a installé ses planches du côté de Jean Macé. Lulu, elle nous fait tellement de bien, encore plus dans cette période un peu morose, avec sa programmation de comédies pleines de folie à partager. Un théâtre hautement coloré, joyeux, à l'image d'une troupe lyonnaise de café-théâtre autour de Michel Bernini qui a décidé de faire vivre ces murs avec une belle salle de 180 places et une table à tapas à savourer en même temps que les commentaires. Un lieu dédié à la comédie, au rire, aux reprises de textes devenus des classiques et à des créations pas piquées des hannetons, ça ne peut qu'être salutaire dans cette période où il faudra soutenir le spectacle vivant. Marrons-nous avec Lulu !

THÉÂTRE
THÉÂTRE DE LA TÊTE D'OR
60, avenue Maréchal-de-Saxe (3e)
✆ 04 78 62 96 73
www.theatretetedor.com

Il est le premier théâtre privé de Lyon, lancé le 17 janvier 1980, aujourd'hui dirigé par Pascal Héritier et Bruno Davanzo. La salle actuelle de l'avenue de Saxe peut, quand c'est permis, accueillir 360 spectateurs et affiche souvent complet. Le public qui réserve, longtemps à l'avance, ses places au Théâtre de la Tête d'Or sait qu'il est parti pour une franche rigolade avec des quiproquos à la pelle et des acteurs – souvent des stars qui brûlent les planches – enthousiastes. L'endroit est spécialisé dans la comédie de boulevard et le vaudeville, sans oublier les chansonniers du Théâtre des Deux Ânes qui font régulièrement escale dans cette salle située dans les beaux quartiers.

THÉÂTRE
LA MAISON DE GUIGNOL
2, montée du Gourguillon (5e)
✆ 04 72 40 26 61
www.lamaisondeguignol.fr
Ouvert toute l'année. Réservation indispensable.

Impossible de museler Guignol qui dit tout haut ce qu'il pense… tout haut depuis 1965 dans sa maison de la montée du Gourguillon. Coup de cœur pour cette salle de spectacle au cœur du quartier Saint-Georges. *Futé* adore l'atmosphère bon enfant des lieux, la salle climatisée aux airs de café-théâtre, partie intégrante du patrimoine lyonnais, et bien sûr les spectacles de Guignol issus du répertoire classique de Laurent Mourguet, le créateur de Guignol ou composés de créations d'actualité comme Guignol, Petit Prince. Par ailleurs, la Maison de Guignol propose d'excellents spectacles de café théâtre en soirée. Une superbe salle à privatiser pour des événements.

THÉÂTRE
THÉÂTRE DES CÉLESTINS
4, rue Charles-Dullin (2e)
✆ 04 72 77 40 40
www.celestins-lyon.org
Accueil et billetterie ouverts du mardi au samedi.

À chacun son théâtre, mais Les Célestins restent le meilleur théâtre de France en matière de création de spectacles. Splendide théâtre à l'italienne dont la programmation fait référence, le lieu vaut à lui seul le coup d'oeil (et se visite). Spectacles en tournée, et d'autres créés et montés aux Célestins, le tout sous la houlette des directeurs Claudia Stavisky et Pierre-Yves Lenoir. Quelque 200 000 spectateurs viennent les apprécier chaque année et notamment les superbes créations maison. De nombreuses actions en faveur de l'accès à la culture et au théâtre pour tous les publics, notamment des tarifs raisonnables, des ateliers et des rencontres. Indispensables Célestins.

THÉÂTRE
THÉÂTRE DE LA CROIX-ROUSSE
Place Joannès-Ambre (4e)
✆ 04 72 07 49 49 - www.croix-rousse.com
Accueil billetterie du mardi au vendredi, de 13h à 19h, le samedi de 14h à 19h.

Le TXR, c'est un théâtre populaire conçu comme un lieu de vie pour les habitants de la Croix-Rousse. Ancienne salle des fêtes, cette scène nationale propose une programmation variée touchant un large public, des plus jeunes spectateurs aux plus avertis, avec des pièces engagées et des grands classiques. Dirigé par Courtney Geraghty, il est un lieu de valorisation du travail des metteurs en scène régionaux. Et un lieu ouvert au monde, dont l'art théâtral se joue aussi hors les murs avec une création itinérante et une résidence de création en milieu hospitalier.

THÉÂTRE
THÉÂTRE DU POINT DU JOUR
7, rue des Aqueducs (5e) ✆ 04 78 25 27 59
www.pointdujourtheatre.fr

Un théâtre pas comme les autres dans un lieu en constante évolution, un théâtre vivant. Ancienne salle de cinéma reconvertie en théâtre, le théâtre du Point du Jour a été fondé dans les années 1960. Maison de création dirigée par des metteurs en scène, Angélique Clairand et Eric Massé. Au sein de ce lieu unique et multiple, à la croisée des scènes découvertes et des grandes scènes de la métropole lyonnaise, ils souhaitent développer un projet artistique autour d'un théâtre de diversité linguistique qui interroge le réel, explore l'humain et les territoires. Un théâtre pour questionner notre présent, créer de nouveaux récits et élargir notre perception du réel.

THÉÂTRE

TNP VILLEURBANNE

8, place du Docteur Lazare Goujon
VILLEURBANNE
✆ 04 78 03 30 00
www.tnp-villeurbanne.com

TNP pour Théâtre National Populaire. Un véritable service public que ce théâtre dont l'idée est née d'abord à Paris, en 1920, mise en lumière par l'immense Jean Vilar dans les années 1950. C'est à partir de 1972 que le Théâtre de la Cité à Villeurbanne, avec Roger Planchon à sa tête, va naviguer sous le pavillon du TNP. Dans le cadre splendide du Grand Théâtre, rénové il y a une dizaine d'années, c'est désormais Jean Bellorini le directeur des lieux. Maison ouverte à tous, artistes et publics, ancré sur son territoire qui sera Capitale française de la Culture en 2022, le TNP offre un plateau de création placé sous le signe de la transmission, du partage et de l'éducation.

NEW THÉÂTRE

VÉRITABLE THÉÂTRE GUIGNOL

1, place de l'Hôpital (2e) ✆ 06 12 42 48 71
https://theatre-guignol-lyon.fr
Tous les mercredis, samedis, dimanches et jours fériés. Ouvert tous les jours de vacances scolaires (zone de Lyon).

Surprise ! Installé depuis près de 75 ans au Parc de la Tête d'Or, où des générations de gones ont applaudi Guignol et pourront continuer à le faire, Gnafron et toute la compagnie, le Véritable Théâtre de Guignol a pris possession du Grand Hôtel-Dieu. Rencontre réussie entre deux monuments du patrimoine lyonnais pour voir et revoir les classiques du répertoire des célèbres marionnettes. Une tradition lyonnaise à respecter pour tous les âges, puisque le spectacle propose différents niveaux de lecture pas toujours innocents... Guignol au cœur de Lyon, c'est bon !

CINÉMA

COMŒDIA

13, avenue Berthelot (7e)
✆ 04 26 99 45 00
www.cinema-comoedia.com
Ouvert tous les jours. Billetterie en ligne.

© DR

A Lyon, cinéma rime avec Comœdia ! 9 écrans, 1 200 fauteuils confortables, un Bistrot pour un lieu où l'on partage la même passion pour le cinéma indépendant. Un lieu de vie où l'on regarde des films d'auteur en VOST, des films documentaires que l'on ne verra nulle part ailleurs, des films cultes ou une programmation spéciale jeune public lors des Ciné-Goûters. Projections en avant-première, rencontres avec les réalisateurs, les acteurs, mais aussi rencontres entre spectateurs pour partager les plus belles émotions. De nombreux festivals passent par le Comœdia qui ne s'arrête jamais de bouger. Et tout le monde se retrouve au Bistrot autour d'un verre. Le cinéma version originale.

CAFÉ-THÉÂTRE

L'ÂNE ROUGE

11, rue Juiverie (5e) ✆ 06 74 88 38 72
www.anerouge.fr
Ouvert tous les jours. Sur réservation uniquement. Possibilité d'accueillir des groupes. Restauration.

Lyon, à l'image bien sage, est une ville qui aime l'humour. Installé depuis plus de 50 ans dans l'une des plus belles rues du quartier Renaissance, l'Âne Rouge s'est forgé une solide réputation dans le paysage du cabaret lyonnais, entre le théâtre et le restaurant. A l'abri de son superbe caveau du XVIe siècle, il perpétue une longue tradition tout en restant au goût du jour sous la direction de Didier Bouchaud. Début à 20h30 pour un dîner-spectacle bien mitonné avec l'humoriste du soir. Programmation soignée qui privilégie one-man-show ou duo décapant avec de belles découvertes. On rit aux éclats en attendant le dessert servi à l'issue de la représentation. Un authentique cabaret lyonnais.

CAFÉ-THÉÂTRE

LE BOUI-BOUI

7, rue Laurent-Mourguet (5e)
✆ 04 72 05 10 00
www.bouiboui.com
Ouvert tous les jours.

Dans une ruelle du Vieux Lyon qui porte un nom illustre, le Boui-Boui est bien comme il l'affirme « the place to Boui ! », la référence des cafés comiques depuis vingt-huit ans. Qui n'a pas connu le bar du Boui-Boui pour ensuite descendre au caveau assister au spectacle n'est pas lyonnais. Et pour tous les autres, c'est un incontournable de la vie comique locale. Dans une salle étroite, on peut réellement parler de proximité entre le public et les artistes ! Salle dénicheuse de talents, sous la direction de l'excellent Stéphane Casez, elle a vu débuter des artistes comme Anthony Kavanagh, la Lyonnaise Florence Foresti, Jonathan Lambert... Partie de franche rigolade entre amis garantie.

CAFÉ-THÉÂTRE

COMÉDIE ODÉON

6, rue Grolée (2e) ✆ 04 78 82 86 30
www.comedieodeon.com
Billetterie ouverte mar et jeu 16h-21h, mer, ven et sam 13h-21h, dim et lun en fonction des spectacles.

À Lyon, il y a l'Odéon romain sur la colline de Fourvière et il y a la Comédie Odéon au cœur de la Presqu'île. Un théâtre populaire qui accueille de grands noms de la scène et des spectacles pour tous les publics. La Comédie Odéon se compose d'une salle unique de 300 places, véritable petit bijou dans son genre. Si les lieux ont gardé un certain charme désuet (sièges et rideaux en velours rouge), ils ont été repensés pour notre plus grand confort. Spectacles de qualité, grands noms de l'humour, du théâtre ou de la musique. Coup de projecteur sur les «Mercredis à tout prix» où chaque spectateur paie sa place en fonction de ses moyens (entre 5 et 35 €, c'est vous qui décidez) !

CAFÉ-THÉÂTRE

LE COMPLEXE

7, rue des Capucins (1er)
✆ 04 78 27 23 59
www.lecomplexelyon.com
Représentations tous les jours, sauf dimanche.

Depuis combien de temps n'avez-vous pas pris un fou rire en regardant un spectacle vivant ? Direction le Complexe où l'on est pris en charge par une équipe souriante. Ici, le spectacle commence avant le spectacle en savourant, dans une joyeuse ambiance, quelques tapas en dégustant un verre de sangria. On mange, on boit, on discute, on pétille même en attendant l'heure du spectacle, que l'on soit dans la salle du haut ou dans celle du bas. Excellente programmation à forte tendance humoristique, à suivre sur le site Internet du Complexe. Un seul conseil, pensez à réserver, notamment les fins de semaine, car les Lyonnais apprécient beaucoup les lieux. Coup de cœur pour les mardis découverte.

CAFÉ-THÉÂTRE

ESPACE GERSON

1, place Gerson (5e) ✆ 04 78 27 96 99
www.espacegerson.com
Spectacles du lundi au samedi à 20h30.

Besoin de rire, envie de toi. Espace Gerson, un nom qui résonne comme une évidence quand on pense «spectacles» à Lyon. Plus de 30 ans d'existence pour une salle de 120 places assises et des estrades avec vue imprenable sur la scène, un bar associatif très sympa avant et après le spectacle avec les auteurs et les artistes. Une scène facile d'accès du Vieux Lyon où défilent normalement une cinquantaine de spectacles d'humour par an. L'Espace Gerson est un incontournable du café-théâtre lyonnais avec les Plateaux de Gerson et de jeunes humoristes qui viennent présenter une partie de leur spectacle les derniers lundis de chaque mois, sans oublier de grands noms de la scène et de jeunes talents.

CAFÉ-THÉÂTRE

LE RIDEAU ROUGE

1, place Bertone (4e)
✆ 04 72 05 10 00
www.rideaurouge.fr
Représentations du lundi au samedi.

Dans le même giron que le fameux Boui-Boui, ce café-théâtre sous la direction de Stéphane Casez est en quelque sorte le cousin de la Croix-Rousse. Ouvert il y a plus de 10 ans dans une ancienne boulangerie du plateau, le Rideau Rouge profite d'une petite salle climatisée où l'on aime venir entre amis pour voir une belle diversité de spectacles, mêlant avec bonheur les comédies 100 % lyonnaises et les têtes d'affiches prestigieuses. Un Rideau ouvert avant ou après le show pour profiter d'une formule Dîner-Spectacle, mais également du bar Le Café des Artistes où les discussions vont bon train. Quand le Rideau Rouge se lève sur la Croix-Rousse, ce sont des rires garantis entre amis.

CAFÉ-THÉÂTRE

THÉÂTRE LE NOMBRIL DU MONDE

1, place Chardonnet (1er)
✆ 04 72 07 04 44
www.lenombrildumonde.com
Ouvert du lundi au samedi de 19h30 à 0h. Restauration.

Le Nombril du Monde est un peu plus qu'un simple café-théâtre : une scène vivante où les talents peuvent naître et s'épanouir depuis plus de 30 ans. C'est ainsi que le Nombril du Monde a vu la naissance sur scène d'une certaine Florence Foresti... Ce café-théâtre possède une troupe résidente de comédiens professionnels, une quinzaine, qui occupent tous les rôles, du service au bar jusqu'à la scène. Deux salles (climatisées) pour rire toute l'année. Le Nombril du Monde organise des Ateliers de comédie. Petits coups au BistrO d'A Côté pour échanger avec les comédiens.

CONCERT

AUDITORIUM MAURICE-RAVEL

149, rue Garibaldi (3e) ✆ 04 78 95 95 95
www.auditoriumlyon.com
Concerts d'octobre à juin.

Masqué dans l'environnement de la Part-Dieu, ce temple moderne de la musique classique s'ouvre sur la forme d'une coquille Saint-Jacques de béton. Esthétiquement étrange, l'Auditorium de Lyon est l'une des plus grandes salles de concert de musique classique d'Europe. Il est l'écrin à l'acoustique parfaite (grâce à de nombreuses rénovations) où se produit l'Orchestre national de Lyon depuis 1975. De très nombreux concerts ouverts au plus grand nombre avec l'AO (c'est comme ça qu'il faut l'appeler maintenant). Coup de cœur pour les pauses déjeuner, les afterworks pour les grands ou les ateliers sonores pour les plus petits. L'Auditorium abrite le fameux grand orgue Cavaillé-Coll (1870).

© CIRQUE IMAGINE - MARION TRIVERIO

© CIRQUE IMAGINE

CABARET

CIRQUE IMAGINE

5, avenue des Canuts - **VILLEURBANNE**
✆ 04 78 24 32 43
www.cirqueimagine.com
Ouvert toute l'année. Déjeuner spectacle 75 €. Dîner-spectacle 75 € ou 95 €. Formule planche 55 €.

Au Cirque Imagine, votre repas prend une autre dimension ! Profitez en même temps des arts de la table et des arts du cirque, c'est un enchantement proposé depuis 10 ans – Bon anniversaire ! – sous le chapiteau installé au Carré de Soie. Confortablement installé autour de la piste, les artistes tout près, goûtez au spectacle du cabaret-cirque créé par Anastasia et David Massot avec toute leur équipe. Ambiance cabaret avec des chansons, des chorégraphies et des paillettes. Numéros de cirque avec un nouveau spectacle en septembre 2022. Possibilité de privatiser les lieux (1 300 m^2 d'espaces atypiques et organisation clé en main) pour réunir jusqu'à 1 000 personnes sous les 3 chapiteaux.

© CIRQUE IMAGINE

© CIRQUE IMAGINE

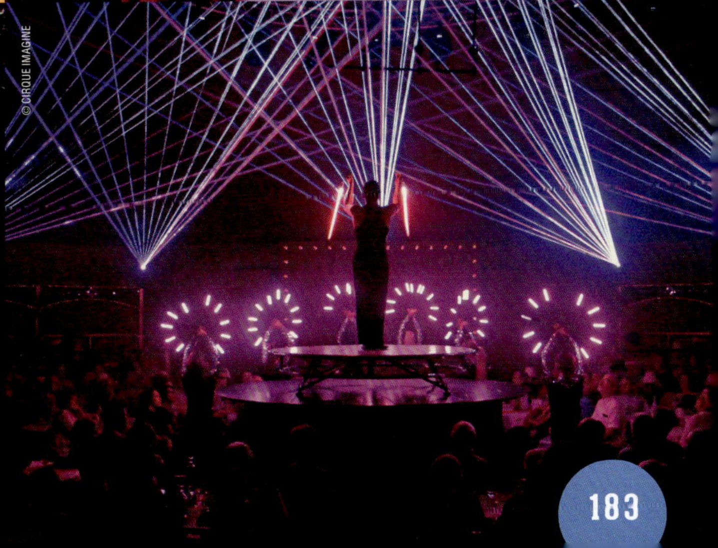

© CIRQUE IMAGINE

CONCERT

BOURSE DU TRAVAIL

205, place Guichard (3e)
✆ 04 78 60 88 56
www.bourse-du-travail.com

L'édifice construit dans les années 1930, au style reconnaissable, est classé par les Monuments historiques. Comme son nom le laisse supposer, il abrite les bureaux des organisations syndicales dans ce quartier proche de la Part-Dieu, mais pas seulement. On y trouve aussi une grande salle de spectacles, la salle Albert Thomas, d'une capacité de près de 2 000 places (en temps « normal »). Un lieu à taille humaine permettant de passer des moments très sympathiques : théâtre, one-man-show, concert... Toujours une belle programmation avec une belle place pour l'humour cette saison : Guillaume Meurice, Jérôme Commandeur, Alex Vizorek, Guillermo Guiz, Fabrice Éboué, Paul Mirabel...

CONCERT

HALLE TONY GARNIER

20, place Antoine-Perrin (7e)
✆ 04 72 76 85 85
www.halle-tony-garnier.com

C'est l'une des rares salles de spectacle à apparaître dans notre guide. Non pas qu'elle accueille plus de spectacles que les autres, mais elle fait partie intégrante du patrimoine lyonnais. Quelle histoire que celle de cette Halle, merveille de l'architecture métallique réalisée par les ateliers Eiffel et imaginée par Tony Garnier ! Ancien marché aux bestiaux au cœur des abattoirs de la Mouche, la Halle est devenue une cathédrale de fer et de verre bâtie sur un socle de pierres. En temps «normal», la salle offre 5 000 places assises et reçoit les plus grandes stars avec une acoustique pas toujours excellente. Attention, encore des annulations et des reports de date, renseignez-vous.

CONCERT

MAISON DE LA DANSE

8, avenue Jean-Mermoz (8e) ✆ 04 72 78 18 00
www.maisondeladanse.com
Ouvert du lundi au vendredi de 12h à 19h. 1h avant les représentations le week-end.

Créée en 1980 sur les hauteurs de la Croix-Rousse, la Maison de la Danse, la toute première en France, a pris ses quartiers dans le Théâtre du 8e il y a tout juste 30 ans. La belle aventure continue sous la direction artistique de Dominique Hervieu qui investit pleinement un lieu unique qui se dotera, à l'horizon 2023, d'une annexe : les Ateliers de la Danse. En attendant, les spectacles s'enchainent, les corps se libèrent, dans une programmation exemplaire faite de grands noms de tous les pays et de belles découvertes. Tarifs adaptés à tous les publics et sensibilisation à l'art chorégraphique. Restaurant Ginger & Fred pour se retrouver avant/après les représentations.

CONCERT

OPÉRA DE LYON

Place de la Comédie (1er) ✆ 04 69 85 54 54
www.opera-lyon.com
Guichets du mardi au samedi de 12h à 19h, dimanches et lundis de représentation. Représentations à partir de 10 €.

Lyon fait partie de la trentaine de villes en France à disposer d'un Opéra. Sauf qu'à Lyon, cela fait plus de trois siècles et demi que les mélomanes peuvent aller à l'Opéra ! Les liens privilégiés de la ville avec l'Italie ont mis très tôt l'opéra à l'honneur. Si tôt qu'il a fallu rénover le bâtiment vieillissant, chose faite en 1993 avec Jean Nouvel qui a véritablement repensé l'édifice avec une magnifique verrière cylindrique. Opéra national depuis 1996, l'Opéra de Lyon accueille des spectacles lyriques et chorégraphiques, des concerts, du théâtre, du jazz, des spectacles de musique du monde, des danses actuelles... dans des répertoires très différents. Des saisons passionnantes.

CONCERT

LE SUCRE

50, quai Rambaud (2e)
www.le-sucre.eu
Ouvert du jeudi au dimanche. Ouverture selon événements.

Le Sucre, c'est la scène qui a fait rentrer Lyon dans le XXIe siècle (depuis 2013...). Rooftop installé sur le toit de la Sucrière dans le quartier de Confluence, le Sucre est un lieu d'échange, de mixité où l'on vient s'agiter les neurones et taper du pied. Un lieu de rencontre entre différents projets artistiques ou événementiels, concerts, festivals, soirées clubs, apéros, brunchs... Un lieu culturel multi-facettes devenu un temple de la vie nocturne lyonnaise. Il faut guetter avec la plus grande attention la programmation éclectique d'une adresse « culture & club » dont le directeur n'est autre que Vincent Carry, organisateur des Nuits Sonores. Le Sucre, à la pointe des tendances.

CONCERT

TRANSBORDEUR

3, boulevard Stalingrad - **VILLEURBANNE** ✆ 04 78 93 08 33
Bus ligne C1, C4 et C5 – arrêt Cité Internationale ou Bus ligne C2, C26 et 70 – arrêt Cité Internationale Transbordeur
www.transbordeur.fr

Scène incontournable lyonnaise, inaugurée en 1989 (ça ne nous rajeunit pas !), le Transbo s'est refait une beauté pour nous présenter un festival permanent où se mélangent les meilleurs groupes du monde. Prévisions de soirées chaudes avec des artistes dans des registres très différents avec quelques dates pour 2022 : Bon Entendeur, The Limiñanas, Calypso Rose, Vianney, Hatik, Louane, Camélia Jordana ou Cats on trees. Lieu superbe, et pas trop cher, où l'on peut toujours écouter de la bonne musique et se rencontrer autour d'un verre au bar. Possibilité de se restaurer toute l'année sur la terrasse du Transbo avec des foodtrucks qui donnent du goût à vos journées.

CLUB LIBERTIN

BADABOOM

Avenue Porte de Lyon - **DARDILLY** ✆ 07 56 90 36 17
http://badaboom-club.fr
Club mixte et Club couples, vend-sam, 21h-5h. Tarifs 1 conso/pers : HS 70 € vend, 80 € sam ; cpl 40 € vend, 50 € sam.

Le Badaboom, qui a ouvert ses portes mi-décembre 2019 avec Mélanie et Mathieu aux commandes, a connu quelques travaux pour mieux revenir sur la scène. Sur 600 m², vous avez le choix entre deux espaces clubs. L'un accueille uniquement les couples et les dames seules et l'autre accueille les couples, les dames et les messieurs seuls. Chaque club a son propre bar, sa piste de danse, ses salons câlins mais aussi son labyrinthe, sa backroom, ses glory-holes et bien sûr ses espaces sanitaires. Dans le courant de la soirée, si vous avez opté pour l'entrée réservée aux couples et dames seules et que vous souhaitez changer d'ambiance, vous pouvez à votre guise passer dans le club mixte et revenir.

BAR À HÔTESSES

BUS PARADISE

44, quai Charles de Gaulle (6e)
✆ 04 78 89 29 41
www.bus-paradise.com
Ouvert du mardi au samedi, de 22h à 5h.

Pour s'encanailler dans l'unique strip club de Lyon, un lieu à la fois coquin, sexy mais aussi rassurant dans un cadre « sécurisé ». Idéalement situé au cœur de la Cité Internationale de Lyon, le Bus Paradise est le strip club numéro un de la région. Dans ce temple du strip-tease dédié à la volupté et la sensualité, venez découvrir plus les plus belles danseuses françaises et internationales. Soirées très hot en perspective qui laissera de très bons souvenirs, notamment aux futurs mariés avec un pack Enterrement de vie de garçon à ne pas manquer. Soirées after-match pour célébrer la victoire de votre équipe préférée (ou pour oublier une mauvaise prestation...).

SAUNA

HISTOIRE D'EAU

1, rue Romarin (1er) ✆ 04 72 00 83 83
http://histoiredeau.fr
Mixte journée et soirée. Couple jeudi journée et soirée. Homme 60 €, couple de 10 € à 50 €.

C'est un des plus anciens saunas-clubs de Lyon. Au rez-de-chaussée, espace de convivialité avec un bar (boisson sans alcool) et un podium avec barre de pole dance. Concernant la partie humide, elle comprend douches, sauna et hammam. Pour d'autres activités de détente, piscine et deux bains à bulles. Différents salons permettent de vivre ses fantasmes : pièce équipée d'un donjon ou celle avec un grand lit rond pour des jeux collectifs. Pour les couples qui souhaitent se retrouver entre eux, la soirée du jeudi leur est consacrée. Les autres jours, mixité permanente. Si les messieurs seuls sont les bienvenus, surtout le mardi soir pour la soirée gang-bang, l'entrée reste sélective.

SAUNA

L'OASIS

20, rue des Capucins (1er) ✆ 04 69 60 39 14
www.oasisclubsauna.fr
Mixte ven 21h-3h, sam 21h-3h. Gay dim-jeu 12h-21h, ven-sam 12h-19h. Tarifs : homme seul 20 € ; couple 15 €.

Cette adresse appréciée par la clientèle gay s'ouvre aussi à la mixité toutes tendances. Ainsi la clientèle LGBT, voire hétéro curieuse, peut profiter de cet établissement à quelques moments. Très bien tenu par Michel et Stéphane, ce sauna-club comprend des douches, un sauna, un hammam et un bain à bulles. Pour la détente et plus, il y a un salon télé avec film X et plusieurs cabines. Pour vous rafraîchir, il y a un salon de convivialité avec un bar où ne sont servies que des boissons sans alcool. A noter qu'ici, l'homme seul en période mixte ne paye pas beaucoup plus cher que lors des périodes masculines, ce qui est rarement le cas ailleurs et nous sommes heureux de le signaler.

SAUNA

LE SUN LIBERTIN LYON

3, rue Sainte-Marie-des-Terreaux (1er) ✆ 04 72 10 02 21
www.le-sun-libertin.fr
Mixte mer 13h-2h, vend 13h-3h, sam 20h-5h. Couples jeudi 13h-3h, sam 14h-20h. Tarifs : homme seul 74 €, cpl 24 à 54 €.

Un établissement qui devait rouvrir ces portes en juin 2022... Avec ses 2 800 m² bénéficiant d'une déco d'inspiration hindoue et d'une propreté irréprochable, vous avez là l'un des plus grands et plus beaux établissements de France. Dans l'espace commun on découvre une immense piscine à bulles magnifiquement aménagée. C'est aussi à ce niveau que se trouve le bar avec, au-dessus, une mezzanine qui accueille de confortables salons et de là vous aurez une belle vue d'ensemble. Plus loin, la partie douches, sauna et un immense hammam qui lui aussi ne manque vraiment pas d'originalité. Quant à l'espace câlin, il jouit lui aussi d'une déco raffinée. A noter que chaque soir un buffet est offert.

CLUB LIBERTIN

LE VELVET & BEFORE KFE

9, impasse du Château-Rouge - **BRIGNAIS** ✆ 06 99 23 24 06
levelvet.fr
Resto du jeudi au samedi, club couple et dames vendredi et samedi dès 21h. Tarifs : 50 €.

Après des mois de travaux, le Velvet a rouvert ses portes et Fabrice a toutes les raisons d'être fier du nouveau cadre qu'il nous offre. Avant toute chose, sachez que vous pouvez commencer votre soirée en vous restaurant au Before Kfé. C'est idéal pour les couples et dames seules qui souhaitent faire leurs premiers pas sans aucune pression. Côté club, les possibilités de s'amuser ne manquent pas à commencer par la piste de danse toujours très animée grâce au DJ. Et quand les corps sont chauds, différents salons câlins permettent toutes les audaces. Concernant la clientèle, ici le slogan «tout est proposé, rien n'est imposé» est véritablement l'empreinte que Fab a voulu donner à son club.

ESPACEPLAISIR

16, rue Constantine (1er)
✆ 04 69 96 16 96
www.espaceplaisir.fr
Ouvert du lundi au samedi de 11h à 22h.

Ce qui était caché hier est aujourd'hui accessible à tous. Entrer chez Espace Plaisir, c'est aller à la découverte de son corps, de son désir pour atteindre l'orgasme en solo, à deux ou plus... En plein coeur de Lyon, un élégant et chaleureux loveshop où il ne faut surtout pas hésiter à demander des conseils personnalisés, sans crainte d'être jugé. Large sélection d'objets connectés pour s'amuser avec son partenaire, même à distance, sextoys, de la lingerie coquine avec les plus grandes marques, des coffrets pour dire oui à ses envies, jeux coquins, aphrodisiaques, des nouveautés très régulièrement et des prix eux aussi accessibles. Accueil bienveillant et possibilité de commander en ligne.

DISCOTHÈQUE
L'AMBASSADE

4, rue Jacques Stella (2e)
✆ 04 78 42 23 23
www.ambassade-club.com
Ouvert du mercredi au samedi de 0h30 à 5h.

Cure de jouvence à l'Ambassade. Le club où tu te sens toujours jeune depuis... 28 ans ! Une institution qui n'arrête de groover grave, de bouger sur les basses d'une salle dotée du meilleur sound system de toute la ville. C'est pas bien grand, juste suffisant pour taper du pied dans ton coin, mais ça assure à tous les niveaux. Du physio tranquille au barman très pro, en passant bien sûr par les DJ. Et quand on parle DJ à l'Ambassade, on parle d'abord de Manoo, le tôlier, l'ambassadeur de la danse sous bonne musique. Sans oublier les nombreux artistes, français et internationaux, venus mixer derrière ces platines mythiques. Ambiance «happy people» jusqu'au bout de la nuit.

DISCOTHÈQUE
AZAR CLUB

52, quai Rambaud (2e)
✆ 04 78 82 52 52
www.azarclub.fr
Ouvert le vendredi et le samedi de 23h à 6h.

Après le courant alternatif - on ouvre, on n'ouvre plus, on ferme temporairement.. -, tous les clubbeurs n'attendent qu'une chose : que le Azar reprenne en courant continu ! Dans le quartier de Confluence, le Azar est certainement l'un des meilleurs clubs de France. Car là où la plupart des boites ont dû s'adapter à un local, c'est toute l'architecture du Azar qui a été conçue pour être un club au son unique (sound system et acoustique), à la piste XXL, aux lumières dignes des meilleurs shows, sans oublier les espaces pour se reposer (ou faire des rencontres) comme le coin VIP placé en hauteur. Programmation de DJ de folie pour les fans de musiques électro. Le Azar a bien fait les choses !

DISCOTHÈQUE
LOFT CLUB

7, rue Renan (7e)
✆ 04 72 76 55 00
www.loftclub.fr
Ouvert le vendredi et le samedi de 23h à 7h.

Créé en 1997, il y a tout juste 25 ans, le Loft Club pourra-t-il fêter comme il se doit cet anniversaire ? On l'espère. Adresse incontournable des nuits lyonnaises, le Loft Club a évolué au fil des années, passant du club de rock au lieu de concerts, puis boîte de nuit à l'ambiance toujours survoltée par les rythmes électro et house. Un lieu facile d'accès au cœur du 7e, ressemblant à une forteresse de l'extérieur, mais très chaleureux à l'intérieur. DJ sets qui tapent bien pour faire bouger tous les corps. On aime : un staff attentionné qui ne laisse pas faire n'importe quoi et un public éclectique, jeune mais pas que. Possibilité de privatiser les lieux pour des soirées étudiantes.

DISCOTHÈQUE
LA MAISON M

21, place Gabriel-Rambaud (1er) ✆ 04 78 27 29 18
www.mmlyon.com
Ouvert du mardi au jeudi de 15h à 1h ; le vendredi et le samedi de 15h à 4h.

La Maison M fait figure d'exception dans cette rubrique. En effet, ne se déclarant pas exclusivement comme boîte de nuit, mais plutôt comme bar convivial et festif - n'oubliez pas que l'on a dû rester assis un bon moment avant de pouvoir se relever... -, l'adresse est restée ouverte proposant des Apéro'jeux, des karaokés, des blind tests ou des playlists participatives où chacun s'amuse à prendre la place du DJ. Lieu hybride avec sa superbe terrasse pas très loin de la Confluence, un petit paradis qui a un prix, mais qui permet d'écouter du bon son dans un décor de dingue. Quand tout ira mieux : vrais DJ, concerts live et délicieux cocktails. Bientôt le retour au 7e ciel ?

NEW
DISCOTHÈQUE
MAMY ROSE

14, place Jules Ferry (6e)
https://mamyrose.fr
Ouvert du mercredi au samedi de 19h à 4h.

L'offre de sorties de nuit s'étend autour des Brotteaux. Un lieu que la crise ne nous avait pas encore permis de tester, mais que nous avons adoré découvrir. Voir la vie en rose, n'est-ce pas notre meilleur projet ? Direction ce bar-club ouvert dès le milieu de semaine pour ne plus toucher terre dans un décor incroyablement... rose. C'est très love-love et ça fait du bien. Ce qui fait encore plus de bien, c'est la sélection de cocktails d'un excellent barman mêlant classiques et créations, comme ce Grand'Ma Yetta. Autre carte, celle des tapas pour prolonger le début de soirée jusqu'au moment où le bar devient plus club que bar et que DJ Papaaz envole les basses. Degré de coolitude élevé.

DISCOTHÈQUE
LE PETIT SALON

3, rue de Cronstadt (7e)
✆ 09 64 41 68 41
http://lpslyon.fr
Ouvert le vendredi et le samedi de 23h à 7h.

Le quartier n'est pas très glamour mais nous rapproche de ce que l'on peut imaginer des clubs berlinois. Le Petit Salon compte parmi les adresses pointues en matière de musiques électroniques (et elles sont nombreuses à Lyon) où les événements se succèdent pour électriser les fans de basses qui aiment transpirer au son du disco, de la house, de la techno... Deux salles aux décorations totalement différentes. Une salle high tech et actuelle avec des images qui rythment la musique. L'autre décorée façon Empire pour d'autres délires. Une programmation internationale avec la crème des DJ et autres musiciens. Le Petit Salon accueille également des expositions changées régulièrement.

COURS DE DANSE

ACADÉMIE DE BALLET NINI THEILADE

9, petite rue des Feuillants (1er)
✆ 04 78 30 56 86
www.academie-ballet.fr

© DR

© DELPHINE CASTEL

Dansez comme vous aimez à l'Académie de Ballet Nini Theilade. Tenue par Marie-Danielle Grimaud, une école de danse dont l'excellente réputation n'est plus à faire depuis 43 ans. Une école dont les spécialités sont la danse classique, le modern jazz, la danse contemporaine et la danse de caractère. Nombreux cours accessibles à tous, enfants et adultes de tous niveaux, encadrés par des professeurs diplômés d'Etat. Début des inscriptions en mai. Points d'orgue de la saison, le spectacle à la Bourse du Travail et le stage « Theilaïa International » du 13 au 17 juillet en 2022.

CIRQUE

LE CRI DU KANGOUROU

21, rue d'Algérie (1er)
✆ 04 72 00 99 10
www.cdk.fr
Ouvert du mardi au samedi de 10h à 13h et de 14h à 19h.

Deux boutiques à proximité pour glisser, rouler, sauter, jongler, s'éclater... enfin façon de parler hein ! Savez-vous qu'à Lyon, nous avons au moins un champion du monde ? Sylvain Behr, champion du monde de rollers de descente, est au Cri du Kangourou – tout le monde dit CDK maintenant – pour vous accueillir et vous donner les meilleurs conseils en matière de rollers avec une sélection pointue. Faut dire que depuis le confinement, la pratique a explosé. Ici, les meilleures marques de rollers, les bmx, les skates et les longskates, les shoes, les accessoires, les lunettes... Sans oublier les trottinettes électriques et les indémodables boomerangs, à l'origine de l'enseigne.

MUSIQUE

STAR'S MUSIC

247, rue Marcel-Mérieux (7e)
✆ 04 37 70 70 40
www.stars-music.fr
Ouvert du mardi au samedi de 10h à 12h45 et de 14h à 19h.

Les dimensions d'une salle de concert pour le «shop» musique par excellence, installé depuis 14 ans à Gerland (parking encore gratuit, faut en profiter...). 100 % de bonne musique sur 800 m² pour un choix de folie dans tous les styles et tous les niveaux de pratique. Amateur de sons électroniques, DJ bidouilleur ou professionnel, passionné des sons acoustiques, de belles guitares, de percussions, de vents ou bien d'instruments folkloriques aux notes étranges, chaque musicien trouve son bonheur avec des vendeurs pointus. Auditoriums pour essayer dans les meilleures conditions, même les cymbales. Adresse qui fait du bruit, dans le bon sens, dans le monde de la musique lyonnaise.

LOISIRS CRÉATIFS

WORKSHOP LYON 3

212, rue Paul Bert (3e) ✆ 06 79 68 15 58
www.workshoplyon.com
Ouvert du mardi au jeudi de 10h à 13h et de 15h à 19h ; le vendredi de 10h à 13h et de 15h à 17h. Samedi sur résa.

Dans la rubrique «Je développe mes talents», impossible de ne pas citer un lieu dédié au «do it yourself». Dans ce quartier pas loin de la Part-Dieu, de nombreux ateliers pour apprendre à faire les choses soi-même avec - et ça c'est aussi que l'on aime - un vaste choix. Bien sûr, il y a les «classiques» avec la couture (pour adultes et enfants), la déco, les bijoux, la broderie... Mais ce Workshop a de la suite dans les idées en proposant des activités uniques comme un atelier radio podcast, important à notre avis pour les jeunes dans cette période. On aime aussi les ateliers duo parent/enfant pour partager autre chose que du temps d'écran ! Responsable, durable et indispensable.

LIBRAIRIE

LE BAL DES ARDENTS

17, rue Neuve (1er)
✆ 04 72 98 83 36
www.lebaldesardents.com
Ouvert du lundi au samedi de 10h à 19h.

La lecture est une passion dévorante et les livres ont envahi tout l'espace de cette superbe librairie-galerie. Tout commence en passant l'arche livresque de l'entrée avant de plonger dans une véritable forêt de papier. Ici poussent des titres pas vus ailleurs, sélectionnés par d'authentiques «libraires-lecteurs passionnés» qui s'intéressent à tous les éditeurs, même les inconnus. C'est au Bal des Ardents que vous ferez de vraies découvertes parmi plus de 30 000 références grâce aux conseils personnalisés de «passeurs de livres», véritables guides dans ce monde étrange. L'autre bonheur, c'est la galerie où les expositions se succèdent. Consumez-vous de plaisir au Bal des Ardents.

LIBRAIRIE

FNAC

85, rue de la République (2e)
✆ 0 825 020 020 (0,15 €/min)
www.fnac.com
Ouvert du lundi au samedi de 10h à 19h30.

Si la Fnac est une institution française, presque une exception culturelle, la Fnac Bellecour fait partie depuis toujours (elle fut la première Fnac implantée en province il y a 50 ans) de nos destinations lecture. Comme à la Part-Dieu, emplacement idéal pour mettre beaucoup de culture au milieu de notre shopping urbain. Dans les étages d'un superbe bâtiment, la Fnac offre sur 4 500 m² de nombreux espaces thématiques. Au 2e étage, librairie où l'on fait des découvertes sur les présentoirs ou dans les rayonnages. Bien-être et développement personnel ont toujours la cote, ouvrages dans tous les genres, espace Kids. Rencontres auteurs et dédicaces BD. Commandes et livraisons sur le site.

BD

LA BANDE DESSINÉE

50, Grande-Rue de la Croix-Rousse (4e)
✆ 04 78 39 45 04
www.labd.net
Ouvert lundi de 14h à 19h, du mardi au samedi de 9h30 à 19h.

Bienvenue dans l'un des temples bien vivants de la BD à Lyon. Cette adresse croix-roussienne fait référence depuis plus de 15 ans en la matière. Créée par Valérie et Patrice Boudier, également à l'origine du Lyon BD Festival, cette librairie indépendante offre un bel espace de 170 m² avec tous les univers, de la bande dessinée franco-belge aux comics. Les dernières nouveautés dans tous les genres – jeunesse, manga, BD classique... – et les coups de cœur s'affichent en vitrine chaque semaine tous les jeudis et dans les rayons, avec un grand choix d'éditeurs indépendants. Figurines, expositions, rencontres avec les plus grands auteurs, mais aussi espace jeux à cette adresse.

LIBRAIRIE

GIBERT JOSEPH

6, rue de la Barre (2e) ✆ 04 72 77 76 76
www.gibert.com
Ouvert du lundi au samedi de 10h à 19h15. Service achat de 10h à 12h30 et de 14h à 18h30.

La meilleure occasion de lire ! Saviez-vous que c'est un professeur de lettres stéphanois, Joseph Gibert, qui créa il y a plus de 130 ans à Paris la première librairie spécialisée dans les livres d'occasion ? Depuis, les librairies Gibert Joseph ne désemplissent pas de livres neufs et d'occasion, avec des remises pouvant atteindre les 75 % du prix du neuf, pour des lecteurs comblés dans tous les genres. Pour donner une nouvelle vie à vos livres, passez par l'appli ou le site Internet qui estimera leur reprise. Littératures du monde entier, BD, guides de voyage, ouvrages sur le bien-être... Les occasions d'apprendre, de voyager, de rêver ne se comptent plus. Le recyclage à la page !

LIBRAIRIE

DECITRE

29, place Bellecour (2e)
✆ 04 26 68 00 12
www.decitre.fr
Ouvert du lundi au samedi de 9h30 à 19h.

Créée à Lyon en 1907, Decitre sera toujours la librairie lyonnaise par excellence. Un mot sur le rachat de cette enseigne largement implantée dans la région Aura (10 libraires Decitre) par le Furet du Nord, enseigne historique des Hauts-de-France, qui va permettre aux deux acteurs de renforcer et pérenniser leurs activités, permettant aux lecteurs curieux que nous sommes de faire de nouvelles découvertes. Nous continuerons donc de visiter tous les recoins de l'adresse mythique de Bellecour et les adresses plus modernes de Part-Dieu ou Confluence. Gentillesse et disponibilité des libraires pour nous conseiller dans cet univers d'ouvrages en tout genre. Site Internet complet et offre digitale.

LIBRAIRIE

IN CUISINE

1, place Bellecour (2e)
✆ 04 72 41 18 00
www.incuisine.fr
Ouvert du mardi au samedi de 11h à 19h.

A Lyon, la cuisine reste un sujet central. Et c'est tout naturellement qu'In Cuisine, librairie culinaire, se trouve en plein cœur de la ville, s'ouvrant sur la place Bellecour. Une librairie culinaire extraordinaire, avec plus de 3 000 ouvrages (sur place et à commander sur le site) consacrés à toutes les cuisines du monde – livres de grands chefs, de spécialistes en nutrition, d'œnologues... – pour se régaler. Se régaler, ça se fait aussi sur place à la table d'hôtes, au salon de thé ou dans les ateliers pour tous les goûts. Des ustensiles pour la pratique, des astuces avec de véritables passionnés et la possibilité d'un coaching nutritionnel... Librairie culinaire d'exception.

JE LIS

PRESQU'ÎLE ET CROIX ROUSSE

LIBRAIRIE

LIBRAIRIE ARCHIPEL

21, place des Terreaux (1er) ✆ 04 78 69 93 92
www.archipel-librairie.fr
Ouvert du dimanche au vendredi de 13h à 19h, samedi de 11h à 19h.

Une librairie unique dans son genre. Au cœur de Lyon, sur la place des Terreaux, intégrée au Centre de Culture Urbaine, la librairie Archipel s'occupe d'architecture, d'urbanisme et de design. Il faut flâner dans les rayons de cette librairie spécialisée qui nous emmène faire le tour du monde à la découverte des architectures en terre – c'est d'actualité –, des projets urbains les plus insolites, les plus innovants, des paysagistes les plus créatifs à travers les siècles ou des designers les plus fous. Un vaste choix et donc un grand conseil par des libraires spécialisés et passionnés. Une librairie spécialisée et passionnante, qui dispose d'un nouveau site Internet avec boutique en ligne.

LIBRAIRIE

LIBRAIRIE DES CANUTS

17, place de la Croix-Rousse (4e) ✆ 04 78 28 00 86
www.librairiedescanuts.com
Ouvert du mardi au vendredi de 9h à 12h45 et de 14h à 19h, samedi de 9h à 19h.

Si lire est une activité solitaire et silencieuse, choisir son livre se fait en compagnie de libraires passionnés. A la Librairie des Canuts, 4 libraires formidables – Philippe Monnier, Mathilda, Blandine et Sébastien – partagent une passion commune : le livre. Le voyage commence par une visite de Lyon, puisque la Librairie des Canuts dispose du meilleur choix d'ouvrages en la matière. Et pour s'évader : littérature française et générale, bandes dessinées, rayon jeunesse particulièrement fourni, classiques, des poches aux collections prestigieuses de La Pléiade, des ouvrages historiques, un excellent rayon tourisme avec les meilleurs guides de voyage. Coup de cœur.

LIBRAIRIE

LIBRAIRIE PASSAGES

11, rue de Brest (2e)
✆ 04 72 56 34 84
www.librairiepassages.fr
Ouvert du mardi au samedi de 10h à 19h.

Si la lecture est un voyage vers d'autres univers, nous sommes tous des passagers à bord de cette belle librairie. Dans ce quartier commerçant de la Presqu'île, voici une île où il fait bon faire escale. Dans des espaces, sans doute plus grands qu'on ne peut se l'imaginer de l'extérieur, couverts de livres, il y en a pour tous les goûts, toutes les envies. Des nouveautés et des classiques de la littérature française et étrangère, des essais, des livres sur les arts et des spectacles, des voyages aussi avec des beaux livres et des guides pour parcourir la France et le monde. Bandes dessinées et livres jeunesse. Notes des libraires qui signalent les livres aimés, rencontres avec les auteurs.

LIBRAIRIE

UN PETIT NOIR

57, montée de la Grande-Côte (1er) ✆ 09 73 65 41
www.unpetitnoir.fr
Ouvert lundi de 13h30 à 19h, mardi, jeudi et vendredi de 8h30 à 19h, samedi de 10h à 19h, dimanche de 10h à 18h.

C'est quoi ce lieu bizarre où les amoureux du polar vont prendre leur «Petit Noir». L'unique librairie indépendante spécialisée dans le polar, plus de 3 000 titres, créée par un passionné du genre : Jean-Pierre Barrel. L'avantage, c'est que l'on peut lire son polar en s'installant dans une chaise longue sur la Grande Côte. Le quartier des Pentes ne donne pas que des idées noires quand on sirote un thé, un chocolat, un café ou une boisson fraîche, parce que ça donne chaud de monter là-haut depuis les Terreaux. Des événements autour du polar avec, par exemple, des rencontres et des thèmes à explorer. Un Petit Noir qui donne des frissons de plaisir dont il faut se délecter à chaque page.

NEW

RELIGIEUX

LA PROCURE SAINT PAUL

8, place Bellecour (2e)
✆ 04 78 37 63 19
www.laprocure.com
Ouvert du lundi au samedi de 10h à 19h.

Dans un monde où l'on perd parfois espoir, une bonne raison d'avoir la foi : l'ouverture d'une librairie Procure (remplaçant celle tenue par les Sœurs de Saint-Paul) à Bellecour. Impossible de manquer la belle façade bleue de cette librairie reconnue depuis toujours pour sa spécialité dans le domaine des religions (histoire religieuse, église et société, arts sacrés, hagiographies, catéchèse, liturgie...). Ambiance chaleureuse, verrière lumineuse dans cette librairie de 180 m² parfaitement agencés. Experts, les vendeurs sont des lecteurs avertis et passionnés qui ont des compétences culturelles très élargies, vers la spiritualité mais aussi vers des ouvrages plus généralistes.

VOYAGE

RACONTE-MOI LA TERRE

14, rue du Plat (2e)
✆ 04 78 92 60 22
www.racontemoilaterre.com
Ouvert du lundi au samedi de 10h à 19h30. Vegan friendly.

Depuis bientôt 25 ans, Raconte-moi la Terre nous emmène à la rencontre des cultures du monde et fait passer les meilleurs messages en matière d'écologie, d'écoresponsabilité... Une librairie pas comme les autres par les thématiques qu'elle développe et par la manière, conviviale et participative, qu'elle emploie et parce qu'elle abrite un café. Un véritable lieu de vie qui propose une belle sélection d'ouvrages ouvrant sur le monde, les civilisations, le voyage – c'est merveilleux de pouvoir voyager sans bouger dans cette période –, les rencontres... Grand rayon consacré à la transition écologique et sociétale pour comprendre les enjeux de notre monde. Les jeunes sont aussi concernés.

JEUNESSE

A TITRE D'AILE

23, rue des Tables Claudiennes (1er) ✆ 09 52 74 96 20
https://atitredaile.fr
Ouvert du mardi au vendredi de 10h à 12h30 et de 14h à 19h, samedi de 10h à 19h.

Une librairie de quartier, dans les Pentes, qui fait rêver toute la famille. Depuis 2006, A Titre d'Aile accueille nos bambins et nos ados pour leur donner le goût de lire en proposant une sélection de BD, de livres et autres ouvrages spécialisés. Aux commandes de ce petit monde depuis 2020 : Céline, Laurine et Camille. Trois libraires spécialisées qui savent s'adresser aux parents comme aux enfants qui s'installent dans un espace embelli, sur le canapé un livre à la main ou dans le coin jeux. Une librairie vivante, un lieu de partage où les livres circulent avec aisance. Excellents conseils par de véritables passionnés. On aime les expositions et les nombreuses rencontres avec les auteurs.

MAISON DE LA PRESSE

MAISON DE LA PRESSE

3, avenue Adolphe-Max (5e) ✆ 04 78 38 19 46
www.maisondelapresse.com
Ouvert du lundi au samedi de 7h30 à 19h30, dimanche de 9h30 à 19h30.

La Maison de la Presse est précieuse. Avec pas moins de 3 000 titres de presse française, régionale et étrangère, elle alimente les appétits dans tous les domaines, des plus sérieux aux plus amusants. A l'entrée du quartier touristique du Vieux Lyon, La Maison de la Presse propose aussi des cartes, des guides et des beaux livres pour ne pas se perdre en ville et admirer tous les visages de Lyon et de sa région. Un espace carte et papeterie permettra de faire savoir à votre famille et à tous vos amis que vous êtes bien à Lyon. Souvenirs, goodies au goût du jour, idées cadeaux et sourire d'un personnel jamais avare d'un bon conseil. Nombreux services d'expédition et téléphonie.

LIBRAIRIE

VIVEMENT DIMANCHE

4, rue du Chariot-d'Or (4e)
✆ 04 78 27 44 10
www.vivementdimanche.com
Ouvert du mardi au samedi de 10h à 19h.

Des librairies qu'il faut suivre attentivement. Vivement Dimanche, institution à la Croix-Rousse depuis plus de 20 ans, a classé ses espaces en trois catégories d'âge pour mieux répondre à nos envies de lire. L'Aînée, c'est le lieu historique d'une librairie indépendante née sous l'impulsion de Maya Flandin. Tous les meilleurs conseils pour la littérature, les sciences humaines et la bande dessinée. La Cadette – beaux arts et vie pratique – s'est installée rue de la Croix-Rousse. Enfin, la Benjamine abrite l'espace jeunesse rue du Mail sur trois étages de bonheur pour les jeunes lecteurs. Rencontres, dédicaces et animations pour une librairie toujours en mouvement.

BD

BÉDÉTIK

9, avenue Jean Jaurès (7e)
✆ 04 78 58 54 49
www.canalbd.net/bedetik
Ouvert du mardi au samedi de 10h à 19h.

A ce carrefour de Saxe-Gambetta, une belle et grande librairie dédiée à la bande dessinée tenue par un passionné. Des milliers de titres pour un vaste choix en matière de BD franco-belge, jeunesse, mangas et comics. Près de 8 000 albums en rayon et sur commande combien ? Belle sélection effectuée par un lecteur fou de BD qui sait partager sa passion pour nous conseiller. Tous les styles sont présents, même des BD rares et locales, des petites maisons d'édition indépendantes et des BD historiques. Rayon BD jeunesse bien fourni, même pour les tout-petits. Nombreuses séances de dédicaces pour rencontrer les dessinateurs. Coup de cœur pour tous les genres dans cette librairie addictive.

BD

LA 9E BULLE

33, Grande-Rue de Vaise (9e) ✆ 04 78 83 65 22
https://la9emebulle.com
Ouvert du mardi au vendredi de 10h à 14h et de 15h à 19h, samedi de 10h à 13h et de 14h à 18h30.

Pour coincer la bulle dans la bulle, une adresse de passionnés de BD qui nous accompagne dans nos lectures pleines d'images dans tous les styles. La 9e Bulle est devenue naturellement l'une des références en matière de bande dessinée, avec un penchant pour certains genres comme le fantastique, le polar, l'histoire ou l'aventure. Que l'on soit un bédéphile averti ou un néophyte, l'accueil se montre toujours aussi charmant de la part de Laurent, un passionné qui n'hésite pas à vous conseiller dans les rayons parmi de très nombreux titres, dont toutes les dernières nouveautés ! Membre du réseau Canal bd, la 9e Bulle accueille des dédicaces de nos auteurs préférés. Une bulle de bonheur.

CULTURE - BIBLIOTHÈQUE

BIBLIOTHÈQUE DE LA PART-DIEU

30, boulevard Vivier-Merle (3e)
✆ 04 78 62 18 00
www.bm-lyon.fr
Ouvert du mardi au vendredi de 10h à 19h, samedi de 10h à 18h.

Si les prémices d'une bibliothèque municipale virent le jour en 1520, la BmL est inaugurée il y a 50 ans dans le quartier de la Part-Dieu. C'est la plus grande bibliothèque municipale de France, abritant dans son «silo» - en plein travaux de rénovation - plus de 60 km de rayonnages. Les enfants descendent au rez-de-jardin, expositions à l'entrée, musique au premier étage, alors que les fonds anciens sont conservés au cinquième étage réservés aux chercheurs. La carte d'abonnement Culture donne accès aux bibliothèques municipales et aux expos des 6 musées municipaux.

JE LIS

RHÔNE RIVE GAUCHE

LIBRAIRIE

ESPRIT LIVRE

76, rue du Dauphiné (3e) ✆ 04 72 91 69 50
www.lesprit-livre.fr
Ouvert du mardi au vendredi de 10h à 13h et de 14h à 19h ; le samedi de 10h à 19h.

Une librairie qui montre la voie. Arrêt de tram Dauphiné-Lacassagne pour trouver l'Esprit Livre, une librairie de quartier invitant tous les publics, même les plus jeunes, à aimer les livres grâce aux conseils personnalisés de libraires passionnés prenant le temps de vous écouter pour mieux vous diriger parmi la multitude d'ouvrages. Une librairie bien agencée où tous les genres sont clairement présentés avec les coups de cœur de l'Esprit Livre à partager. Choix important d'ouvrages pour la jeunesse, romans pour toutes les envies, polars, BD et mangas, livres scolaires et fournitures pour la rentrée. Nombreuses animations et rencontres avec les auteurs dans ce lieu de culture et de vie.

LIBRAIRIE

FNAC PART DIEU

17, rue du Dr-Bouchout (3e)
✆ 08 25 02 00 20
Ouvert du lundi au samedi de 9h30 à 20h.

Située tout proche de la gare Part-Dieu, idéal pour acheter son livre - ou son guide de voyage - avant de partir (autre Fnac dans la gare...), cette enseigne culte propose un large choix de produits présentés dans un espace agréable à vivre. Un large choix de livres pour tous les goûts, dans tous les styles (littérature, jeunesse, BD, pratique, etc.), des vinyles qui reviennent en force dans les rayons, mais aussi des produits multimédias (appareils photos, caméras, ordinateurs, télévisions, matériel Hi-Fi..) et, depuis le rapprochement avec Darty, du petit électroménager (robots, cafetières...). Temple de la culture et du multimédia, la Fnac se renouvelle pour proposer encore plus de choix.

BD

GLÉNAT

12, boulevard Vivier-Merle (3e)
✆ 04 78 95 49 79
https://librairielyon.glenat.com
Ouvert du lundi au samedi de 9h30 à 20h.

Glénat, c'est la grande maison d'édition française créée à Grenoble, spécialiste de la bande dessinée, du comics, du manga et du livre jeunesse. Il y a 52 ans, quand la maison est née, peu de monde s'intéressait à un genre devenu très populaire. Dans un espace moderne et bien aménagé du bâtiment Oxygène du centre commercial, les libraires nous font plonger dans un univers fantastique. Les dernières BD parues chez Glénat, 800 nouveautés par an !, des BD parfaitement classées, des comics, des mangas, mais encore des figurines pour donner forme aux rêves de papier. On connaît des grands enfants qui «tapent l'incruste» pendant que les parents partent shopper dans le centre commercial.

LIBRAIRIE

LA LIBRAIRIE DU TRAMWAY

92, rue Moncey (3e)
✆ 04 78 14 52 27
www.lalibrairiedutramway.com
Ouvert du mardi au samedi de 10h à 19h.

La librairie d'un tramway qu'il faut appeler «désir» tant notre envie de lire monte en suivant les conseils de libraires avisés. Et c'est encore plus vrai depuis les derniers travaux réalisés cette année qui ont permis non seulement d'embellir la librairie, mais aussi de l'agrandir en proposant un tout nouveau rayon entièrement dédié à la BD et aux mangas. Ce qui n'a pas changé, c'est l'accueil charmant et professionnel, les bons conseils pour choisir ses livres parmi un vaste choix dans tous les genres. Autre bonne raison de prendre le tram pour aller visiter cette librairie : les Cercles de lecture pour petits et grands. Fréquentes rencontres avec les auteurs.

LIBRAIRIE

LIBRAIRIE RIVE GAUCHE

19, rue de Marseille (7e)
✆ 04 78 72 72 45
Ouvert le lundi de 13h à 19h ; du mardi au samedi de 10h à 19h.

Attention coup de cœur. Au sein de la Guillotière, quartier populaire, cette librairie indépendante ouvre les esprits, crée du lien et donne l'occasion de faire de belles rencontres. A commencer par la rencontre magique avec une joyeuse équipe de libraires, Noémie et Gwenn en tête, qui sauront parfaitement vous guider à travers un large choix de livres dans tous les styles. Ici, on prend le temps de vous écouter, de vous parler, de vous emmener à la découverte d'auteurs qui ne font pas forcément la une de la rentrée littéraire. Des auteurs avec qui l'on peut discuter lors des rencontres organisées à la librairie Rive Gauche. Espace BD, littérature jeunesse et de nombreuses surprises.

LIBRAIRIE

MISE EN PAGE

45, avenue des Frères-Lumière (8e)
✆ 04 72 78 66 88 - www.misenpage.fr
Ouvert du mardi au vendredi 9h30 à 19h30, samedi 9h30 à 12h30 et 14h30 à 19h.

Animée par la passion, Christiane nous accueille depuis 25 ans dans sa librairie de Monplaisir. Une librairie de quartier qui déborde non seulement d'ouvrages dans tous les genres, mais aussi de gentillesse et des meilleurs conseils. Accompagnée de Sébastien, Christine nous emmène dans ce monde merveilleux des livres. Après avoir compris nos attentes, elle sélectionne les ouvrages et nous en fait une présentation alléchante. Une véritable passeuse d'histoires dans cet univers foisonnant : littérature, romans policiers, jeunesse, rayon poches, BD, guides de voyages, beaux livres, essais, et livres scolaires et universitaires commandés dans un délai rapide. La plus belle des rencontres.

LIBRAIRIE

SHAMBHALLA

7, rue Aimé-Collomb (3e)
✆ 04 78 54 19 38
www.shambhalla-lyon.fr
Ouvert le lundi de 12h à 19h, du mardi au samedi de 10h30 à 19h.

Parce que c'est aucun doute dans les livres que l'on apprend le mieux à se connaître, Shambhalla nous plonge au cœur d'une littérature spécifiquement axée sur la connaissance personnelle afin de retrouver équilibre et harmonie. Dans ce quartier paisible de la rive gauche, Shambhalla est la librairie spécialisée dans le bien-être, l'ésotérisme et la spiritualité. Accueil adorable dans ce lieu empli de livres et d'objets du sol au plafond. Entouré d'ouvrages, on se laisse guider à la recherche de soi. Stress, peurs, angoisses peuvent être vaincus, la créativité est développée. On aime aussi les cycles de conférences pour ouvrir de nouveaux horizons. Bonnes vibrations garanties.

NEW

LIBRAIRIE

CULTURA

19, avenue Général de Gaulle - **CHAMPAGNE-AU-MONT-D'OR**
✆ 06 44 60 86 34
www.cultura.com
Ouvert du lundi au samedi de 9h à 20h.

Cultura, tout le monde connaît. Cette enseigne nationale, avec près de 100 adresses, a su mettre la culture à la portée de tous dans ces grands magasins en proposant de superbes espaces librairie, mais aussi d'autres espaces dédiés aux loisirs créatifs, à la musique, aux jeux vidéo ou aux fournitures scolaires. Dans ce Cultura flambant neuf, une offre diversifiée dans tous les genres et un espace librairie particulièrement attractif. Tous les romans, BD, comics, mangas, livres pour enfants, vie pratique, livres scolaires et universitaires, sans oublier les guides de voyage. Liberté de se perdre dans les rayons ou de demander son chemin parmi les ouvrages. Nombreuses animations et dédicaces.

LIBRAIRIE

TERRE DES LIVRES

86, rue de Marseille (7e)
✆ 04 78 72 84 22
www.terredeslivres.fr
Ouvert du lundi au samedi de 13h à 18h.

Proche des Universités Lyon 2 et Lyon 3, Terre des Livres est une librairie artisanale foisonnante, débordante, où le choix est vraiment impressionnant. Terre des Livres propose un choix incroyable d'ouvrages en sciences humaines. Mais le voyage ne fait que commencer... Dans ce quartier cosmopolite, fonds spécialisé sur le Maghreb, la langue arabe et le continent africain. Des personnes adorables deviennent de véritables guides pour aller à la rencontre de l'ouvrage recherché dans tous les domaines. Bon plan futé pour les petits budgets avec 10 000 livres d'occasion vendus à petits prix, idéal pour les chineurs. De belles rencontres avec les auteurs et avec les libraires.

LIBRAIRIE

LIBRAIRIE COLIBRIS

9, rue Vacher - **MEYZIEU**
✆ 04 72 02 45 31
http://librairie-colibris.com
Ouvert du mardi au samedi de 9h à 12h30 et de 14h à 19h.

Ils en ont de la chance les Majolans, habitants de Meyzieu, d'avoir à côté de leur hôtel de ville des Colibris depuis plus de 10 ans ! Une équipe de libraires tout à votre écoute pour vous guider à travers un grand choix de livres perchés dans un espace moderne. Objet de curiosité et de partage, le livre se découvre avec gourmandise en papotant lors de causeries goûters avec ces libraires passionnés. Une librairie vivante qui reçoit des auteurs, organise des séances de dédicace et des groupes de lecture. Des nouveautés de la rentrée littéraire aux bandes dessinées, des livres jeunesse aux romans policiers, en passant par les beaux livres et les ouvrages scolaires, chacun trouve son bonheur.

LIBRAIRIE

LA VOIE AUX CHAPITRES

4, rue Saint-Jérôme (7e) ✆ 04 37 70 41 62
www.lavoieauxchapitres.fr
Ouvert le lundi de 13h à 19h, du mardi au vendredi de 10h à 13h30 et de 14h30 à 19h, samedi de 10h à 19h.

Une pépite pour tous les amoureux des livres. Entre Thibaudière et Jean Jaurès, la Voie aux Chapitres s'est installée il y a une dizaine d'années, participant à la vie de ce quartier animé. Cette petite librairie a tout d'une grande et c'est un lieu où les lecteurs aiment particulièrement rencontrer les auteurs, avec une belle sélection faite par des passionnés. Vaste choix dans de nombreux domaines – littérature française et étrangère, classique et contemporaine, poésie, théâtre, livres de cuisine, beaux-arts, bande dessinée... L'occasion d'élargir ses horizons littéraires et d'alimenter sa curiosité. Une porte à pousser, un chemin à prendre pour montrer la voie à tous les chapitres.

LIBRAIRIE

LIBRAIRIE FANTASIO

33, avenue Henri Barbusse
VILLEURBANNE
✆ 04 78 84 89 47
Ouvert le lundi de 14h à 19h, du mardi au samedi de 9h à 19h.

Au cœur de la capitale française de la culture 2022, dans le quartier des Gratte-Ciel, un vaste espace regroupant une librairie généraliste, un espace papeterie particulièrement bien fourni et un espace tabac-presse. La librairie se trouve à l'étage sur 450 m². Une librairie bien vivante, animée par des libraires énergiques et passionnées qui dépoussièrent l'image de la littérature. Avec elles, ça bouge dans les rayons et les coups de cœur s'enchaînent. Les visiteurs repartent les mains pleines de tous les rayons : littérature, policier, beaux-arts, sciences humaines, jeunesse, BD ou tourisme. Enthousiasme pour les livres communicatif. Rencontres avec les auteurs.

RADIO
CHERIE FM 98.9 FM

134, avenue du 25e-Régiment-Tirailleurs-Sénégalais (9e)
✆ 04 72 53 00 66
www.cheriefm.fr

La radio de «La plus belle musique» pour se détendre les oreilles qui n'en peuvent plus du « bruit » des autres antennes FM. Chérie FM, ça commence en semaine par une matinale intitulée Le Réveil Chérie avec Alexandre Devoise et Sophie Coste. On enchaîne avec de la bonne musique. Tous les artistes que l'on aime avec des titres d'hier et d'aujourd'hui, des titres que l'on fredonne forcément comme ce *Paradis blanc* de Michel Berger, suivi d'un Michael Jackson, d'un De Palmas, d'un Yannick Noah ou du dernier Julien Doré. Le midi, Iris Mittenaere nous offre une pause lunch. Chérie FM, la radio qui ne nous prend pas la tête, mais qui nous met de bonne humeur et de la musique plein la tête !

RADIO
IMPACT FM 106.3 FM

2, rue des Draperies
SAINT-CYR-AU-MONT-D'OR
✆ 04 72 85 67 55
www.impactfm.fr

Née à Lyon en 1981 avec un format musical pour les seniors (les plus grands succès de la variété française et internationale des années 1960 aux années 1980), *Impact FM* poursuit sa route en diffusant « vos plus beaux souvenirs des années 60 aux années 2000 ». Côté programmation, la journée commence avec Phil et son Réveil Impact, se poursuit avec vos plus beaux souvenirs musicaux toujours avec Phil, Fred et Jérémy. Dès 16h, Antonin prend le relais avec des flashs d'info nationale. On ne passe pas à côté de l'horoscope de Rachel. Sur *www.impactfm.fr*, découvrez les web-radios thématiques : années 60,70, 80, 90, disco funk, chansons françaises et, unique à Lyon, Musette.

RADIO
JAZZ RADIO 97.3 FM

40, quai Rambaud (2e)
✆ 36 18
www.jazzradio.fr

Eh oui jeunes lecteurs, à la radio on n'est pas obligé d'écouter des playlists abrutissantes de basses compressées imposées par des compagnies commerciales ! On peut aussi écouter de la vraie musique pour se relaxer les oreilles, se faire du bien au cerveau, se laisser bercer par une authentique voix soul, écouter enfin du George Benson, du Ray Charles, un magnifique Billie Holiday... Radio Jazz est la radio de tous les jazz, des standards groovy que tout le monde fredonne aux morceaux plus «pointus», plus «typés». Une radio à mettre entre toutes les oreilles et à retrouver sur Internet en déclinaison de «webradios»... et toujours du jazz, du jazz et de la soul. On adore. En DAB+ à Lyon.

RADIO
LYON 1ÈRE 90.2 FM

53, rue Président Kruger (8e)
✆ 04 72 80 90 20
www.lyonpremiere.info

Sur 90.2 FM et en dab+ sur la métropole, Lyon 1ère est la radio qui s'adresse directement aux Lyonnais en leur proposant un programme clair : mes infos, ma radio, ma musique. Et ça commence avec la matinale de Christophe et Camille entre 7h et 10h ; ça enchaine avec On en parle avec Rémy Bertholon et Djam Névada entre 10h et 13h ; les Bons Plans avec Marie entre 16h et 19h ou l'invité politique de Frédéric Duval les samedis à 11h... De nombreux événements lyonnais à retrouver sur les ondes. Avec l'appli Lyon 1ère, possibilité de retrouver en podcast les infos à Lyon, le Bon plan gratuit du jour et les émissions, mais également les derniers titres diffusés et le direct.

RADIO
LYON DEMAIN

VILLEURBANNE
www.lyondemain.fr

Parce que Lyon Demain se dessine aujourd'hui, il faut écouter cette radio mise en réseau par Gérald Bouchon. Un vrai journaliste qui a eu le courage et l'audace de créer un webmedia complet – audio, vidéo, matinale info et webradio diffusée sur Internet et application mobile disponible sur iOS et Android – pour offrir une autre vision de Lyon à travers «l'information, la sensibilisation et l'éducation à la protection de l'environnement et aux bonnes pratiques pour la planète et la qualité de vie». Sur Lyon Demain, la culture est aussi à la page. Incitation à dénoncer les initiatives positives pour améliorer notre quotidien. Quart d'heure lyonnais à écouter en direct ou à podcaster.

RADIO
RADIO CHRÉTIENNE FRANCOPHONE (RCF)

7, place Saint-Irénée (2e)
✆ 04 72 38 20 22
www.rcf.fr

C'est à Lyon, il y a 40 ans, que tout a commencé à l'initiative de Monseigneur Decourtray et du Père Emmanuel Payen. Radio Fourvière deviendra RCF en 1996 et étendra son réseau au-delà de la Métropole lyonnaise pour être aujourd'hui le 1er réseau indépendant de radios de proximité avec 64 antennes en France et Belgique émettant sur 270 fréquences FM. Des fréquences qui portent une parole de joie et d'espérance. Des découvertes, du dialogue, de l'actualité, de la musique et des temps de respirations spirituelles : RCF, c'est la radio chrétienne pour aimer le monde.

RCF
RADIO
ACTUALITÉ
VIE SPIRITUELLE
CULTURE ET SOCIÉTÉ
PSYCHOLOGIE
ÉCOLOGIE ET SOLIDARITÉ

RADIO

RADIO ESPACE 96.9 FM

40, quai Rambaud (2e)
✆ 04 72 10 15 30
www.radioespace.com

L'Espace, c'est celui de la Métropole pour la plus lyonnaise des radios. Radio Espace, c'est du bon son dans notre voiture pour connaître la situation du trafic routier dans l'agglomération, mais aussi pour savoir où il faut être vigilant... Une programmation dense qui garde toujours le rythme avec des animateurs qui tiennent la route : Bastien et Marilou pour le Morning 6/10, Lionel pour le 10/13, Laurent pour la tranche 13/16 et Fred pour bien finir la journée. Et pour s'ambiancer toute la soirée, c'est avec le DJ résident Sonic et l'animateur star Philippe Jacquet. Nombreuses webradios thématiques - dance, club, latino, French Touch... -, et la Lou Radio by Radio Espace

RADIO

RADIO NOVA

10-12, rue Maurice Grimaud (18e)
PARIS
www.nova.fr
Fréquence FM à Clermont-Ferrand : 102.9

Le Grand Mix, Nova Lova, Un Nova Jour se Lève... Du soir au matin, *Radio Nova* séduit des milliers d'auditeurs chaque jour avec sa programmation originale, qui défriche tous les univers musicaux. Depuis 1981, Radio Nova est libre, curieuse et créative. Et même à quarante ans, elle reste une radio musicale de référence, média musical d'avant-garde, révélant de nombreux talents musicaux aussi bien dans la world music que dans l'électro en passant par le hip-hop ou le rock. Et avec des événements comme « Les Nuits Zebrées » ou sa présence sur les festivals de l'été, la radio parisienne ne joue pas les snobs et navigue dans toute la France à la rencontre de ses auditeurs et des talents en devenir

RADIO

RADIO SCOOP 92.0 FM

2, rue Draperies
SAINT-CYR-AU-MONT-D'OR
✆ 04 72 85 80 00
www.radioscoop.com

Radio Scoop tient une place particulière dans notre paysage radiophonique, puisqu'elle fut créée à Lyon il y a tout juste 40 ans. Celle qui étend désormais ses antennes sur la région Auvergne-Rhône-Alpes reste profondément attachée à sa ville d'origine avec des programmes 100 % lyonnais pour ne rien manquer de l'actualité et des événements locaux, notamment sportifs avec l'OL. La journée Scoop démarre avec le Scoop matin de Guillaume avec l'actu lyonnaise, un «P'tit coup du matin» et «Le Journal des bonnes nouvelles». Les animateurs se succèdent pour passer vos tubes préférés. De nombreux cadeaux à gagner tout au long de la journée. Toutes les émissions peuvent s'écouter en podcast.

RADIO

TONIC RADIO 98.4 FM

1, place Henri Barbusse (9e)
✆ 04 72 74 17 41
www.tonicradio.fr

La radio la plus Tonic de toute la bande FM à Lyon et dans toute la région - Lyon 98.4, Bourgoin 97.8, Villefranche 94.7 et Vienne 95.1, mais aussi en numérique avec le DAB+. Tonic Radio, c'est le meilleur du son « hit et pop music » avec tous vos artistes préférés et tous les tubes du moment en non-stop. Tonic Radio, c'est aussi la radio du sport à Lyon avec tous les directs de l'OL et de l'ASVEL et l'actualité de vos clubs sportifs préférés. C'est aussi l'information régionale toutes les heures et à tout moment sur Internet : www.tonicradio.fr ou sur l'application Tonic Radio. Une radio tonique pour faire le plein de bons sons, de bonne humeur, de cadeaux et d'infos de proximité.

RADIO

VIRAGE RADIO 89.3 FM

(2e)
www.virageradio.com

Dans le paysage sonore des radios lyonnaises et régionales, Virage Radio – que l'on capte également à Chambéry, Grenoble et Chamonix – est orientée rock avec des notes électro du meilleur ton. Et en parlant de ton, celui de cette radio est très personnel, avec des animateurs légèrement décalés comme on les aime. Il est donné dès le matin avec le Morning de Ian de 6h à 10h. A suivre, le 10/13 avec Tatiana et ses infos insolites. Sébastien Sefrin prend la relève jusqu'à 16h, alors que Will Smooth, et son humour indéfinissable, termine la journée avec des douceurs musicales dans les oreilles. Ça met des vibrations et de la bonne humeur ! Une radio locale qui a sa propre couleur.

RADIO

VIRGIN RADIO 100.3 FM

40, rue Laure-Diebold (9e)
✆ 04 72 85 66 66
www.virginradio.fr

Les radios musicales nationales ne sont pas mortes face au streaming. Chaque matin, il est bon de se faire réveiller par le Virgin Tonic de Manu Payet, deuxième saison pour l'humoriste entouré de Mélanie, Clément l'Incruste, Nico du Bureau et Ginger. Après un démarrage en trombe, la fréquence prend son rythme de croisière avec Paul jusqu'à midi et Julien jusqu'à 16h. Et c'est là que ça (re) devient intéressant avec le décrochage local lyonnais. A 20h, retour du national avec Mikl qui accueille des invités à son micro tout en vous faisant rapporter le jackpot des dix mille ! Une radio qui porte bien la couleur de l'électro choc qui fête ses 10 ans cette année. Nombreuses webradios.

S'INFORMER
20 MINUTES

(2e)
www.20minutes.fr/lyon

20 Minutes a 20 ans (présent à Lyon depuis 18 ans) et continue de nous informer sans nous ennuyer. Un quotidien gratuit qui est né pour occuper le temps de trajet des métropolitains et qui est devenu bien plus important au fil du temps. Si l'on trouve toujours le journal distribué à une trentaine d'emplacements, notamment les stations de métro, mais aussi dans les Crous, il se retrouve de plus en plus sur nos tablettes et smartphones en version numérique pour se tenir informé sur les fils d'actualité. Monde, économie, politique, société, mais aussi sport et information locale, les journalistes font bien le job. Le plus, c'est l'édition Lyon avec d'excellentes pages locales.

S'INFORMER
BULLES DE GONES

CHARBONNIÈRES-LES-BAINS
✆ 06 70 86 21 27
www.bullesdegones.com

Comment occuper les enfants pendant les vacances, les week-ends, les mercredis, les soirées ? A Lyon, la réponse se trouve facilement dans Bulles de Gones : un site Internet, un magazine bimestriel, un guide incontournable pour des éditions interactives qui vont vous faire sortir de chez vous en famille. Des activités dans tous les domaines : artistiques, ateliers, cirque, cuisine, danse, jeux, musique, chant, nature, sport, théâtre... Sans oublier les balades et la culture sous toutes ses formes et les tout-petits qui ont leurs activités spécifiques. Toutes les bonnes adresses pour sortir en famille, même au restaurant ou au café. Site très complet avec ses bons plans.

QUOTIDIEN
LE PROGRES

4, rue Paul-Montrochet (2e)
✆ 04 72 22 23 23
www.leprogres.fr

Lyon et *Le Progrès*, c'est une histoire qui remonte à 1859 ! Né sur la Presqu'île, il fait partie de notre quotidien. D'ailleurs, c'est notre quotidien ! Toujours proche de ses lecteurs, *Le Progrès* est le meilleur reflet de la réalité, de l'actualité lyonnaise, régionale - avec 17 éditions dans 5 départements - et nationale. Rien n'échappe aux plus de 260 journalistes, 1 800 correspondants locaux qui vérifient et font remonter l'information sur le papier, mais aussi sur les supports numériques de plus en plus utilisés. Avec ses suppléments *TV Mag* et *Version Femina*, sa version gratuite *Lyon Plus*, *Le Progrès* offre une information 100 % réactive et interactive. *Le Progrès* tous les jours.

HEBDOMADAIRE
LYON CAPITALE

51, avenue du Maréchal-Foch (6e)
✆ 04 72 98 05 00
www.lyoncapitale.fr

Lyonnais, qui êtes-vous ? C'était l'un des titres 2022 portés par *Lyon Capitale*, un magazine qui interpelle. Dans une capitale qui aime la polémique, *Lyon Capitale* aime bousculer les esprits, apporter un regard critique sur la ville. Magazine mensuel créé il y a près de 30 ans pour tout connaître, tout savoir des événements dans (presque) tous les domaines : politique, justice, culture, sport, mais aussi gastronomie pour se mettre à table aux meilleures adresses. Sur le site Internet (une version numérique du magazine est disponible en ligne), les lecteurs découvrent également de nombreux articles et vidéos – réservés aux abonnés – qui nous plongent au cœur de l'actualité.

HEBDOMADAIRE
TRIBUNE DE LYON

10, rue des Marronniers (6e)
✆ 08 25 15 57 25
www.tribunedelyon.fr
Hebdomadaire, paraissant tous les jeudis.

Lyon aime la presse indépendante qui donne des points de vue (im) pertinents sur l'actualité locale. Chaque jeudi, depuis 2005, les Lyonnais ne manquent pas la sortie de cet hebdo qui mouille le maillot pour nous informer vraiment : la *Tribune de Lyon*. Tout savoir sur l'économie, les entreprises, la politique, le sport, les faits de société, c'est important (il y a même la publication des annonces légales). Mais avouons que si l'on dévore la *Tribune de Lyon*, c'est pour la rubrique Gastronomie, sûrement la meilleure de sa catégorie, et le Saladomètre. Excellent agenda des sorties (ExitMag), un magazine pour les familles, *Grains de Sel*. Un journal sérieux qui ne manque pas d'humour.

MENSUEL
MAG2LYON

20, rue Berjon (9e)
✆ 04 37 46 01 00
www.mag2lyon.com

Mag2Lyon, c'est le magazine mensuel qui allume Lyon. Oui, *Futé* aurait pu dire qu'il éclaire la ville – et c'est vrai -, mais trouve plus amusant de dire qu'il allume, puisqu'il ne se prive jamais de sortir des sujets qui ne plaisent pas forcément à tous les Lyonnais, surtout les plus «puissants». Magazine mensuel indépendant et libre dans le ton, *Mag2 Lyon* passe tous les sujets à sa moulinette : politique, économie, société, santé, culture, sports, mais encore gastronomie, mode, loisirs et automobile... *Mag2 Lyon* se distingue par ses palmarès réguliers, ses dossiers qui changent parfois notre vision de Lyon. Hors-séries : développement durable, santé, économie, Autour de Lyon...

FG.
radioFG.com
Feelgood.

S'INFORMER
CLUB DE LA PRESSE DE LYON

5, rue Pizay (1er)
https://nouveau.clubpresse.com

Créé en 1976, le Club de la Presse a su se renouveler ces dernières années. Moins d'entre-soi, plus d'ouverture et d'événements, le Club de la Presse connaît une nouvelle dynamique et réunit plus de 300 journalistes et communicants. Dans une période où il est essentiel de décrypter les infos, le Club de la Presse met en place des modules d'éducation aux médias et de lutte contre les infox. Pour les adhérents, du soutien et des rencontres pour créer un réseau de communication. *Futé* aime le plateau TV connecté et le nouveau format de l'annuaire d'un Club qui joue collectif !

TÉLÉVISION
FRANCE 3

14, rue des Cuirassiers (3e)
✆ 04 78 14 60 00

France 3, c'est toute l'information autour de chez vous. Et chez nous, c'est la Métropole de Lyon où France 3 amène micros et caméras pour nous faire partager toute l'actualité. Avec ses rendez-vous quotidiens d'actualité locale et régionale aux heures de grande audience, France 3 couvre un maximum de sujets à voir en direct ou en replay sur les différents supports numériques. France 3 Auvergne-Rhône-Alpes, ce sont aussi des magazines à ne surtout pas manquer : Chroniques d'en haut, Aux goûts du jour, la nouvelle émission culinaire de Tabata Mey, ou Dimanche en politique, chaque dimanche en fin de matinée. La chaîne qui nous fait le mieux partager l'actualité de la Métropole lyonnaise.

S'INFORMER
LYON PEOPLE

139, rue Bugeaud (6e)
✆ 04 72 82 97 78
www.lyonpeople.com

Etre ou ne pas être... dans *Lyon People*. Et c'est encore mieux d'être dans le guide Top 500 des Lyonnais ! *Lyon People*, c'est une revue créée il y a une vingtaine d'années et diffusée gratuitement dans plus de 1 200 commerces de la ville. Un magazine à consulter gratuitement sur le site Internet de *Lyon People*. Mais que trouve-t-on dans ces pages ? Des histoires et des célébrités locales qui nous font partager leurs points de vue, tous les lieux où il faut être vu, les grandes soirées, les fêtes les plus folles et tous les événements qu'il ne fallait pas manquer... A noter que, depuis l'an passé, *Lyon People* est habilité à faire paraître les annonces légales.

WEB
LYON CITY CRUNCH

(1er)
https://lyon.citycrunch.fr

L'information circule vite, mais aussi de façon plus fun et dynamique sur le Net. CityCrunch, c'est un magazine urbain en ligne animé par des blogueurs lyonnais qui décortiquent la ville sous toutes les coutures. Abonnez-vous à la newsletter pour recevoir de nouvelles idées de sortie originales. Les derniers et les meilleurs spots pour bien manger, boire, bouger, se balader, visiter, voyager ou rester dans son canapé. Des découvertes qui vous donnent envie, de véritables reportages avec un contenu bien ficelé pour aimer et ne rien manquer de votre Métropole. Agenda indispensable pour ne rien manquer des festivités. Un média local actuel qui fait beaucoup de bien.

TÉLÉVISION
BFM LYON

91, cours Charlemagne (2e)
www.bfmtv.com

L'antenne lyonnaise de la première chaîne d'information par son audience. Toute l'actualité de la Métropole de Lyon et de la région en direct sur le canal 30 de la TNT, canal 38 sur la box SFR, sur Internet, en appli et sur les réseaux sociaux. Tous les événements locaux, mais aussi la météo, les conditions de circulation, les résultats sportifs, les sorties et les loisirs dans la région. Rendez-vous incontournables avec «Bonjour Lyon» présenté par Léo Chapuis de 6h30 à 9h30 en semaine, «Bonsoir Lyon» de 17h à 19h et Lyon Politiques le jeudi de 18h30 à 19h, deux émissions présentées par Elodie Poyade. Lucie Jung nous informe le week-end et nous donne les bons plans pour sortir.

WEB
WWW.LYON-FRANCE.COM

Place Bellecour (2e)
✆ 04 72 77 69 69
www.lyon-france.com

Le portail à consulter que l'on soit lyonnais ou bien visiteur pour tout savoir sur la ville et la Métropole. Que faire ? Où dormir ? Où manger ? Toutes les réponses à ses questions et bien plus se trouvent sur l'indispensable site d'Only Lyon. Avant de venir visiter notre capitale lyonnaise, avant de sortir de chez vous, www.lyon-france.com vous offre un choix incroyable dans tous les domaines. Patrimoine, visites guidées, événements, shopping, loisirs, gastronomie, culture, sorties, hébergements avec réservation d'hôtels en direct, agenda avec les sorties et des idées pour préparer votre week-end... Lyon n'aura plus de secrets pour vous après avoir consulté ce site.

JE PRENDS SOIN DE MOI

Comme si la vie urbaine n'était pas assez stressante, il a fallu qu'une crise sanitaire et une crise en Europe s'en mêlent ! Alors, plus que jamais, je prends soin de moi. En réservant du temps pour mon bien-être dans une métropole de Lyon qui abrite de nombreux spas d'exception, dont le plus grand spa urbain de France, et des centres de massages de bien-être pour se détendre. Je fais aussi du sport en salle ou dans un club de gym ou de crossfit avec mon coach. Bien dans mon corps, bien dans ma tête, je me fais une beauté avec, cette année en particulier dans notre guide, une belle sélection de coiffeurs. La beauté et le style passent aussi par la mode, surtout quand elle est conçue par de jeunes créateurs lyonnais ou qu'elle est de « seconde main » dans des boutiques mises en avant par le Petit Futé. Enfin, je prends soin de moi en me faisant plaisir. En m'offrant des bijoux, des cadeaux eux aussi durables et responsables, fabriqués à Lyon comme ces foulards et cravates en soie. Et, bien sûr, d'autres plaisirs plus intimes pour m'épanouir pleinement... Je prends soin de moi sans tabou.

OPTIQUE

OPTIQUES NOUVELLES

3, place Baptiste-Curial
BRON
✆ 04 81 68 55 08
www.optiques-nouvelles.fr
Ouvert du mardi au samedi de 9h30 à 12h et de 14h30 à 19h.

© EMMANUEL SPASSOFF

© EMMANUEL SPASSOFF

Voir plus près avec des lunettes certifiées Origine France Garantie. Voir plus grand grâce à la grande variété de modèles, avec choix de formes et de couleurs, accessible au meilleur coût et toujours de fabrication française. Voir plus clair avec des produits conçus de manière écologique, comme ces lunettes zéro déchet ou ces montures recyclables. Voir plus net avec le service et l'expertise de Julien Gouyon, un opticien exigeant qui rend unique chaque paire de lunettes de vue ou de soleil pour adultes et enfants. Lunettes adaptées à la pratique sportive, avec une offre renforcée pour la natation et le tir sportif. Voir plus loin dans une démarche responsable avec Optiques Nouvelles.

OPTIQUE

LES LUNETTES DE MARIUS

1, rue Marius-Gonin (5e)
✆ 09 50 53 57 17
www.leslunettesdemarius.com
Ouvert du mardi au samedi de 10h à 19h30.

Entre l'atelier de lunetiers patiné à l'ancienne, le loft trendy version architecte, la grande table qui permet de partager en toute convivialté et les fauteuils club de se relaxer pendant les essayages, cette boutique du quartier de Saint-Georges offre un splendide écrin à vos futures lunettes. Des lunettes faites artisanalement dans les meilleurs ateliers du monde (Matsuda, Yellow Plus...) et sélectionnées par des passionnés : Boris et Nina. Accueil aussi chaleureux que le décor, conseils d'experts pour bien choisir des verres à votre vue et des montures à votre visage. De superbes «combinaisons» réalisées par des créateurs qui nous donnent le goût de porter des lunettes.

OPTIQUE

NAGABBO

13, rue Emile-Zola (2e)
✆ 04 78 37 43 77
www.nagabbo.fr
Ouvert le lundi de 14h à 19h ; du mardi au samedi de 9h30 à 19h.

Chaque nouvelle décennie confirme que Nagabbo est une référence en matière d'optique sur la Presqu'île. 80 ans cette année que Naggobo met tout son savoir-faire au service de notre regard. Une boutique qui s'est agrandie au fil du temps tout en se mettant au goût du jour pour nous proposer un large choix dans toutes les gammes, notamment dans les solaires qui disposent d'un vaste rayon. Pour les montures, de grandes maisons, souvent de haute couture : Céline, Chanel, Dior, Saint-Laurent... et des créateurs comme Starck. Lunettes adaptées pour tous les sports. Une équipe de professionnels dynamiques de la vision nous guide dans cet univers pour nous révéler sous notre meilleur jour.

OPTIQUE

REGARDS CROISÉS

50, rue du Président Edouard Herriot (2e) ✆ 04 72 31 61 61
www.regardscroiseslyon.com
Ouvert du mardi au samedi de 10h à 19h.

Leurs regards se croisèrent... Choisir une paire de lunettes, c'est un instant de partage, une rencontre humaine avec un authentique professionnel de l'optique. Chez Regards Croisés, les opticiens prennent soin de vous en vous recevant autour d'une table pour mieux vous connaître et choisir ensemble vos prochaines lunettes. Montures sélectionnées chez les plus grands créateurs (Mykita, Oliver Goldsmith, Anne & Valentin...) pour trouver la monture qui vous correspond en vous accompagnant à chaque étape. Si vous ne trouvez pas aujourd'hui la monture idéale, vous la trouverez demain puisque les collections changent régulièrement. Professionnalisme et bonne humeur au service de votre regard.

OPTIQUE

ENTRE VUES

17, rue Auguste-Comte (2e)
✆ 04 72 77 90 10
www.entre-vues.fr
Ouvert du mardi au samedi de 10h à 19h30.

Pour être unique, portez des lunettes différentes et des marques qui sortent de l'ordinaire. Une enseigne créée il y a bientôt 20 ans – aujourd'hui 3 adresses à Lyon – qui se détache des opticiens traditionnels par son style personnel : des lunettes de créateurs réalisées dans les meilleurs ateliers du monde. L'éventail de prix ne dépasse guère celui des produits griffés qui n'ont pas la chance d'être réalisés artisanalement. Le magasin propose des marques de créateurs designers avec des pièces uniques. Des lunettes comme des bijoux fabriqués à l'ancienne, comme chez Moscot mythique créateur new-yorkais, par de petits ateliers de lunetiers. Un concept sur mesure et un service à la hauteur.

OPTIQUE

GUMII OPTICIEN

136, avenue des Frères-Lumière (8e) ✆ 04 78 74 60 56
Métro ligne D, arrêt Monplaisir Lumière - www.gumii.fr
Ouvert du mardi au samedi de 10h à 12h30 et de 14h30 à 19h. Ouverture jusqu'à 18h le samedi.

Une bonne raison de se réjouir de porter des lunettes ? Aller chez Gumii ! Une paire d'opticiennes pas comme les autres pour une paire de lunettes qui change la vie. Indépendantes, les Gumii ne proposent pas de porter une marque, mais la monture et les verres taillés sur mesure qui vous correspondent vraiment. Vous voulez changer de style ? Faites-vous relooker par Brigitte et Florence, deux professionnelles aux goûts assurés, qui vous diront franchement ce qui va et ne va pas. Conseils avisés, essayages sans stress, ton s'épanouit chez Gumii. Les enfants sont aussi gâtés que les parents. Solaires lookées pas trop chères. SAV au top. Aime-toi avec tes lunettes, va chez Gumii.

OPTIQUE

MAISON PERCEVAL

3, place des Célestins (2e)
✆ 04 37 57 39 30
www.lesopticiensperceval.com
Ouvert du mardi au samedi de 10h à 19h.

© ANNE LEMAITRE

Comme Perceval, vous êtes en quête du Graal pour votre paire de lunettes ? Depuis plus de 60 ans, installés au coeur de Lyon depuis 5 ans, les opticiens Perceval sont à votre écoute pour vous conseiller et vous accompagner. Une équipe d'experts assure l'entretien et vous offre un suivi complet, ainsi qu'un service après-vente efficace. Vous pouvez faire confiance aux opticiens Perceval pour vous aider à choisir le modèle de lunettes le plus adapté parmi une large sélection de montures de grandes marques fabriquées en France, avec un maximum de montures Origine France garanties, avec des collections magnifiques pour rendre votre visage unique. Des opticiens durables pour une vision parfaite.

OPTIQUE

VUE DE QUARTIER

42, avenue Jean-Jaurès (7e)
✆ 04 72 71 39 25
Ouvert du mardi au vendredi de 9h à 12h et de 14h à 19h, samedi de 10h à 12h et de 14h à 18h.

© EMMANUEL SPASSOFF

© EMMANUEL SPASSOFF

Proximité, convivialité, qualité d'un magasin d'optique tenu par un passionné : Pascal Fournillier. Très attaché au quartier du 7e arrondissement, il a créé un véritable lieu de vie où l'accueil se montre toujours adorable et le service personnalisé à toutes les étapes. Et pour trouver les lunettes les mieux adaptées à notre visage, à notre vue et à notre budget, cet opticien expert a conçu une collection maison avec une cinquantaine de modèles portant chacun le nom d'une rue du 7e. Montures sur mesure, corrections adaptées, service après-vente de haute qualité et de belles marques comme les lunettes Paname. Chez Vue de Quartier, des lunettes parfaites avec supplément d'âme. Coup de cœur.

OPTIQUE

LES YEUX NOIRS

52, rue de la Charité (2e)
✆ 04 78 92 11 69
http://les-yeux-noirs.fr
Ouvert du mardi au samedi de 10h à 19h.

Pour qu'il se noie dans votre regard, revenez boire un café aux Yeux Noirs ! Pour choisir votre prochaine monture, venez prendre un verre dans cet étonnant bar à lunettes. Un concept génial qui permet de dévoiler notre personnalité en toute convivialité autour d'une boisson et d'une gourmandise partagées sur une table haute. Tout ça pour mieux affirmer notre propre style à travers cet objet de mode indispensable à notre vue : les lunettes. Des lunettes de créateurs servies au comptoir avec des exclusivités, des lunettes en toute transparence par un professionnel qui assure la provenance de chaque produit dans une démarche écoresponsable. Boutique d'optique unique pour personnes uniques.

ACCESSOIRES

BROCHIER SOIERIES - LA SOIERIE DE SAINT-JEAN

16, rue du Boeuf (5e)
✆ 09 81 83 18 70
www.soierie-lyonnaise.com
Ouvert tous les jours de 10h30 à 13h et de 15h à 18h.

La soie fait partie intégrante du patrimoine de Lyon et constitue un des plus beaux cadeaux à rapporter d'un passage en ville. Si les métiers à tisser ont disparu du Vieux Lyon, des soies de belles qualités, parfaitement tissées, se trouvent toujours chez Brochier Soieries – La soierie de Saint-Jean. Brochier Soieries, c'est l'une des plus anciennes maison de soierie lyonnaise, mise à l'honneur par deux passionnés. Des accessoires de mode (écharpes, carrés, cravates) réalisés sur un métier Jacquard et peints à la main en vente à la boutique et en ligne sur Internet.

ACCESSOIRES

BLUSH GENERAL STORE

7, rue de Sèze (6e)
✆ 04 72 15 03 81
www.blush-conceptstore.com
Ouvert du lundi au samedi de 10h à 19h.

La toute première boutique, ouverte il y a déjà 15 ans (c'était hier...) d'une enseigne qui a essaimé en Presqu'île. Un véritable «concept store» créé par une femme adorable qui déniche toujours des produits innovants, inédits, inattendus pour mettre du soleil dans notre vie. Un seul conseil : faites un tour de la boutique, vous trouverez même si vous ne cherchiez rien en particulier ! Laissez-vous aussi guider par les conseils d'une femme charmante qui n'a pas fini de vous donner des envies d'objets pop pour votre intérieur, de beaux bijoux de créateurs - très belles découvertes en la matière - et des vêtements... Blush : adresse sensationnelle qui vous donne de l'allure.

NEW

ACCESSOIRES

DUPONTDUPONT STORE

3, rue Auguste Comte (2e)
✆ 06 22 25 28 39
Ouvert du mardi au samedi de 11h à 14h et de 15h à 19h.

Une nouveauté qui ne passe pas inaperçue dans une tendance «made in France» qui s'affirme chaque jour davantage. Créée il y a 8 ans du côté d'Annecy, DupontDupont Store et sa devise «Amour, Gloire et Made in France» s'inscrivent parfaitement dans le décor de la rue Auguste Comte. Un concept-store au féminin où l'on retrouve une sélection de marques 100 % françaises (vous suivez), trop belles, mais aussi durables, stylées et de qualité. Nombreux coups de cœur à prévoir pour des petits bijoux, des lunettes, des sacs pour toutes les occasions, de la pochette au sac à dos, mais encore des vêtements pour elle et pour lui. Un concept store à partager, à aimer, beaucoup !

ACCESSOIRES

PASSAGE DE L'ARGUE

Passage de l'Argue (2e)

Passage créé en 1825 pour abriter des commerces. D'ailleurs, un Mercure ailé – dieu du commerce – trône au bout de la galerie. Si vous aimez les anecdotes, vous apprendrez que la mère de Frédéric Dard y a tenu commerce de farces et attrapes et que ce passage a accueilli le tout premier magasin de photographie en France. Aujourd'hui, c'est pour trouver des accessoires de mode que l'on se rend passage de l'Argue. Les boutiques d'accessoires se pressent les unes contre les autres, proposant des produits de marque et de qualité telles que Lisette Pizzi, l'incontournable pour la maroquinerie, Crozet pour les parapluies ou Weiss pour les messieurs qui y trouveront des chapeaux.

ACCESSOIRES

LA MAISON DES CANUTS

10-12, rue d'Ivry (4e) ✆ 04 78 28 62 04
www.maisondescanuts.com
Ouvert du mardi au vendredi de 10h à 13h et de 14h à 18h, samedi de 10h à 18h.

A Lyon, il est naturel d'acheter de la soie à la Croix-Rousse. C'est ici, autour du XIXe siècle, que les fameux canuts, les ouvriers tisserands, ont fabriqué sur leur métier les plus belles pièces de soie. Avec leur collection Philéone, Virigine et Philibert Varenne perpétuent une belle tradition. Des créations «made in Croix Rousse» présentées à la boutique, espace récemment refait pour un meilleur accueil, de la Maison des Canuts. A la vente des accessoires de mode en soie : carrés 100 % soie avec de magnifiques imprimés, notamment sur le thème de Lyon, des étoles, foulards, chèches, cravates, pochettes ou nœuds papillon et même des masques. Personnalisation possible.

MAGASIN D'USINE

THE VILLAGE OUTLET

Parc du Couvent - **VILLEFONTAINE** ✆ 04 74 95 37 01
www.thevillageoutlet.com
Ouvert du lundi au samedi de 10h à 20h. Ouvertures exceptionnelles et dimanches. Parking gratuit.

Pour faire de bonnes affaires, il suffit de prendre sa voiture, de suivre l'A43, de prendre la sortie juste après le péage, de se garer au parking gratuit et de se promener de boutique en boutique, il y en a 80, dans The Village. Des boutiques d'usine de grandes marques «premium» proposant une sélection d'article à -30 % minimum toute l'année. Shopping de qualité dans tous les domaines : mode homme, femme, enfant, sport, beauté, maison, mais aussi gourmandise ! The Village a ses restaurants avec de grandes terrasses ouvertes sur les bassins. Services shopping pour vivre une expérience shopping unique : personal shopper, atelier retouches, majordome, espaces et animations pour les enfants.

MODE

WESTFIELD LA PART-DIEU

17, rue Docteur-Bouchut (3e) ✆ 04 72 60 60 62
https://fr.westfield.com/lapartdieu
Ouvert du lundi au samedi de 9h30 à 20h. Cinémas et restaurants ouverts après 20h et le week-end.

Toujours plus grand, toujours plus accueillant, Westfield La Part-Dieu est non seulement la référence shopping à Lyon, mais aussi dans toute la région et bien au-delà, puisqu'il s'impose comme le plus grand centre de Shopping urbain d'Europe ! Un centre qui n'a cessé de se transformer depuis son ouverture en 1975, avec de très récents travaux qui ont donné une nouvelle dimension de confort et de modernité dans ce véritable lieu de vie. Westfield La Part-Dieu, c'est 280 boutiques avec les plus grandes enseignes internationales, un hypermarché, un cinéma et de très nombreux restaurants avec des tables, dont certaines installées sur un formidable rooftop. Réinventez votre shopping !

SPORTSWEAR - STREETWEAR

CITADIUM

7, rue de la Barre (2e)
✆ 04 26 03 77 00
www.citadium.com
Ouvert du lundi au samedi de 10h à 20h.

Citadium, si ça ne te dit rien, c'est que t'es vieux dans ta tête comme dans ton dressing. Installée dans les murs du Grand Hôtel-Dieu, l'enseigne streetwear par excellence s'est mise à l'aise dans ses baskets. Le temple des tendances qui ne sont pas seulement réservées aux 15/25 ans. Du Lab dédié aux jeunes marques, aux marques de niche (fan d'Obey...) ou à la personnalisation, en passant par la Funky Town, le bon vieux Levi's, les fripes vintage et - au top niveau - le paradis des sneakers (impossible de se retenir) dans un décor à couper le souffle. Pas de doute, Citadium fait bouger les lignes dans la confrontation conformistes versus marginaux. 3 niveaux pour saper les millennials.

HOMME
LES AFFRANCHIS

12, rue de l'Ancienne-Préfecture (2e)
✆ 04 72 77 93 51
www.lesaffranchis.com
Ouvert du lundi au samedi de 10h à 19h30.

Les Affranchis, c'est du viril. Deux adresses - avec une boutique Kenzo au milieu - pour les hommes qui veulent faire partie du cercle des Affranchis. Rien de mafieux là-dedans, mais de la mode masculine de caractère. Chez les Affranchis, chacun peut s'habiller à son image ou se transformer avec l'aide de grandes signatures du prêt-à-porter : Versace, Bikkembergs, Horpist, My Brand... ou de la mode haute couture, avec des costumes impeccables et des pièces plus rares. Des chaussures aux accessoires, du jean à la veste, en toute saison, les Affranchis envoient de la qualité et du look. Des pièces de qualité pour une street chic. Reste qu'il faut avoir les moyens de ses ambitions.

HOMME
LES GARÇONS

18, rue Gasparin (2e)
✆ 09 70 35 07 04
www.boutique-lesgarcons.fr
Ouvert du lundi au samedi de 10h à 19h.

Les Garçons sont dans la tendance chic et ils le prouvent en s'habillant chez Les Garçons. Avec ses baies vitrées s'ouvrant sur l'élégante rue Gasparin, la boutique est lumineuse. Equipe de choc pour présenter des vêtements chic dans un cadre épuré pratique pour les essayages (mais depuis quand les hommes aiment-ils faire des essayages ?). Du streetwear raffiné aux costumes tendance, chacun trouve son style avec classe. Les grandes marques sont bien présentes – Corneliani, Fiesoli, Boss, Rossignol... –, mais aussi des petits créateurs qui ont leur chance de trouver une place dans notre tenue. Nombreux accessoires, des chaussures aux sacs. Pour des garçons so chic.

HOMME
BONNE GUEULE

40, rue du Président Edouard Herriot (1er) ✆ 04 72 16 00 91
www.bonnegueule.fr
Ouvert le lundi et le mardi de 10h à 13h et de 14h à 19h30 ; du mercredi au samedi de 10h à 19h30.

Ouverte il y a 5 ans dans le fameux carré d'or du shopping lyonnais, au cœur de la Presqu'île, une boutique dédiée aux hommes, à leurs vêtements, à leur image. Oui, sans doute plus que leur compagne, les hommes ont besoin d'être accompagnés et conseillés pour bien s'habiller, avoir une allure stylée et avoir, enfin, une «bonne gueule». Bonne Gueule, c'est d'abord une ligne de vêtements, une marque inspirée par des tissus originaux, des savoir-faire uniques *made in* France, mais aussi européens et japonais. D'ailleurs, la boutique a des airs japonisants avec ses grands panneaux en bois. Essayages «comme chez soi» et conseils personnalisés pour trouver le look qui vous correspond vraiment.

HOMME
GRAPHITI

8, rue du Plâtre (1er)
✆ 04 78 39 42 94
www.graphiti.fr
Ouvert du lundi au samedi de 10h à 19h.

Graphiti n'est pas né de la dernière pluie – en 1978 –, mais ce n'est pas seulement l'adresse des vieux loups de mer. Graphiti, c'est sans doute le plus bel espace dédié à la mode, notamment masculine, où les femmes ont trouvé leur place pour marier les tenues. Place à l'excellence de l'accueil et des conseils. Place aux grandes marques et aux vêtements coupés à la perfection. Costumes d'exception pour être impeccable en toute occasion, avec doudounes, pulls, pantalons, chaussures... Tous les styles, du plus classique au plus actuel, du plus strict au plus décontracté. Pour les hommes qui en ont (du style bien sûr), et les femmes sans faute de goût. Une référence en la matière.

HOMME
DOPE

10, rue d'Algérie (1er) ✆ 04 78 28 33 78
www.shoezgallery.com
Ouvert le lundi de 13h30 à 19h30 ; du mardi au samedi de 10h30 à 19h30.

Vous allez vite devenir addict à Dope et à Shoez juste à côté. Franchement, c'est de la bonne Dope et des shoes uniques dans leur genre ! Les vêtements et les accessoires, les sacs notamment, les plus tendances du moment. Les fringues dont chaque détail fait l'objet d'admiration de la part des nombreux adorateurs de Dope. Jamais de mauvais goût, mais des goûts différents et cosmopolites pour être certain d'être vraiment à l'avant-garde d'une mode décontractée à porter à tout âge (ou presque... parce que ça peut mouler quand ce n'est pas oversize). Parmi les marques, avec de nombreux arrivages réguliers, il y a de la fraîcheur et du bonheur. Une boutique à part dans l'univers lyonnais.

HOMME
THE ROYAL RACER

48, rue Mercière (2e) ✆ 09 67 36 18 57
www.theroyalracer.com
Ouvert le lundi de 13h à 19h ; du mardi au samedi de 10h30 à 19h30.

Royal Racer, « the gentlemen motorsports club », une boutique pour bikers et bikeuses qui aiment les belles formes, les belles mécaniques, le bruit des cylindres d'un moteur, qui ont l'esprit de compétition autant que celui d'élégance et de galanterie. Boutique superbe comme une grosse moto lors d'une chevauchée sauvage, le confort d'un canapé moelleux en plus. C'est beau comme Paul Newman et tentant comme James Dean. Des collections à faire pâlir d'envie n'importe quel vestiaire, façon magazine pour homme, avec des marques racées. Des casques, de beaux objets à offrir, des livres... Tout ce que l'on voudrait avoir chez soi. Une boutique royale pour des dépenses somptuaires.

CHAUSSURES

POP AND SHOES

6, rue Chavanne (1er)
✆ 04 78 61 10 07
www.popandshoes.com
Ouvert le lundi de 14h à 19h, du mardi au samedi de 10h à 19h.

Le concept-store lyonnais toujours en avance sur son temps. Celui qui propose en permanence des créateurs confidentiels et autres collections exclusives dans une boutique dont on ne finit jamais de découvrir tous les recoins ! Une boutique de dingue, ouverte il y a plus de 10 ans, sur 600 m² (rien que ça !), consacrés aux chaussures, au prêt-à-porter, aux accessoires et même à la déco ! Si les chaussures tiennent la vedette dans tous les styles, des plus élégants aux plus déjantés, il suffit de changer de pièce pour tomber sur un meuble vintage ou un bar à bijoux. Bref, impossible de ne pas être vite *pop addict* après un passage dans cette boutique vraiment pas comme les autres.

CHAUSSURES

SHOEZ GALLERY

15bis, rue d'Algérie (1er) ✆ 04 78 28 33 78
www.shoezgallery.com
Ouvert le lundi de 13h30 à 19h30 ; du mardi au samedi de 10h30 à 19h30.

Mes chaussures sont ma street signature. Je les veux uniques et pratiques. Deux solutions : acheter des sandales en cuir dans un monastère ou faire un tour chez Shoez Gallery. Depuis plus de 15 ans, cette enseigne est la spécialiste des baskets que tout le monde appelle «sneakers». De très nombreux modèles filles et garçons de grandes marques comme Nike, et ses magnifiques éditions spéciales colorées, Converse, Veja, Kaiiu, Asics, Puma, Saucony... attendent que vous les chaussiez pour frimer en toute décontraction. Par contre, évitez de venir avec des amis, sinon le bon plan «unique» tombe à l'eau ! 3 boutiques pour les chaussures, accessoires, sacs à dos et fringues de la même qualité.

CRÉATEUR

LES ARTPENTEUSES

13, rue Romarin (1er)
www.lesartpenteuses.fr
Ouvert du mardi au samedi de 11h à 19h.

Arpenter les rues, les shoppeuses se perdent. Rien de mieux qu'une vraie boutique de créateurs pour retrouver le moral. Direction les Pentes chez les Artpenteuses, une boutique et un collectif de 13 créatrices et créateurs qui mettent en avant, et sans intermédiaires, des produits originaux avec une vente directe du créateur au consommateur. Vêtements pour femmes ou enfants pas vus ailleurs, mais aussi accessoires de mode, beaux bijoux, céramique et d'autres petits objets de décoration pour rendre la vie plus belle avec des produits artisanaux. Chaque mois, des invitées pour se changer les idées. Belles découvertes pour échanger plus que de l'argent avec les créatrices.

CRÉATEUR

CARRIE BRADSHOP

17, rue Romarin (1er) ✆ 09 51 83 93 80
www.carriebradshop.com
Ouvert du mardi au samedi de 13h à 19h30.

La référence lyonnaise en matière de mode vintage. Une boutique hors d'âge, qui va bientôt fêter ses 15 ans, preuve que la qualité paie et que nous sommes des fidèles à une style qui continue d'avoir la cote. Chez Carrie Bradshop, des passionnés de mode féminine version grands couturiers ont rassemblé un incroyable dressing de vêtements et accessoires vintage des années 1950 à aujourd'hui. Un cabinet de curiosités du meilleur goût avec d'incroyables trouvailles pour assumer un total look ou une simple pièce qui fera la différence. De grandes marques, des créateurs, des couturiers, des pièces uniques rarissimes et beaucoup de belles choses accessibles pour une boutique à la page vintage.

CRÉATEUR

NICOLAS FAFIOTTE COUTURE

8, rue du Plat (2e) ✆ 04 72 41 84 79
www.nicolasfafiotte.com
Ouvert du lundi au samedi de 10h à 13h et de 14h à 19h. Sur rendez-vous.

Avec ses lunettes rondes et sa tête d'ange, il est un véritable trublion imaginant de vraies robes de princesses pour les plus belles femmes du monde, nous y compris ! Nicolas Fafiotte est une étoile internationale dans le milieu de la mode. Une étoile à la boutique brillante et accueillante dans cette rue discrète de la Presqu'île. Après avoir fait ses premières armes chez le regretté Max Chaoul et chez Ungaro, ce génial touche-à-tout continue de se faire remarquer en habillant une Lyonnaise, Sylvie Tellier, devenue égérie de la marque avec les Miss France dont le couturier est partenaire. Pour revenir aux robes, elles sont extravagantes et colorées, elles font rêver toutes les femmes.

CRÉATEUR

VILLAGE DES CRÉATEURS

19, rue René-Leynaud (1er)
✆ 04 69 84 50 08
www.villagedescreateurs.com
Ouvert du mardi au samedi de 11h à 13h et de 14h à 19h.

Dans notre «start-up nation» responsable, le Village des Créateurs fait figure de pionnier en matière de pépinière d'entreprises de mode, déco et design. Dans une traboule réhabilitée, ce Village accompagne une quinzaine de créatrices et créateurs «éco-enthousiastes». Des créations originales pour se chausser, s'habiller, se parer d'accessoires autrement tout en faisant la rencontre de jeunes créateurs lyonnais ou d'ailleurs. Un laboratoire de belles idées pour trouver des pièces inédites, souvent très belles et personnalisées. Des marques à retrouver dans le pop-up store de la boutique VDC installée place Bellecour au cœur de Lyon. Expérience shopping unique.

FEMME
BONNY
19, rue Auguste Comte (2e) ✆ 04 37 57 77 96
www.bonny-clothes.fr
Ouvert du mardi au vendredi de 10h à 18h, samedi de 10h30 à 18h30.

Son prénom à elle, c'est Bonny. Enfin, c'est Lisa. Une boutique indépendante qui s'est déplacée vers la belle rue Auguste Comte pour continuer de nous proposer la meilleure sélection de marques pas vues ailleurs. Accueil charmant de Lisa, une jeune femme adorable, et conseils avisés afin de ne pas passer à côté de l'ensemble qui vous ressemble vraiment et vous démarquera de toutes les autres. Parmi les belles marques – que vous ne retrouverez pas sur le dos de copines, sauf si elles connaissent l'adresse ! : Samsoe Samsoe, Chloé Stora, Frnch, Modetrotter, Newtone Brand, Laurence Bras. Chaussures – notamment signées Rivecour –, accessoires et lifestyle. Coup de cœur au féminin.

HOMME - FEMME
LA TRIBU DES GONES
22, rue Saint-Jean (5e)
✆ 04 78 03 50 48
www.tribudesgones.com
Ouvert du mardi au dimanche de 11h à 20h.

Le gone en parler lyonnais, c'est l'enfant, le petit gamin de Lyon. Au cœur du Vieux Lyon, une adresse de textiles *made in Lyon* avec des phrases chocs fièrement affichées sur des tee-shirts, sweats, vestes, tabliers, sacs et autres objets proclamant : « Tout le monde y peut pas être de Lyon » ou « C'est pas le tout d'y dire y faut encore y faire »... Dès la naissance, possibilité de devenir une « petite beline » toute mignonne ou un Top Gone en body. Dessus, dessous, accessoires pour la maison et de très jolis posters, affiches et litho. Drôle et de bon goût avec un accueil très sympa pour être certain de repartir avec l'article à notre taille et à notre image.

FRIPERIE
FRIPESKETCHUP
25, rue du Sergent-Blandan (1er)
✆ 04 78 98 26 64
www.fripesketchup.com
Ouvert du mardi au samedi de 13h30 à 19h30.

Si Lyon est la capitale française de la mode vintage, le bas des Pentes de la Croix-Rousse est un petit paradis pour toutes celles et tous ceux en quête de fringues décalées de tous les styles pourvu qu'il ne soit pas contemporain ! Et pourtant, FripesKetchup réussit le pari de rendre très actuels les vêtements d'autrefois, façon marque de créateur, en revisitant le vintage. Une boutique très stylée et les tenues sont soigneusement présentées, loin de certains entrepôts où l'on ne fait aucun effort sur la déco. Certaines diront que ça fait monter le prix des tenues, d'autres seront ravis de trouver des ensembles « total look ». Accueil adorable et bonne musique, ce qui ne gâche rien.

PRÊT-À-PORTER
CONFLUENCE
112, cours Charlemagne (2e)
✆ 04 72 31 32 80
www.confluence.fr
Boutiques ouvertes du lundi au samedi de 10h à 20h. Restaurants, cinémas et loisirs ouverts 7j/7.

Shopping et loisirs, Confluence offre une expérience unique. Une situation exceptionnelle au bord de la Saône avec accès par le Vaporetto, vaste parking (2h offertes sous conditions) pour les voitures et les vélos, accès facile par les trams T1 et T2, Confluence, c'est encore une architecture ouverte baignée d'une lumière naturelle et une offre incroyable de boutiques : shopping, restauration et loisirs. Choix des plus grandes marques, mais encore un hypermarché, un cinéma, un hôtel, un centre de loisirs, une salle d'escalade... Sans oublier une véritable réception à l'écoute des clients, de nombreux services 4 étoiles et un programme de fidélité plein d'avantages.

GRANDE TAILLE
KABAYA
15, rue Tupin (2e) ✆ 04 72 77 60 35
www.kabaya-lyon.fr
Ouvert du mardi au samedi de 11h à 13h30 et de 14h30 à 19h.

Toutes les femmes aiment se sentir belles. Pourtant, difficile pour les plus rondes de trouver des vêtements – et des sous-vêtements – à leur mesure. Sauf chez Kabaya, boutique indépendante installée au cœur de Lyon depuis plus de 15 ans. Première belle rencontre avec l'adorable Sylvie qui vous accueille avec son regard expert. Robes, jupes, jeans, pantalons, vestes, manteaux, dans tous les styles avec des tailles jusqu'au 58. Essayages sans nuage de vêtements de qualité et des collections souvent renouvelées. L'autre spécialité de la maison, c'est la lingerie (du 75 au 120, bonnets C à Q) avec les marques Prima Donna, Marie Jo, Empreinte, Anita, Freya... et des maillots de bain trop jolis.

PRÊT-À-PORTER
LES CURIEUX
18, rue Palais-Grillet (1er) ✆ 09 54 69 24 10
www.les-curieux-lyon.com
Ouvert du lundi au samedi de 10h à 19h30. Achat en ligne également possible.

Dans une ville devenue capitale du développement durable, Les Curieux montrent la bonne voie au cœur de la Presqu'île. Les Curieux, c'est ce qu'il est convenu d'appeler un lieu «hybride» dédié à un mode de vie écoresponsable et éthique. Décoration dans le ton avec mobilier recyclé, chiné, stylisé et résolument vintage. Flânerie entre les gammes de vêtements bio, éco-conçus et labellisés pour toute la famille. L'équipe adorable vous propose accessoires et produits de bien-être. Pour ressortir véritablement transformé, faites un détour par l'atelier coiffure mixte, barbier, massage et soins. Espace salon de thé et ateliers créatifs. Boutique incontournable parfaitement dans l'air du temps.

COIFFURE
JOUVANCEAU

52, cours Vitton (6e) ✆ 04 78 24 93 36
https://jouvanceau.com
Ouvert lundi de 10h à 16h, du mardi au vendredi de 9h à 19h, samedi de 9h à 18h.

Dans ce coin paisible du 6e arrondissement, Jouvanceau² offre un cadre charmant, tout en élégance, pour redonner vie à vos cheveux. Yohann Jouvanceau a grandi dans le monde de la coiffure et a créé ce salon comme un lieu dédié au bien-être. Ecoute, conseil, accompagnement, ici on prend le temps de comprendre vos attentes, de construire une véritable relation qui aboutira à votre entière satisfaction. Techniques parfaitement maîtrisées par toute une équipe des plus sympathiques, couleurs réussies dans la durée, coupe au top par un expert visagiste... Produits Tokio et Oribe. Ajoutons que ce salon est durable et responsable, ce qui rajoute à ses nombreuses qualités. Affirmez votre style !

COIFFURE
LOUNGE CUT

16, place du Maréchal-Lyautey (6e) ✆ 04 72 81 68 79
www.loungecut.fr
Ouvert du mardi au vendredi de 9h à 19h, samedi de 9h à 17h30. Coupe à partir de 42 €/femme, 26 €/homme.

Si tout autour de nous pouvait être aussi zen ! Depuis 14 ans, s'inspirant des soins du monde entier, Lounge Cut s'est affirmé comme une référence dans le monde de la coiffure. Mike, amoureux du Japon est une référence dans le monde de la coiffure : coiffeur studio, coiffeur plateau, créateur et technicien cité dans les plus grands magazines. Avec toute son équipe super compétente, il vous attend pour vous faire vivre une expérience de beauté unique, comme par exemple donner une cure de jouvence à vos cheveux avec des soins japonais incroyables Tokio Inkarami. Des colorations sublimes avec des coloristes experts. Un seul conseil dans tous les cas : prenez rendez-vous à l'avance !

COIFFURE
MARCAPAR

4, avenue du Doyenné (5e) ✆ 04 78 37 48 65
www.marcapar.com/salons-marcapar
Ouvert mardi de 9h à 18h, mercredi de 10h à 18h, jeudi et vendredi de 9h à 19h, samedi de 8h à 17h.

Marcapar, les couleurs 100 % naturelles de vos cheveux depuis 30 ans. Inventés par Christian Roche, les produits Marcapar de coloration 100 % végétale donnent à tous les cheveux la couleur de leur choix en retrouvant leur qualité première. Même les personnes allergiques ou les femmes enceintes profitent des bienfaits de la gamme Marcapar : colorations végétales réalisées sur mesure, mais aussi shampooings ou soins coiffants. Les couleurs sont naturellement belles, du blond doré au châtain foncé. Dans ce magnifique salon mêlant pierres et bois, détente totale et prise en main par des professionnels adorables. Salon avec service barbier pour homme et toujours des colorations 100 % végétales.

COIFFURE
HAIR POP

77, avenue Jean-Jaurès (7e)
✆ 04 72 71 09 02
Ouvert du mardi au vendredi de 9h à 19h, samedi de 9h à 17h. Sur rendez-vous.

© HAIR POP

Chez Hair Pop, Alexandre, Aude et Jean sont non seulement d'excellents coiffeurs, mais aussi des coiffeurs responsables. Responsables de la beauté de vos cheveux, n'utilisant que des produits naturels et de qualité signés Daviness, Matrix et Moroccanoil à l'huile d'argan. Responsables de notre look avec des coupes et des couleurs qui nous ressemblent vraiment, le tout réalisé par des coiffeurs aussi expérimentés qu'adorables. Responsables encore parce qu'ils s'engagent dans une démarche écologique en faisant recycler nos cheveux coupés, collectés et valorisés en ressource (recherche médicale, dépollution, agriculture...) par Capillum. Superbes coiffures de mariage. Bien dans l'Hair du temps.

NEW
COIFFURE
MG CORPORATION

10, rue Duviard (4e)
✆ 06 28 71 13 74
Sur rendez-vous.

Laissez-vous surprendre par ce salon de la Croix-Rousse. MG, c'est pour Geoffrey Martinez. Un véritable artiste et pas qu'avec des ciseaux ! D'ailleurs, certains d'entre vous ont pu voir sur scène au cabaret Oh Paradis ce chanteur et violoncelliste, daslois d'origine (vous chercherez…), lyonnais d'adoption. Un homme extraordinaire dans un lieu hors du commun, un salon divisé en deux parties, installé comme un petit salon intimiste, un véritable « chez soi » propice à la rencontre sans pression. Passionné de coiffure, Geoffrey possède une renommée internationale – ambassadeur de la prestigieuse maison Schwartzkopf. Coloriste de talent, Geoffrey met de la lumière dans nos cheveux.

COIFFURE

OCEANE AVAKIAN

32, rue Cuvier (6e) ✆ 04 26 18 76 16
https://oceane-avakian.com
Ouvert du mardi au vendredi de 9h30 à 18h30, samedi de 9h à 17h.

Loin des « diminu-tifs » des vieux salons de coiffure, le simple nom des coiffeuses et coiffeurs s'affiche aujourd'hui aux meilleures enseignes. C'est le cas pour Océane Avakian qui peut, fièrement, porter le nom de son grand-père dont elle perpétue la passion pour la coiffure. Dans son salon comme un cocon à l'ambiance apaisée, on se laisse prendre en main par des professionnelles régulièrement formées. Sièges massant pendant le shampooing, bien-être, écoute et c'est parti pour un soin, une couleur dans un espace particulier avec son « dressing » à tubes de couleur et une coupe sur mesure. Produits de qualité – Patrice Mulato, Tokio Inkarami, Olaplex… – disponibles en ligne et en boutique.

COIFFURE

SALON BRUNO ESTATOFF

13, cours Lafayette (6e)
✆ 04 72 75 06 45
Ouvert du mardi au vendredi de 9h à 19h, samedi de 8h à 17h.

Une adresse remarquable, un des grands noms de la coiffure à Lyon et bien au-delà. Les grandes vitrines de ce salon de coiffure se font elles aussi remarquer sur le cours Lafayette. Estatoff, le nom est bien connu dans le monde de la coiffure. Si le salon porte le nom du père, Bruno Estatoff (ambassadeur l'Oréal Professionnel, formateur et photographe), c'est toute une famille qui brille par son professionnalisme et sa créativité. Nouvelle génération avec Yvan et Lucca, les deux fils, qui révèlent tous leurs talents pour rendre les femmes toujours plus divines avec des cheveux sublimés par des coiffures originales. Résultats stylés pour ces créateurs de beauté.

COIFFURE

ROMAIN B

1, rue Gaspard-André (2e) ✆ 04 78 62 74 30
http://romain-b.fr
Ouvert lundi et samedi de 9h à 17h, du mardi au vendredi de 9h à 20h. Sur rendez-vous.

Il y a des appartements qu'il faut visiter pour se mettre en beauté. On pourrait même s'y confiner en compagnie de toute l'équipe de Romain B ! Un salon de coiffure différent installé dans un superbe appartement d'un bel immeuble de caractère derrière le théâtre des Célestins. Un canapé pour patienter, des chaises pour s'asseoir face aux immenses glaces. Formé par l'excellent David Mallet à Paris, Romain allie la créativité de sa jeunesse au savoir-faire de son expérience pour nous donner une coiffure à la fois très naturelle et très travaillée. Ecoute, conseils personnalisés, bien-être, puis une coupe brushing réalisée par un véritable artiste. Coiffeur haut de gamme.

COIFFURE

SECOND FACE

3, rue Mercière (2e) ✆ 04 78 42 95 46
http://2nd-face.com
Ouvert du mardi au vendredi de 10h à 19h ; le samedi de 9h à 18h.

La culture du lieu, la culture du cheveu ! Ça fait plus de 25 ans que le *Futé* aime Second Face. Une enseigne pas comme les autres où l'on vient se faire couper les cheveux mais aussi échanger, partager, s'amuser, vivre ensemble... Un salon comme un lieu de rencontres, une philosophie de vie à retrouver dans les 4 salons signés Second Face. Des coiffeurs autrement qui suivent la voie de Bruce Coulaux en nous transmettant de bonnes vibrations, de l'énergie et des coiffures hautement personnalisées. A Platière, c'est la coloration qui tient la vedette. Dans le 7e, coffee shop, running store et égalité homme/femme pour les tarifs ! A Sathonay, du contemporain *vegan friendly*. Happy Second Face.

COIFFURE

LES SAISONS BY CHRISTIAN NOËL

3 bis, rue Margnolles - **CALUIRE-ET-CUIRE** ✆ 04 72 00 90 11
https://coiffurelessaisons.fr
Ouvert du mardi au vendredi 9h-19h, samedi 9h-18h. Coupe homme 24 €, femme à partir de 38 €. Couleurs.

Réveille la saison qui sommeille en toi ! Dans son salon aux portes de la Croix-Rousse, Christian Noël décline d'une main de maître les tendances coiffures et couleurs du moment. Décor années folles revisitées, ambiance cocon et cosy pour échanger sur une coiffure et une couleur qui vont prendre vie grâce au talent créatif et à l'excellence technique. Un coiffeur fort d'une grande expérience, utilisant les produits Schwarzkopf et GHD, mettant en lumière votre caractère. Esthétique avec maquillage, soins ongles et sourcils. Cartes de fidélité et tarifs accessibles.

COIFFURE

THOMAS TUCCINARDI

39, rue de la République (2e)
https://thomastuccinardi.com
Ouvert du mardi au vendredi de 9h à 18h, samedi de 9h à 15h30.

Une expérience unique. D'abord parce que le lieu est unique. En plein cœur de Lyon, un salon comme un cocon hors de l'agitation de la rue piétonne juste en bas. Un univers parallèle au design magnifiquement épuré, aux matériaux précieux, avec quelques clins d'œil à l'expérience américaine de Thomas Tuccinardi. Lui aussi, il est unique. Ce passionné de coiffure depuis le plus jeune âge s'est formé en voyageant, notamment aux Etats-Unis, pratiquant, manageant de grands salons. Dynamique, perfectionniste, il innove avec ce salon où il propose un véritable accompagnement personnalisé. Qualité des soins, des couleurs et de la coupe, le Balayage Signature® révèle toute la beauté de vos cheveux.

INTERVIEW

VICTORIO SAROLI

UNE VIE D'AMOUR POUR LA COIFFURE

Le Petit Futé vous présente un coiffeur exceptionnel, et pas seulement par sa longévité ! Installé dans un quartier populaire à l'écart du centre-ville, Victorio Saroli affiche avec modestie de nombreux titres de concours. Rencontre avec un homme de valeur aux multiples talents.

Pouvez-vous nous raconter votre parcours ?

Je suis Victorio Saroli, né en 1952 à Lyon. Mon père vient du village italien de San Vittore del Lazio qui a donné de très nombreux coiffeurs barbiers qui se sont exportés en France et dans le monde. J'ai commencé mon apprentissage avec mon père et mon oncle à 13 ans et demi. Troisième génération de coiffeur, j'exerce par amour le métier de coiffeur barbier depuis 56 ans.

Pourquoi s'installer dans ce quartier ?

J'ai décidé de m'installer dans ce quartier parce que mes parents y habitaient et parce qu'un coiffeur m'a dit un jour : « Fais du bon travail et tu travailleras de partout ! ».

Et vous avez remporté de nombreux concours !

Je n'ai jamais hésité à faire des concours, car la compétition vous tire vers le haut. J'ai gagné le Mondial de la coiffure à Cannes en 1985, la Coupe de France à Lille en 1987… J'ai des prix dans toutes les villes de France ! La perfection est difficile, mais il faut essayer de l'atteindre.

Comment pourriez-vous définir votre salon ?

Disons qu'il marche à travers le temps. Dans un esprit d'indépendance, j'ai créé un salon à mon image où j'ai pu tout choisir, de la décoration aux produits en passant par la musique avec le grand Charles Aznavour et le jazz. J'aime le présent du métier, j'essaye de voir le futur, mais j'aime surtout le passé, car c'est avec lui qu'on se construit.

Quelles sont les qualités d'un bon coiffeur ?

Aimer son métier. Un artisan qui n'aime pas son métier ne sera pas heureux. Si un musicien doit avoir une bonne oreille, un bon coiffeur doit avoir le coup d'œil. Quand je regarde un client, je suis capable de lui dire ce qui va lui aller.

Quand pensez-vous arrêter la coiffure ?

Ce n'est pas dans ma tête. Mais le jour où j'arrêterai, je me dirai simplement que j'ai donné aux autres le meilleur de moi-même.

Pour finir, que pensez-vous de Lyon ?

C'est ma ville. Et ces dernières années, elle a bien évolué. A Lyon, j'aime l'art, la culture, les monuments. J'aime aussi son énergie économique qui attire beaucoup de monde, notamment des jeunes. J'aime aussi la gastronomie et pour la cuisine italienne je recommande Chez Carlo ou Toto li Vigni.

› SALON DE COIFFURE ET BARBIER VICTORIO SAROLI

75, rue Pierre Delore - **Lyon 8e**

✆ 04 78 72 05 67

© EMMANUEL SPASSOFF

© EMMANUEL SPASSOFF

© EMMANUEL SPASSOFF

BEAUTÉ

IL ESTHÉTIQUE POUR HOMME

11, boulevard des Brotteaux (6e)
✆ 09 86 71 22 94
www.il-esthetiquepourhomme.com
Ouvert du lundi au samedi de 9h à 19h.

Prendre soin de soi, ce n'est pas «genré». Ces messieurs aussi ont le droit d'être bien dans leur peau en prenant rendez-vous – en ligne sur Internet ou par téléphone – chez Il Esthétique pour Homme. Un institut aux lignes douces et contemporaines, aux notes bleutées, où des esthéticiennes diplômées d'état et formées vous apportent le meilleur pour notre peau et notre bien-être. Après diagnostic sont proposés des soins spécifiques et personnalisés afin de combattre les effets de la fatigue, du stress, de l'âge... Soins du visage – avec des soins express très pratiques le temps d'une pause –, modelages, gommages, soins des mains et des pieds, épilation... Pour être bien au masculin.

COSMÉTIQUES

PICK&GRAM

83, Grande Rue de la Croix-Rousse (4e)
✆ 09 71 59 49 16
www.picketgram.fr
Ouvert du lundi au samedi de 10h à 19h.

Se faire belle, prendre soin de soi tout en prenant soin de notre planète, c'est l'engagement pris par Pick&Gram, boutique installée au cœur de la Croix-Rousse. Le concept est simple, mais il fallait y penser (d'ailleurs il est unique en France) : vendre des ingrédients cosmétiques et ménagers naturels... en vrac ! Pour l'utilisation et les assemblages nécessaires, les conseils sont les bienvenus, pour ne pas dire nécessaires. Heureusement, les responsables de Pick&Gram œuvrent sans relâche et avec le sourire. Pour être sûre de maîtriser la composition de vos produits de beauté (de qualité), faire un geste pour la planète et quelques économies, Pick&Gram nous apparaît comme une évidence.

COIFFEUR

VICTORIO SAROLI

75, rue Pierre Delorme (8e)
✆ 04 78 72 05 67
Ouvert du mardi au samedi de 8h à 19h.

Il y a des expériences qui vous changent un homme ! Dans un quartier hors des radars, mais facile d'accès par le tram T6 arrêt Petite Guille, un salon de coiffure et barbier hors du temps mais parfaitement dans son époque ! Victorio Saroli, italien d'origine, est un coiffeur comme on n'en fait plus. Lui qui a appris son métier avec son père à 13 ans et demi n'a cessé de se perfectionner pour tendre vers l'excellence. Une excellence atteinte lors des nombreux concours qu'il a remportés et lors de votre rendez-vous. Salon au décor ultra personnalisé, musique jazzy du meilleur goût (et aussi du grand Charles...), gentillesse, écoute et savoir-faire pour une coupe sur mesure. Du grand art !

PIERCING - TATOUAGE

A COLOR TRIP

1, rue Constantine (1er) ✆ 04 78 30 43 93
www.acolortrip.com
Ouvert du lundi au vendredi de 13h30 à 19h, samedi de 11h30 à 12h30 et de 13h30 à 19h.

Un salon installé depuis 28 ans près des Terreaux. S'il a changé de main, il n'a pas changé de philosophie au fil du temps, privilégiant toujours l'accompagnement et l'hygiène. Aux aiguilles de ce petit salon, Manon et Philippine. Nous vous conseillons d'aller jeter un œil dans leurs books sur le site Internet afin de mieux comprendre leur style respectif. Manon, qui utilise des pigments végans, est spécialisée dans les tatoos dermo-pigmentation qui permettent de camoufler certaines cicatrices, vergetures ou de reconstituer, par exemple, des aréoles mammaires. Les traits des tatoos de Philippine se prêtent parfaitement à la création de tatoos végétaux ou animaliers d'une grande finesse.

COSMÉTIQUES

AROMA ZONE

23, rue Bellecordière (2e)
www.aroma-zone.com
Ouvert du lundi au samedi de 10h à 19h30.

Dans le cadre somptueux du Grand Hôtel-Dieu, Aroma Zone se démarque des boutiques beauté traditionnelles. Un grand espace ouvert parcouru de bois blanc au plafond et de vastes présentoirs offrant des possibilités infinies de prendre sa beauté en main de manière responsable. Chez Aroma Zone, des produits 100 % naturels du monde entier s'associent selon les besoins de chacun, composant des cosmétiques uniques. Il suffit de prendre une base neutre et d'ajouter les ingrédients qui nous correspondent. Conseils pour les néophytes par des conseillères disponibles, ateliers sur place et en ligne, recettes personnalisées... Entre tradition des bons produits et concept futuriste, Aroma Zone séduit.

SOINS DE BEAUTÉ

LE COMPTOIR DU SOURCIL

4, rue de la République (1er)
✆ 06 33 31 67 48
www.lecomptoirdusourcil.fr
Ouvert du lundi au samedi de 9h à 18h.

Dans l'intimité d'un immeuble de la rue de la Ré, un appartement aménagé en cabinet privé pour habiller votre regard. Comme son nom l'indique, le Comptoir du Sourcil est le spécialiste du... sourcil. Grâce à une technique exclusive, offrez-vous un regard intense avec les différentes prestations proposées par ces professionnelles adorables, Vanessa en tête : poil à poil/ombrage, épilation, restructuration de vos sourcils, rehaussement et teinture des cils... Un maquillage semi-permanent pour une bouche gourmande et naturelle ou un superbe eye liner. Pour un visage lumineux sans imperfections, le microneedling montre son efficacité. Conseils et accompagnement pour un résultat parfait.

BIJOUTERIE

LA COUR

43, rue de Brest (2e)
✆ 04 78 37 85 24
www.lacour-sa.fr
Ouvert du mardi au samedi de 9h45 à 18h45.

Elles ne sont pas nombreuses les bijouteries où l'on peut encore effectuer des «retouches», notamment des mises à taille, dans des délais raisonnables. Entre le passage de l'Argue et la rue de Brest, le *Petit Futé* a eu un coup de cœur pour cette bijouterie de qualité, où l'on nous propose des services exemplaires grâce à l'atelier de la maison (la maison ne sous-traite pas les travaux). On a adoré la mise à taille gratuite et faite dans l'après-midi même ! Réparation de bijoux pour redonner vie à vos bagues, colliers, pendentifs et autres boucles, gravures et photogravures... Exceptionnel et futé non ? D'autant que l'accueil se montre charmant pour nous renseigner.

BIJOUTERIE

CRÉSUS

29, rue Gasparin (2e)
✆ 04 78 42 72 15
www.cresus.fr
Ouvert du mardi au samedi de 10h30 à 18h30.

Depuis bientôt 30 ans, Crésus, le roi de la montre et du bijou d'occasion, nous accueille dans l'une de ses boutiques lyonnaises : une dédiée aux montres, une autre pour les bijoux et les sacs à main, ainsi qu'un atelier pour les montres de luxe vintage et les services horlogers haut de gamme. Achat, vente, dépôt-vente de grandes marques (Rolex, Omega, Breitling, IWC...), Christian Odin – véritable « chasseur de montres » – conseille, renseigne, écoute, puis se plie en quatre pour satisfaire ses clients. Toutes les offres sont disponibles sur le site Internet. De nombreux services avec un atelier de réparation, des expertises, des assurances ou la possibilité de financer son achat.

BIJOUX - HORLOGERIE

BIJOUTERIE GEMME

15, cours Lafayette (6e)
✆ 04 78 60 55 33
www.bijoux-gemme.com
Ouvert du mardi au samedi de 10h à 13h et de 14h à 19h.

Au fil du temps, 37 ans et une autre boutique en Presqu'île, Gemme s'est imposée comme la boutique spécialiste de l'achat d'or ou de bijoux et de la vente de bijoux d'occasion. Gemme achète les bijoux, même s'ils sont cassés, usés, abîmés. Les bijoux, mais aussi l'or, les diamants et les pierres précieuses. Ce qui fait la différence, c'est que chez Gemme le bijou est pris comme une «œuvre» dans son intégralité, ce qui augmente naturellement sa valeur. De véritables experts évaluent la juste valeur de votre bijou et vous assurent du meilleur prix. Avec plus de 3 000 bijoux exposés – sas de sécurité comme dans une banque –, Gemme offre un large choix pour un plaisir renouvelé.

CADEAUX DU MONDE

BENOIT GUYOT

15, rue Emile-Zola (2e)
✆ 04 72 56 50 90
www.singulier.com
Ouvert du mardi au samedi de 10h à 13h et de 14h à 19h.

Benoit-Guyon, né en 1899, reste avant-gardiste. Une enseigne qui a su évoluer au fil du temps pour accompagner nos envies. Trois niveaux de cadeaux et de déco dans un magasin aux multiples recoins sur 650 m². Le rez-de-chaussée est le plus petit des espaces, même s'il contient les objets parmi les plus volumineux, comme ces canapés ou ces luminaires et un espace Lexon. A l'étage, le plus grand des espaces ouvre plusieurs univers avec de superbes objets de décoration, des accessoires originaux utiles et futiles, tout ce qu'il faut pour la cuisine, mais encore des tapis, du mobilier... Pour l'outdoor, ne pas manquer de sortir extra-muros à Lissieu. Site Singulier complet.

CONCEPT STORE

BE HAPPY

69, avenue Jean-Jaurès (7e)
✆ 09 81 01 75 80
Métro Jean Macé
www.behappy-store.com
Ouvert le lundi de 15h à 19h ; du mardi au samedi de 10h à 19h.

© PETIT FUTÉ

Un bijou de boutique. Be Happy, c'est l'adresse dont vous ne pourrez plus vous passer. Parce que Catherine est adorable et que sa sélection d'objets est incroyable. Be Happy, boutique indépendante et colorée, c'est la garantie de se faire plaisir et/ou de faire plaisir avec une multitude d'idées cadeaux pour toutes les occasions. Mode avec les pulls cachemire tendance Notshy, mais encore King Louie, Mademoiselle Yéyé ou I Code. Sacs Mila Louise. Large collection de créateurs : Hipanema, By Garance, Zag, Franck Herval, Bijoux Nature ou Belle Mais Pas Que, bijoux tissés artisanalement Nach, Rosekafé, Rice... Sacs Cabaïa adaptés à la vie urbaine. Bolas de grossesse. Be Happy for ever.

CADEAUX

PERREYON 1884

1, rue Victor-Hugo (2e) ✆ 04 78 37 18 54
www.perreyon1884.com
Ouvert mardi et mercredi de 10h à 13h et de 14h à 19h, jeudi et vendredi de 10h à 19h, samedi de 10h30 à 19h.

L'écriture est une forme d'art. Au cœur de Lyon, Perreyon 1884 est, depuis 1884, le spécialiste de la plume et du stylo. Un univers merveilleux qu'il faut absolument (re) découvrir avec l'adorable Kelly. Sa bonne humeur contagieuse et son professionnalisme vous permettront d'essayer une sélection pointue des meilleures marques européennes et japonaises : Pilot, Sailor, Platininum, Diplomat, Pélican, Ferris Wheel Press... Plus de 50 grandes marques de stylos et un bar à encres unique dans son genre. Stylos stylés, superbes papiers, accessoires de bureau et petite maroquinerie de haute qualité. Un beau stylo, c'est le plus beau des cadeaux, la clé vers le bonheur infini d'écrire.

CADEAUX

HEUREUX COMME UN PRINCE

41, rue de la Charité (2e) ✆ 04 78 79 14 57
www.heureuxcommeunprince.fr
Ouvert du mardi au vendredi de 10h à 13h30 et de 14h30 à 19h, samedi de 10h à 19h.

Un concept store pour ceux qui ont du style et pour les femmes qui veulent vraiment faire plaisir à leur homme. Les Lyonnais ont trouvé un univers masculin composé par Arthur et Florent, fait de tendresse, de beauté et de quelques objets connectés. Des objets au masculin. Une mine d'idées cadeaux pour celles (et ceux) qui veulent faire plaisir à leur Jules avec tout le nécessaire de mise en beauté, mais encore des tire-bouchons de pro pour épater les copains, de beaux livres gourmands, des bijoux, des montres, des accessoires de mode (de l'écharpe aux caleçons) et des accessoires de bureau. E-shop si vous ne pouvez pas (encore confiné ?) ou ne voulez pas bouger. Alors, heureux ?

CADEAUX DU MONDE

TERRES D'ASIE

5, rue de Marseille (7e) ✆ 04 78 58 95 37
https://terresdasie.fr
Ouvert du mercredi au samedi de 10h30 à 12h30 et de 14h à 19h30.

Loin des clichés sur les produits «Made in Asia», cette belle boutique de la rue de Marseille (facilement accessible en métro ou tram) vous emmène directement en Asie à la découverte d'une culture, d'un art de vivre, d'objets et de vêtements superbes et de grande qualité. Créée il y a une vingtaine d'années, Terres d'Asie propose une sélection exigeante dans tous les domaines. Des robes contemporaines élégantes, de superbes kimonos pour les amoureuses de belles soies, des pantalons, des tuniques, des jupes longues... Plus de 1 500 références pour tous les budgets. Nombreux accessoires, des éventails, des encens et un rayon entier dédié au feng shui. De beaux cadeaux à se faire à prix doux.

CONCEPT STORE

TENDANCE K

2, rue de la Mairie - **FRANCHEVILLE**
✆ 06 24 20 90 12
www.tendance-k.fr
Ouvert du mardi au samedi de 9h30 à 12h30 et de 15h à 19h.

Une boutique à Francheville, ça nous sort du centre de Lyon et c'est bon. Dans son concept store, Sophie rassemble, renseigne, écoute, prend soin de ses clients de passage ou habitués poussant sa porte pour rentrer dans un univers à part. Une tasse de thé après l'école, un goûter, un verre de vin à partager, une recherche cadeaux de dernière minute avec des marques originales et des objets sélectionnés avec goût, un bijou plaisir pour ces dames, un petit objet pour les enfants, une soirée à thème le vendredi soir, une conférence, une animation au thème original... Femme, mari, enfant, famille, tout le monde se croise et se côtoie pour partager un pur moment de bonheur.

CRÉATEUR

BIJOUTERIE JOAILLERIE CRÉATION DE MATOS

23, boulevard François-Reymond - **SAINT-PRIEST**
✆ 04 78 20 48 50 - Entrée magasin sur la place
www.doretdargent.fr
Ouvert du mardi au samedi de 9h30 à 12h et de 14h à 19h.

Artisan d'art depuis 40 ans à Saint-Priest, De Matos propose des bijoux d'exception fabriqués à Lyon, des pièces alliant tradition, qualité et lignes personnalisées. Fabrication maison pour des bijoux or ou argent se déclinant en chevalières à graver ou à orner d'une pierre précieuse, bagues, alliances boucles d'oreilles, bracelets, chaînes, colliers, pendentifs, des colliers prénoms en lettres découpées. Pièce inconique, la croix *Rocker à la guitare* adopté par les fans de Johnny. Possibilité de faire réparer ou modifier de vieux bijoux pour leur offrir une nouvelle vie.

CRÉATEUR

BRUNO ALQUIER

9, cours Vitton (6e) ✆ 04 78 89 24 82
www.brunoalquier.com
Ouvert du mardi au vendredi de 11h à 19h et le samedi sur rendez-vous uniquement.

Un plaisir unique. Depuis plus de 30 ans, ce bijoutier d'exception, véritable artisan d'art, réalise sur mesure des bijoux originaux. Avec Bruno Alquier, chaque pièce est conçue à notre image pour accompagner tous les grands moments de notre vie. Ce créateur nous permet de composer nous-mêmes notre bague à partir de matières précieuses. Sur un catalogue ludique, on choisit le corps de la bague et la pierre à monter, composant ainsi un bijou à notre image. Ce qui est agréable, c'est que non seulement on participe pleinement à l'élaboration de son bijou personnalisé, mais en plus le tarif est identique à celui d'un bijou de série. Alors, pourquoi résister à la tentation ?

CRÉATEUR

CLAIRE SARMA CREATIONS

7, rue de Saint-Cyr (9e) ✆ 06 74 71 71 37
www.bijouxclairesarma.com
Accessible aux fauteuils roulants, Accessible aux personnes à mobilité réduite

Quel plaisir de mettre en lumière les créations originales de Claire Sarma. Dans son atelier-boutique de Vaise, cette artiste et artisane de talent crée des bijoux et autres objets merveilleux autour du verre, matière magique. Pour ses créations personnalisées, Claire Sarma conjugue les techniques du «fusing» (technique permettant d'assembler des morceaux de verre colorés) et du filage de verre à la flamme pour former de magnifiques perles de verre. Résultat : des bijoux colorés composés de perles de verre colorées, toutes uniques, et d'autres objets déco, comme ces lampes et tableaux en verre. Les créations de Claire Sarma ont obtenu le label «Fabriqué à Lyon».

CRÉATEUR

PULP JEWELS

8, rue de Fleurieu (2e)
✆ 06 68 66 91 48
www.pulpjewels.com
Ouvert du mercredi au samedi de 11h30 à 19h.

A deux pas de la place Gailleton, à l'entrée du quartier d'Ainay, l'atelier boutique de Camille propose une gamme de bijoux urbains stylés. Cela fait plus de 10 ans que la marque Pulp propose des bijoux actuels, entièrement réalisés à la main avec un beau savoir-faire et des matériaux de qualité, notamment l'or, l'argent et les pierres fines. Collection de la créatrice et des pièces uniques selon l'inspiration de Camille, mais aussi la possibilité de faire réaliser des bijoux sur mesure en faisant sertir la pierre de votre choix sur l'une des montures maison. Dans tous les cas, des pièces originales pour faire, ou se faire, de jolis cadeaux. Accueil charmant et conseils personnalisés.

HORLOGER - MONTRE

MAIER

99, rue Président-Edouard-Herriot (2e)
✆ 04 78 42 08 81
www.maier.fr
Ouvert du lundi au samedi de 10h15 à 18h45.

Avec une succession de boutiques de luxe à faire tourner la tête, la maison Maier s'est imposée dans ce quartier chic de la Presqu'île. Fondée il y a 24 ans, Maier est devenue au fil du temps l'ambassadrice des plus grandes marques de l'horlogerie – une de ses spécialités. Parmi les grands noms des plus belles montres et des mécanismes complexes : Panerai, Blancpain, Longines, Omega (revendeur officiel), Rolex (boutique au n° 79), Breitling et Tag Heuer (boutiques au n° 102) Hublot, Breguet, Bell & Ross ou les manufactures suisses Audemars Piguet et IWC. Du grand art et des systèmes qui nous font précisément rêver. Boutique spécialisée dans les montres vintage à deux pas rue Maupin.

JOAILLIER - DIAMANTAIRE

BEAUMONT & FINET

100, rue du Président-Edouard-Herriot (2e) ✆ 04 78 28 17 17
www.beaumont-finet.com
Ouvert le lundi de 14h à 18h45 ; du mardi au samedi de 10h15 à 18h45.

Figure emblématique de la bijouterie lyonnaise. Deux noms qui s'additionnent par une esperluette, cela fleure bon le XIXe siècle et un savoir-faire d'exception depuis 1836. Beaumont & Finet, c'est l'un des derniers ateliers de haute joaillerie à Lyon et en France avec sa propre marque B&F. Dans un espace luxueux de la très chic rue Herriot, où l'accueil sait se montrer convivial même avec les clients les plus modestes, monsieur et madame s'émerveillent des bijoux de grande marque : Fred, Hermès ou Boucheron. Horlogerie de précision Baume & Mercier, Poiray ou Longines. Encore plus originales, des créations maison sur mesure, de pures splendeurs de grande joaillerie. Une adresse précieuse.

RELIGIEUX

ANGE MICHEL

5, rue Antoine-de-Saint-Exupéry (2e)
✆ 04 78 37 41 05
www.ange-michel.com
Ouvert du mardi au samedi de 10h à 13h et de 14h à 19h.

Avec une enseigne pareille, la « spécialité » de cette boutique est une évidence. Les articles religieux ! A deux pas de la place Bellecour, cela fait 117 ans cette année qu'Ange Michel, nom du fondateur de cette enseigne (depuis 4 générations), est le spécialiste des santons - les vrais, ceux de Provence en terre cuite et peints à la main , des articles religieux – textes pour toutes les occasions, croix, crucifix, médailles, icônes, cierges, statues –, mais encore des encens – c'est ici que l'on vient chercher son benjoin pour purifier son appartement... Accueil adorable de personnes enjouées, loin de l'image austère que l'on pourrait se faire de ce lieu, et excellentes conseillères.

RELIGIEUX

ARTISANAT MONASTIQUE

11, rue du Plat (2e)
✆ 04 78 42 82 45
www.artisanatmonastique.com
Ouvert lundi de 14h30 à 18h, du mardi au samedi de 10h à 18h.

Vous voulez consommer autrement et donner un sens particulier à vos achats ? A deux pas de la place Bellecour, de Saint-Jean et de Fourvière, une boutique pas comme les autres afin de promouvoir les produits fabriqués artisanalement dans les monastères. Des produits uniques, faits main avec amour, souvent issus d'un savoir-faire ancestral, couvrant la plupart de nos besoins : épicerie fine, notamment avec les fameuses bières trappistes, l'incontournable Chartreuse, de nombreux biscuits, des confitures, des miels, des aromates, mais encore des produits de beauté, des bougies et des articles religieux, des santons à la médaille. Une boutique plus engageante qu'il n'y paraît.

FORME

L'APPART FITNESS

81, rue de la République (2e)
✆ 04 78 37 93 16
www.lappartfitness.com
Ouvert tous les jours de 6h à 23h.

Sportez-vous bien ! Avec plus d'une dizaine de clubs situés dans la Métropole lyonnaise, il y a forcément un Appart Fitness près de chez vous pour (re) prendre une activité sportive. Ils offrent un univers actuel au service de notre remise en forme au quotidien avec une seule carte permettant l'accès à volonté de tous les clubs, de nombreuses activités individuelles et cours groupés selon l'intensité recherchée. Vestiaires design, douches individuelles, draps de bain, tout le monde est aux petits soins pour vous accueillir dans les meilleures conditions. Larges horaires, cours outdoor pour s'entraîner autrement, formules avec ou sans engagement et coachs efficaces. Bougez !

FORME

INSTITUT VENDÔME

74, rue Vendôme (6e) ✆ 04 78 89 59 38
www.institut-vendome.com
Ouvert du lundi au vendredi de 6h à 21h ; le samedi de 9h à 15h ; le dimanche de 9h à 13h.

Comme son nom l'indique, l'Institut Vendôme est plus qu'une simple salle de sport. Dans un cadre privilégié, parfaitement accompagné par des coachs qui personnalisent les programmes, mettez-vous en forme selon vos objectifs : musculation, cardio-training, biking, fitness, renforcement musculaire, boxe, cross-training, le krav maga pour se défendre... Mais encore yoga, Pilates, gymnastique douce, préparation au golf ou cures pré et post-partum pour se sentir bien son corps avant et après l'accouchement. Soins minceur et espace bien-être, spa et balnéothérapie complètent une offre destinée à un large public, des jeunes sportifs de haut niveau aux personnes retraitées.

FORME

CROSSFIT GERLAND

18, rue Croix Barret (7e) ✆ 07 84 93 29 13
www.crossfit-gerland.com
Ouvert du lundi au vendredi de 7h à 21h30 ; le samedi de 10h à 14h ; le dimanche de 10h à 12h.

L'effort, le vrai, celui qui ne consiste pas à se regarder dans le miroir mais à transpirer pour rendre son corps (et son esprit...) plus fort, c'est au Crossfit Gerland. Une salle unique, sorte de hangar brut, un peu froid avec charpente apparente, de 1 000 m^2 où les crossfiteurs viennent transpirer sans se regarder dans les miroirs (d'ailleurs, y en n'a pas). Ici, chacun s'encourage à progresser, à repousser ses limites, en réalisant des exercices différents à chaque séance (appelée «Wod», il faut aussi apprendre le langage Crossfit !). Motivation maximale pour un travail sollicitant le corps dans sa globalité par des mouvements «naturels». Attention, vous risquez de devenir addict.

FORME

WELLNESS SPORT CLUB

153, rue Vendôme (3e) ✆ 04 78 71 02 21
www.wellness-sportclub.fr
Ouvert du lundi au vendredi de 7h à 22h ; le samedi de 8h à 20h ; le dimanche de 8h à 17h.

Avec la levée des mesures sanitaires, des offres alléchantes, tout compris et sans engagement, profitons de la plus belle et de la plus complète des salles de sport et fitness de la ville. Après cette période qui n'a pas envie de retrouver la forme, de se défouler ou de perdre un peu de poids ? Chez Wellness Sport Club, vos objectifs se concrétisent dans les meilleures conditions. Dans un cadre grandiose, les activités se multiplient dans la zone de cardio-training, l'espace de cross-training, sur le plateau de musculation, les nombreux cours collectifs, le studio de bike, l'espace aquatique avec piscine et la zone de bien-être avec sauna et hammam pour oublier la fatigue et se relaxer.

FORME

FITNESS BOUTIQUE

151, avenue du Maréchal-de-Saxe (3e) ✆ 04 78 60 05 01
www.fitnessboutique.fr
Ouvert du lundi au vendredi de 10h à 13h et de 14h30 à 19h ; le samedi de 10h à 19h.

Faites du sport à la maison avec Fitness Boutique, le plus grand magasin d'exposition de matériel de fitness et de remise en forme (5 adresses dans la Métropole). Pour les fans de fitness, de nombreux appareils de fitness : vélos d'appartement, de biking ou vélos elliptiques, tapis de course, rameurs, appareils de musculation, steppers, haltères, tapis de sol, corde à sauter... Pour compléter l'effort, de nombreux accessoires viennent compléter l'offre : vêtements, nutrition sportive et protéines selon vos besoins. Le temple immanquable pour tous les amateurs du genre bénéficiant d'un large choix, de conseils judicieux et la possibilité de tester le matériel.

DÉTENTE - FORME

MY CUP OF TIME

6, boulevard Jules-Favre (6e) ✆ 09 83 97 00 11
www.mycupoftime.com
Ouvert du lundi au vendredi. Sieste de 20 min et boisson chaude 10 €.

Et vous, votre stress, votre fatigue, vous les gérez comment ? Vous les cumulez... La meilleure façon de s'en débarrasser, c'est de se détendre et de faire une bonne sieste récupératrice dont les bienfaits se feront sentir jusqu'au soir. Impossible au travail ? Direction My Cup of Time pour décompresser dans les bras de Morphée. Hors du temps, hors du monde, on reprend le contrôle dans un cadre d'une sérénité absolue. Literie naturelle et musique apaisante avant de s'endormir pour recharger les batteries toute l'après-midi. Saviez-vous qu'une sieste de 20 minutes pouvait vous rendre plus performant 2 heures de plus ! Sophrologies individuelles ou collectives et ateliers thématiques.

BALNÉOTHÉRAPIE

BALICINA

60, avenue Rockfeller (8e) ✆ 04 28 38 27 00
www.balicina.fr
Ouvert du lundi au samedi de 10h30 à 21h. Entrée Balnéo à partir de 22 €. Parking payant au sous-sol de l'établissement.

Un lieu unique en ville dédié au bien-être et à la remise en forme. Dans un quartier paisible de Lyon, proche des hôpitaux Est, le centre Balicina offre un magnifique ensemble alliant balnéothérapie, spa et coaching sportif afin de libérer toutes nos tensions et nous remettre sur la bonne voie. 3 espaces qui se complètent : la balnéothérapie pour profiter des bienfaits de l'eau avec des bassins de relaxation, de marche, des machines aquatiques de musculation, des saunas, un hammam ; le Spa avec une gamme de soins du corps et du visage, de massages et de rituels avec les produits Comfort Zone ; le Coaching sportif personnalisé pour vous accompagner vers un bien-être global. Coup de cœur.

BEAUTÉ

SPA CINQ MONDES

49, rue Auguste-Comte (2e) ✆ 04 78 42 07 07
Métro Ampère ou Perrache.
www.cinqmondes.com
Ouvert du lundi au samedi de 10h à 19h.

Au cœur de la Presqu'île, dans un hôtel particulier du XVIIIe siècle en pierres de taille, luxe et zen attitude se marient sur 250 m^2 – 7 salles de soins dont 1 salle double – pour des soins inspirés du monde entier : massage taoïste revitalisant, rituel impérial de jeunesse Ko Bi Do ou rituel Divine Légèreté, rituel de Félicité à deux, hammam individuel ou encore bain japonais dans une baignoire en bois de cèdre au milieu des pétales de rose. La carte est aussi large que nos envies. Alors, offrons-nous le plaisir de plonger au royaume du bien-être en nous abonnant. Découverte de la gamme de produits cosmétiques Cinq Mondes, des produits naturels inspirés des traditions du monde entier.

DÉTENTE - FORME

MYO DOJO

54, rue Denuzière (2e) ✆ 06 09 42 95 95
www.myodojo.com
Ouvert du lundi au vendredi de 8h à 19h30, samedi de 9h à 14h.

Il y a onze ans, Myo Dojo implantait en France Miha Bodytech et devenait un acteur incontournable de l'électrostimulation globale. Une aventure électrisante à laquelle vous pouvez adhérer, comme de nombreux sportifs de haut niveau, afin de profiter de l'électrostimulation haute performance personnalisée par Miha Bodytech. Avec Marc à vos côtés, coach spécialiste de ces machines dernière génération, vous allez transformer votre corps avec des séances de 20 minutes équivalant à 4h de sport. Ratio temps-efficacité remarquable. Entraînement musculaire, travail cardio, mais aussi des programmes de relaxation et de récupération. Accompagnement sur mesure pour atteindre vos objectifs.

DÉTENTE - FORME

MEÏSŌ

28, rue de Condé (2e)
✆ 07 66 80 47 01
www.meiso.fr
Ouvert tous les jours de 9h à 21h.

Envie de vous couper du monde, de rentrer dans une bulle de bien-être, une oasis au cœur de la ville ? Dans une rue calme à côté de Perrache, vivez une expérience unique avec les bains flottants en apesanteur par Meïsō. Dans un caisson d'isolation sensorielle, oubliez la gravité de notre monde, évadez-vous dans un profond lâcher-prise. Dans une eau saturée en sels de magnésium, le sel d'Epsom permettant également de soulager vos douleurs articulaires et musculaires, laissez-vous aller et dériver paisiblement dans un état de méditation. Et pour renforcer cette expérience unique, des offres combo avec une autre pratique de bien-être avec des soins corps et eau. Flottez et portez-vous bien.

MASSAGE - RELAXATION

QUINTESSENCE

4, rue Pravaz (3e)
✆ 04 69 67 23 20
www.massage-quintessence.com
Ouvert du mardi au vendredi de 10h à 19h ; le samedi de 11h à 19h.

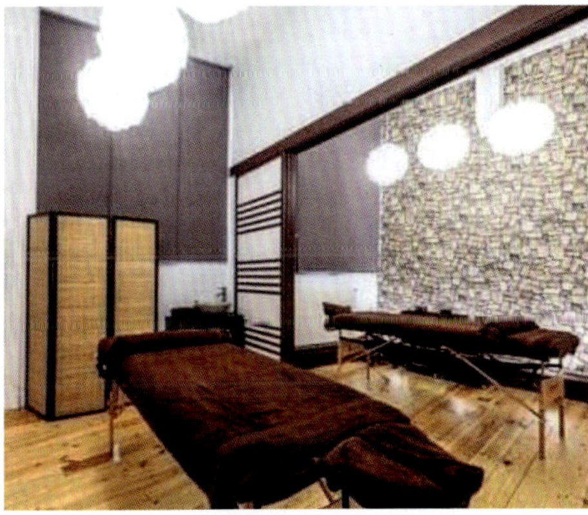
© DR

Tous vos sens réclament une pause dans ce stress permanent ? Pensez à vous et offrez-vous détente et relaxation au salon Quintessence. Entre Rhône et Préfecture, un institut de massage qui vous accueille dans un espace zen. Deux élégantes cabines de massage aux lumières douces pour profiter des massages bien-être par Ania, véritable perle, forte de plus de 10 années d'expérience. P'tite pause détente de 30 minutes pour une partie du corps. Moments plus longs pour un massage personnalisé sur mesure. Massage aux huiles essentielles, massages du monde, «Détente absolue», à 4 mains, en couple, pour femmes enceintes, enfants et parents... La Quintessence du bien-être.

MASSAGE - RELAXATION

OYOSOY

24, rue Childebert (2e)
https://lyon.oyosoy.com
Ouvert tous les jours.

Si le bien-être devrait être universel, il commence par une quête personnelle. Et pour y arriver, tout le monde ne prend pas le même chemin. C'est un parcours personnel vers le mieux-être que vous allez commencer en poussant les portes d'ÔYOSOY®, un lieu unique, un refuge au centre de la ville où sont regroupés des professionnels compétents et bienveillants. Bilan gratuit en compagnie d'un expert qui va vous créer un parcours personnalisé vers le mieux être à l'aide de pratiques collectives (yoga, méditation, Pilates...), individuelles (massages relaxants et régénérants...) ou de soins autonomes (halothérapie, luminothérapie...) dans un espace Ôriginal. Prenez en main votre bien-être.

HAMMAM

SPA DES CANUTS

51, rue Deleuvre (4e) ✆ 04 78 39 57 72
www.spadescanuts.fr
Ouvert du lundi au jeudi et samedi de 10h à 19h, vendredi 10h-22h, dimanche 12h30-18h30. Réservations recommandées.

Une touche d'Orient pour un bien-être complet. Au cœur de la Croix-Rousse, dépaysement garanti et détente assurée au hammam, au sauna, au bain bouillonnant ou en profitant des nombreux soins prodigués par une équipe adorable et professionnelle. Direction l'Orient dans un voyage de tous les sens. Grand bien-être assuré grâce aux soins et rituels que l'on peut même partager à deux avec son compagnon. Expérience magique à s'offrir le plus souvent possible pour se ressourcer et se refaire une beauté. Beauté des mains, des pieds, du visage. Des «rituels» permettant à chacune de se sentir comme une princesse berbère. Propreté des lieux irréprochable. Thé à la menthe avant de partir.

SPA

SPA LYON PLAGE

84, quai Joseph Gillet (4e) ✆ 04 72 10 44 34
www.lyon-plage.com
Ouvert du lundi au vendredi de 6h30 à 22h ; le week-end de 8h à 20h.

Amarré sur les bords de Saône, rattaché à l'hôtel Lyon Métropole (mais accessible à tous), le nouveau Spa Lyon Plage est tout simplement le plus grand spa urbain de France. 8 000 m² dédiés au bien-être et à la remise en forme avec des installations intérieures/extérieures exceptionnelles en toute saison. Dedans, de nombreux espaces de détente : piscine de 25 m, bassin Le Grotto, bain à remous, cabines sauna, hammam... Mais aussi des salles de remise en forme, 2 terrains de badminton, un terrain de tennis. Dehors, piscine olympique et un étonnant parcours d'hydromassages dans une eau chauffée toute l'année à 37 °C. Soins et massages avec Cinq Mondes et Shisheido. Unique et incontournable.

MASSAGE - RELAXATION

MILLE ET UN BIEN-ÊTRE

21, rue Ferrandière (2e) ✆ 04 78 42 59 45
www.1001-bienetre.fr
Ouvert le lundi de 11h à 14h, du lundi au samedi de 10h à 19h. Rendez-vous en ligne.

1001 raisons d'être mieux. Un institut 100 % dédié aux massages avec des praticiens spécialisés proposant différentes techniques, des massages issus des traditions de différents pays : massage indien, balinais, le lomi lomi hawaïen ou le shiatsu japonais. On aime beaucoup la prise de rendez-vous sur un site Internet particulièrement bien fait pour choisir selon son temps disponible la possibilité de décompresser en 60 minutes, de lâcher prise en 75 minutes ou de s'évader en 90 minutes. Idem selon son budget. A la carte, massages de confort, à 4 mains, massages traditionnels et forfait A nous deux. Cartes cadeaux pour offrir ce qu'il y a de plus précieux : le bien-être.

SPA

LE SPA PAVILLON DE LA ROTONDE

3, avenue du Casino - **CHARBONNIÈRES-LES-BAINS**
✆ 04 78 87 79 79 - www.pavillon-rotonde.com
Ouvert tous les jours de 10h à 19h. Ouvert le jeudi jusqu'à 21h. Accessible à la clientèle extérieure sur réservation.

Envie de se détendre dans un cadre d'exception ? Direction le Pavillon de la Rotonde et son spa de luxe de 900 m² pour vivre une expérience de détente unique dans un cadre fantastique. Piscine chauffée, bain bouillonnant, sauna, hammam aux huiles essentielles, salle de fitness parfaitement équipée, cabine UV, salle de gommage... Le choix est large. Des soins de beauté sont également prodigués : épilation, maquillage, manucure... Pour les soins, la gamme Sothys. Cadeau à partager en couple avec des Escapades Bien-être, Cocooning ou Délice & Détente.

SPA

ROYAL SPA

75, cours Vitton (6e)
✆ 04 78 89 97 74
www.royalspa.fr
Ouvert du mardi au samedi de 10h à 19h.

Tons chauds et colorés orientaux, bancs de mosaïques oblongs et lumières tamisées introduisent l'ambiance de ce lieu consacré à la détente du corps, à la relaxation et à la beauté. Bel espace de 300 m² pour oublier l'agitation du monde extérieur et se recentrer sur soi. Espaces de relaxation et d'hydrothérapie haut de gamme, des prestations individualisées pour des bienfaits qui durent longtemps. Spa avec sauna, hammam et bain à remous, table en marbre chauffée pour un vrai gommage au savon noir... Il ne reste plus qu'à réserver des soins et rituels inspirés de l'Inde et de l'Orient pour vivre des moments magiques. Possibilité de partager (privatisation) ce bien-être à deux.

LIEU DE RÉCEPTION

ABBAYE DE COLLONGES

Quai de la Jonchère
COLLONGES-AU-MONT-D'OR
✆ 04 72 42 90 90
www.bocuse.fr

L'Abbaye de Collonges, à 5 km au nord de Lyon, sur les bords de Saône, c'est le prestige d'un lieu d'exception éternellement auréolé du nom de Paul Bocuse. Un lieu de célébration, baptisé Abbaye en mémoire des moines de l'Ile Barbe, où l'on partage le plaisir de bien vivre, de bien boire et de bien manger. Dans une grande salle de 280 m^2 où trône un grand limonaire unique au monde, équivalent à 110 musiciens !, votre mariage ou réception privée prend une autre dimension. Des prestations sur mesure avec une cuisine dont la réputation n'est plus à faire, délicieuse. Nombreuses formules et menus adaptés, cocktail apéritif. L'Abbaye est réservée aux événements de 100 convives au minimum.

LIEU DE RÉCEPTION

LES BATEAUX LYONNAIS

13 bis, quai Rambaud (Siège) (2e)
✆ 04 78 42 96 81
www.lesbateauxlyonnais.com

Tous vos événements autrement au rythme de l'eau ! Embarquez vos amis ou votre famille pour un anniversaire, un mariage, une fête. Embarquez vos collègues, vos associés, votre public pour un lancement de produit ou un séminaire. Embarquez pour tous vos événements privés ou professionnels à bord des 6 Bateaux Lyonnais. De la promenade sur la Saône à la croisière autour de Lyon, vos événements prennent une autre dimension ! Des événements à construire sur mesure, toutes les configurations sont possibles grâce à des équipes et des équipages réactifs et performants. Des moments d'évasion, des croisières privatives à partager pour des événements inoubliables. Devis personnalisé sur demande.

LIEU DE RÉCEPTION

LE CHÂTEAU DE MONTCHAT

51, rue Charles Richard (3e)
✆ 04 72 34 58 66
www.chateau-montchat.com

Ce n'est pas le site historique le plus connu de Lyon et sans doute pas un château comme vous l'imaginez. Même s'il possède une tour, le château du XVIe siècle ressemble plus à une belle demeure, restaurée au XIXe siècle par Viollet-le-Duc, puis transformée en espaces de réunions et de réceptions en 1993. Unique en son genre à Lyon, installé dans le quartier de Montchat, il offre salles et salons pour organiser tous vos événements privés, pouvant accueillir jusqu'à une centaine de convives. On peut aussi utiliser le grand parc. Un bel endroit pour des réceptions plutôt haut de gamme. Nombreuses prestations en fonction des envies et du budget. Séminaires et congrès pour les entreprises.

LIEU DE RÉCEPTION

CHATEAU DE SAINT PRIEST

2, rue de l'égalité - **SAINT-PRIEST**
✆ 04 87 65 06 02
www.chateau-de-saint-priest.com
Climatisation, Bar.

Un des incontournables parmi les lieux de réception pour accueillir votre mariage, c'est le château de Saint-Priest. Facile d'accès depuis Lyon, parking gratuit, ce château offre un cadre original, celui d'un bâtiment inscrit aux Monuments historiques - une ancienne maison forte - magnifiquement rénové avec sa verrière, unique en France, de 215 m^2. Vaste parc, véritable écrin de nature, avec ses jardins à la française pour les plus belles photos. Cérémonie possible en plein air, cocktail sur la terrasse, animations culinaires, dîner de qualité et soirée dansante en salons privatisés. Service de wedding planner possible pour une organisation sans faille de votre mariage.

LIEU DE RÉCEPTION

CLUB PERNOD

41, rue du Président-Edouard-Herriot (2e)
✆ 04 78 38 51 51
www.club-pernod-lyon.com

Envie d'organiser vos plus beaux événements dans un lieu d'exception au cœur de la Presqu'île ? Le Club Pernod offre une adresse de prestige et un lieu magnifique pour offrir et partager des moments uniques. Au dernier étage d'un immeuble cossu de la très chic rue Herriot – entre Bellecour et Terreaux, juste à côté du Palais de la Bourse et de la CCI –, le Club Pernod vous ouvre ses espaces parfaitement aménagés sur près de 600 m^2. Des salons confortables pour des cocktails privés – Pernod étant l'un des spécialistes du cocktail –, des salles pour des réceptions ou des expositions réussies, c'est un sans-faute assuré pour recevoir vos invités. La grande classe.

LIEU DE RÉCEPTION

LE DOMAINE DE L'ILE BARBE

1, place Henri-Barbusse (9e)
✆ 06 20 68 19 12
www.ledomainedelilebarbe.com
Devis personnalisé sur demande.

Lyon est la ville idéale pour organiser vos séminaires et autres conventions. Mais dans une ville aussi belle, vous avez envie d'un lieu à la hauteur, comme le Hub de l'Ile Barbe, un lieu aussi beau qu'insolite puisqu'il abrite sur les quais de Saône le Domaine de l'Ile Barbe, le Musée Jean Couty et Tonic Radio. Ambiance village, cadre superbe, événements outdoor ou indoor... Tout sera mis en œuvre pour la réussite de votre séminaire, convention, exposition, lancement, soirée d'entreprise ou team-building. 3 salles parfaitement équipées. Devis personnalisé sur demande.

LIEU DE RÉCEPTION

ROOFTOP 52

52, quai Rambaud (2e)
✆ 04 26 23 23 33
www.rokoriko.com

Et si votre événement avait lieu sur les toits ? Sur le «rooftop» d'un immeuble contemporain, création de l'architecte Rudy Ricciotti. Le bâtiment est splendide, mais aussi écoresponsable dans le quartier futuriste et animé de Confluence. S'ouvrant sur la Saône, offrant un panorama à 360° inoubliable, cet immeuble joue de ses formes arrondies pour créer des espaces uniques. Magnifique toit-terrasse de 600 m² pour se mettre à l'abri de toute agitation. Réceptions privées et professionnelles sur la terrasse de 50 à 200 participants. Salles de réunion avec Rokoriko. Toute l'équipe du Rooftop 52 est à votre service et s'adapte à vos besoins pour que votre réception soit au top.

LIEU DE RÉCEPTION

LES YACHTS DE LYON

16, quai Rambaud (2e)
✆ 04 72 56 51 23
www.lesyachtsdelyon.com

Lyon ne vit pas que sur terre et vos événements prennent une autre dimension sur les flots. Amarrés le long des berges de la Saône, 4 grands bateaux dont *Le Volupté* accueillant jusqu'à 110 personnes pour un cocktail à l'ambiance lounge et des équipements sonores et vidéo complets. Un pont extérieur éclairé disposant d'une bâche assure une couverture complète. A quai ou à flot, le bateau s'adapte à toutes les réceptions, conférences... *L'Officiel* offre une belle idée du luxe, le catamaran *La Mouche* de belles prestations pour vos cocktails en petit comité, *Le Diabolico* pour les petits groupes. Louez le *Key West* pour une escapade et prenez le *Vaporetto* pour vos déplacements urbains.

INSOLITE

LE GOURGUILLON

46, montée du Gourguillon (5e) ✆ 09 72 62 56 58
Métro Vieux Lyon ligne D
www.legourguillon.fr
9 chambres. Forfaits amoureux.

Et si le plus beau jour de votre vie n'était pas celui de votre mariage, mais celui où vous lui avez demandé sa main ? Un instant particulier qui peut nécessiter une certaine «mise en scène», un cadre hyper romantique dans un lieu hors du temps. Situé au cœur du Vieux Lyon dans une maison privée datant du Moyen Age, Le Gourguillon est un lieu dédié au calme, à la sérénité et... à l'amour. 9 chambres comme autant de petits cocons romantiques qui soulignent votre attention d'un romantisme au style parfait. Choisissez votre nid avec un bain à remous et agrémentez votre séjour d'un forfait amoureux avec de petites attentions qui feront la différence en faveur d'un grand «Oui».

ROBE DE MARIÉE

CYMBELINE

20, rue Paul-Chenavard (1er)
✆ 04 78 30 09 09
https://cymbeline.com
Ouvert du lundi au samedi de 10h à 19h.

Si l'histoire de la maison Cymbeline commence il y a plus d'une quarantaine d'années du côté de Nemours avec l'association de 3 sœurs désireuses de révolutionner la robe de mariée trop conventionnelle, elle s'épanouit à Paris et pleinement dans la capitale de la soie. Les collections de ce créateur français, référence en matière de robes de mariée, changent chaque année et suivent les tendances. Dans une agréable boutique, les essayages sont très agréables et les retouches parfaites pour être la plus belle le grand jour dans le modèle de son choix. Amusante collection enfant pour faire comme les grandes et se rêver en princesse un jour. Une maison de confiance teintée de fils d'émotion.

ROBE DE MARIÉE

MARIÉES DU RHÔNE

8, place des Jacobins (2e) ✆ 04 78 42 27 98
www.mariees-du-rhone.com
Ouvert le lundi de 14h à 19h ; du mardi au samedi de 10h à 13h et de 14h à 19h.

Une destination centrale pour les futurs mariés. Les Mariées du Rhône nous proposent, dans un superbe espace en plein cœur de Lyon, des collections pour tous les goûts. Des fantaisistes aux plus classiques, un grand choix avec plus de 250 modèles exclusifs (retouches aux mesures offertes). Quelques noms de créateur avec Marilyse, Rembo Styling (un étonnant créateur avec ses superbes robes fleuries), Aire Barcelona, Monica Loretti, Très Chic, Mariées Passion... Romantiques ou futuristes, toutes ces robes feront de vous la vedette d'un jour inoubliable. On aime les robes grandes tailles. Les hommes et les enfants pourront partager votre bonheur en s'habillant à cette adresse.

TRAITEURS SPÉCIALISÉS

LES GLACIÈRES DE LYON

Allée Denis-Papin - **VÉNISSIEUX** ✆ 04 78 01 33 39
www.glacieresdelyon.com
Ouvert du lundi au samedi de 8h à 12h et de 14h à 19h ; le dimanche de 8h à 12h.

Envie de vous rafraîchir ? Pas la place ni le matériel pour faire de la glace pilée ou sortir un pain de glace ? Pas de souci, les Glacières de Lyon – une véritable affaire de famille – sont le spécialiste depuis plus de 30 ans de la glace, fabriquant environ 7 tonnes de glace pilée par jour pour les professionnels et les particuliers. Fête, buvette, mariage, cérémonie, événement, toutes les occasions sont bonnes pour découvrir une glace de qualité alimentaire qui fond dans vos verres ou maintient vos buffets à température. Une adresse pratique – facile d'accès par le périphérique lyonnais, parking client et possibilité de se faire livrer – qu'il faut avoir dans son répertoire !

PUÉRICULTURE

BABY CITY

236, avenue Franklin Roosevelt - **VAULX-EN-VELIN**
✆ 09 87 70 88 20 - T4 : Arrêt Professeur Beauvisage
www.baby-city-lyon.com
Ouvert du lundi au samedi de 9h30 à 19h30.

Baby City, vous connaissez sans doute, même si l'on ne devient pas parent tous les jours ! Vous connaissez parce que ça fait plus de 50 ans que cette enseigne s'occupe d'équiper les parents et d'habiller les enfants. Pour vos enfants et petits-enfants, vous irez à côté du Carrefour des 7 Chemins de Vaulx - grand parking gratuit - dans un concept store où vous trouverez absolument tous les produits nécessaires. De véritables professionnels expérimentés vous guident à la découverte des nombreux accessoires de puériculture – meilleures marques et atelier de réparation –, des meubles pour la chambre, en passant par l'espace jumeaux. L'idéal pour déposer une liste de naissance.

ENFANT

CARRÉ JUNIOR

25, rue Bugeaud (6ᵉ) ✆ 04 72 14 05 59
www.carrejunior.fr
Ouvert mardi, jeudi et vendredi 10h à 13h et 15h à 19h, mercredi 9h à 19h, samedi 8h30 à 18h. Sans rendez-vous.

Pour les enfants, comme pour les parents qui les accompagnent, aller chez le coiffeur peut devenir une véritable épreuve. Sauf chez Carré Junior où, depuis bientôt 15 ans, on a compris comment accueillir les enfants et s'occuper au mieux de leurs cheveux fragiles. L'équipe est douce, attentive, compréhensive, sait parler aux parents comme aux enfants et propose des soins particuliers, comme ce shampooing parfumé réalisé selon les goûts de l'enfant à la fraise, à la menthe... Coupes parfaites selon les désirs de chacun. Les enfants trop contents peuvent grignoter un gâteau et repartent avec un petit cadeau, souvenir d'un moment joyeux qu'ils prendront plaisir à renouveler.

PUÉRICULTURE

LES ENFANTS RÊVEURS

22, cours Franklin Roosevelt (6ᵉ)
✆ 09 86 24 16 11
www.les-enfants-reveurs.com
Ouvert lundi de 14h30 à 19h, du mardi au samedi de 10h à 19h.

Rêveurs, les parents le sont tout autant que les enfants en découvrant les merveilleux meubles et objets d'une boutique qui nous emmène dans un univers féerique. Craquage assuré pour tous les parents qui entrent dans ce concept-store dédié à la décoration des chambres des tout-petits. Claire et Thomas partagent leurs coups de cœur pour des meubles et objets d'une centaines de marques essentiellement locales et françaises, européennes aussi. Des créateurs pas vus ailleurs, une dose de bonne humeur et plein d'idées aussi belles qu'utiles pour faire grandir bébé. Poussettes, lits bébé, tables à langer, tapis d'éveil, veilleuses, incontournables doudous, tout pour le repas et le bain...

ENFANT - JUNIOR

LILI SUR LES PAVÉS

40, rue Sala (2ᵉ)
✆ 09 53 68 26 97
www.lilisurlespaves.com
Ouvert du mardi au samedi de 9h30 à 17h30.

Quand on est sur la paille, on peut aller sur les pavés pour habiller ses enfants. Depuis que des sites l'ont popularisé, le vêtement d'occasion est devenu très tendance. Lili sur les Pavés propose depuis plus de dix ans des vêtements neufs et d'occasion – parce que les bouts de chou, ça grandit tout le temps – pour les plus petits et les futures mamans. Dans cette belle boutique où l'accueil se montre adorable, les familles trouvent du matériel de puériculture d'occasion à des prix très intéressants (et dans un état contrôlé). Recyclage, fabrication européenne pour quelques vêtements neufs, ici la consommation responsable prend sens. Jouets, éveil et linges de chambre.

NEW

DÉPÔT-VENTE

LOCA LOCA

6, rue des Capucins (1ᵉʳ)
www.localocalyon.com
Ouvert du mardi au samedi de 11h à 19h.

Dans la série «mieux consommer», voici Loca Loca. Dans une rue des Pentes, une boutique tenue par une dame charmante qui nous présente une belle histoire à partager, celle de la «circulation» des vêtements pour enfants. Saviez-vous qu'entre 0 et 6 ans un enfant portait en moyenne 600 vêtements et que chaque vêtement n'est porté en moyenne que 7 fois ? Ça en fait des vêtements à fabriquer alors qu'il y en a plein à remettre sur le marché. Une boutique éco-conçue qui donne du sens à notre consommation en rachetant les vêtements (sans tache ni trou), les jeux et les jouets de nos enfants pour que d'autres puissent en profiter à moindre coût. De la seconde main pour un monde meilleur demain.

PUÉRICULTURE

LE PETIT SOUK

10, rue de Brest (2ᵉ)
✆ 04 72 32 94 13
www.lepetitsouk.fr
Ouvert lundi de 12h à 19h, du mardi au samedi de 10h à 19h.

Comme son nom l'indique, c'est un joyeux bazar - mais bien agencé - coloré où les grands se prennent à avoir des rêves d'enfants. Attention, si vous n'avez pas encore d'enfants, passer devant la vitrine du Petit Souk peut vous donner d'irrésistibles envies d'en faire... Tout plein de petits objets trop mignons, trop jolis pour les tout-petits qui grandiront dans un monde plus doux et plus beau. Doudous, poupées, culbuto, dînette, boîte à musique, coffres, coussins et petits mobiliers pour compléter la chambre de bébé. Petites affaires à porter pour elles et pour lui. Conseils et sourires pour les parents qui ne savent plus où donner de la tête. Un Petit Souk craquant.

JE TRANSPIRE MAIS JE M'ÉCLATE

Pour garder l'équilibre, je transpire mais je m'éclate ! La métropole de Lyon est un immense terrain de jeu où les sportifs multiplient les pratiques. Pour le plaisir solitaire de me maintenir en forme et de repousser mes limites, je fais du running avec mes écouteurs dans oreilles… Mais comme je ne peux pas me passer des autres, je m'inscris aux nombreuses courses lyonnaises adaptées à mon niveau ! Et c'est pareil pour le vélo dont la pratique urbaine se développe. Lyon est une métropole sportive avec des clubs connus dans le monde entier – OL football, ASVEL basket et LOU rugby en trio de tête – et d'autres qui se font connaître en donnant, par exemple, un champion olympique au Cercle Aviron de Lyon. Sur l'eau – même pour faire du surf ! –, sur le bitume – vélo, skate et roller –, sur le gazon, je pratique tous les sports que j'aime. Et si ce monde ne me suffit pas, je m'évade en équipe dans un escape game ou, encore plus loin…, dans un monde de réalité virtuelle de plus en plus réaliste ! Sur tous les terrains, seul ou en groupe, pratiquant et supporter, je fais du sport un plaisir.

SPORT

EQUITA LONGINES

CHASSIEU
✆ 04 78 17 62 50
www.equitalyon.com
Du 26 au 29 octobre 2022.

L'incontournable rendez-vous des amoureux des chevaux depuis plus d'un quart de siècle s'installe à Eurexpo fin octobre. Le salon du cheval par excellence et un fabuleux concours hippique international se déroulent dans ce lieu unique. Un immense rassemblement de professionnels, de passionnés et de chevaux de toutes origines. 140 000 m^2 d'exposition, 11 carrières animées en continu, plus de 3 500 chevaux sur un même site et près de 800 exposants et éleveurs... Sans oublier de prestigieuses compétitions et les soirées animées. Equita, qui a sa chaîne TV, est le rassemblement des amateurs de chevaux de toute la France et du monde entier. L'événement des passionnés d'équitation.

CYCLISME

LYON FREE BIKE

(2e)
www.lyonfreebike.com
En septembre 2022.

L'idée de faire des parcours de VTT dans la ville est née en 1995 avec Bike in Lyon. 25 ans plus tard, la Lyon Free Bike est un événement incontournable pour plus de 8 000 vététistes sillonnant les rues lyonnaises sur un parcours changé à chaque édition avec des boucles pour tous les niveaux. Un raid VTT empruntant la descente de la Sarra en passant par les chemins pentus de la Croix-Rousse ou le colimaçon du parking des Célestins. Une compétition à l'esprit familial et bon enfant où chacun trouve un parcours adapté à son niveau : du XL au parcours Découverte en passant par la rando solidaire Rouler pour elles, ouverte aux hommes, contre les cancers féminins.

NAUTISME

LYON KAYAK

LA MULATIÈRE
www.lyonkayak.com
Du 17 au 18 septembre 2022.

L'été jouant volontiers les prolongations en septembre, c'est le moment pour se lancer à l'eau ! Pour se rafraîchir et découvrir la ville autrement, traversez Lyon en kayak sur les flots. Descente de la Saône colorée depuis Rochetaillée-sur-Saône (navette à disposition) avec plus de 2 000 participants venus avec leurs propres embarcations – possibilité de louer un canoë biplace sur place – : kayak, canoë, stand-up paddle très en vogue, mais aussi pirogues originales et un challenge para-canoë pour les personnes en situation de handicap... Arrivée dans la darse de Confluence. Tout le week-end, de nombreuses animations et des défis pour remporter des lots. Fun.

COURSE À PIED

LYON URBAN TRAIL

5, rue Vauban (6e)
www.lyonurbantrail.com
En mars 2023.

Voir la ville comme vous ne l'avez jamais vue ! C'est à Lyon qu'a été inventé le Trail Urbain. Un style de course qui s'est propagé à d'autres villes devenues, le temps d'un week-end, des terrains de course à part. Avec ses reliefs marqués (on parle de plus d'un dénivelé de 1 400 m et de 6 000 marches d'escalier pour le 37 km, l'épreuve reine réservée à 1 000 coureurs maxi), Lyon est la ville idéale pour accueillir les meilleurs trailers et les débutants (du 8 km au 37 km, sans oublier le 12 km rando). Toujours le même conseil : inscrivez-vous de bonne heure (dès le mois de décembre pour une édition printanière), car les participants se bousculent au portillon de départ.

COURSE À PIED

RUN IN LYON

(2e)
✆ 04 72 44 92 32
www.runinlyon.com
En octobre 2022.

Vous êtes plutôt 10, 21,1 ou carrément 42,125 ? On parle de kilomètres à parcourir le temps d'un week-end d'automne dans les rues de Lyon. Une course pour faire rugir les runners qui vont pouvoir se lancer sur l'un des 3 parcours : le 10 km, le semi-marathon ou le marathon pour les plus costauds. Du coup, aucune excuse pour ne pas participer dans les rues de ta ville, que tu sois jogger du dimanche - 10 km c'est possible à ton rythme - ou coureur de fond. Il te faut juste un certificat médical de non contre-indication à la pratique du sport en compétition, une inscription, une bonne paire de chaussures de sport et un peu d'entraînement pour sillonner les rues de Lyon.

COURSE À PIED

LA SAINTÉLYON

31, boulevard Jules-Janin
SAINT-ETIENNE
www.saintelyon.com
Fin novembre/ début décembre.

Chaque année, excepté en 2020, ce sont environ 12 000 coureurs qui prennent le départ de la Saintélyon à minuit le premier week-end de décembre. Eclairés de leur lampe frontale, ils forment un immense convoi lumineux le long du parcours qui relie les deux métropoles. Ce raid de 77 km peut être effectué seul ou en relais à 2, 3 ou 4 coureurs. Il se décline aussi en d'autres formules, de la Saintétic de 13 km pour se lancer à l'Ultra de 154 km pour les passionnés confirmés ! Le parcours, régulièrement modifié, se fait souvent avec difficulté, mais toujours avec plaisir ! Pour preuve, ce mythique raid nocturne entre Saint-Etienne et Lyon est devenu la plus grande course nature de l'Hexagone !

STADE
ASTROBALLE

44, avenue Marcel Cerdan
VILLEURBANNE

En bordure de périphérique, l'Astroballe reste la salle mythique de l'ASVEL – qu'il faut appeler LDLC ASVEL –, mais son avenir semble incertain avec le rapprochement de Tony Parker et Jean-Michel Aulas dont le projet est de construire une grande Arena à Décines. Alors, quel avenir pour l'Astroballe construite il y a 25 ans et qui a connu les plus belles années du basket français et international ? Dans l'immédiat, rien ne change et la salle de 5 500 places devrait continuer d'accueillir dès que possible les matchs de notre équipe de basket préférée. Mais dans le futur, certains «grands» matchs d'Euroligue seront délocalisés. Peut-être que les féminines pourraient compléter le planning...

RUGBY
MATMUT STADIUM

353, avenue Jean-Jaurès (7e)
M° Stade de Gerland. En bus : ligne 60. Stations Vélo'v : Parc de Gerland (allée Pierre de Coubertin), Gerland (square Galtier).

Avant même de parler de stade, parlons d'un lieu historique du sport lyonnais. Situé au sud de la ville dans le quartier de Gerland (facilement accessible en métro par la ligne B), ce stade inauguré en 1920 est l'œuvre de l'architecte lyonnais Tony Garnier. Il est d'ailleurs inscrit à l'inventaire des monuments historiques comme « un chef-d'œuvre de l'architecture du béton armé » depuis 1967. Ce stade historique accueille le LOU Rugby et les rencontres du Top14. Dans l'esprit du rugby, convivialité et partage, une brasserie permet de se restaurer tous les midis en semaine et les jours de match. Boutique officielle du LOU Rugby. Nombreux travaux en cours pour créer un vaste complexe.

STADE
GROUPAMA STADIUM

10, avenue Simone-Weill - **DÉCINES-CHARPIEU**
✆ 08 92 69 69 69
www.groupama-stadium.com
Visites guidées sur réservation.

Au cœur de l'OL Vallée, un lieu qui ne cesse de grandir avec l'Arena LDLC qui verra le jour fin 2023. En attendant, le Groupama Stadium est un lieu de vie où l'on vient, bien sûr, applaudir son équipe préférée, mais aussi assister à de grands événements : concerts de Soprano et Indochine en juin, Rammstein en juillet 2022 et Mylène Farmer en juin 2023. Quelques chiffres : 59 286 places, 10 000 places de parking, 1 gare de tramway dédiée aux portes du stade, 2 parkings relais, 1 gare de navettes. Hôtellerie, restauration intégrée dans le stade et des boutiques OL. Le Pôle de loisirs d'OL Vallée offre des espaces récréatifs, sportifs et culturels pour se détendre et s'amuser.

STADE
PALAIS DES SPORTS

350, avenue Jean Jaurès (7e)

Pour de nombreux Lyonnais qui n'avaient jamais fréquenté le Palais des Sports, la crise sanitaire aura été – malheureusement – l'occasion de rentrer dans ce grand vaisseau de béton transformé d'abord en centre de dépistage, puis en centre de vaccination géant ! Il faut dire que le Palais des Sports, sous-utilisé en l'absence d'une véritable Aréna (qui devrait voir le jour du côté de l'OL Vallée), ne pouvait plus accueillir les événements indoor qui se déroulent traditionnellement dans ce lieu, comme le Supercross ou le Foot concert. La reconversion médicale, fort utile, pendant plus d'un an du site interroge tout de même sur le futur de cette grande salle lyonnaise fantomatique.

STADE
HALLE D'ATHLÉTISME STÉPHANE DIAGANA

4, rue Victor Schoelcher (9e)
✆ 09 75 44 71 31
www.lyon.fr

Inaugurée il y a tout juste 10 ans, c'est l'un des équipements les plus modernes pour la pratique de l'athlétisme en salle. Participant à la revitalisation du quartier sensible de La Duchère, cette halle futuriste offre un plateau complet d'athlétisme sur près de 6 400 m^2 ! Une piste circulaire de 200 m à 6 couloirs, une piste de sprint de 60 m à 8 couloirs, des ateliers pour la pratique des sauts et des lancers. Elle peut accueillir jusqu'à 2 000 spectateurs. Tous les week-ends en hiver, des meetings régionaux, nationaux et internationaux se déroulent dans cette enceinte.

PATINAGE
PATINOIRE CHARLEMAGNE

100, cours Charlemagne (2e) ✆ 04 78 42 64 55
www.piscines-patinoires.lyon.fr
Fermeture saisonnière de mi-mai à mi-septembre. Horaires selon saisons. Entrée et locations 7,30 €. Gratuit -6 ans.

Il y a deux patinoires à Lyon, dont la plus importante se trouve à Confluence. Avec sa coque de béton armée, signature des années 1970, la patinoire Charlemagne fait partie des bâtiments emblématiques d'un quartier ultramoderne. Elle accueille les amateurs – et les professionnels avec les meilleurs danseurs sur glace du monde et des hockeyeurs – de sports de glisse et de glace. Après une longue période de fermeture, elle a rouvert ses portes au public et vous pouvez rechausser les patins avec vos enfants au Jardin des glaces... Pratique pour accéder plus rapidement aux équipements municipaux, la possibilité d'acheter des e-billets ou de réserver une séance en ligne.

SPORT

AU VIEUX CAMPEUR

38-43-57-6, cours de la Liberté (3e) ✆ 04 78 60 81 00
www.au-vieux-campeur.fr
Ouvert lundi de 11h à 19h, du mardi au vendredi de 11h à 19h30, samedi de 10h à 19h.

Plus qu'une simple boutique, c'est une suite, un village de 9 boutiques à l'enseigne du Vieux Campeur sur le cours de la Liberté. Un village de bonnes adresses pour voyager, s'évader, pratiquer tous les sports en liberté avec le matériel le mieux adapté. Dans chaque boutique spécialisée – montagne, plongée, randonnée, vélo... –, de vrais spécialistes vous conseillent vraiment et vous trouvent le produit adapté à l'environnement et à vos besoins réels. Pas de course au suréquipement quand un bon produit basique suffit ! Pour tous les terrains, tous les climats, des produits techniques et des objets parfois inattendus. De la randonnée en famille au trek de l'extrême, le Vieux Campeur assure.

SPORT

SPODE

13, rue Tupin (2e)
✆ 04 78 42 02 42
www.spode.fr
Ouvert le lundi de 11h à 19h ; du mardi au samedi de 10h à 19h.

La boutique de référence en matière de running depuis... 43 ans auprès d'experts souriants et passionnés. Conseils de pro qui analysent votre démarche, vos appuis, le terrain de vos courses, avant de déballer toutes les chaussures les mieux adaptées à votre pratique et de vous faire courir sur le trottoir. Du quasi sur-mesure avec les meilleures marques à vos pieds. Professionnalisme, choix, qualité, service et gentillesse, l'assurance de repartir avec les chaussures, les vêtements et accessoires de running qui nous porteront au bout de nos courses, tout est bon chez Spode. Et grande nouveauté 2022, l'agrandissement de la boutique avec la création d'un espace randonnée. Hâte !

SPORT

CABESTO MONTAGNE

102, rue Boileau (6e)
✆ 04 37 24 22 23
www.cabesto.com
Ouvert du mardi au samedi de 11h à 14h et de 15h à 19h.

Changement d'enseigne pour ce magasin toujours spécialisé dans l'équipement de montagne. Cabesto Montagne - il existe une version mer de cette enseigne - propose une gamme étendue de produits de qualité. Escalade, spéléo, alpinisme, grande randonnée, chaussures de trail et de running, skis de rando... Sans oublier le matériel pour le camping. Ici, grâce à l'aide de vendeurs expérimentés, on trouve toujours de quoi s'équiper pour partir sur tous les terrains. A noter, la possibilité de louer tout votre matériel de via ferrata, canyoning, alpinisme et ski de randonnée, très en vogue. Nouveau : une sélection de paddles et kayaks. La meilleure façon d'atteindre vos sommets.

SPORT

TROC SPORT

30, avenue du Général-de-Gaulle
CHAMPAGNE-AU-MONT-D'OR ✆ 04 78 66 25 30
http://destocksportlyon.fr
Ouvert du mardi au samedi de 10h à 19h.

Faire du sport, ça n'a pas de prix ! Sauf quand il faut s'équiper... Pour s'équiper du meilleur matériel au meilleur prix, direction Troc Sport à Champagne-au-Mont-d'Or. Le spécialiste du matériel de sport outdoor neuf (déstockage) et occasion à Lyon nous propose de faire de bonnes affaires en achetant du matériel de qualité, vérifié et validé par des professionnels exigeants et passionnés : skis et snows, chaussures de ski, vélos (VTT, VAE, ville...), vêtements - avec un outlet Sun Valley - et tout le matériel pour les sports oudoor : randonnée, running, trail... Dépôt-vente pour les particuliers. Conseils de pros. Atelier de réparation. Le plan le plus futé pour bien s'équiper !

SPORT

INTERSPORT

86, Grande-Rue-Croix-Rousse (4e)
✆ 04 78 29 50 90
www.intersport.fr
Ouvert du lundi au vendredi de 10h à 19h, samedi de 9h30 à 19h.

Quelle que soit votre façon de faire du sport, votre bonheur se trouve chez Intersport. C'est encore plus pratique quand votre boutique de sport se trouve en ville, à la Croix-Rousse, à Villeurbanne, mais aussi à l'Arbresle ou à Beynost ! Accueil charmant et conseils personnalisés de professionnels passionnés. Du foot à la course à pied en passant par les activités été/hiver de montagne (dont la boutique de la Croix-Rousse est la spécialiste), la randonnée, le vélo... tous les rayons sont à visiter. Et si vous ne voulez pas faire de sport, streetwear et sportswear avec les plus grandes marques vous attendent chez Intersport. Choisissez votre façon de vous sporter.

VÊTEMENT - CHAUSSURES

ABS

18, rue Sainte-Hélène (2e)
✆ 04 72 40 01 57
www.abslyon.com
Ouvert le lundi de 14h à 18h, du mardi au samedi de 10h à 19h.

Selon les inconditionnels des planches qui roulent, voici la «Big» boutique de glisse, «The Skateshop» de Lyon depuis... 30 ans ! Du solide, du pointu en matière de glisse urbaine sur asphalte chez Ainay Board Shop (ABS quoi). Tant au niveau matos qu'au niveau fringues, pour les filles comme pour les garçons, pour les pieds comme pour la tête, ça envoie grave dans le style rider branché qui a même pas peur. Egalement des casques audio totalement fascinants et des bananes pour l'avoir... la banane. Un choix énorme dans une boutique, des vendeurs compétents, il n'y a pas photo et l'on profite de la liquidation des stocks à la fin de saison ! Skatelife style absolu.

LE COMPTOIR DU CYCLE

RASSEMBLER TOUS LES CYCLISTES

Rencontre avec Mathieu, co-fondateur et responsable magasin, qui nous explique le concept proposé par Le Comptoir du Cycle à Confluence, véritable lieu de vie autour du vélo.

Pourquoi avoir créé Le Comptoir du Cycle ?

Cela faisait 5 ans que je roule en vélo cargo pour me déplacer dans Lyon et l'idée de créer un concept autour du vélo est venue naturellement. En 2020, j'ai entamé ma reconversion et me suis formé comme mécanicien cycle et c'est là que j'ai rencontré Thomas [co-fondateur], passionné de vélo, aujourd'hui chef d'atelier au Comptoir du Cycle. Cette boutique dédiée au vélo a pu ouvrir ses portes en juin 2021 grâce au financement du groupe Yesss Électrique, porté par sa filiale automobile Ora7 et son directeur général Pierre Colas, soucieux de prouver que vélos et autos sont complémentaires, le vélo devant être privilégié en ville.

À qui s'adresse Le Comptoir du Cycle ?

Le Comptoir du Cycle a pour vocation de démocratiser le vélo. Qu'il s'agisse des sportifs qui enchaînent les kilomètres, des familles qui aiment profiter d'une petite balade le week-end, des «comuters» [ceux qui se déplacent à vélo pour leurs trajets quotidiens]..., le but est que chacun trouve son bonheur au magasin. Beaucoup de non-pratiquants ou débutants ont souvent peur d'entrer dans des boutiques spécialistes du cycle. Le Comptoir du Cycle a pour ambition de mettre tout le monde à l'aise. L'espace bar et restauration encouragera certainement des futurs pratiquants à franchir la porte du magasin. Nous organisons aussi des nocturnes, des événements. Nous voulons rassembler toutes les communautés de cyclistes.

Quels vélos et quels services proposez-vous ?

D'abord, tous les vélos exposés dans la boutique sont des vélos prêts à partir pour un essai. Après discussion avec les clients, nous proposons les vélos les plus adaptés à leurs besoins et à leurs pratiques. Vélos musculaires ou électriques, vélos urbains ou de chemin, vélos cargo pour transporter les enfants ou charger les courses. Des vélos pour tous, mais toujours des vélos de qualité avec des marques comme Bergamont ou Ruff Cycles. Nous travaillons avec des marques qui ont, comme nous, une fibre respectueuse de l'environnement. Nous sélectionnons des vélos composés de pièces faites de préférence en Europe, avec une réparabilité maximale. Nous vendons également des accessoires, notamment des textiles ou des sacoches, dans le même esprit. Notre atelier, ouvert à tous les vélos, fait lui aussi de la qualité à des tarifs abordables. Toujours avec la possibilité de rester sur place télétravailler, et rencontrer d'autres amoureux du vélo.

> LE COMPTOIR DU CYCLE
21, quai Antoine Riboud (2e)
✆ 04 78 85 26 70 - www.lecomptoirducycle.cc

© EMMANUEL SPASSOFF

© EMMANUEL SPASSOFF

© EMMANUEL SPASSOFF

CIRCUIT

ONLY KART

195, avenue de l'Industrie - **DAGNEUX** ✆ 04 30 33 33 33
www.onlykart.com
Fermé mardi. Lundi, jeudi, vendredi 17h-23h, mercredi 14h-23h, samedi 10h-23h, dimanche 10h-20h. Ski indoor. Bowling.

La voiture électrique, ça dépote ! Puissant, réactif et non polluant, voici le kart électrique sur la plus longue piste dédiée à sa pratique indoor en France ! Montée, descente, tunnel, une piste homologuée FFSA 100 % sécurisée pour relever tous les défis de vitesse, frissons et challenges garantis. Dans ce complexe multi-loisirs unique dans son style, le jeu se prolonge sur les pistes de bowling interactif, sur l'incroyable piste de ski indoor ou en immersion virtuel VR ! Glisse en toute sécurité toute l'année. EVJF et EVG, anniversaires pour les enfants, séminaires, team buildings... Espace bar pour commenter ses performances. Pour partager des moments intenses ensemble.

CIRCUIT

PARK EVENTS

15-17, chemin du Génie - **VÉNISSIEUX** ✆ 04 72 78 05 05
www.park-events.com
Ouvert tous les jours. Horaires selon activités. Se renseigner. Tarifs complets en ligne.

Un magnifique complexe où le karting tient la vedette à côté d'un laser game, un bowling et un restaurant ! 10 000 m² d'espaces couverts pour la plus grande piste karting indoor de toute la région Auvergne Rhône-Alpes. Une piste d'exception, qui a vu courir les plus grands pilotes, se déroulant sur 600 m pour accueillir tous vos challenges. Pilote confirmé roulant contre le chrono et d'autres concurrents sur des karts de 270 cc (karts adaptés à partir de 7 ans), la piste est ouverte aux challenges amicaux entre collègues de travail (le complexe peut recevoir jusqu'à 1 500 personnes en temps normal). Séminaires, team building, partagez des moments forts sur et autour de la piste.

GOLF

GOLF BLUE GREEN GRAND LYON CHASSIEU

Route de Lyon - **CHASSIEU**
✆ 04 78 90 84 77
www.bluegreen.com/chassieu
Praticable et ouvert toute l'année.

La meilleure façon de se détendre, de s'oxygéner, c'est de marcher et de se mettre au vert. Aux portes de Lyon, 15 petites minutes du centre-ville, à proximité de l'aéroport de Bron et d'Eurexpo, le golf Blue Green Grand Lyon Chassieu offre un étonnant cadre de verdure dans la Métropole. Parcours 18 trous (par 70 de 5 900 m), avec de hauts roughs et des greens défendus par de profonds bunkers. Club house de qualité avec un restaurant ouvert tous les jours au déjeuner. 6 trous compacts pour l'entraînement et zone de practice en accès libre pour l'apprentissage.

ALPINISME

CLIMB UP LYON

11, rue Lortet (7e) ✆ 04 72 71 83 84 - Tram T2 et Métro B (Jean Macé). Station Vélo'v à 50 m. - https://lyon-gerland.climb-up.fr
Ouvert tous les jours de 8h à 0h. Tarifs accès libre de 10 € (enfant -12 ans) à 16 €. Location chaussons 4 €.

Sensations verticales dans l'une des plus grandes salles d'escalade de France ! Des chiffres à donner le vertige : 2 500 m² de surface de grimpe du 3e au 8e degré, 14 m de hauteur sous toiture, 120 lignes de cordes et plus de 200 voies d'escalade - renouvelées pour varier les plaisirs - pour monter jusqu'à 13 m de haut sécurisé par une corde. Une salle grandiose, mais surtout une salle à dimension humaine où débutants et experts partagent le même plaisir : celui de grimper. Espace dédié aux enfants, parcours aventure indoor, salle de fitness, sauna, restauration sur place (pique-nique accepté)... Un vrai lieu de vie pour grimpeur autonome ou pas (initiation obligatoire). Une référence.

BOUTIQUE DE CLUB

OL STORE LYON CENTRE

104, rue du Président-Edouard-Herriot (2e) ✆ 0892 69 69 69
En métro : ligne A, station Cordeliers.
http://boutique.olweb.fr
Ouvert du lundi au samedi de 10h à 19h.

Pour être fier et supporter votre équipe de cœur, équipez-vous OL. Des fans inconditionnels aux amoureux du foot et supporters d'un soir qui veulent se faire plaisir en portant un des maillots du club. Oui, parce qu'il y a les maillots à domicile, les maillots à l'extérieur, les tenues d'entraînement... et toute une déclinaison de vêtements de sport montrant l'étendue de votre amour pour l'OL. Possibilité de personnaliser les maillots pour jouer comme un grand. Également de nombreux accessoires pour être OL dans sa cuisine, dans sa voiture, dans sa salle de bains, où vous voulez... Des articles pour les enfants, notamment à la rentrée, des objets pour elle et lui. OL toujours.

COACHING

URBAN TONIC

78, rue du Président Edouard Herriot (2e) ✆ 04 72 41 03 03
www.urbantonic.fr
Ouvert du lundi au vendredi de 8h30 à 21h, samedi de 8h30 à 12h30.

Bien plus qu'une salle de remise en forme au cœur de Lyon, Urban Tonic est une véritable salle de coaching pour permettre à chacun, quel que soit son niveau, d'atteindre son meilleur objectif. Des coachs passionnés, présents en permanence avec vous pendant les séances sur des machines professionnelles, vont vous préparer un programme à votre mesure. David Boiron, le fondateur d'Urban Tonic, et son équipe de pro sont à votre écoute : perte de poids, gain de force, gain postural, cross training, Urban Training (parcours urbain alliant endurance et explosivité), souplesse et relaxation, préparation physique, gym traditionnelle et senior, mais aussi réduction du stress.

PATINAGE
PATINOIRE CHARLEMAGNE

100, cours Charlemagne (2e) ✆ 04 78 42 64 55
www.piscines-patinoires.lyon.fr
Fermeture saisonnière de mi-mai à mi-septembre. Horaires selon saisons. Entrée et locations 7,30 €. Gratuit -6 ans.

Il y a deux patinoires à Lyon, dont la plus importante se trouve à Confluence. Avec sa coque de béton armée, signature des années 1970, la patinoire Charlemagne fait partie des bâtiments emblématiques d'un quartier ultramoderne. Elle accueille les amateurs – et les professionnels avec les meilleurs danseurs sur glace du monde et des hockeyeurs – de sports de glisse et de glace. Après une longue période de fermeture, elle a rouvert ses portes au public et vous pouvez rechausser les patins avec vos enfants au Jardin des glaces... Pratique pour accéder plus rapidement aux équipements municipaux, la possibilité d'acheter des e-billets ou de réserver une séance en ligne.

SPORTS DE NEIGE
LOCA SKIS

64, rue du Colombier (7e) ✆ 04 72 73 42 19
www.neige-et-caillou.fr
Retrait lun au sam 10h-13h/14h-19h de nov à mars, mar au sam avril à mai. Retour idem + dimanche 19h-21h de jan à mars.

Quand on arrive en station, pas envie de perdre une demi-journée à trouver le bon loueur et à faire des essayages plutôt que d'être sur les pistes skis aux pieds ! Avec Loca Skis, en quelques clics, je réserve mon matériel de ski à Lyon avec de nombreux avantages. L'assurance de louer rapidement du matériel de qualité, bien entretenu par des passionnés, à des tarifs bien moins chers qu'en station ! Retrait rapide la veille de votre départ et retour à de larges horaires, même le dimanche en saison. Conseils personnalisés pour se faire plaisir sur les pistes. Service atelier, classique ou minute, pour affûter et farter ses planches avant le week-end (tous les vendredis sans rendez-vous).

SPORTS DE NEIGE
TROC SPORT

30, avenue du Général-de-Gaulle
CHAMPAGNE-AU-MONT-D'OR
✆ 04 78 66 25 30
http://destocksportlyon.fr
Ouvert du mardi au samedi de 10h à 19h.

© TROC SPORT

J'aime skier et j'ai envie d'investir dans une paire de skis ou un snowboard sans faire trop faire tourner la planche à billets. La solution : Troc Sport. Le spécialiste du matériel de sport outdoor, ski et snow en tête (vélo et autres sports de pleine nature aussi), qui propose un large choix de matériel neuf déstocké ou en fin de série et de matériel d'occasion vérifié par de véritables professionnels. Résultat : des skis de qualité à prix réduits pour toute la famille et toutes les pratiques, du ski de piste au ski de rando. Vêtements - Sun Valley en particulier - pour skier stylé bien au chaud et au sec. Raquettes pour marcher dans la poudreuse. J'aime skier, j'aime Troc Sport.

SPORTS DE NEIGE
NEIGE & CAILLOU

71, avenue Berthelot (7e) ✆ 04 72 73 42 19
www.neige-et-caillou.fr
Ouvert du lundi au samedi de 10h à 13h et de 14h à 19h. D'avril à octobre, la boutique est fermée le lundi.

L'hiver sur la neige, l'été sur les cailloux, cette boutique est l'une des adresses références en matière d'équipement pour la montagne. Selon les saisons, Neige & Caillou propose toujours une sélection de matériel performant pour monter et/ou descendre les pentes des Alpes. Sur la neige, tout pour le ski de piste, le free ski et le snowboard avec les meilleures marques et le bootfitting pour choisir les bonnes chaussures. Possibilité, unique à Lyon, de location avec option d'achat. L'été, vélo pour la route et les chemins. Textiles toutes saisons, notamment signés Sun Valley, et accessoires. Tous les chemins pour monter en station passent d'abord par Neige & Caillou.

SKI
SKIMANIA LYON

17, quai Jean Moulin (2e) ✆ 04 72 72 59 59
www.skimania.com
Ouvert lundi et mardi de 14h à 18h, mercredi et jeudi de 11h à 13h et de 14h à 19h, vendredi de 9h à 15h.

La meilleure façon de partir skier depuis Lyon ! Ecologique, économique et 100 % pratique, Skimania nous emmène en car vers les stations des Alpes. Avec Skimania, vous pouvez prendre le métro jusqu'à l'un des départs «verts» (Bellecour, Villeurbanne, Gerland, Gorge de Loup ou Parilly) et vous laisser conduire vers les sommets enneigés à la journée, pour un week-end ou un séjour dans un car Grand Tourisme. Skimania fournit le forfait de ski et l'assistance secours sur piste. Direction une vingtaine de stations parmi les plus belles : Alpe d'Huez, Arêches Beaufort, Chamrousse, Courchevel, La Clusaz, La Plagne, Les 7 Laux, Les Arcs, Les Saisies, Méribel, Tignes, Val Thorens...

SPORTS INDIVIDUELS

ALL IN PADEL

2, avenue Simone Veil - **DÉCINES-CHARPIEU**
✆ 04 26 17 68 27
www.allin-padel.com
Ouvert du lundi au vendredi de 10h à 23h, week-end de 9h à 19h.

Le padel, à ne pas confondre avec le paddle, est un sport encore méconnu. Vous allez vite vous rattraper en découvrant cette discipline dérivée du tennis dans ce complexe sportif installée à l'OL Vallée. Porté par le tennisman Jo-Wilfried Tsonga et le gardien de l'OL Anthony Lopes, ce complexe de haut niveau, ouvert à tous les pratiquants, débutants et confirmés, abrite 6 terrains - il faut dire «piste» - de padel dernière génération, mais aussi deux terrains de badminton indoor, ainsi qu'un superbe espace bar et restauration pour prolonger le plaisir. Encadrement pour découvrir le padel et une Académie pour former les futurs champions dans la Métropole. En piste !

SURF

CITY SURF PARK LYON

2, avenue Simone Veil - **DÉCINES-CHARPIEU** ✆ 09 75 56 38 61
city-surf-park.com
Ouvert du lundi au vendredi de 11h à 15h et de 17h à 23h, samedi de 10h à 23h, dimanche de 10h à 19h.

Un max de fun ! Le City Surf Park t'accueille (aloha) à l'OL Vallée, offrant aux amoureux de la glisse la plus grande vague de surf indoor d'Europe. Une expérience unique qui n'est pas réservée qu'aux surfeurs aguerris, puisque la vague s'adapte aux novices. D'ailleurs, des séances d'initiation avec moniteur vous permettront de faire votre crâneur sur la Côte des Basques cet été. Une eau à 27 °C toute l'année, une vague qui s'ajuste selon votre niveau, une activité «so cool» encadrée par des pros, un park engagé dans une démarche environnementale vertueuse, de bonnes bières et pas de requin à l'horizon : vous attendez quoi pour réserver votre session au City Surf Park Lyon ?

JEUX VIDÉO

I-WAY

4, rue Jean Marcuit (9e) ✆ 04 37 50 28 70
www.i-way-world.com
Ouvert du mardi au jeudi de 17h à 21h, vendredi de 12h30 à 21h30, samedi de 12h à 19h30.

La simulation, ça peut avoir du bon ! Surtout quand elle nous permet de stimuler nos sensations sans prendre trop de risques. Chez I-Way, montez à bord d'une formule 1 pour piloter dans des conditions hyper réalistes et faites une course avec vos amis. Simulateurs moto pour faire un circuit GP et simulateur d'avion de chasse pour jouer à Top Gun dans un combat aérien grandeur nature. Salle de réalité virtuelle pour s'aventurer dans d'autres univers. Trois missions d'escape game pour une immersion différente, mais toujours autant de sensations à partager. Enfin, la nouveauté, c'est le Quiz Game, premier du genre à Lyon, pour buzzer comme sur un plateau de télé ! Idéal pour du team building.

SPORTS AÉRIENS

AVIASIM

26, rue Émile-Decorps - **VILLEURBANNE**
✆ 04 78 96 36 19
www.aviasim.fr
Ouvert du mardi au samedi de 10h à 19h. Sur rendez-vous.

Passionné d'aviation ou envie de faire un cadeau original ? Chez Aviasim, prenez l'air en devenant pilote ! Un max de sensations fortes pour votre premier vol, guidé par un instructeur. Briefing pour découvrir la cabine de pilotage hyper-réaliste, avant de faire un vol de 35 minutes vers la destination de votre choix parmi 24 000 aéroports ! Que vous soyez novice ou passionné par l'aviation, dès 10 ans prenez les commandes. Possibilité d'inviter vos amis et votre famille pour partager l'expérience avec les sièges accompagnateurs (sous réserve). Fighters Academy pour voler sur avion de chasse. Stage contre la peur en avion ou possibilité de se faire quelques frayeurs avec le pack Sensations.

SPORTS AÉRIENS

IFLY

48, ancienne route de Grenoble - **SAINT-PRIEST**
✆ 04 82 90 34 70 - www.iflyfrance.com
Ouvert mercredi/vendredi 11h-22h, week-end 8h-22h. 7j/7 vacances scolaires. Baptême découverte à partir de 54,90 €.

Toujours plus ! Vous en voulez toujours plus ? Ce «plus», Ifly va vous le donner en vous offrant un saut en chute libre au-dessus de Lyon. Ifly, vous connaissez. C'est la soufflerie géante installée près de l'aéroport de Bron où vous pouvez vous envoyer dans les airs en combinaison de vol. Face à une vitesse de souffle pouvant atteindre 300 km/h et montant jusqu'à 13,50 m, les sensations de vol étaient déjà magiques. Et pour augmenter encore les sensations, vous pouvez faire le saut Ultimate 4D en admirant un spectacle fantastique, la métropole lyonnaise, accompagné des champions du monde de vol libre Karine Joly et Greg Crozier. Grosse montée pendant la descente !

PARCOURS DANS LES ARBRES

FRANCE AVENTURES

3, place du 158e-Régiment-d'Infanterie (5e) ✆ 04 78 36 31 75
www.france-aventures.com
Ouvert tous les jours en juillet et août. Horaires variables selon les mois, se renseigner sur le site Internet.

Qui n'a pas rêvé de survoler la ville suspendu à une tyrolienne ? A 6 minutes du centre de Lyon, venez vous amuser en famille dans les arbres du bien nommé Parc des Hauteurs. Un écrin de nature où est installé un parc multi-activités avec 8 parcours acrobatiques dans les arbres, du Ouistiti pour les tout-petits à un nouveau parcours difficile Au-delà des Etoiles (nouveauté 2022), 80 ateliers au total, et une activité à essayer en famille : Explor Games®, un jeu d'aventure et d'exploration dans l'univers du Serviteur des Ténèbres. C'est le lieu idéal pour organiser l'anniversaire de vos enfants ou un enterrement de vie de célibataire. Dans tous les cas, sensations garanties !

© DR

© DR

SQUASH

LE BAD'S

44, rue Victor-Lagrange (7e)
✆ 04 72 71 50 50
https://badsclub.com
Ouvert 7j/7, du lundi au vendredi de 10h à 23h30, week-end de 9h à 19h30.

Tu aimes transpirer et te faire plaisir dans un lieu de vie hautement convivial ? Dans un coin tranquille, le Bad's « urban sport & lounge », repris depuis avril 2021 par les cousins John et Jonathan Olivier, offre un magnifique espace réhabilité pour faire du sport et se détendre. Côté transpi : 4 terrains de badminton et 5 terrains de squash pour faire monter le cardio. Entre transpi et relax : 4 terrains de pétanques pour préparer l'apéro après le sport. Bar lounge avec une belle carte de vins, de bières et de tapas. Autre plaisir du Bad's, le restaurant pour savourer des assiettes à base de produits de saison. Organisation d'événements privés particuliers et professionnels.

© DR

© DR

ET SI ON JOUAIT ?

ESCAPE GAME

DARK EXPERIENCE

4, rue Constantine (1er)
✆ 09 82 31 46 66
https://dark-experience.com

L'époque est déjà terrifiante et vous voulez en rajouter ? Si la réponse est oui, direction l'escape game qui fait vraiment peur. Ici, pas de «gentilles énigmes» à résoudre pour trouver un trésor caché, mais une simple et viscérale envie de fuir de situations... horribles. Si vous voulez tester vos capacités face à l'horreur, bienvenue chez Dark Experience. Deux «rooms» et deux histoires dignes d'un roman de Stephen King avec Amy, la version horreur qui va vous faire sursauter, et La Créature, version survie dans un monde de ténèbres. Tout cela est fortement déconseillé aux personnes sensibles, car vous allez devenir le «héros» d'un véritable film d'horreur...

ESCAPE GAME

IMAGINARIUM GAME

12, place Jules-Guesde (7e)
✆ 09 72 59 09 48
www.imaginariumgame.fr
4 missions à partir de 23 €/joueur.

Imaginez-vous enfermé dans une pièce mystérieuse au cœur de Lyon. Une pièce qui va vous plonger dans un univers bien différent du nôtre... Un «escape» installé dans un immeuble de la place Jules Guesde avec 4 missions et toujours 60 min pour s'échapper tous ensemble (de 2 à 8 joueurs). Prisonnier d'une cellule high-tech extraterrestre (Prison Gal'Roa), militant écologiste voulant sauver les loutres (la Révolte des Loutres), aventurier sur l'île de Pâques (Silence des Moai) ou enquêteur pendant la fête des morts au Mexique (l'Ofrenda). Beauté des décors, gentillesse de l'équipe et qualité de l'accueil à l'Imaginarium où l'on peut vivre des aventures vraiment extraordinaires.

ESCAPE GAME

ENIGMATIC ESCAPE GAME

11, rue de la Part-Dieu (3e)
✆ 09 86 15 94 55
www.enigmaticlyon.fr

Et si pour se libérer de toutes nos émotions négatives emmagasinées ces derniers temps, un passage par l'une des rooms d'Enigmatic était la bonne solution, comme une catharsis libératrice ? Vivez les aventures les plus intenses, les plus prenantes en réussissant, avec votre équipe, à vous échapper de l'un des 5 univers totalement immersifs : Cellule 23, le Mystère de Barbe Noire, Arthur (décor fabuleux avec 3 niveaux de difficulté pour tous les âges), Evasion psychiatrique et le fameux Orphelinat, l'énigme la plus glaçante, la plus effrayante (déconseillée aux moins de 16 ans) de toute la région ! Idéal pour construire l'esprit d'équipe, avec des offres sur mesure, ou de famille.

ESCAPE GAME

KOEZIO

50, ancienne route de Grenoble - **SAINT-PRIEST**
✆ 04 28 29 15 15
https://koezio.co
Missions sur réservation. Mission Agents d'élite 29 €.

Repoussez vos limites à deux pas de l'aéroport de Bron. Koezio, c'est le plus grand parc d'aventures indoor de la région. Koezio, mais c'est aussi un lieu de vie outdoor où l'on peut se restaurer, jouer à la pétanque et partager des moments de fortes émotions. Chez Koezio, on ne se contente pas de résoudre des énigmes, il faut surmonter ses peurs en s'amusant, jouer en équipe (à partir de 2 pers.) pour remplir sa mission d'Agents d'Elite. Quatre «districts» à franchir, comme le passage de ce parcours aérien à 12 mètres du sol ! Dans Koezio, on entend «cohésion», manière idéale de faire du «team building» ou de célébrer un enterrement de vie de célibataire. Immersion et sensations garanties.

ESCAPE GAME

EXALTO PARK

2, avenue Simone Veil - **DÉCINES-CHARPIEU**
✆ 04 28 29 53 83 - www.exalto-park.com
Mer 14h-22h, jeu 17h-22h, ven 17h-0h, samedi 10h-0h, dimanche 10h-20h. Tous les jours vacances scolaires et sur résa.

Triple dose de plaisir avec les 3 parcs de loisirs Exalto dans la région lyonnaise (Dardilly, Villeurbanne et Décines), avec en vedette le parc de l'OL Vallée. Installé tout à côté du Groupama Stadium, un gigantesque parc de loisirs indoor de plus de 3 500 m², avec 3 espaces d'activité pour vivre des aventures intenses. A commencer par les 30 cellules de Prison Island, habile mélange entre escape game grandeur nature et jeu d'aventures. De quoi partager des frissons en équipe ! Un espace Airwarrior, là encore un mélange entre parcours d'obstacles et jeux gonflables géants. A pratiquer en famille. Enfin, un espace avec 56 trampolines interconnectés pour sauter, sauter, sauter... Foncez !

ESCAPE GAME

A MAZE IN GAME

21, rue Père-Chevrier (7e)
✆ 06 81 14 20 32
www.amazeingame.fr
Ouvert tous les jours de 10h à minuit.

Faire un escape game, c'est sortir 60 minutes de notre monde réel - parfois bien irréel - pour plonger dans un univers parallèle. Et pour une plongée totale, l'expérience doit sembler la plus réelle possible ! Avec A Maze in Game, vivez la meilleure expérience d'immersion dans des aventures à donner des sueurs froides. Transformé en agent du Bureau des Enquêtes Spéciales avec votre commando, vous devez lever le mystère sur l'épave d'un sous-marin soviétique, le *B-618 Voronej*. Le jeu devient réalité dans une mission palpitante aux décors captivants. Idem pour l'autre room et son Cabinet de Curiosités. Un grand bravo à Violaine et Jonathan pour leur réalisation et leur accueil. Coup de cœur.

BOWLING

BOWLING DE L'OUEST LYONNAIS

1, chemin de l'Industrie - **BRIGNAIS** ✆ 04 78 05 69 44
www.bowlingdefrance.com

Ouvert du dimanche au jeudi de 14h à 23h, vendredi et samedi de 14h à 1h. De 4,50 € à 7,90 € la partie.

Les boules de pétanque ne vous suffisent plus ? Il vous faut la taille au-dessus ! Direction Brignais. On accède facilement (A450 sortie 7 Brignais-centre), on se gare aisément (parking gratuit) et on découvre un espace clair et bien aménagé avec ses 14 pistes informatisées, toutes équipées pour les enfants. Chacun se lance des défis amicaux dans une atmosphère conviviale, même en jouant au billard sur l'une des 14 tables. Organisation d'anniversaires pour les enfants en journée ou pour les adultes en soirée. Des formules qui font «strike» à tous les coups.

BOWLING

BOWLINGSTAR LYON

80, rue Marius-Berliet (8e) ✆ 04 78 01 21 65
https://bowlingstar.fr

Ouvert tous les jours de 14h à 1h. De 5,50 € à 8 € la partie. 30 pistes, 4 mini-pistes 3/7 ans.

Si le nom a changé, tout continue de rouler pour le plus grand bowling de la région, facilement accessible par le tram T4 arrêt Jet d'Eau-Mendès France. Dans un vaste hangar aménagé, 30 pistes de bowling pour faire des strikes en famille – dès 3 ans – ou entre amis. Un espace billard presque tout aussi important avec 15 tables de pools et d'américains pour jouer entre amis. Sans oublier quelques jeux vidéo qui offrent d'autres sensations et le bar pour faire une pause. Accueil des groupes, CE, organisation d'anniversaires, notamment pour les enfants avec des formules «tout compris», et autres événements. Ecole de bowling avec des moniteurs diplômés pour les enfants et les parents.

CASINO

CASINO LE LYON VERT

200, avenue du Casino - **LA TOUR-DE-SALVAGNY**
✆ 04 78 87 02 70 - www.casinolyonvert.com

Ouvert tous les jours et jours fériés de 10h à 4h. Jeux traditionnels ouverts de 20h à 4h. Interdit aux mineurs.

Bien plus qu'un casino, le Lyon Vert est un véritable complexe de loisirs et de divertissements. Ouvert en 1882, ce casino du groupe Partouche propose un parc de 275 machines à sous disponibles tous les jours à de larges horaires et des jeux traditionnels en soirée. Des jeux de table pas toujours bien maîtrisés, mais que l'on peut apprendre pendant les Ateliers du jeu (inscription sur simple appel). Animations, concerts, spectacles pour couronner le tout dans un cadre exceptionnel. Restaurant gastronomique La Rotonde à s'offrir le jackpot en poche ou brasserie Le Caz pour ne pas perdre une main chanceuse ! Détente et évasion garanties et, si la chance vous sourit, d'autres belles surprises.

JEUX ET JOUETS

ANTIC DOLLS TOYS

28, rue Auguste-Comte (2e) ✆ 06 10 66 40 96
https://anticdollstoys.com

Ouvert du mardi au samedi de 10h à 12h et de 14h à 19h. Expertise possible de vos jouets anciens.

Un brin de nostalgie dans cette boutique qui nous fait remonter le temps tout en redonnant vie à des poupées qui sont, aujourd'hui, bien plus que de simples jouets, des objets de collection méritant toutes les attentions. Il n'y en a pas que pour les figures de porcelaine et autres poupées chez Dolls Toys, boutique où l'on peut faire estimer ses jouets anciens en prenant rendez-vous avec un expert. Il y a aussi les petits soldats de plomb et les maquettes d'autrefois, comme ces bateaux, ces voitures, ces trains et autres motos. Des jouets exceptionnels qui sont de véritables pièces de musée pour collectionneurs passionnés. Une boutique pour les amoureux des belles choses du passé.

JEUX ET JOUETS

ARCHI CHOUETTE

3, place du Griffon (1er)
✆ 04 72 27 84 51
www.archi-chouette.fr

Ouvert du lundi au samedi de 10h à 19h30.

Tu as les yeux explosés à force de jouer sur ton téléphone ? Tu n'as plus que des amis virtuels derrière ton écran ? Un bon conseil, fais une pause et viens partager tes jeux et ton univers autour de jeux «Archi Chouettes». Une boutique fantastique ouverte il y a plus de 10 ans par des passionnés. Une boutique où les jeux sont dits «de société» et nous ouvrent les portes de mondes imaginaires. Des milliers d'univers pour s'amuser en famille, avec des amis qui sont à côté de toi. Un canapé capitonné, des tables aux pieds sculptés, des conseils sans compter, c'est toute l'année que *Futé* t'invite à fréquenter ce lieu qui t'ouvre grand les yeux sur le monde des jeux.

JEUX ET JOUETS

VILLAGE JOUÉCLUB

112, cours Charlemagne (2e)
✆ 04 72 15 15 30
www.joueclub.fr

Ouvert du lundi au samedi de 10h à 20h.

Si le *Petit Futé* place des enseignes nationales dans son guide, c'est qu'elles ont une particularité remarquable. Village JouéClub, c'est non seulement le plus grand magasin de jouets de Lyon, mais un des plus grands de France avec pas moins de 15 000 jouets mis en scène, notamment dans des boutiques spécialisées : Lego, Playmobil, Barbien Corolle, Smoby... Entrée spectaculaire avant de découvrir l'allée centrale et ses univers : maison des tout-petits, maison des jeux et du modélisme, maison des jeux éducatifs et créatifs, maison des jeux de société, maison des poupées, jardin du plein air et maison de la fête. Loin des écrans, le Village JouéClub redonne à nos enfants le goût du rêve.

ET SI ON JOUAIT ?

JEUX VIDÉO

DREAMAWAY

7, quai Sarrail (6e) ✆ 04 26 07 23 43
Métro Foch - Parking Morand - Station Velo'v à 30 s
www.dreamaway.fr
Ouvert mardi, jeudi et vendredi 15h à 22h, mercredi 11h à 22h et samedi 11h à 23h.

Et si, au lieu de jouer derrière un écran, vous rentriez dans l'écran ! C'est l'expérience que vous propose Dream Away, temple lyonnais de la réalité virtuelle. Grâce à du matériel de haute performance et des productions de haute qualité, l'immersion est totale. Il n'y a pas d'âge pour partir à l'aventure dans les nombreuses expériences proposées, jusqu'à 16 joueurs en simultané ! Activité idéale pour le « team building », la réalité virtuelle rend vite accro et on ne se lasse pas de voir les aventuriers « casqués » éviter un zombie virtuel. Des jeux qui se déroulent dans des univers plus ou moins adaptés à certains âges. L'offre «culture et éducation» est également passionnante.

NEW

JEUX VIDÉO

LDLC VR EXPERIENCE

62, chemin du Moulin Carron - **DARDILLY** ✆ 09 87 86 18 00
www.ldlc-vrexperience.com
Ouvert mercredi, samedi et dimanche 14h à 22h, jeudi et vendredi 17h à 23h.

Avant de rentrer dans le monde virtuel, il faut passer par le réel et venir facilement jusqu'à LDLC VR Expérience (A6 sortie 34, parking gratuit). Seul, en couple, en famille (enfants à partir de 7 ans) ou entre amis, laissez-vous guider par une équipe dynamique qui vous emmène explorer, en toute sécurité, d'autres mondes. Dans un magnifique complexe de 500 m² dédié à la réalité virtuelle, vivez des expériences uniques en immersion totale. Du laser game à la découverte en passant par le sport, chacun vit le jeu à 100 %. Pour revenir au réel, belle terrasse pour prendre un verre et restauration sur place. Super offre pour organiser un anniversaire ou du team buiding pour les entreprises.

JEUX VIDÉO

MÉGAZONE

104, rue de Sèze (6e) ✆ 04 72 74 26 86
www.megazonelyon.com
Ouvert tous les jours, même jours fériés. Vacances scolaires, tous les jours de 13h à 22h. Partie à partir de 6 €.

Se faire peur sans la terreur. En plein cœur d'un quartier chic de Lyon, entrez chez Mégazone où vous vous transformerez en guerrier de jeux vidéo. Plusieurs scénarios sur ce site qui dispose de 650 m² d'aire de jeux sur 2 niveaux pouvant accueillir jusqu'à 36 joueurs en simultané avec 60 modes de jeu ! Muni de votre armure électronique et de votre arme laser, vous devrez dans la pénombre et la fumée trouver vos adversaires, les désactiver et prendre leur base, le tout au milieu des effets spéciaux et des pièges. N'oubliez pas de vous munir d'un tee-shirt noir et d'un habit de rechange, car la température monte très vite chez Mégazone. Autre adresse dans le 9e.

JEUX

LANCER DE HACHE

4, rue de l'Epée (3e) ✆ 09 87 07 71 89
www.lancerdehachelyon.fr
Ouvert mardi et mercredi 18h à 21h, jeudi et vendredi 18h à 22h, samedi 11h à 12h et 14h à 22h, dimanche 14h à 19h.

Vous êtes plutôt pacifiste, mais vous aimeriez bien lancer une hache dans une cible en imaginant... Notre coup de cœur continue de nous défouler et, dans cette période angoissante, y en a sacrément besoin ! Venez vous « l (h) âcher » en toute sécurité à partir de 14 ans (avec vos parents pour les -18) et découvrez un véritable sport à pratiquer entre amis. Dosez bien votre force – pas la peine d'être costaud pour bien lancer – et visez la cible pour ne pas payer la prochaine tournée... Idéal pour un enterrement de vie de jeune fille ou de garçon, un anniversaire, pour une équipe de collègues voulant relâcher la pression. «L'hachez prise» et venez vous défouler en toute convivialité.

PAINT-BALL

ONLY PAINTBALL LYON NORD

1749, rue de Jons - **NIÉVROZ** ✆ 06 28 54 26 81
https://onlypaintball.fr
Ouvert toute l'année, 7j/7, jours fériés et vacances scolaires, sur réservation uniquement.

Only Paintball, mais pas seulement ! Un véritable parc de loisirs, un concept unique à Lyon et dans la région pour des jeux grandeur nature qui vont vous sortir de l'ordinaire. Facile d'accès depuis Lyon centre, à proximité du Grand Parc Miribel Jonage, un terrain boisé parfaitement aménagé pour se défouler à se tirer dessus avec de petites billes biodégradables sans se faire mal. Paintball adapté pour les enfants à partir de 5 ans. Accompagné par une équipe fantastique, plongez dans des scénarios palpitants. Paintball en équipe, mais aussi lancer de haches façon Vikings et Archery (combat de tir à l'arc). Bref, l'endroit idéal à privatiser pour un anniversaire, un EVG ou EVJF.

PAINT-BALL

ONLY PAINTBALL LYON SUD

RN 7 - **SIMANDRES**
✆ 06 28 54 26 81
Ouvert toute l'année, 7j/7, jours fériés, vacances scolaires, sur réservation uniquement.

Sortez de la ville - facile par la RN 7 au sud de Lyon - et venez vivre de vraies aventures sur le terrain d'Only Paintball. Pour une journée ou une demi-journée, mettez l'ordinaire de côté pour vivre des scénarios extraordinaires - dans les bois ou en milieu urbain - accompagné par une équipe fantastique. Pour un anniversaire, un EVG, EVJF ou simplement entre amis, réveillez le guerrier qui est en vous en tirant avec des billes colorées biodégradables. Du pur fun, sans danger et sans douleur ressentie avec un matériel performant. Toujours du tir avec du lancer de haches en plein air, unique dans la région, et de l'Archery (combat au tir à l'arc). BBQ pour pique-niquer.

JE CRÉE MON ESPACE DE VIE

Pour me sentir bien, je crée mon espace de vie et je le recrée autant de fois que je veux changer de vie. Comme la plupart de mes concitoyens, avant ou pendant les confinements successifs, je me suis mise au bricolage et à la décoration d'intérieur. Pour assouvir mes envies de matériel et d'objets, les grandes enseignes ont prospéré, notamment en périphérie de Lyon. Mais si elles offrent du choix, elles ne correspondent ni à la qualité désirée ni à nos valeurs responsables avec des produits fabriqués à l'autre bout de la planète. Ce que le Petit Futé préfère mettre en avant dans ces pages dédiées au bricolage et à la déco, ce sont de petites boutiques éthiques, proposant des produits locaux, français ou ethniques, produits par d'authentiques artisans avec des pièces uniques ou à petits tirages. Des pièces faites pour durer, pour accompagner l'histoire d'une vie. Nombre de ces boutiques se trouvent autour de la rue Auguste Comte et dans votre guide. L'art de mieux se porter, de bien vivre commence chez soi avec une bonne literie, une belle déco et des produits d'entretien écoresponsables.

DÉCORATION

35 OCTOBRE...

35, rue Auguste Comte (2e)
✆ 04 78 37 64 33
www.35octobre.fr
Ouvert du mardi au samedi de 10h à 13h et de 14h à 19h.

Une date fantaisiste, référence au numéro de la rue et au mois d'ouverture de la boutique. Une référence directe à la rêverie dans laquelle nous embarque 35 octobre... – qu'il faut appeler « concept store » – avec ses points de suspension qui tiennent toutes leurs promesses dans la diversité et la surprise. Accueil adorable qui nous laisse faire les curieux, partant à la découverte d'un univers poétique avec des petits meubles fonctionnels et design, des coussins à la fois beaux et confortables, une table en bois blond aux lignes scandinaves et de nombreux objets de décoration, qui font autant d'idées cadeau originales. Un 35 octobre... à fêter tous les jours de l'année.

DÉCORATION

CARAVANE

20, rue Auguste-Comte (2e)
✆ 04 78 79 25 94
www.caravane.fr
Ouvert du mardi au vendredi de 11h à 19h, samedi de 10h à 19h.

Une belle boutique qui a su conserver le cachet de l'ancien - pierres apparentes - pour nous présenter les univers « exotiques » (au sens large du terme) signés Caravane. On ne sait pas si l'on trouve l'ensemble des collections sur les 150 m², mais trois univers sont mis en avant avec le salon, la chambre et la salle à manger. De très nombreuses pièces pas encore vues ailleurs, des formes et des couleurs - beaucoup de couleurs, ça fait du bien - inédites pour un intérieur qui se construit par touches ou en totalité (selon ses envies et ses moyens). Tissus, mobilier sur mesure, coussins, art de la table, linge de maison... Difficile de partir sans avoir rempli son panier de pièces uniques.

DÉCORATION

LA BELLE MÈCHE

43, rue Auguste-Comte (2e)
✆ 04 78 60 24 01
www.labellemeche.com
Ouvert du mercredi au samedi de 11h à 13h et de 14h à 19h.

Pour se sentir bien chez soi. La Belle Mèche, ce sont des bougies parfumées *made in* France, précisément en Provence. Des bougies fabriquées avec beaucoup d'amour par Pierre et Laura. Leur credo : créer de belles bougies au look contemporain chic à partir de cire 100 % végétale (soja) et des associations de parfums qui nous emmènent vers des voyages olfactifs sensationnels. La Belle Mèche adopte un ton intelligemment décalé pour nous proposer de brûler la vie et les bougies dans des occasions bien particulières. Pour les senteurs : une palette d'une trentaine de parfums et des éditions limitées. Des savons pour se laver les mains, pour le geste barrière mais pour sentir bon aussi.

DÉCORATION

CERFOGLI

26, avenue Maréchal-de-Saxe (6e)
✆ 04 78 24 70 44
www.influence-maison.com
Ouvert le lundi de 14h à 19h ; du mardi au samedi de 10h à 19h.

Une maison sérieuse qui s'inscrit dans la durée puisqu'elle a été fondée en 1931 ! Mais une maison qui sait toujours s'amuser et nous étonner pour donner vie à notre intérieur avec des objets qui rendent notre quotidien plus beau. Cerfogli, c'est le spécialiste de la bonne idée pour décorer votre appartement et/ou trouver l'idée cadeau à emballer soigneusement (paquets cadeaux particulièrement jolis). Sélection d'une centaine de marques de qualité et d'originalité qui se bousculent un peu dans cette caverne d'Ali Baba chic où le bon goût prédomine. Heureusement, l'autre spécialité de la maison c'est le conseil (et l'accueil souriant). Tout ce qu'il vous faut se trouve déjà chez Cerfogli.

DÉCORATION

LES BOUGIES DE CHARROUX

30, rue Saint-Jean (2e) ✆ 09 72 52 72 62
www.bougies-charroux.com
Ouvert du dimanche au mercredi de 11h à 19h ; du jeudi au samedi de 10h30 à 19h30.

Certains diront que le *Petit Futé* est un peu en retard à l'allumage, car Les Bougies de Charroux ont ouvert leur boutique dans le Vieux Lyon il y a 10 ans. Mais il n'est jamais trop tard pour bien faire, ni dire tout le bien que l'on pense des créations artisanales parfumées fabriquées dans l'Allier. Pour faire une bougie de Charroux, toujours fabriquée à la main, il suffit d'un peu de cire (européenne et labellisée), d'un peu de parfum de Grasse, d'une mèche 100 % coton et de beaucoup d'amour. Résultat : un choix de bougies en «pot» aux saveurs délicates et pourtant prononcées pour toutes les envies, tous les instants de la journée. Bougies chandelles pour décorer. Accueil charmant.

DÉCORATION

UN CLOU DANS LE MUR

9, rue Gentil (2e)
✆ 04 69 67 95 50
www.uncloudanslemur.com
Ouvert du mardi au samedi de 11h à 19h30.

Un clou dans le mur, ça change tout. Pour nous, l'une des plus belles adresses déco pour donner facilement une âme à votre intérieur déprimant. De l'originalité, de la couleur, beaucoup de bonne humeur, cette boutique est unique ! Tout comme les tableaux qu'elle propose à un seul exemplaire pour que vos murs ne ressemblent pas à ceux de vos voisins. Immense choix de 700 tableaux dans tous les styles, dans toutes les matières, toutes les dimensions et tous les budgets. Si vous aimez la diversité, vous aimerez le Clou ! Accueil adorable, conseils personnalisés, ici la déco - tableaux, petits objets, coussins, bijoux, chaussettes, papeterie... - fait aussi les plus beaux cadeaux.

DÉCORATION
DESIGN VEGETAL

11, rue de la Liberté - **SAINT-GENIS-LAVAL**
✆ 04 78 16 92 17
www.design-vegetal-stabilise.com
Ouvert du lundi au samedi de 10h à 19h.

Inépuisables ressources du végétal comme élément de décor dans votre intérieur. Une jardinerie alternative par des paysagistes contemporains, c'est ce que proposent Dimitri Ollagnier et Jean-Yves Achard dans leur showroom de Design Végétal. Objets et décoration végétale, sculptures florales, plantes d'ici et d'ailleurs... On n'imagine pas toutes les astuces et les réalisations possibles de ces professionnels du végétal qui fabriquent eux-mêmes leur terreau et savent mettre en harmonie plantes et environnement. Un vrai showroom sur mesure à découvrir en se promenant au milieu des plantes recouvrant murs et plafonds. Vivre mieux au contact de la nature grâce à ces végétaux fantastiques.

DÉCORATION
HYGGELIG

13, rue Auguste-Comte (2e) ✆ 04 72 04 11 21
www.hygge.fr
Ouvert mardi 11h-13h et 14h-19h, mercredi et jeudi 14h-19h, vendredi 10h30-13h et 14h-19h, samedi 10h30-19h.

Si vous avez du mal à savoir comment prononcer le nom de cette enseigne scandinave, vous n'aurez aucun mal à intégrer à votre intérieur les objets proposés dans cette charmante boutique de la très chic rue Auguste Comte. Inspirée par le «hygge» - sentiment intraduisible de bien-être danois -, cette boutique offre ce qui se fait de mieux et de plus beau à nos yeux en matière de design, et pas que scandinave, hyper tendance. Un concept-store contemporain. Du mobilier, avec de très beaux sièges, des canapés, des tables, des rangements, de nombreux accessoires de décoration de même qualité, mêlant souvent savoir-faire, tradition et modernité. Une adresse originale, un coup de cœur déco.

DÉCORATION
ENTRÉE EN MATIÈRES

5, rue du Chariot-d'Or (4e) ✆ 04 78 28 96 30
www.entreeenmatieres.com
Ouvert du mardi au vendredi de 10h à 13h et de 14h à 19h, samedi de 10h à 19h.

Les belles choses du quotidien pour être vraiment bien chez soi. Douceur et bonheur sont les premiers mots qui nous viennent à l'esprit en poussant la porte d'Entrée en Matières, concept store. Un univers composé de tendresse, de couleurs, de joie et de bien-être. Entrée en Matières, c'est l'univers d'une femme adorable, Violette, qui nous reçoit toujours avec un grand sourire pour nous guider à travers tous les trésors de sa boutique. Violette, aidée par sa fille Victoria – même sourire et même gentillesse –, a sélectionné des objets de grande qualité, dont une bonne partie est fabriquée en France et même dans la région. Faites entrer de la douceur et de la beauté dans votre foyer !

DÉCORATION
MAISON FRANC

5, rue Chavanne (1er) ✆ 04 78 08 33 81
www.maisonfranc.com
Ouvert du mardi au vendredi de 10h à 13h et de 14h à 19h ; le samedi de 10h à 19h30.

Dans un monde angoissant à l'extérieur, il faut chercher la beauté intérieure, surtout dans son décor à personnaliser d'urgence. Une belle maison bleue remplie de beaux objets qui n'attendent qu'une chose : affirmer notre goût pour les belles choses, surtout au moment de passer à table. Le style, c'est essentiel et c'est ce qui caractérise tout ce que l'on trouve chez Maison Franc. Luminaires, coussins, couvertures et plaids, tapis, vases, bougies parfumées et encens, arts de la table... Autres bonheurs, des sacs de course recyclés et des vêtements à retrouver à l'autre adresse du 2e. C'est tout un univers qui s'ouvre à votre intérieur : la dimension Maison Franc.

DÉCORATION
ESPACE FERANO

27, rue Ferrandière (2e)
✆ 04 88 92 74 74
www.espaceferano.com
Ouvert du mardi au samedi de 10h à 18h30.

A l'intérieur comme à l'extérieur, l'Espace Ferano rend votre vie plus belle. Choix et conseils dans une boutique historique et contemporaine au cœur de la Presqu'île pour trouver les plus beaux objets qui donneront forme à votre intérieur. 2 niveaux, 300 m² insoupçonnables depuis l'extérieur et de grandes marques. Arts de la table avec Alessi, tapis Toulemonde Bochart, meubles d'extérieur Fermob, meubles authentiques d'ici avec Drugeot Manufacture et d'ailleurs avec Ethnicraft, confort du Fatboy... De l'idée cadeau originale au mobilier pour la vie, Espace Ferano, fort de son expérience et de sa sélection, répond à toutes vos envies dans toutes les pièces de la maison, jardin compris.

DÉCORATION
MAISON SARAH LAVOINE

31, rue Auguste Comte (1er)
✆ 04 28 70 77 10
www.maisonsarahlavoine.com
Ouvert du mardi au samedi de 10h à 19h.

Une boutique sublime qui ne dévoile pas tout de l'extérieur. Il faut entrer dans la Maison Sarah Lavoine, enseigne bien connue des Parisiens où elle est solidement établie dans les beaux quartiers, pour s'imaginer son futur intérieur au présent. Une boutique chaleureuse, atypique, où chaque meuble, chaque objet a trouvé sa place pour notre plus grand bonheur. Des meubles et objets au savoir-faire irréprochable, conçus dans un esprit durable, de qualité et de grande beauté. Consoles, tables, chevets et bureaux, fauteuils, chaises, canapés, luminaires, mais aussi arts de la table et linge de maison, les pièces sont à la fois originales et intemporelles. Art de vivre en beauté.

DÉCORATION

MATHUVU

43, rue de la Charité (2e)
✆ 04 78 60 36 69
www.mathuvu.fr
Ouvert le lundi de 14h à 19h ; du mardi au samedi de 10h à 19h.

Attention, chouchous et doudous en vue. Impression de déjà-vu en entrant dans une boutique de déco ? Tout l'intérêt de Mathûvû, c'est sa différence et son originalité. Fondée par deux femmes passionnées d'art et de déco, Mathûvû affiche sa singularité dans un espace en évolution permanente. Laissez-vous séduire par le talent de jeunes créateurs, artistes et designers et craquez sur tous vos coups de cœur. De l'originalité de bon goût dans un espace chaleureux où il faut prendre tout son temps pour partir à la découverte des objets présentés, des bijoux à la vaisselle. Objets dont on se fait raconter l'histoire avec plaisir. Une boutique galerie atelier pour des intérieurs différents.

DÉCORATION

LE PARAVENT

35, rue Auguste-Comte (2e)
✆ 04 78 95 30 22
www.le-paravent.fr
Ouvert du mardi au samedi de 10h à 13h et de 14h30 à 19h.

Un Paravent niché dans la rue Auguste Comte qui dévoile bien des trésors dont les amateurs de décoration et d'intérieurs originaux doivent savoir profiter. Derrière ce beau Paravent, dont la façade nous évoque le Marais parisien, une boutique où l'élégance est de mise et le bon goût assuré. Serge nous accueille avec un large sourire derrière son paravent Louis XVI pour nous présenter toute une collection olfactive de bougies parfumées avec en vedette la Cire Trudon (le must en la matière), mais encore des parfums rares avec des grandes marques comme Histoires de Parfum, Le Gallion... Boutique en ligne si vous ne pouvez pas vous déplacer. Coup de cœur assuré pour un Paravent envoûtant.

COLOR'FY

C'est scientifiquement prouvé : colorier c'est bon pour le moral. Tous les psychologues s'accordent sur les vertus anti-stress du coloriage. Le problème c'est qu'on n'a pas le réflexe d'emporter un carnet de coloriage partout avec soi. Mais grâce à l'appli Color'fy, votre smartphone suffira. Cette appli de coloriage virtuel est plus vraie que nature et vous fera retomber en enfance. Parfait pour se détendre.

DÉCORATION

SILVERA

6, cour du Midi (2e)
✆ 04 81 88 80 00
www.silvera.fr
Ouvert du lundi au samedi de 10h à 19h.

Dans l'écrin du Grand Hôtel-Dieu, côté décor nous sommes déjà servis, voici un autre écrin dédié au mobilier et à la décoration intérieur : Silvera. Un showroom majestueux, luxueux, installé sur deux niveaux, des espaces aménagés avec le même goût, le même sens du détail que l'on aimerait retrouver chez nous. A l'étage, de belles scènes de la vie qu'on imagine, confortablement lovés dans des canapés profonds, autour de superbes tables, dans des lits qui font rêver. Du mobilier design avec de grandes marques : Muuto, Vitra, Gubi, Flexform, Lema, Flos, Artemide. Au rez-de-chaussée, dans une partie concept store, Silvera propose des objets, luminaires..., dans le même esprit design et qualité.

DÉCORATION

MURMURE

7, rue Auguste-Comte (2e)
✆ 04 69 67 90 16
www.murmure-decoration.fr
Ouvert du mardi au samedi de 10h à 12h30 et de 14h30 à 19h.

De la «couture d'intérieur» pour rendre nos vies plus jolies. Dans le quartier des Antiquaires, Murmure donne les meilleures idées de décoration afin d'optimiser votre espace et de le rendre tellement plus agréable à vivre. Conseils avisés d'une véritable professionnelle de la décoration d'intérieur : Marielle Guinchard. En mêlant tissus de grands éditeurs, confection de rideaux, stores et fauteuils, elle nous offre un vaste choix de possibilités pour réaliser du sur-mesure. Également du mobilier et des luminaires des plus grands créateurs européens. Tarifs justifiés par la qualité du travail et des matières utilisées. Un doux Murmure à nos oreilles et à nos yeux.

DÉCORATION

SIMONE SISTERS

34, quai Saint-Antoine (2e)
✆ 04 78 42 30 28
www.simone-sisters.com
Ouvert du mardi au samedi de 10h à 19h.

Difficile de vous décrire une boutique qui n'arrête pas de bouger, d'évoluer, avec comme constantes : bien-être et chaleur. Simone Sisters, c'est Cécile Siméone qui partage sa passion pour la déco dans un espace de 160 m^{2} sur les quais de Saône. Belle mise en scène pour nous présenter meubles et objets coups de cœur de Cécile avec des marques en exclusivité sur Lyon, comme de superbes canapés, des tables en bois, des petits objets. Une boutique craquante où l'on se sent tellement bien que l'on aimerait transformer tout son intérieur et faire des jolis cadeaux aux gens qu'on aime. C'est possible grâce aux réalisations de Cécile Siméone Studio, une équipe forte d'une grande expérience.

AMEUBLEMENT

AMEUBLEMENT SAINT-VINCENT

46, quai Saint-Vincent (1er)
✆ 04 78 28 15 63
www.asvmobilier.com
Ouvert du lundi au samedi de 9h à 19h30.

Présente depuis 1961, installée sur une superficie remarquable (1 400 m²) le long des quais de Saône, Ameublement Saint-Vincent vend surtout du mobilier et des objets de designers. Boutique incontournable pour ceux qui voudraient un jour acquérir des pièces iconiques des meilleurs designers. Parmi les nombreux grands concepteurs de mobilier présents, on peut citer Hay, Driade, Gubi, Gufram, Tolix, les lampes Jieldé.... Bien sûr, la beauté et la qualité du design ont un prix, mais vous pourrez transmettre votre mobilier à vos petits-enfants avec fierté.

ANTIQUAIRE

L'HISTOIRE SANS FIN

36, route de Paris - **CHARBONNIÈRES-LES-BAINS**
✆ 06 60 11 38 24
http://lhistoiresansfin-antiquites.fr
Ouvert du jeudi au samedi de 14h à 18h.

Les plus belles trouvailles se font à l'Histoire sans fin. Dans une superbe grange à la charpente apparente aménagée avec beaucoup de goût, un nombre incalculable de petits et grands trésors à découvrir. Accueil charmant pour vous laisser flâner au milieu d'une incroyable caverne d'Ali Baba version années 1950 à 1970. Le vintage n'a jamais été aussi beau et le mobilier et les objets reflètent bien plus qu'une époque. Ils ont ce que beaucoup de choses n'ont plus aujourd'hui : du style. Grosses ou petites pièces, du canapé crapaud au porte-clés, tout est joli et les prix ne sont vraiment pas exagérés (négociations possibles). Revenir souvent pour les nouveautés. Craquage à chaque visite.

ANTIQUAIRE

LES PUCES DU CANAL

5, rue Eugène-Pottier - **VILLEURBANNE**
✆ 04 69 85 66 28
www.pucesducanal.com
Ouvert jeudi et samedi de 7h à 13h, dimanche de 7h à 15h.

La chine est à la mode même si la destination n'est pas toujours donnée. La chine sans majuscule, puisqu'il s'agit de celle pratiquée aux Puces du Canal. Un lieu à part dans ce quartier de Villeurbanne – pas toujours simple de se garer – qui a passé le mur des 25 ans et qui peut s'afficher comme les deuxièmes puces de France avec 400 exposants au déballage du dimanche (qui ont fait leur grand retour) et près de 200 boutiques d'antiquités ouvertes dans 4 «univers» : les Traboules, la Halle Louis la Brocante, le Village des Containers et l'Ecole. Tout se discute autour d'un verre et on peut casser la croûte. Toujours une forte affluence (surtout le week-end) mais un plaisir garanti.

ARCHITECTE

MOUSSE ET VOILE

113, rue Marietton (9e) ✆ 04 78 83 75 99
www.mousseetvoile.fr
Ouvert le lundi de 14h30 à 19h ; du mardi au vendredi de 9h30 à 12h et de 14h30 à 19h. Avec ou sans rendez-vous.

Toutes voiles dehors, toutes les mousses sur le pont, une adresse phare pour ne pas se retrouver à plat. Unique à Lyon, tout pour aménager, décorer, rénover les intérieurs de bateau, de camping-car ou de mobil-home, en confection sur mesure. Plus de 40 ans de métier pour une petite entreprise artisanale et fière de l'être. Excellents conseils pour guider les clients parmi ses mousses de toutes les formes et toutes les densités. Vaste choix de finitions pour tous les goûts. L'entreprise travaille aussi pour l'habitat non-mobile et propose canapés, fauteuils (avec un atelier de tapisserie traditionnelle pour restaurer vos fauteuils) et literie de qualité garantie. Une référence en la matière.

ARTISANAT

GALERIE 32

14, rue Auguste-Comte (2e) ✆ 04 78 42 25 42
www.galerie-32.fr
Ouvert le lundi de 14h30 à 19h30 ; du mardi au samedi de 10h30 à 12h30 et de 14h30 à 19h30.

Poussez la porte de la Galerie 32 et donnez un supplément d'âme à votre intérieur. Une porte ouverte sur le monde à travers une sélection d'objets ethniques et authentiques qui vous raconteront cultures, histoires et légendes de leur pays. Pour vous guider, une femme aussi charmante que passionnée et expérimentée, avec plus de 40 ans d'expérience. Des objets en provenance d'Afrique, d'Océanie, du sous-continent indien, chargés d'histoire et d'émotions. Bijoux, masques, miroirs, luminaires, boîtes, fétiches, statuettes, tissus, coussins, vêtements... Chaque objet a sa personnalité, chaque objet est une rencontre. Invitation au voyage, invitation au partage. Coup de cœur.

ARTS

GALERIE LE RÉVERBÈRE

38, rue Burdeau (1er) ✆ 04 72 00 06 72
www.galerielereverbere.com
Ouvert du mercredi au samedi de 14h à 19h. Sur rendez-vous en dehors de ces horaires.

La photographie ouvre des fenêtres sur le monde. Tout ce dont nous avons besoin dans cette période. Mise en lumière par Catherine Dérioz et Jacques Damez, la galerie le Réverbère offre un regard actuel, pointu et exigeant sur cet art. Depuis 40 ans, les deux créateurs de cet espace de référence, deux pionniers, soutiennent et mettent en avant des photographes contemporains jouant avec l'image pour nous donner une autre vision du réel. Sur les murs, les photos sont autant de matières à réflexion, à évasion de notre quotidien, à explorer d'autres mondes à travers d'autres yeux. Expositions avec des artistes primés. Le Réverbère éclaire un art majeur de notre époque.

ARTS

YELLOW KORNER

69, passage de l'Argue (2e)
✆ 04 72 61 13 47
www.yellowkorner.com
Ouvert lundi de 14h à 19h, du mardi au samedi de 10h à 19h.

A travers les lentilles de nos téléphones portables, l'image a pris une autre dimension et c'est dommage. Mieux qu'un Snap ou un post sur Insta, accrochez de vraies photos de photographes sur vos murs. Yellow Korner met à notre portée les plus belles photos des meilleurs photographes contemporains. Dans ces galeries modernes, la photo est sublimée par des tirages de très haute qualité sous la supervision des artistes. Car on parle bien d'artistes pour des photos splendides, tirées en édition limitée, numérotées (avec certificat d'authenticité). De grands noms connus, mais aussi de nouveaux artistes au regard original. Trois galeries recommandées pour mettre de la vie sur vos murs.

CRÉATEUR

MAISON HAND

3, rue Pleney (1er)
✆ 04 78 37 05 92
www.maison-hand.com
Sur rendez-vous.

La maison Hand, c'est le must en matière d'ameublement et de décoration à Lyon et dans toute la région. Installée près des Terreaux, cette maison de professionnels se concentre sur la réalisation de projets personnalisés. Pierre-Emmanuel Martin et Stéphane Garotin proposent des pièces originales, souvent surprenantes, parfois exclusives, mises en scène au sein d'atmosphères uniques. Le talent des propriétaires, qui travaillent également en tant qu'architectes d'intérieur, se déploie dans chaque espace pour des ambiances tout en métissage et en subtilité où l'artisanat est mis en valeur. Tout l'art de bien vivre à la française dans un studio de créateurs d'intérieur.

ÉBÉNISTE

ONE TWO TREES

191, Grande-Rue de la Guillotière (7e)
✆ 04 37 65 93 38
www.onetwotrees.fr
Ouvert lundi, mardi, jeudi et vendredi de 8h30 à 15h.

Le bois remplit toutes les missions en beauté. Révélez votre intérieur avec One Two Trees et Olivier Charrier. Un artisan ébéniste qui a des idées plein la tête et de l'or dans les mains. Création, agencement, restauration, projets... Avec son équipe d'ébénistes diplômés à l'atelier de Villefranche et à la boutique de Lyon 7, votre intérieur prend vie avec des pièces de bois qui s'intègrent dans tous les espaces. Particuliers et professionnels, faites appel au savoir-faire, à la technique et à l'imagination de One Two Trees. Pour aménager une boutique, créer une bibliothèque sur mesure, restaurer du mobilier du XXe siècle, Olivier Charrier rend notre monde plus beau.

LINGE DE MAISON

LINGÉTOILE

33, rue Paul-Chenavard (1er) ✆ 04 78 28 14 35
www.lingetoile-decoration-lyon.fr
Ouvert du mardi au vendredi de 10h à 12h30 et de 14h à 18h30, samedi de 10h à 12h30 et de 14h à 18h30.

Une lyonnaise «classique», petite par la taille, mais grande par ce qu'elle contient, par la gentillesse de l'accueil et du service. Ces dames savent recevoir avec l'art et la manière des choses bien faites. Comment font-elles pour faire tenir autant de tissus dans cette boutique ? Au rez-de-chaussée, des tissus d'ameublement et de confection de qualité à la coupe, du linge de maison, des rideaux et voilages. A l'étage, du linge de bain côtoie des coffrets naissance avec d'adorables sorties de bain et autres doudous très mignons. Astuce pour les visiteurs, Lingétoile propose des produits souvenirs de Lyon. Une boutique qui respire la joie de vivre et la transmet à ses clients.

LITERIE

LITERIE FAVROT

50, avenue du Maréchal-de-Saxe (6e)
✆ 04 78 52 08 57
www.literiefavrot.com
Ouvert du mardi au samedi de 10h à 12h et de 14h à 19h.

S'emmitoufler sous une couette moelleuse, étendu sur un matelas confortable pour une nuit qui recharge vraiment les batteries ? Depuis 1937 – 85 ans –, la société Favrot est le spécialiste et le meilleur allié de vos nuits. A travers un grand choix de matelas (ressorts, mousse, à mémoire de forme) et une sélection de grandes marques (Tempur, André Renault, Lattoflex, Sealy, Simmons par exemple), chacun s'étendra pour trouver son bonheur dans toutes les dimensions. Bien sûr, ce sera après avoir pris le plaisir d'essayer, les uns après les autres, tous les lits alignés dans la grande boutique. Canapés convertibles également. Un bon moment à prolonger par de douces nuits...

LITERIE

MATELAS UNIVERS

66, rue de Gerland (7e) ✆ 04 78 72 60 67
Métro Ligne B : Jean-Jaurès, Bus ligne 96 arrêt Pré-Gaudry
www.univers-literie.fr
Ouvert du lundi au samedi de 9h à 12h et de 14h à 19h.

Pourquoi Univers Matelas est-elle la seule adresse literie recommandée par le *Petit Futé* ? Qualité et confiance d'un savoir-faire artisanal qui se transmet de génération en génération. Après Christian Abbatecola, c'est la 4e génération d'artisan de la literie qui arrive avec Thomas et Maxime. Grâce à leurs conseils, faites-vous fabriquer un matelas sur mesure labellisé «Made in Lyon». Dans un magnifique showroom contemporain, découvrez une gamme de sommiers, têtes de lit et matelas avec une sélection de marques françaises : Diroy, Lunély ou BedLit. Linge de lit Sylvie Thiriez, couettes en plumes et duvet Pyrenex. Canapés et fauteuils. Vivez mieux, dormez sur Univers.

MIROIRS - GLACES

MIROITERIE TARGE

60, rue de Marseille (7e) ✆ 04 78 72 22 66
www.miroiterie-targe.fr
Ouvert du lundi au vendredi de 8h30 à 12h et de 14h à 18h30 ; le samedi de 9h à 12h et de 14h à 18h.

Mieux qu'un selfie, se voir dans le plus beau des miroirs ! Dans son imposant bâtiment à l'architecture influencée par Tony Garnier, Targe est visible de loin. Et depuis longtemps ! Car l'enseigne créée en 1907 – 115 ans d'expérience et 4 générations –, est installée depuis plusieurs dizaines d'années au cœur de la rue de Marseille. Service complet : de la vente de miroirs à leur rénovation (réargentage), sablage, collage UV en passant par des créations sur mesure pour toutes vos pièces, de la salle de bains aux envies les plus excentriques. Le travail est rapide et efficace grâce à la proximité immédiate des ateliers de fabrication. Tout le savoir-faire au service de notre intérieur.

QUINCAILLERIE - DROGUERIE

MAISON MARIE TOUNETTE

42, rue Sergent Blandan (1er) ✆ 09 86 41 47 03
www.maisonmarietounette.fr
Ouvert du mardi au vendredi de 10h à 19h30, samedi de 10h à 19h.

L'écoresponsabilité dans son foyer, la durabilité de ses produits d'entretien : voilà de belles idées, mais concrètement, on fait comment ? On va à côté de la place Sathonay à la Maison Marie Tounette, première droguerie naturelle de France ! Des produits naturels fabriqués artisanalement pour mieux nettoyer et entretenir notre intérieur, mais pas que... Des produits «écolo-chic» pour faire le ménage sainement, mais encore des savons et autres produits cosmétiques pour des soins naturels et bio. Le plus de cette adresse : les conseils avisés de Marie Tounette qui tient les bonnes recettes de ses grands-mères et nous les transmet avec le sourire. Ateliers pour se perfectionner.

PAPIER PEINT - PEINTURE

RESSOURCE

16, rue Auguste-Comte (2e) ✆ 04 72 77 57 61
www.ressource-peintures.com
Ouvert mardi 8h à 12h et 14h à 18h30, mercredi 10h à 12h et 14h à 18h30, du jeudi au samedi 10h à 18h30.

Mettre des couleurs dans votre intérieur ! Si c'est pas un beau projet qui nous concerne toutes et tous ! Ressource, labellisé « Entreprise du Patrimoine Vivant » par l'Etat, est l'un des derniers fabricants de peinture français indépendants. Ce nom est à lui seul le gage d'une peinture de grande qualité, écoresponsable, et fruit d'une longue tradition. Toutes les couleurs inspirées et inspirantes se réunissent autour d'une qualité : la subtilité. Au sein du showroom, des conseils couleur de qualité sont dispensés par une spécialiste charmante et attentive. De plus, on apprécie le fait que l'on puisse emmener pour quelques jours des échantillons grand format chez soi. Beauté intérieure.

RIDEAUX - VOILAGES - TISSUS - TENTURES

MADURA

46, rue du Président-Edouard-Herriot (2e) ✆ 04 78 42 73 77 - M° Cordeliers-Bourse.
www.madura.fr
Ouvert du lundi au samedi de 10h à 19h.

Quand notre intérieur devient plus beau et notre vie devient plus belle. En plein cœur de Lyon, Madura s'est spécialisée dans les rideaux et voilages, faisant le lien entre la vie à l'intérieur et à l'extérieur. Ici tout est affaire de goût, de bon goût, et l'enseigne propose un choix conséquent de textiles de qualité à mixer en parfaite harmonie. Les conseillères accueillantes peuvent donc être d'une aide précieuse pour choisir les matières les plus adaptées à nos envies et à notre habitat. En plus des tissus, des éléments de petits mobiliers, comme des poufs ou des chevets, dans le même esprit de qualité et d'originalité. Plus que de la décoration haut de gamme, du bien-être.

QUINCAILLERIE - DROGUERIE

GRANDE DROGUERIE LYONNAISE

137, boulevard de la Croix-Rousse (4e)
✆ 04 78 28 27 4
www.la-droguerie.com
Ouvert du lundi au samedi de 8h30 à 19h.

Entretenir notre intérieur, le rendre plus sain, faire le ménage et s'attaquer à toutes les taches ! La Grande Droguerie Lyonnaise reste notre adresse préférée. 7 adresses dans la métropole lyonnaise, avec une nouveauté cours Lafayette, et des experts qui connaissent toutes les astuces pour rendre votre vie plus simple, plus belle. Un lavage qui tourne mal ? Des bébêtes dans vos placards ? Un incroyable choix de produits ménagers, des plats pour cuisiner, la poussette de marché... Des conseillers experts vous guident vers le bon produit. Un choix personnalisé.

RIDEAUX - VOILAGES - TISSUS - TENTURES

TOTO TISSUS

20, place Louis-Pradel (1er)
✆ 04 78 29 64 09
www.toto.fr
Ouvert du lundi au samedi de 10h à 18h45.

Si Toto a plus de 60 ans, il n'est pas né à Lyon où il est apparu il y a une vingtaine d'années sur la place entre Opéra et Hôtel de Ville. Toto, c'est le temple du tissu, le paradis des couturières. Un large choix de tissus à tous les prix, souvent petits, pour tous les goûts (cotons, synthétiques, soies, maison, vêtements, tissus africains…) à la coupe, des coupons, de la mousse pour coussins et du linge de maison. Le personnel qui coupe les tissus n'est pas avare de bons conseils. Leader sur le marché des tissus africains et de wax, Toto offre tous les styles avec un grand choix de motifs et de coloris. Pour les addicts, des arrivages à surveiller régulièrement.

APPAREILS PHOTO - VIDÉO

CAMARA LYON 01

22, rue d'Algérie (1er)
✆ 04 78 30 74 74
www.camara.net/lyon-01
Ouvert du mardi au samedi de 10h à 12h30 et de 14h à 19h.

A l'heure où tout le monde capture l'instant avec son téléphone, pourquoi s'entêter à vouloir prendre des photos avec un vrai appareil photo ? Pour sublimer l'instant et le conserver longtemps ! L'excellente réputation de la boutique Camara Lyon 01 n'est plus à faire auprès des vrais photographes. Ici, la photographie reprend ses droits et l'image toute sa dimension. Conseils d'experts utiles pour bien choisir son appareil en fonction de son utilisation, avec toutes les grandes marques (possibilité de commander sur Internet avec mise à disposition le lendemain en boutique) et de belles occasions garanties. Tirages photo de qualité et coaching photo pour développer sa technique.

NEW
BONS PLANS

CIRCUIT-COURT LA RECYCLERIE

17, rue du Docteur Bouchut (3e)
✆ 06 70 39 44 54
Niveau 2 du centre shopping Westfield La Part-Dieu.

C'est une boutique «éphémère» (que l'on ne retrouvera pas dans notre prochaine édition), après La Recyclerie installée place Bellecour, mais *Petit Futé* tenait à signaler l'ouverture de Circuit-Court au sein de centre de shopping Westfield La Part-Dieu. Preuve que les mentalités changent et que l'on peut consommer autrement en achetant des produits de seconde main. Profitez de nombreux produits de toutes sortes à petits prix, des vêtements aux articles ménagers. Offre de restauration sur le pouce, bar avec carte bio et locale, espace de coworking. A suivre.

ELECTROMÉNAGER

ENVIE

12, rue de Cronstadt (7e)
✆ 04 72 71 71 52
http://rhone.envie.org
Ouvert du mardi au samedi de 10h à 19h.

C'est dans l'air du temps, c'est bien pour la planète et pour notre portefeuille : acheter des produits d'occasion remis à neuf plutôt que de les remplacer. Car Envie ne fait pas que du dépannage, il propose aussi de l'électroménager rénové et garanti pour s'équiper à moindre coût, jusqu'à 60 % moins cher. Le concept premier des Entreprises Nouvelles Vers l'Insertion Economique (Envie) est simple et ambitieux : enseigner une profession à des jeunes et leur permettre, par ce biais, de retrouver une place active dans la société. Cette idée a donné naissance à des magasins d'électroménager d'occasion : gros et petit électroménager, TV, multimédia à prix sacrifiés. Ecoresponsable et futé.

MULTIMÉDIA - IMAGE - SON

FNAC

85, rue de la République (2e)
✆ 0 825 020 020 (0,15 €/min)
www.fnac.com
Ouvert du lundi au samedi de 10h à 19h30.

La Fnac est une institution française installée à Lyon depuis 50 ans (anniversaire). Ne pas oublier de remarquer la magnifique façade de l'immeuble avec ses pierres sculptées et ses cariatides. Ne pas oublier que l'aventure de la Fnac a commencé avec la photographie avant de toucher l'univers de la hi-fi. Les rayons image, son et multimédia sont toujours bien fournis avec les meilleures marques et des conseils avisés. Bref, tout est disponible en termes d'image et de son d'une façon pratique et complète avec de bons conseils pour ne pas perdre de temps. Les prix pratiqués sont dans la moyenne, parfois intéressants grâce à des promotions et des offres régulières.

QUINCAILLERIE - DROGUERIE

GRANDE DROGUERIE LYONNAISE

137, boulevard de la Croix-Rousse (4e)
✆ 04 78 28 27 4
www.la-droguerie.com
Ouvert du lundi au samedi de 8h30 à 19h.

Entretenir notre intérieur, le rendre plus sain, faire le ménage et s'attaquer à toutes les taches ! La Grande Droguerie Lyonnaise reste notre adresse préférée. 7 adresses dans la métropole lyonnaise, avec une nouveauté cours Lafayette, et des experts qui connaissent toutes les astuces pour rendre votre vie plus simple, plus belle. Un lavage qui tourne mal ? Des bébêtes dans vos placards ? Un incroyable choix de produits ménagers, des plats pour cuisiner, la poussette de marché... Des conseillers experts vous guident vers le bon produit. Un choix personnalisé.

HI-FI - SONO

SONATINE

10, rue Rabelais (3e) ✆ 04 78 62 72 90
www.sonatine.fr
Ouvert du mardi au samedi de 12h30 à 19h. Sur rendez-vous de 9h à 12h les mêmes jours.

La musique est une matière vivante qui a besoin du meilleur matériel pour s'exprimer. Direction Sonatine, la boutique animée depuis vingt ans par l'excellent Pierre Martin, un authentique passionné du son vivant pour partager les plus belles émotions. Près de 40 ans d'expérience à son actif et toujours l'envie de vous proposer ce qui se fait de mieux pour goûter aux plaisirs du son – et aussi de l'image dans un autre espace. Au salon Sonatine, les mélomanes écoutent leur musique sur du matériel d'exception signé 3DLab, Rega pour les platines ou Jean-Marie Reynaud pour les enceintes. Les amateurs de musique dématérialisée et électroniques ne sont pas oubliés. Frissons acoustiques garantis.

ARTS DE LA TABLE

ESPACE FERANO

27, rue Ferrandière (2e)
✆ 04 88 92 74 74
www.espaceferano.com
Ouvert du mardi au samedi de 10h à 18h30.

C'est bien beau d'avoir son bel îlot central dans sa cuisine suréquipée, mais avez-vous les ustensiles utiles qui vont à la fois rendre votre cuisine encore plus belle tout en vous facilitant la tâche ? Pour les trouver sans se tromper, direction l'Espace Ferano. Au cœur de Lyon, c'est le «shop design» par excellence. Dès l'entrée dans cette boutique aux espaces insoupçonnés, un joli sourire pour nous accueillir et nous conseiller. La maison propose en exclusivité à Lyon un «shop in shop» Alessi nous permettant de découvrir de nouveaux objets de la marque italienne. Un univers où les créateurs se mettent au service du quotidien pour rendre notre vie plus belle.

ARTS DE LA TABLE

MAISON HENRY

18, rue de Brest (2e)
✆ 04 78 37 33 43
www.maisonhenry-lyon.com
Ouvert du mardi au samedi de 10h à 19h.

Emile Henry, un grand nom de l'art culinaire français depuis plus de 150 ans qui vous invite à table dans une charmante boutique qui a changé d'enseigne pour mieux affirmer son identité. Cette marque prestigieuse a su conserver la qualité exemplaire de ses procédés de fabrication tout en actualisant ses collections pleines de vie et de couleurs. Dans un espace dédié au savoir-faire français, l'accueil est adorable et le conseil expert avec Marylène et Jean-Charles. Inimitables cocottes, sauteuses, plats à pâtisseries, plats à tajine ou à fondue, belle gamme de vaisselle et ustensiles de cuisine avec les meilleures marques françaises comme Cristel ou De Buyer. Excellent !

ARTS DE LA TABLE

POLY COUTELIER

22, Grande Rue de Vaise (9e)
✆ 04 78 83 62 17 - M° Foch
http://polycoutelier.boutiquesolo.com
Ouvert du mardi au samedi de 10h à 19h.

Un nom qui traverse le temps. Poly une institution, puisque l'enseigne a été fondée à Lyon en 1847, tenue par la famille Poly-Guêpe depuis 7 générations. Une maison experte en sa matière tranchante. Pour la table, la cuisine ou le quotidien avec de magnifiques couteaux artisanaux, tout y est ! Impossible de ne pas trouver ce que l'on cherche parmi les quelque 6 000 références disponibles ! Grâce à Poly, Lyon possède son propre couteau : le Confluent, petit couteau citadin indispensable. Possibilité de personnaliser vos couteaux pour de beaux cadeaux qui ne couperont pas l'amitié. Atelier d'affûtage dans le plus pur respect de la tradition. Poly, un orfèvre de la coutellerie.

ARTS DE LA TABLE

LA COUTELLERIE DE LYON

5, place Bellecour (2e)
✆ 04 78 38 05 88
www.lacoutelleriedelyon.fr
Ouvert le lundi de 14h à 19h ; du mardi au samedi de 10h à 19h.

© EMMANUEL SPASSOFF

© EMMANUEL SPASSOFF

Coup de cœur assuré pour la Coutellerie de Lyon. Au centre de la ville, un authentique coutelier fabricant qui tranche d'abord par ses superbes vitrines, invitation à découvrir les couteaux proposés par Luce Bouterige, originaire de la capitale mondiale du couteau - Thiers - et Gérard Bibbeau, coutelier passionné. Large choix pour tous les usages et tous les budgets avec des couteaux d'ici - à commencer par l'incontournable Lyonnais fabriqué par la maison - et d'ailleurs. Merveilleux couteaux d'artisans à offrir pour être sûr de faire plaisir. Rayon barbier avec des produits *made in* France. Conseils personnalisés, affûtage aiguisé et gravure sur mesure. La coutellerie par excellence.

FLEURISTE

AMARYLICE

20, quai Gailleton (2e) ✆ 04 78 37 38 29
www.amarylice.com
Ouvert du lundi au samedi de 9h à 19h30, dimanche de 9h à 12h30.

Maison familiale tenue de mère en fille depuis une trentaine d'années, Amarylice est un véritable concept autour de l'art floral conduit par une équipe de professionnels passionnés : Martine en tête pour vous guider et vous conseiller, accompagnée de Pascal, Meilleur Ouvrier de France en art floral, mais aussi un spécialiste de l'événement, une décoratrice, un designer, un horticulteur et des fleuristes de qualité pour répondre à toutes vos attentes. Du merveilleux bouquet épuré ou voluptueux à l'art de la table, des fleurs de soie haut de gamme à la création d'ambiances, sans oublier votre mariage ou tout événement, Amaraylice répond avec brio à toutes les envies de fleurir sa vie.

FLEURISTE

L'ENCHANTEMENT

54, cours Richard-Vitton (3e) ✆ 04 89 51 34 33
www.lenchantement.fr
Ouvert du lundi au samedi de 8h à 19h30, dimanche de 8h30 à 13h.

L'art floral et la manière pour cette maison familiale qui nous enchante depuis plus de 40 ans avec son savoir-faire artisanal. A la belle boutique d'angle du cours Vitton dans le quartier de Montchat ou dans cette belle «maison de campagne» de Bron, on retrouve la même qualité, la même fraîcheur, la même élégance dans des compositions maison. On est assuré de se faire plaisir, de faire plaisir aux autres, mais encore de faire plaisir à son intérieur grâce à un service d'expertise à domicile par des professionnels de la décoration florale venant agencer sa terrasse ou donnant fière allure à son décor de fête. Mariages, congrès, salons, inaugurations, soirées... Un véritable enchantement.

FLEURISTE

AUX AZALÉES

17, rue Saint-Jean (5e)
✆ 04 78 37 17 84
Ouvert le mardi et le dimanche de 10h30 à 19h ; du jeudi au samedi de 10h30 à 20h. Ouvert le dimanche.

Au milieu de la touristique rue Saint-Jean, sans doute le plus ancien fleuriste de Lyon, depuis 60 ans. Ce n'est pas une boutique qui se cache derrière mais plutôt un morceau de jungle au milieu de la ville, une dose d'exotisme au milieu des bâtiments Renaissance. Derrière un amas de plantes en tous genres, un petit monsieur accueille les clients chaleureusement et pose son regard d'expert sur chaque question. Impossible de lui poser la moindre colle, il connaît chacune de ses cultures comme ses propres enfants. L'enseigne est particulièrement spécialisée dans les bonsaïs et propose même de les soigner en cas de maladie ou d'accident. Une adresse au patrimoine local.

FLEURISTE

MAISON CÉLESTIN

7, quai des Célestins (2e)
✆ 09 62 15 46 12
www.lejardincelestin.com
Ouvert du lundi au samedi de 9h à 19h30, dimanche de 9h à 13h.

Un Jardin créé il y a 34 ans par une famille d'horticulteurs amoureux des fleurs. Murs de pierres apparentes, belle banque en bois sur laquelle l'artisan fleuriste dépose délicatement les fleurs avant de les organiser dans un bouquet magnifique. Charme authentique d'un Jardin Célestin qui met tous les sens en éveil. Chacun apprécie de pouvoir fleurir son intérieur en plein centre-ville, à deux pas de la passerelle du Palais de Justice, et de faire plaisir à ses amis. Corbeilles, brassées et plantes du Jardin des Célestins peuvent se trouver aussi dans les autres adresses d'un jardin qui étend ses parfums fleuris à travers la ville à Monplaisir et Villeurbanne.

FLEURISTE

ÉMILIEN ET CORALIE

7, avenue Adolphe-Max (5e) ✆ 04 72 77 58 04
www.emiliencoralie.com
Ouvert le lundi de 14h à 19h30 ; du mercredi au samedi de 9h30 à 19h30 ; le dimanche de 9h30 à 13h.

Lyon est bel et bien la capitale de la rose. Et si vous en voulez chez vous, *Futé* vous conseille de vous rendre dans l'une des quatre boutiques Émilien et Coralie, artisans fleuristes. Une enseigne qui s'étend dans Lyon, de la Croix-Rousse au 6e arrondissement, en passant par l'incontournable boutique du Vieux Lyon et en Presqu'île sur la place d'Albon rénovée. Une enseigne qui offre surtout une garantie de qualité dans l'approvisionnement des fleurs qui composent ces magnifiques bouquets. Pour donner un coup de charme et un doux parfum à son intérieur ou pour faire une belle surprise, des créations colorées à notre goût. Compositions florales originales pour tous vos événements.

FLEURISTE

STÉFANE PASTOR

27, rue Franklin (2e)
✆ 04 78 37 02 30
Ouvert du lundi au samedi de 8h30 à 20h ; le dimanche de 8h30 à 13h.

Stéphane Pastor est un véritable artiste fleuriste qui, depuis plus de 20 ans, fait de ses bouquets des œuvres d'art, donnant un sens esthétique à toutes les plantes, des plus petites aux plus grandes. Au-delà de cette magnifique exposition végétale faite de buis ronds, carrés, coniques, d'hibiscus, d'orchidée ou de gardenia, il faut pénétrer dans la boutique de l'artiste, véritable univers où l'on compose sur mesure votre propre symphonie florale selon vos envies du moment ou le message que vous voulez transmettre. De larges horaires d'ouverture, de beaux objets déco et des suspensions. Un plaisir qui se prolonge jusqu'à la place Bellecour avec l'indispensable kiosque fleuri.

BONSAÏ

BONSAÏ STUDIO

113, rue Servient (3e)
✆ 06 26 82 36 86
www.bonsaiartheller.com
Ouvert jeudi et vendredi de 11h à 18h, samedi de 14h à 17h.

Un authentique professionnel passionné du bonsaï, puisque Bruno Heller est un véritable Maître Bonsaï depuis plus de 30 ans. Ses créations miniatures parcourent le monde entier en remportant les prix les plus prestigieux. Respectant la nature de l'arbre, cet artiste nous présente de nombreuses petites merveilles dans sa serre de la rue Servient. Les horaires sont réduits, mais c'est le principe même du bonsaï ! Des arbres remarquables d'ici et d'ailleurs aux dimensions impressionnantes, mais surtout des conseils avisés (et même des cours) pour bien choisir et entretenir son bonsaï. Stages pour apprendre à travailler les arbres pour déconnecter du quotidien.

JARDINERIE

PLANTES POUR TOUS

17, rue du Docteur Bouchut (3e)
Ouvert du lundi au samedi de 10h à 20h. Niveau 0 Westfield La Part-Dieu.

Acheter des plantes dans un centre dédié au shopping, ce n'est pas la première idée qui viendrait à notre idée de citoyen d'une ville verte. Et pourtant... Une enseigne que l'on a d'abord connue par ses ventes éphémères de plantes et qui a semé une jolie graine dans l'extension du centre Westfield La Part-Dieu. Une jardinerie urbaine d'un nouveau genre qui offre un accès facile, pratique et économique aux plantes d'intérieur. Plantes de toutes les tailles pour tous les environnements, même les plus proches de votre chauffage tropical, et tout plein d'outils pour bien s'occuper de ces jolies pousses. Conseils précieux pour ne pas se planter et livres pour entretenir sa main verte.

JARDINERIE

JARDIN FLEURI

140, avenue Barthélemy-Buyer (9e) ✆ 04 78 25 44 27
www.jardinerie-lyon.fr
Ouvert du lundi au samedi de 9h à 19h, dimanche de 9h30 à 12h30 et de 14h à 18h30.

Les grandes jardineries dans Lyon intramuros se comptent sur les doigts d'une seule main verte. Jardinerie et animalerie, le Jardin Fleuri affiche ces petits plus qui, mis bout à bout, font une grosse différence. Sur 4 500 m^2 accessibles par la sortie Vaise à la sortie du tunnel de Fourvière, le choix est vaste dans tous les rayons, y compris les rayons saisonniers : mobilier de jardin en été, déco de Noël en hiver. Chacun d'eux est impeccablement présenté, de la serre luxuriante consacrée aux plantes d'intérieur – cactus et orchidées compris – aux cheminements verts parmi les plantes d'extérieur. Enfin, la qualité du service est irréprochable. Une adresse pour ne pas se planter.

SOIN - TOILETTAGE

CANICOIFF'

10, avenue de Pressensé (8e)
✆ 04 78 61 10 70
www.canicoiff-toilettages.fr
Ouvert du mardi au samedi de 10h à 18h. Uniquement sur rendez-vous.

© EMMANUEL SPASSOFF

© EMMANUEL SPASSOFF

Parce qu'on les aime tellement forts et qu'ils nous rendent tellement fiers, ils méritent le meilleur des toiletteurs ! Ils, ce sont nos amis à quatre pattes, chiens et chats, véritables champions de concours quand ils ressortent de chez Canicoiff'. Accueil adorable de toute une équipe de passionnés pour prendre soin de nos petits et grands poilus. Excellence et professionnalisme du lavage à la coupe selon les standards de la race pour remporter tous les trophées. La référence du toilettage canin pour nos compagnons de vie. Accessoires pour avoir fière allure et produits de qualité pour entretenir leur beauté. Adresse incontournable pour se sentir bien avec son chien.

SOIN - TOILETTAGE

NEW

CANICOIFF VAISE

25, Grand Rue de Vaise (9e)
✆ 09 81 90 95 03
www.canicoiff-toilettages.fr
Ouvert du mardi au samedi de 9h à 19h.

© EMMANUEL SPASSOFF

© EMMANUEL SPASSOFF

Pour que votre chien (votre chat aussi) se sente bien dans ses poils, prenez-lui un rendez-vous chez Canicoiff Vaise. En plein cœur du quartier de Vaise, un salon aux prestations de qualité avec un spa canin haut de gamme. Dans un espace où votre compagnon sera entouré, en toute sécurité, par des passionnés des animaux. Chiens et chats sont mis en beauté par de véritables professionnels. Lavage avec des shampooings adaptés, séchage en douceur, coupe selon les standards de la race pour des animaux de concours sur la plus haute marche des podiums, bien dans sa peau, beau dans ses poils, votre chien vous remerciera. Sélection de produits, accessoires, vêtements ou friandises pour le gâter.

PROTECTION DES ANIMAUX

REFUGE SPA

660, chemin de Chantemerle - **MARENNES**
✆ 04 72 70 46 36
www.la-spa.fr/marennes
Ouvert du vendredi au mercredi de 14h à 17h.

Avoir un chien en ville, ce n'est pas seulement la possibilité de sortir se dégourdir les jambes trois fois par jour (ou plus...), c'est aussi donner de l'amour, partager de vrais sentiments et faire des rencontres. Ne cherchez pas une SPA à Lyon et dirigez-vous vers le sud de la Métropole à Marennes. Si vous trouvez un animal errant, abandonné ou perdu, c'est ici qu'il sera pris en charge par une équipe d'amoureux des animaux avant de retrouver un foyer aimant. Toute l'année, mais encore plus avant et pendant les vacances, toujours trop d'animaux à l'adoption. Pour soutenir le refuge SPA de Marennes, de nombreux moyens existent. Renseignez-vous sur son site Internet.

ANIMALERIE

ANIMALERIE JARDINERIE DE LA CROIX-ROUSSE

10, rue d'Austerlitz (4e)
✆ 09 83 04 74 00
www.animalerie-jardinerie-lyon.fr
Ouvert du mardi au samedi de 10h à 12h30 et de 14h à 19h.

A la tête de cette animalerie dont la réputation va au-delà du quartier, un passionné qui continue de nous donner les meilleurs conseils pour nos petits animaux de compagnie. Les poissons exotiques peuplent de beaux aquariums avec leurs végétaux et l'on découvre l'univers des petits rongeurs courant dans leur cage, tandis que les oiseaux chantent quelques notes. Accessoires pour chiens et chats également, alimentation de qualité. En plus des animaux, cette adresse propose quelques végétaux pour embellir notre balcon. Une adresse incontournable à Lyon !

ANIMALERIE

REPTILE PASSION

93, rue de Gerland (7e)
✆ 04 37 66 01 20
http://reptilepassion.com
Ouvert du lundi au samedi de 9h à 19h, dimanche de 9h à 11h30.

Glissons-nous dans le quartier de Gerland pour découvrir une boutique passionnante tenue par un passionné : Fred Millier. Impossible de ne pas être fasciné par les serpents présentés à cette adresse reconnue par tous les spécialistes. Ici, on ne vend pas des serpents comme dans une animalerie, mais un expert prend le temps de vous présenter chaque reptile. Gentillesse et conseils d'un pro passionné qui sait aussi dire non aux demandes farfelues et aux acheteurs inconscients. Ici, on choisit son serpent et on apprend à s'en occuper. Couleuvres, boas, pythons, mais aussi tortues et lézards, ainsi que tout le matériel pour aménager un terrarium douillet. Une référence.

JE BOUGE

Le mouvement, c'est la vie. Alors, je bouge dès que je peux, mais pas n'importe comment ! En ville, la voiture est proscrite si l'on peut se déplacer autrement pour aller au travail, emmener ses enfants à l'école, pour faire ses courses, pour sortir ou pour découvrir la ville au rythme d'un piéton. Pour rendre nos déplacements plus doux, moins polluants, la Métropole de Lyon met en place une véritable «révolution». Après le service Vélo'v qui ne cesse de gagner des abonnés et des stations, les rues de la métropole sont plus facilement cyclables avec les nouvelles Voies Lyonnaises, un vaste réseau de voies réservées aux vélos, larges et sécurisées, qui mailleront le territoire d'ici 2026. Les transports en commun de la Métropole vous proposent toujours plus de solutions pour voyager en bus, en tram ou en métro dans toutes les directions. Un conseil : téléchargez l'appli TCL qui intègre tous les moyens de transport, marche à pied comprise, pour vous guider jusqu'à destination. Et si je veux aller plus loin, je fais appel aux nombreuses agences pour bouger vers d'autres destinations.

NEW

VÉLO

BAROUDEUR CYCLES

17, rue Sergent Blandan (1er) ✆ 09 83 43 71 82
https://baroudeur-cycles.com
Ouvert du mardi au vendredi de 9h à 12h et de 14h à 19h ; le samedi de 9h à 12h et de 14h à 18h.

Une boutique nouvelle et un atelier (au numéro 10) dans la même rue pour une enseigne tenue par d'authentiques passionnés du vélo. Que vous soyez à la recherche du vélo de route de haute technologie taillé à votre mesure pour la compétition ou que vous veniez faire réparer, customiser, votre vieux vélo pour la ville ou le chemin, même accueil chaleureux, mêmes conseils avisés. Belles machines avec des montages uniques par des artisans du vélo qui prennent autant de plaisir avec des pièces neuves qu'avec des secondes mains retapées dans les règles de l'art. Super choix d'accessoires, là aussi sur mesure si nécessaire - notamment les sacoches -, et de vêtements. Le voyage commence ici.

VÉLO

LE COMPTOIR DU CYCLE

21, quai Antoine Riboud (2e) ✆ 04 78 85 26 70
www.lecomptoirducycle.cc
Ouvert du mardi au vendredi de 9h à 20h, le samedi de 10h à 18h.

Sur le quai longeant la marina de Confluence, une terrasse au soleil, des vélos exposés et un local tout vitré où vous allez rentrer pour changer votre manière de vous déplacer. Matthieu et Thomas, les deux créateurs, vous reçoivent en toute convivialité pour partager leur passion et vous proposer le vélo qui correspond vraiment à vos besoins. Un large choix de vélos - urbains, cargos, gravels... - musculaires et à assistance électrique, avec la marque Bergamont ou les stylés Ruff Cycles. Lieu de vie étonnant où l'on discute vélo autour d'un comptoir avec une bonne bière locale accompagnée d'un petit plat locavore. Atelier entretien et réparation. Location. Des vélos durables pour tous.

VÉLO

CYCLES D.GUÉDON

11, rue Danton (3e) ✆ 04 72 36 83 28
cyclesdguedon.com
Ouvert du mardi au vendredi de 8h à 12h30 et de 14h à 18h30, samedi de 9h à 12h30.

Unique ! A l'époque où le vélo s'impose dans notre Métropole, Daniel Guédon est le dernier artisan à fabriquer des vélos à Lyon. Découvrez des merveilles de vélos – tricycles, vélos de course, de ville, VTT, tandems – 100 % fabriqués maison par un authentique passionné, ancien coureur cycliste. Depuis 45 ans, Daniel Guédon fabrique des vélos qui roulent comme des horloges ! Du travail à l'ancienne, du sur-mesure, des cadres en acier soudés à la main, des pièces uniques, robustes et adaptées à vos envies. Daniel Guédon peut aussi transformer votre vélo musculaire traditionnel en vélo électrique pour un coût moindre que l'achat d'un VAE neuf venu d'ailleurs ! Une adresse rare.

VÉLO

GIANT CITY

13, quai Victor Augagneur (3e)
✆ 04 72 75 67 48
www.giant-lyon-centre.fr
Ouvert du mardi au samedi de 10h à 13h et de 14h à 19h.

Face au pont Wilson, les cycles Blain ont créé le premier Giant Store de la région en 2015. Une boutique qui s'est agrandie en version Giant City avec l'ouverture d'une seconde boutique située au numéro 11 et dédiée au vélo de route et au gravel. Pour celles et ceux qui ne connaissent pas Giant, disons tout simplement que la marque est n° 1 au monde, offrant une large gamme pour toutes les pratiques : VTT, vélos de course, gravel, vélos à assistance électrique, vélos enfant et, bien entendu, vélos de ville. LIV est la marque maison pour les femmes. Accessoires pour personnaliser son vélo. Autre plus de l'enseigne : l'atelier multimarque pour l'entretien et la réparation.

VÉLO

THE CYKLE

3, rue Soufflot (5e) ✆ 09 66 88 53 86
https://thecykle.fr/
Ouvert du mercredi au dimanche de 10h30 à 12h et de 14h30 à 19h.

Même en électrique, il y a vélo et vélo. Pour comprendre cette phrase mystérieuse, rendez-vous chez The Cykle, dealer de vélos électriques vintage à l'allure hyper stylée. Au cœur du Vieux Lyon, à côté de la loge du Change, une boutique pour celles et ceux qui ont un vrai lifestyle entre old school (oui, ça fait beaucoup d'anglicismes, mais là aussi on s'comprend) et geek culture. Vieilles pierres et vélos uniques issus d'un savoir-faire français mis en œuvre dans un atelier lyonnais. Des vélos racés façon moto avec un e-cykler qui nous fait craquer. Des vélos pliants également et la possibilité de personnaliser (customiser, accessoiriser) votre engin roulant. Pas comme les autres.

VÉLO

VÉLO'V

2, rue de Savoie - **SAINT-PRIEST** ✆ 01 30 79 33 40
www.velov.grandlyon.com
Au quotidien : de 15 à 31 €, 30 premières minutes gratuites. Vélo'v à l'occasion : 30 premières minutes gratuites.

Lyon, qui fut la première ville en France à proposer un système de vélos partagés (depuis 2005), est la ville championne d'Europe des vélos en libre-service. 5 000 vélos à prendre en location dans l'une des 428 stations disséminées dans 22 communes ! Facile de louer un Vélo'v. Il suffit de trouver sa station - sur l'appli c'est encore plus rapide -, de créer un compte et de choisir sa formule : au quotidien à l'année, occasionnelle avec toujours 30 premières minutes gratuites ou offre Lyon City Card. Avec les locations longue durée, possibilité d'ajouter une batterie électrique pour booster votre E-Vélo'v. Simple, économique, écologique, Vélo'v accompagne tous nos trajets.

VÉLO

VELOGIK

32, rue de la Thibaudière (7e)
✆ 04 26 78 51 34
https://velogik-ateliers.com
Ouvert du mardi au vendredi de 9h à 19h, samedi de 9h à 13h.

C'est logique, + de vélos = + de petits problèmes mécaniques. Si de nombreuses boutiques de vélos proposent un atelier de réparation - souvent spécialisé dans les marques vendues par la boutique... -, le *Petit Futé* salue l'initiative Vélogik qui propose des ateliers indépendants où chacun peut apporter son vélo pour toutes les réparations. Possibilité de prendre rendez-vous en ligne avec des mécanos experts qui vous donneront aussi de bons conseils pour mieux utiliser et entretenir votre vélo. Encore plus original : la réparation en itinérance avec une intervention sur le lieu de votre choix, au travail ou à domicile. Tarifs clairs (devis avant toute intervention).

NEW BIO

GRIMPEURS CYCLIST HOUSE

2, rue d'Oran (1er) ✆ 04 72 98 00 04
www.grimpeurs.cc
Ouvert du lundi au samedi 8h-19h30, dimanche 8h-14h. Carte : 20 € environ. Terrasse. A emporter. Boutique.

Pour un régime plus équilibré, une alimentation plus saine, changez de plateau : direction Grimpeurs. Le nouveau concept qui s'adresse aux cyclistes, mais pas que. Créé par des passionnés du vélo, adeptes de la performance, Grimpeurs intéressera toutes celles et tous ceux qui sont à la recherche d'un lieu convivial où l'on peut boire et manger en se faisant du bien. A de larges horaires, du petit déjeuner au goûter, l'offre tourne autour de la qualité des produits proposés, avec des fournisseurs clairement identifiés. Cuisine 100 % maison avec des bowls, wraps, pâtes ou croques qui changent chaque semaine au rythme des ingrédients de saison. Desserts maison et boissons dans le même esprit.

VÉLO

VIREVOLT

8, rue Romarin (1er)
✆ 04 87 78 94 68
https://virvolt.fr
Ouvert du mardi au vendredi de 10h à 19h, samedi de 10h à 17h.

Rien que pour Virevolt, il faudrait inventer une rubrique spéciale car cette enseigne, installée dans les pentes de la Croix-Rousse, est spécialisée dans l'électrification de votre vélo que l'on appellera «musculaire» ou traditionnelle. Saviez-vous que, plutôt que d'acheter un VAE flambant neuf, il était possible d'adapter un système électrique d'aide au pédalage sur tous les types de vélo : VTT, VTC, tout suspendu, vélo pliable, gravel et vélo de route... Franchement, faire électrifier son vieux vélo vintage, ça n'a pas de prix ! Si, ça en a un, mais il reste raisonnable en regard de l'achat d'un vélo neuf. Accueil sympathique, équipe technique et mécanique compétente.

AUTOCARISTES

CARS REGION

11, place de la Gare
GRENOBLE
✆ 04 26 16 38 38
Centrale d'appels. Ligne ouverte du lundi au samedi de 7h à 19h.

On a tout à gagner avec Cars Région. Plus de 1 000 cars, dont certains équipés de porte-vélos, offrent un maillage complet du territoire pour faciliter les déplacements. Depuis Grenoble, accès aux 521 communes du département. Et c'est facile d'acheter son titre de transport depuis son smartphone en envoyant un SMS (selon le nombre de zones) au 93038 ou en téléchargeant les applis MyBus, qui sera valable sur certaines lignes régionales iséroises, ou le Pass'Mobilités pour le grand Grenoble que les lignes Express X01 et X02 permettent de relier rapidement, même aux heures de pointe ! Pour connaître les perturbations sur votre ligne, inscrivez-vous sur le site Internet, rubrique Mon Espace.

TRAM

RHÔNEXPRESS

190, rue Antoine-Becquerel - **MEYZIEU**
www.rhonexpress.fr
Tous les jours. Aller simple : 16,30 € (15,20 € Internet). Aller-retour : 28,30 € (26,70 € Internet). Gratuit -12 ans.

La navette Rhônexpress reste le moyen le plus rapide pour relier directement Lyon (Part Dieu) à l'aéroport de Saint-Exupéry. Avec un départ toutes les 15 minutes de 6h à 21h (30 minutes entre 4h25 et 6h et de 21h à minuit), 7j/7, Rhônexpress met le centre-ville à moins de 30 minutes de l'aéroport sans craindre le moindre embouteillage. C'est bon pour ne pas perdre de temps, pour partir/arriver en toute sérénité, c'est bon pour la planète et c'est bon pour votre moral. Faites des économies en achetant vos billets à l'avance sur Internet... Et un conseil futé, pour rejoindre Bellecour plus rapidement, descendez à la station Vaulx-en-Velin La Soie et prenez le métro A, c'est direct !

TRANSPORT

TCL

(1er)
✆ 0 820 42 70 00
www.tcl.fr

J'ai Tout Compris à Lyon en me déplaçant avec les TCL. Le 2e réseau de transports en commun de France met à votre disposition 4 lignes de métro, 7 lignes de tramway, 2 lignes de funiculaire et plus de 100 lignes de bus et de trolleybus, l'ensemble desservant 73 communes au total, dont les 59 communes de la Métropole de Lyon. La meilleure façon - plus rapide, plus économique, plus écologique - de se déplacer en ville et au-delà avec la possibilité de laisser sa voiture dans les Parcs Relais aux entrées de la Métropole si vous venez de l'extérieur. Des tarifs adaptés et accessibles, dont 2 abonnements solidaires avec la gratuité ou un tarif réduit selon son statut. Indispensable : l'appli TCL.

BATEAU

LE VAPORETTO

(2e) ✆ 08 20 20 69 20
www.lesyachtsdelyon.com
Ouvert d'avril à octobre, 7j/7 en juillet et août de 13h30 à 18h50. Tarif unique 5 €. Pass illimité 39 €/an.

A Lyon, faire une croisière n'est pas un luxe. Faire une virée entre les quatre stations du Vaporetto sur la Saône, c'est devenu au fil de l'eau et du temps une habitude pour celles et ceux qui veulent relier facilement Vaise, le Vieux Lyon (Saint-Paul), Bellecour et Confluence sans passer par le bitume. Le Vaporetto, c'est une navette fluviale respectueuse de l'environnement avec son moteur hybride. Une petite croisière des plus agréables entre le Vieux Lyon et ce quartier ultra-moderne et tellement agréable à découvrir sous toutes ses facettes : architecture, restauration, sorties, commerces… *Futé* aime beaucoup l'offre carte d'abonnement illimité pour un prix des plus attractifs.

NEW

CONCESSIONNAIRE - AGENT - MANDATAIRE

ONLY MOTO

80, rue de la Part-Dieu (3e) ✆ 04 81 06 08 40
Métro Guichard.
www.onlymoto.fr
Ouvert du lundi au vendredi de 9h à 19h, samedi de 9h à 18h.

Une mise à jour de notre guide était bien nécessaire pour nous apercevoir du changement d'enseigne à cette adresse centrale appréciée des passionnés de motos. En effet, Moto Dépôt s'en est allé du côté de Rillieux-la-Pape continuer son œuvre côté vintage et «classic», alors qu'Only Moto prend la suite à l'adresse de la Part-Dieu. Situation pratique pour les urbains à la recherche de la bonne occasion avec, toujours, le système de dépôt-vente gratuit. Oui, ça n'a pas vraiment changé, même du côté de l'atelier toujours aussi efficace avec des mécaniciens expérimentés pour entretenir et réparer votre moto ou scooter. Bref, si l'enseigne change, le choix et la qualité restent.

COVOITURAGE / AUTOSTOP

MÉTROPOLE DE LYON

20, rue du Lac (3e)
✆ 04 78 63 40 40
www.grandlyon.com

Pour diminuer le nombre de voitures, pour faire des économies, pour aller plus vite à mon travail en empruntant les voies dédiées sur M6 et M7, pour partager de bons moments… Pour tout plein de bonnes raisons, je pratique le covoiturage en utilisant le site : **https://encovoit-grandlyon.com**. Sur ce site de mise en relation, je peux former un équipage régulier pour mes déplacements quotidiens vers mon lieu de travail ou d'études. Pour des occasions exceptionnelles, l'appli vous géolocalise et met rapidement en relation passager et automobiliste. Il existe aussi des arrêts Covoit'Minute pour pratiquer un «stop» moderne. **Encovoit-grandlyon**, la solution pour mieux se déplacer ensemble.

MOTO - SCOOTER

PIATON

189, montée de Choulans (5e) ✆ 04 78 25 34 18
www.piatonlyon.fr
Ouvert du mardi au vendredi de 8h30 à 12h30 et de 14h à 18h30, samedi de 9h30 à 12h30 et de 14h à 18h.

Piaton, c'est l'Italie sur 2 (ou 3) roues à Lyon avec l'emblématique marque Piaggio et les modèles signés Vespa. Une adresse de passionnés depuis 1929 où les amoureux des mécaniques italiennes viennent se régaler avec les Vespa GTS Super Sport ou les Primavera. Très en vogue également, les MP3 de chez Piaggio pour se déplacer en ville et un peu plus loin avec plus de puissance dans la poignée. De belles occasions révisées. L'atelier est irréprochable. Dans le même esprit, la boutique présente tout le matériel nécessaire pour améliorer votre scooter et compléter votre tenue. Casques, vestes protectrices, gants, antivols et produits dérivés Vespa pour avoir fière allure italienne.

TRANSPORT

CITIZ LPA

2, place des Cordeliers (2e) ✆ 04 72 41 67 12
www.lpa.citiz.coop
Ouvert du lundi au vendredi de 9h à 12h et de 14h à 17h. Possibilité de rendez-vous.

Oubliez votre voiture personnelle et passez aux voitures Citiz LPA. C'est bon pour vous et c'est bon pour la planète ! En réservant une des 100 voitures Citiz LPA, accessibles partout dans la Métropole, et au-delà jusqu'à Villefranche, vous réduisez vos coûts d'utilisation (tout est compris dans la location : carburant, assurance, entretien, assistance… et les tarifs sont dégressifs à partir de 2 €/h et 0,37 €/km), vous vous garez dans les plus de 40 stations pour les Citiz LPA et où vous voulez avec les voitures Yea ! (appli mobile pour déverrouiller la voiture), et vous êtes acteur d'un autopartage écoresponsable. Finis les soucis pour se déplacer, vive la liberté avec Citiz

TRANSPORT

ONLYMOOV

(3e)
www.onlymoov.com

Mieux que n'importe quelle application de navigation, Onlymoov vous informe en temps réel des conditions de circulation dans l'agglomération lyonnaise. En relation avec le PC Criter qui surveille en permanence la circulation dans la métropole, Onlymoov vous aide à faire le bon choix avant de vous déplacer par tous les moyens : à pied, à vélo, en voiture, en transports en commun. Un passage sur Onlymoov vous permet de ne plus perdre de temps. Calcul d'itinéraire multimodal, cartographies animées, alertes trafic, disponibilités en temps réel des places de parkings couverts… Et pour des déplacements en voiture plus responsables, allez sur le site : https://encovoit-grandlyon.com

TOUR OPÉRATOR

AVENTURE ET VOLCANS

73, cours de la Liberté (3e)
✆ 04 78 60 51 11
www.aventurevolcans.com

Le feu bouillonne dans vos entrailles. Marcher sur un volcan, c'est un rêve d'enfant que l'on peut réaliser à l'âge adulte. Créée par Guy de Saint-Cyr, un des plus grands chasseurs de lave au monde, et dirigée par Tanguy, l'agence Aventure et Volcans organise sur tous les continents des circuits axés sur les volcans actifs et les cratères en feu. Emotions et dépaysements assurés sur les plus beaux volcans de la planète ! En plus de la découverte de la biodiversité et des populations locales, les différents circuits proposés permettent de découvrir des sites spectaculaires. Le nombre de places étant limité à chaque voyage, soyez aussi explosif qu'un volcan pour réserver votre voyage.

BATEAU

DEFIM

5, rue Bossuet (6e) ✆ 04 78 24 62 74
www.defim-lyon.com
Accueil sur rendez-vous en semaine et possibilité de faire les stages le week-end.

Defim n'est pas réservé aux marins d'eau douce. Tous les types de permis sont proposés pour les navigateurs : mer (côtier ou hauturier) ou fluvial. Les exercices et la conduite se déroulent à Lyon en aval de Perrache sur le Rhône. Et pour ceux qui n'auront pas la chance de partir en haute mer ou dans les ports de la Riviera, Defim vous propose de louer à Lyon un bateau (ou ailleurs, on prend alors le bateau sur sa remorque), comme ce zodiac qui pourra embarquer jusqu'à 6 personnes sur le Rhône ou la Saône. Lyon sur les flots, ce n'est pas un rêve. Le bon plan : passer son permis en dehors de la haute saison (même pendant le confinement) pour être prêt cet été.

BATEAU

ÉCOLE BARONE

12, quai Victor-Augagneur (3e)
✆ 04 78 60 42 01
www.permisbateaubarone.com

Envie de prendre le large ? Commencez par naviguer sur le Rhône et la Saône ! Envie d'évasion marine, de partir en mer en passant par le fleuve ? Forte de 60 ans d'expérience, cette école de navigation fut la première à proposer l'obtention du permis bateau mer et fluvial à Lyon. Barone vous permet de passer en toute sécurité le permis fluvial, mer, vhf, indispensable pour naviguer sereinement sans skipper. Le permis mer côtier vous permettra notamment de pratiquer le jet-ski cet été sur la côte, car il est obligatoire pour toutes les embarcations supérieures à 6 CV. Le permis mer Hauturier vous permettra de prendre le large. L'aventure vous tente ? Barone vous emmène sur les flots.

NEW

TOUR OPÉRATOR

MARCO VASCO

144, rue Vendôme (6e)
✆ 01 56 67 01 11
www.marcovasco.fr
Ouvert du lundi au samedi de 9h30 à 19h.

Après avoir créé des voyages sur mesure à travers le monde sur Internet, Marco Vasco a ouvert sa toute première agence à Lyon. Une agence innovante à l'image de ces explorateurs - Marco Vasco est un habile mélange de Marco Polo et Vasco de Gama... - qui ne font rien comme les autres. Le voyage commence avant de rentrer dans l'agence grâce aux films de voyage projetés sur les vitrines multimédia. A l'intérieur, le voyage continue avec un mur média interactif géant, des tablettes digitales, mais aussi des jeux pour trouver sa destination, faire son parcours en savourant cafés et thés du monde entier. Il ne reste plus qu'à concrétiser ses rêves avec des conseils personnalisés.

TOUR OPÉRATOR

LES MATINS DU MONDE

156, rue Cuvier (6e)
✆ 04 37 24 90 30
www.lesmatinsdumonde.com

L'agence Les Matins du Monde vous propose des voyages pas comme les autres. Et en attendant de pouvoir repartir plus loin, on peut faire un raid en ski de rando chez nos voisins helvètes ou dans le massif de Belledonne. Une petite équipe expérimentée est à votre écoute pour vous proposer un voyage adapté à toutes vos envies. Vous trouverez dans cette agence des conseils personnalisés, des voyages originaux et hors des sentiers battus. Des vols secs, avec ou sans accompagnateur, des hébergements variés, des randonnées à pied, des voyages culturels... Plusieurs circuits complets et sur mesure sont proposés. A vous de déterminer le type de voyage qui vous correspond le mieux.

TOUR OPÉRATOR

TERRES OUBLIÉES

14, rue Aimé Collomb (3e)
✆ 04 37 48 49 90
www.terres-oubliees.com

Que la Terre est vaste, semblant inaccessible au commun des mortels. Terres oubliées, c'est un créateur de voyages authentiques dans une approche naturaliste. Invitation à la découverte de paysages à travers le monde. Plusieurs gammes de voyages. Les voyages Trek et Aventure pour découvrir le monde à pied, en kayak de mer, à ski... selon votre niveau et toujours avec des groupes de 8 maxi. Les voyages d'immersion dans la nature en compagnie de guides avertis. Les destinations «photo» pour braquer son objectif sur les paysages les plus surprenants. Les croisières d'exception sur des mers reculées. Et des voyages sur mesure pour répondre à toutes vos attentes. De belles expériences humaines.

JE PENSE FUTÉ

Je pense Futé en m'inscrivant dans la démarche d'une Métropole de Lyon plus durable, plus responsable et plus solidaire. Alors que les crises sont mondiales, j'agis à proximité de mon domicile en participant aux actions citoyennes, collaboratives, associatives. Ma solidarité va en direction des personnes les plus fragiles, les précaires quand je décide de faire un don ou de devenir bénévole auprès des associations humanitaires mises en avant dans cette rubrique. Les parents, les familles trouveront de l'aide dans les Maisons de la Métropole pour les Solidarités. Je pense et j'agis Futé en aidant les autres au quotidien. L'autre partie de cette rubrique est consacrée à la formation et au travail. Là aussi, les organismes pour vous aider à trouver une formation ou un job ne manquent pas ! Enfin, Lyon est une ville de congrès et de séminaires. Le Petit Futé a sélectionné une liste de lieux pour recevoir toutes vos réunions dans les meilleures conditions, au cœur de la ville, mais aussi un peu plus loin pour profiter du calme de la campagne. Bienveillance et solidarité, je pense Futé.

COWORKING

LA CORDÉE

19, rue Père Chevrier (7e)
www.la-cordee.net

Qui ne connaît pas la métaphore de la cordée à laquelle il faut s'accrocher pour arriver ensemble à conquérir les sommets ? C'est à Lyon que la première Cordée s'est lancée dans l'aventure du coworking pour les travailleurs nomades, de plus en plus nombreux. Mais on n'est jamais seul sur une Cordée et c'est ça qui fait la différence de ces lieux, il y en a 5 dans la Métropole (Valmy, Opéra, Liberté/Guillotière, Jean Macé et République/Villeurbanne) maintenant : œuvrer pour un monde du travail plus solidaire, créatif et convivial. Il suffit de cotiser pour ne plus jamais travailler seul dans ce grand espace accessible à tous. Permanences d'experts et événements professionnels.

COWORKING

NOW COWORKING

35, rue de Marseille (7e)
✆ 04 28 29 56 95
https://now-coworking.com

Dans un quartier en pleine ébullition où les bonnes adresses ne manquent pas, en voici une tout à fait étonnante ! Etonnante par sa situation au 5e étage de l'ancien immeuble Citroën, bâtiment mythique entièrement rénové. Vue imprenable sur la ville et un espace grandiose dans tous les sens du terme. Plus de 80 bureaux privatifs ou à partager, de salles de réunion équipées pouvant accueillir 350 coworkers simultanément. De grandes baies vitrées pour laisser entrer le soleil et l'inspiration. Partages, échanges, rencontres dans des espaces aménagés, mais encore un jardin d'hiver, une salle de sport, une beauty room relaxante, une terrasse... L'art de mieux vivre en travaillant.

COWORKING

SOFFFA

17, rue Sainte-Catherine (1er)
✆ 04 26 17 40 21
https://sofffa.com
Ouvert 7j/7.

Sofffa, avec 3 F, ce sont 2 lieux hybrides au cœur de Lyon. Des lieux pour prendre son temps, pour se rencontrer, pour se croiser et mêler ses savoirs, ses compétences. A la fois Slowcafé, galerie d'art, lieu d'événements et d'expression, Sofffa est aussi un lieu de coworking avec un espace résident pour bénéficier de l'intégralité de « l'écosystème » : poste de travail fixe, pass sécurisé 24h/24, accès illimité aux équipements et au Slowcafé, une assurance pour votre matériel laissé sur place... et de la bienveillance au quotidien. Et pour ne pas rester dans son coin, mais s'inspirer les uns les autres, le Creativehub ouvre les perspectives. Un Sofffa plein d'atouts.

EMPLOI - FORMATION

L'INSTITUT PAUL BOCUSE

1A, chemin de Calabert
ECULLY
✆ 04 26 20 97 57
www.institutpaulbocuse.com

L'hôtellerie restauration continue d'embaucher à tour de bras et Lyon n'est pas en reste dans ce domaine avec plus de 4 000 restaurants et des hôtels de plus en plus chics. Fondé par le grand chef, l'Institut Bocuse vise l'excellence. Sur son campus d'Ecully, cette grande école française de management international en hôtellerie, restauration et arts culinaires accueille depuis plus de 30 ans des étudiants de plus de 50 nationalités venus se former auprès des meilleurs professionnels en hôtellerie-restauration. Développez vos talents avec des formations diplômantes et valorisantes pour un objectif 100 % employabilité ! Une expérience à vivre pour faire décoller sa carrière.

SÉMINAIRE - CONGRÈS

HÔTEL & SPA PANORAMA 360

4, rue Paul Gateaud - **MÂCON** ✆ 03 85 50 20 42
www.hotelmacon-panorama360.com
Offre business complète. Accueil jusqu'à 300 personnes en réunion. 7 salles de réunion.

Une offre business complète pour organiser séminaires et réunions. Accès rapide en voiture et en train, proche de Lyon dans une région mariant culture, gourmandise et nature, Hôtel & SPA Panorama 360**** permet de réunir facilement vos collaborateurs. Journées d'étude, séminaires résidentiels « clés en main » dans les 7 salles du Centre de congrès sur un espace de 450 m². Possibilité d'accueillir jusqu'à 300 personnes en réunion de 50 à 70 personnes. L'hôtel peut s'occuper de la partie Incentive avec des activités ludiques, du team building, de la restauration, pour terminer une journée de travail en dégustant un cocktail au Skybar. Travail, loisir et plaisir à l'Hôtel & SPA Panorama 360.

SÉMINAIRE - CONGRÈS

LE HUB DE L'ILE BARBE

1, place Henri Barbusse (9e)
✆ 06 21 47 49 86
www.ledomainedelilebarbe.com

Lyon est la ville idéale pour organiser vos événements, séminaires et autres conventions. Mais dans une ville aussi belle, vous avez envie d'un lieu à la hauteur. Heureusement, le *Futé* est là pour vous guider vers le Hub de l'Ile Barbe. Un lieu aussi beau qu'insolite, puisqu'il abrite sur les quais de Saône, dans un cadre superbe, le Domaine de l'Ile Barbe, le Musée Jean Couty et Tonic Radio. Patrimoine, culture et média, le tout réuni dans un Hub unique dans son genre. Ambiance village dans la ville, possibilité de jouer à la pétanque, événements outdoor ou indoor... Tout sera mis en œuvre pour la réussite de votre événement. 3 salles parfaitement équipées. Devis personnalisés sur demande.

ADMINISTRATION - SERVICE PUBLIC

AVF LYON RHÔNE

5, place de la Baleine (5e)
✆ 04 78 42 50 03
www.avflyonrhone.fr
Ouvert du mardi au jeudi de 14h à 17h.

Quand on arrive en ville, acheter et consulter le *Petit Futé* c'est un bon début pour trouver les meilleures adresses. Mais pour découvrir Lyon et ses environs avec d'autres personnes, s'adapter à la ville, rencontrer des anciens et des nouveaux Lyonnais, rien ne vaut un passage par l'Accueil des Villes Françaises. AVF Lyon-Rhône, dont le siège est situé en plein cœur du Vieux Lyon, est la meilleure façon de s'intégrer rapidement dans sa nouvelle ville par le biais d'un réseau relationnel et amical qui se tisse lors d'animations, d'activités sportives et culturelles, de découvertes de la ville ou de soirées thématiques. AVF Lyon-Rhône, la façon la plus *Futé* de s'installer à Lyon.

FAMILLE

CAF DE LYON

67, boulevard Vivier-Merle (3e)
✆ 0 810 25 69 80
Ouvert du lundi au vendredi de 8h à 16h.

La case CAF – Caisse d'Allocations Familiales – permet d'avancer à différentes étapes de la vie. Même si de nombreuses demandes peuvent désormais se faire en ligne – ce qui permet d'accélérer le traitement des dossiers –, il est aussi bon de passer dans l'un des centres de la Caisse d'Allocations Familiales pour discuter en direct et mieux connaître ses droits, notamment pour les prestations sociales. La CAF intervient dans différents domaines comme la petite enfance, la jeunesse, le logement, la solidarité (de la carte famille nombreuse au revenu de solidarité active) et l'accompagnement des familles. Votre vie quotidienne peut être aidée par un passage à la CAF.

PRÉFECTURE - SERVICES DÉPARTEMENTAUX

CAUE RHÔNE METROPOLE

6 bis, quai Saint-Vincent (1er)
✆ 04 72 07 44 55
www.caue69.fr
Ouvert du lundi au vendredi de 8h30 à 12h30 et de 13h30 à 17h.

Si vous ne savez pas ce qui se cache derrière le sigle CAUE, il s'agit du Conseil d'Architecture, d'Urbanisme et de l'Environnement, association de service public. Cet organisme a pour mission de développer l'information, la sensibilisation et la participation du plus grand nombre dans les domaines de l'architecture, de l'urbanisme, de l'environnement et des paysages. Pratique, il conseille gratuitement les particuliers, notamment dans le domaine de la rénovation énergétique des copropriétés avec la plateforme Ecoréno'v de la Métropole de Lyon. Ateliers pédagogiques et médiation jeune public à différents niveaux, des écoles aux universités. Centre de documentation.

SERVICES PUBLICS

COMPAGNIE NATIONALE DU RHÔNE

2, rue André Bonin (4e)
✆ 04 72 00 69 69
www.cnr.tm.fr

Depuis 1934, la Compagnie Nationale du Rhône (CNR) a en charge la concession du Rhône quant à son aménagement et sa valorisation. Trois missions sont développées dans ce cadre : la production d'électricité, la navigation et l'irrigation des terres agricoles. Les voies navigables permettent de découvrir un patrimoine naturel exceptionnel. De Lyon à la mer, ce sont 330 km de voies navigables qui s'offrent à vous grâce à 14 écluses gérées par CNR. Le passage des écluses est gratuit, mais le plaisancier doit s'acquitter auprès de VNF d'une vignette de plaisance fluviale.

BANQUE - ASSURANCE - ARGENT

CREDIT MUNICIPAL

221, rue Duguesclin (3e)
✆ 04 72 60 63 63
www.credit-municipal-lyon.fr
Sur rendez-vous.

Le Crédit Municipal est un établissement public de crédit et d'aide sociale, présent depuis 1810 à Lyon. Il propose, lorsqu'on est dans le besoin, un service de prêt sur gage, c'est-à-dire de l'argent contre le dépôt d'un ou plusieurs objets de valeur, mais aussi des services bancaires plus classiques. D'ailleurs, on ne sait pas assez que le Crédit Municipal propose des prêts personnels, même pour les seniors qui se voient souvent refusés par les banques traditionnelles à des taux intéressants selon la durée du prêt. Dans un autre genre, les ventes aux enchères des objets dont les contrats de prêt n'ont pas été prolongés sont aussi intéressantes (catalogues en ligne sur le site).

MAIRIE - COLLECTIVITÉ LOCALE

FOURRIÈRE MUNICIPALE

38, rue Pierre-Sémard (7e)
✆ 04 37 28 56 87
Ouvert du lundi au samedi de 7h à 23h, dimanche et jours fériés de 8h à 23h. Chèques non acceptés.

Au moment où vous lirez cet article, soit votre véhicule est bien stationné et vous vous informez de ce qui pourrait vous arriver au cas où..., soit votre véhicule était mal stationné et vous vous demandez où et comment le récupérer. C'est simple, il vous suffit de vérifier que votre auto est bien en fourrière sur le site Internet et si confirmation d'aller sur place (en métro et en tram place Jean Macé, à pied ou en Vélo'v, moins coûteux au passage que la fourrière...) muni de votre carte grise, de l'attestation d'assurance en cours de validité et de votre permis de conduire. Attention, les chèques ne sont pas acceptés. Pour le règlement, il se fera en espèces ou par télépaiement.

LA MÉTROPOLE DE LYON

59 communes

1,4 millions d'habitants

MÉTROPOLE DE LYON

COMMENT FONCTIONNE LA MÉTROPOLE DE LYON ?

La Métropole de Lyon regroupe 59 communes sur un territoire de 538 km^2.

Elle est la deuxième métropole de France par le nombre d'habitants (1,4 million). Son budget s'élève en 2022 à 3,9 milliards d'euros.

Comme toutes les collectivités territoriales françaises, elle est administrée par un conseil élu par les citoyens au suffrage universel direct.

La Métropole de Lyon, comment ça marche ?

➤ Le Conseil de la Métropole

Pour la première fois en 2020, les électeurs de la Métropole de Lyon ont voté au suffrage universel direct pour élire leurs représentants au Conseil de la Métropole.

La Métropole de Lyon est divisée en 14 circonscriptions électorales fondées sur des logiques territoriales et des équilibres de population. Un nombre de sièges a été attribué à chaque circonscription pour former une assemblée de 150 élu · es qui siègent pour 6 ans.

➤ 1 Métropole de Lyon ➤ 14 circonscriptions ➤ 150 élu · es au conseil de la Métropole ➤ **1 président : Bruno Bernard**

Le conseil de la Métropole se réunit plusieurs fois par an en séance publique pour voter toutes les décisions concernant la Métropole à la majorité des suffrages exprimés.

➤ Conférence métropolitaine des maires

Les communes sont une composante essentielle de la Métropole de Lyon qui travaille en étroite collaboration avec les maires.

Les 59 maires de la Métropole de Lyon sont réunis dans une assemblée nommée Conférence métropolitaine. Cette assemblée a voté un pacte de cohérence métropolitain afin de coordonner les actions entre les communes et la Métropole.

➤ Les instances de concertation

Afin d'être au plus près des préoccupations des habitants, de développer une démocratie participative et décentralisée, la Métropole de Lyon a mis en place plusieurs instances de concertation dont le Conseil de développement de la Métropole instance consultative et d'expression des habitants sur tous les sujets métropolitains.

› MÉTROPOLE DE LYON
20, rue du Lac (3e)
✆ 04 78 63 40 40
grandlyon.com

© MÉTROPOLE DE LYON / THIERRY FOURNIER

© MÉTROPOLE DE LYON / THIERRY FOURNIER

© MÉTROPOLE DE LYON - CHASSIGNOLE OLIVIER

MÉTROPOLE DE LYON

UNE COLLECTIVITÉ UNIQUE AUX COMPÉTENCES MULTIPLES

Elle a été créée en 2015, lorsque la communauté urbaine de Lyon et le Conseil General ont fusionné. La métropole de Lyon est une collectivité territoriale unique dans son genre aux champs d'actions et de compétences larges. Elle regroupe 59 communes et administre l'agglomération lyonnaise en collaboration avec ces 59 communes.

Que fait la Métropole de Lyon ? Ses compétences ?

Les déplacements

➤ La Métropole développe les transports en commun via le Sytral Mobilités ;

➤ elle favorise la mobilité sur tout le territoire en s'occupant de la voirie, des tunnels, des ponts, des pistes cyclables…

Les solidarités et justice sociale

➤ La Métropole aide les personnes âgées et les personnes en situation de handicap ;

➤ elle mène des actions de santé publique ;

➤ elle attribue le Revenu de Solidarité Active (RSA) et le Revenu Solidarité Jeune (RSJ) ;

➤ elle aide ceux qui en ont besoin dans les 57 Maisons de la Métropole.

L'énergie et l'environnement

➤ La Métropole préserve la qualité de l'air et les espaces naturels ;

➤ elle accompagne la transition énergétique ;

➤ elle encourage la réduction des déchets ;

➤ elle soutient l'agriculture.

Les savoirs et la culture

➤ La Métropole construit et entretient les collèges ;

➤ elle gère 2 musées : Lugdunum et le Musée des Confluences ;

➤ elle soutient les grands événements culturels et sportifs ;

➤ elle aide les associations et les clubs sportifs amateurs ;

➤ elle soutient la lecture publique et l'enseignement artistique.

© MÉTROPOLE DE LYON / THIERRY FOURNIER

L'eau et l'assainissement

➤ La Métropole fournit l'eau potable ;
➤ elle gère l'assainissement des eaux usées ;
➤ elle protège les milieux aquatiques et nos ressources en eau ;
➤ elle agit pour réduire les risques d'inondation.

L'économie

➤ La Métropole soutient l'innovation et les pôles de compétitivité ;
➤ elle accompagne le développement des entreprises ;
➤ elle favorise l'insertion et l'entrepreneuriat.

L'habitat et le logement

➤ La Métropole agit pour l'accès au logement pour tous ;
➤ elle finance le logement social ;
➤ elle facilite l'accès à la propriété ;
➤ elle soutient la rénovation thermique et la réhabilitation des logements.

© LAURENCE DANIÈRE / MÉTROPOLE DE LYON

L'enfance et la famille

➤ La Métropole délivre les agréments pour les assistants et assistantes maternelles et les crèches ;
➤ elle est responsable de la Protection Maternelle et Infantile (PMI) qui accueille les familles et les futurs parents ;
➤ elle accompagne les personnes qui veulent adopter ;
➤ elle gère les Centres de Planification et d'Éducation Familiale (CPEF) ;
➤ elle est chargée de la protection de l'enfance.

Les grands projets et l'aménagement urbain

➤ La Métropole est responsable du Plan Local d'Urbanisme et de l'Habitat (PLU-H) ;
➤ elle développe les projets urbains ;
➤ elle aménage les espaces publics et participe à leur végétalisation ;
➤ elle gère les grands parcs de Parilly et de Lacroix-Laval.

© MÉTROPOLE DE LYON / THIERRY FOURNIER

› MÉTROPOLE DE LYON
20, rue du Lac (3e)
✆ 04 78 63 40 40
grandlyon.com

BAILLEURS SOCIAUX

GRAND LYON HABITAT

2, place de Francfort (3e)
✆ 04 72 74 67 42
www.grandlyonhabitat.fr

Créé en 1920 par Edouard Herriot, maire de Lyon, Grand Lyon Habitat est un organisme public à caractère industriel et commercial rattaché, comme son nom l'indique, au Grand Lyon ! Il gère environ 27 000 logements sur toute l'agglomération, en privilégiant la revitalisation des quartiers et la richesse sociale. Enfin abordable devient synonyme d'agréable ! Pour la réhabilitation et la maintenance de ses bâtiments, Grand Lyon Habitat fait également appel à des entreprises qui se positionnent pour l'insertion professionnelle. Un vrai engagement pour l'humain qui rassure et fait du bien ! Possibilité de devenir propriétaire de son logement en location-accession (PSLA).

SYNDICAT - ORGANISATION PROFESSIONNELLE

NOTAIRES DU RHÔNE

58, boulevard des Belges (6e)
✆ 04 72 44 05 47
www.chambre-rhone.notaires.fr

Chaque département a sa chambre notariale, une organisation professionnelle bien pratique à laquelle on ne pense pas assez pour trouver de l'aide dans bien des domaines personnels et professionnels ! L'un de leurs rôles est d'informer le public sur la profession de notaire et de conseiller chacun sur ses droits via des rendez-vous gratuits (plusieurs journées par an). La chambre du Rhône met également à disposition, sur son site et accessibles à tous, les principales informations concernant le marché de l'immobilier lyonnais (prix du neuf, de l'ancien, superficies moyennes des biens à la vente, etc.). De plus, elle participe tous les ans au salon de l'immobilier à Lyon.

MAIRIE - COLLECTIVITÉ LOCALE

MAIRIE DE LYON

1, place de la Comédie (1er)
✆ 04 72 10 30 30
www.lyon.fr

Lyon est une ville durable. Et pas seulement parce que son histoire remonte à l'Antiquité... La mairie de Lyon, avec le nouvel exécutif élu l'an passé, met ce thème essentiel au cœur de son action. Mais comme la crise sanitaire nous a parfois empêchés de nous rendre dans nos mairies d'arrondissement, nous avons apprécié les démarches dématérialisées réalisables en ligne via le site. A suivre également, l'appli de la mairie de Lyon qui vous simplifie la ville : cadre de vie, culture, enfance et éducation, solidarité, transports, tourisme... La ville prend une dimension plus humaine, laissant une place à la nature avec, par exemple, la création de vergers urbains.

PRÉFECTURE - SERVICES DÉPARTEMENTAUX

PREFECTURE DU RHÔNE

13, rue Bonnel (3e)
✆ 04 72 61 61 61
www.rhone.gouv.fr

Pour commencer, une petite curiosité, puisque la Préfecture de la Métropole de Lyon et la Préfecture du Rhône ne font qu'un pour deux territoires administratifs différents. C'est pour cela que l'on dira Préfecture du Rhône pour la Métropole... Elle représente l'Etat dans le département par l'intermédiaire du préfet Pascal Mailhos. Aujourd'hui, les particuliers se rendent de moins en moins physiquement à la Préfecture, aux files d'attente légendaires pour certaines démarches (les titres d'identité et de circulation pour les étrangers)..., grâce à la dématérialisation et la possibilité de faire de nombreuses démarches - comme les cartes grises - sur le site Internet.

ADMINISTRATION - SERVICE PUBLIC

MÉTROPOLE DE LYON

20, rue du Lac (3e)
✆ 04 78 63 40 40
www.grandlyon.com
Ouvert du lundi au vendredi de 7h30 à 18h30.

Innovante, la Métropole de Lyon l'est à plus d'un titre. Créée en 2015, elle réunit 59 communes, près de 1,4 million d'habitants, dans une collectivité territoriale qui a aussi les compétences d'un département : déplacements, voirie, solidarités, culture, environnement, habitat, tourisme... ou la gestion de l'eau que la Métropole passe en régie publique. Pour tout savoir des actions de la Métropole, il faut suivre toutes ses actualités sur le site très complet de la Met', le magazine de la Métropole de Lyon, et sur le site du Grand Lyon pour retrouver tous les services et les actions menées dans tous les domaines. Une Métropole durable et responsable au service de ses habitants.

POLICE - JUSTICE

TRIBUNAL ADMINISTRATIF DE LYON

184, rue Duguesclin (3e)
✆ 04 87 63 50 00
http://lyon.tribunal-administratif.fr
Ouvert du lundi au vendredi de 9h à 12h et de 13h30 à 16h30.

Et la première question est : ça sert à quoi un tribunal administratif ? C'est le lieu, le «palais», des juridictions compétentes pour les litiges opposant les particuliers et les administrations : Etat, collectivités (mairie, département, métropole, région...), établissements publics et organismes chargés de missions de service public. Le tribunal peut être saisi par tous les citoyens de manière assez simple (voir sur le site Internet). A noter qu'une association ou un syndicat peut porter des actions collectives pour demander réparation de manière collective.

ENTRAIDE

CROIX-ROUGE FRANÇAISE

17, rue Crepet (6e)
✆ 04 28 29 64 10
http://69.croix-rouge.fr
Ouvert du lundi au vendredi de 9h à 12h et de 14h à 17h.

L'œuvre du Suisse Henry Dunant, commencée en 1859 lors de la bataille de Solférino pour secourir les soldats des deux camps, continue son chemin d'aide et de paix. La Croix-Rouge du Rhône, parmi la centaine de délégations départementales de cette association, agit dans le domaine des urgences, de la solidarité, de la santé et dispense des formations de secourisme à tous ceux qui souhaitent connaître les gestes qui sauvent au quotidien ou dans des situations exceptionnelles. Parmi ses autres missions, de l'écoute, de l'aide alimentaire, de l'aide aux réfugiés ou encore le SAMU social. Vous pouvez devenir bénévole et contribuer aux nombreuses actions de la Croix-Rouge.

ENTRAIDE

LE FOYER NOTRE-DAME DES SANS-ABRIS

74, rue Sébastien Gryphe (7e)
✆ 04 72 76 73 53
www.fndsa.org

Cette association lyonnaise, créée en 1950 par Gabriel Rosset, a pour missions d'accueillir, héberger, accompagner et insérer des personnes sans abri. Le Foyer propose des solutions d'hébergement d'urgences et d'insertion, un accueil de jour, des soins, de l'hygiène et un accompagnement social à plus de 6 000 personnes - appelées des «passagers» - chaque année. Pour aider le Foyer, on peut faire des dons d'argent, mais aussi des dons en nature pour donner une seconde vie à vos objets tout en aidant les autres (liste des points de collecte sur le site Internet).

ENTRAIDE

SECOURS CATHOLIQUE

76, rue d'Alsace
VILLEURBANNE
✆ 04 72 33 38 38
http://rhone.secours-catholique.org

Le Secours Catholique - Caritas France, qui fonde son action sur la conviction profonde que la vie a une valeur infinie, vient en aide à toutes les personnes en difficulté, personnes âgées, en grande pauvreté, quelle que soit leur confession et leur origine. Des missions à l'étranger aussi. Vous pouvez devenir bénévole à Lyon, comme 900 autres personnes dans le Rhône, dans l'animation de groupes d'enfants ou de personnes âgées par exemple. Des accueils spécialisés existent pour les demandeurs d'asile, les prisons, le Train de Nuit ou pour partir en pèlerinage par exemple. Pour être utile à votre manière, devenez bénévole ou faites un don pour aider les plus fragiles.

ENTRAIDE

SECOURS POPULAIRE FRANÇAIS

21, rue Galland (7e)
✆ 04 72 77 87 77
www.secourspopulaire.fr/69

Un réseau solidaire à Lyon, en France et dans le monde entier pour mettre du soleil dans les cœurs. Le Secours Populaire et ses comités locaux œuvrent pour donner l'accès aux droits les plus élémentaires aux plus pauvres : l'éducation, la santé, la nourriture et les vêtements (dépôt de 14h30 à 17h30 en semaine). L'organisation est aussi connue pour les journées de vacances qu'elle organise l'été en faveur de ceux qui ne peuvent pas partir et pour les Pères Noëls Verts pour distribuer des cadeaux aux enfants des familles démunies. Devenez bénévole ou faites un don.

ENVIRONNEMENT

FRANCE NATURE ENVIRONNEMENT RHÔNE

22, rue Edouard Aynard
VILLEURBANNE
✆ 04 37 47 88 50
www.fne-aura.org

A l'heure où l'environnement, la protection de la biodiversité, du vivant doivent être nos priorités, France Nature Environnement Rhône agit pour réconcilier l'homme et son environnement naturel. Une association indépendante dont les équipes sensibilisent les jeunes et les adultes par des actions sur le terrain. Et si vous voulez agir à votre tour, soutenez-les et devenez un des citoyens sentinelles en signalant sur une carte interactive les dégradations et initiatives favorables à l'environnement. Kits pédagogiques, animations, cahiers nature et culture...

SOLIDARITÉ - ENTRAIDE

MAISONS DE LA METROPOLE POUR LES SOLIDARITES

4, place Sainte-Anne (3e) ✆ 04 78 54 36 90
www.grandlyon.com
Ouvert lundi, mercredi, jeudi 8h30 à 12h et 13h30 à 17h, mardi 13h à 17h, vendredi 8h30 à 12h et 13h30 à 16h30.

Ce n'est pas toujours facile de savoir où trouver de l'aide quand on n'a jamais frappé aux portes de la solidarité. Le Grand Lyon a ouvert des Maisons de la Métropole pour les Solidarités (au moins une, voire plusieurs, dans chaque arrondissement). Ces Maisons ouvertes à tous sont des guichets uniques d'accès aux prestations et services de l'Aide Sociale. Des professionnels vous accompagnent dans toutes vos démarches administratives, pour des problemes de logement social, en cas de difficultés financières, pour une aide alimentaire... Premier accueil sans rendez-vous.

INDEX